大学赤本シリーズ

351

東京理科大学

先進工学部 – B方式

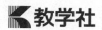

教学社

は　し　が　き

　おかげさまで，大学入試の「赤本」は，今年で創刊 70 周年を迎えました。
　これまで，入試問題や資料をご提供いただいた大学関係者各位，掲載許可をいただいた著作権者の皆様，各科目の解答や対策の執筆にあたられた先生方，そして，赤本を使用してくださったすべての読者の皆様に，厚く御礼を申し上げます。

　以下に，創刊初期の「赤本」のはしがきを引用します。これからも引き続き，受験生の目標の達成や，夢の実現を応援してまいります。

　本書を活用して，入試本番では持てる力を存分に発揮されることを心より願っています。

編者しるす

＊　　　＊　　　＊

　学問の塔にあこがれのまなざしをもって，それぞれの志望する大学の門をたたかんとしている受験生諸君！　人間として生まれてきた私たちは，自己の欲するままに，美しく，強く，そして何よりも人間らしく生きることをねがっている。しかし，一朝一夕にして，この純粋なのぞみが達せられることはない。私たちの行く手には，絶えずさまざまな試練がまちかまえている。この試練を克服していくところに，私たちのねがう真に人間的な世界がはじめて開かれてくるのである。

　人生最初の最大の試練として，諸君の眼前に大学入試がある。この大学入試は，精神的にも身体的にも，大きな苦痛を感ぜしめるであろう。あるスポーツに熟達するには，たゆみなき，はげしい練習を積み重ねることが必要であるように，私たちは，計画的・持続的な努力を払うことによって，この試練を克服し，次の一歩を踏みだすことができる。厳しい試練を経たのちに，はじめて満足すべき成果を獲得できるのである。

　本書は最近の入学試験の問題に，それぞれ解答を付し，さらに問題をふかく分析することによって，その大学独特の傾向や対策をさぐろうとした。本書を一般の参考書とあわせて使用し，まとはずれのない，効果的な受験勉強をされるよう期待したい。

（昭和 35 年版「赤本」はしがきより）

挑む人の、いちばんの味方

赤本創刊70周年

　1954年に大学入試の過去問題集を刊行してから70年。赤本は大学に入りたいと思う受験生を応援しつづけてきました。これからも，苦しいとき落ち込むときにそばで支える存在でいたいと思います。

　そして，勉強をすること，自分で道を決めること，努力が実ること，これらの喜びを読者の皆さんが感じることができるよう，伴走をつづけます。

そもそも赤本とは…

受験生のための大学入試の過去問題集！

70年の歴史を誇る赤本は，500点を超える刊行点数で全都道府県の370大学以上を網羅しており，過去問の代名詞として受験生の必須アイテムとなっています。

・・・・・・・・・　なぜ受験に過去問が必要なのか？　・・・・・・・・・

大学入試は大学によって問題形式や頻出分野が大きく異なるからです。

記述式？　マーク式？　問題のレベルは？　時間配分は？　自分に足りないのは？　頻出分野は？　どんな対策が必要？　どんな問題が出るの？

みんなの疑問に答える赤本！

赤本で志望校を研究しよう！

赤本の掲載内容

傾向と対策

これまでの出題内容から，問題の「**傾向**」を分析し，来年度の入試に向けて
具体的な「**対策**」の方法を紹介しています。

問題編・解答編

◉ 年度ごとに問題とその解答を掲載しています。

◉ 「**問題編**」ではその年度の試験概要を確認したうえで，実際に出題された
過去問に取り組むことができます。

◉ 「**解答編**」には高校・予備校の先生方による解答が載っています。

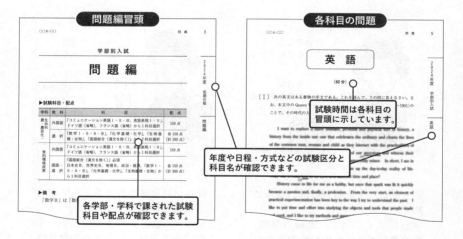

問題編冒頭

各科目の問題

試験時間は各科目の冒頭に示しています。

年度や日程・方式などの試験区分と
科目名が確認できます。

各学部・学科で課された試験
科目や配点が確認できます。

他にも，大学の基本情報や，先輩受験生の合格体験記，
在学生からのメッセージなどが載っていることがあります。

2024年度から
見やすい
デザインに！

NEW

受験勉強は
過去問に始まり，

STEP 1
> なには
> ともあれ

まずは
解いてみる

しずかに…
今，自分の心と
向き合ってるんだから

ムーン

それは
問題を解いて
からだホン！

過去問は，**できるだけ早いうちに
解くのがオススメ！**
実際に解くことで，**出題の傾向，
問題のレベル，今の自分の実力**が
つかめます。

STEP 2
> じっくり
> 具体的に

弱点を
分析する

分析の結果だけど
英・数・国が苦手みたい

スリー

必須科目だホン
頑張るホン

間違いは自分の弱点を教えてくれ
る**貴重な情報源。**
弱点から自己分析することで，**今
の自分に足りない力や苦手な分野**
が見えてくるはず！

**合格者があかす
赤本の使い方**

傾向と対策を熟読
（Fさん／国立大合格）

大学の出題傾向を調べる
ために，赤本に載ってい
る「傾向と対策」を熟読
しました。

繰り返し解く
（Tさん／国立大合格）

1周目は問題のレベル確認，2周
目は苦手や頻出分野の確認に，3
周目は合格点を目指して，と過去
問は繰り返し解くことが大切です。

過去問に終わる。

STEP 3
（志望校にあわせて）

苦手分野の重点対策

明日からはみんなで頑張るよ！
参考書も！ 問題集も！
よろしくね！

呼んだ？

なにを!?
どこから!?

グッ グッ

参考書や問題集を活用して，苦手分野の**重点対策**をしていきます。**過去問を指針**に，合格へ向けた具体的な学習計画を立てましょう！

STEP 1 ▶ 2 ▶ 3

実践を繰り返す
（サイクルが大事！）

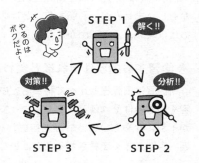

やるのはボクだよ〜

STEP 1　解く!!

対策!!

分析!!

STEP 3　　　STEP 2

STEP 1〜3を繰り返し，実力アップにつなげましょう！
出題形式に慣れることや，**時間配分を考える**ことも大切です。

目標点を決める
（Yさん／私立大合格）

赤本によっては合格者最低点が載っているので，それを見て目標点を決めるのもよいです。

時間配分を確認
（Kさん／私立大学合格）

赤本は時間配分や解く順番を決めるために使いました。

添削してもらう
（Sさん／私立大学合格）

記述式の問題は先生に添削してもらうことで自分の弱点に気づけると思います。

新課程も赤本で
ばっちり!

新課程入試 Q&A

2022年度から新しい学習指導要領（新課程）での授業が始まり、2025年度の入試は、新課程に基づいて行われる最初の入試となります。ここでは、赤本での新課程入試の対策について、よくある疑問にお答えします。

使える？

Q1. 赤本は新課程入試の対策に使えますか？

A. もちろん使えます！

OK

旧課程入試の過去問が新課程入試の対策に役に立つのか疑問に思う人もいるかもしれませんが、心配することはありません。旧課程入試の過去問が役立つのには次のような理由があります。

● 学習する内容はそれほど変わらない

新課程は旧課程と比べて科目名を中心とした変更はありますが、学習する内容そのものはそれほど大きく変わっていません。また、多くの大学で、既卒生が不利にならないよう「経過措置」がとられます（Q3参照）。したがって、出題内容が大きく変更されることは少ないとみられます。

● 大学ごとに出題の特徴がある

これまでに課程が変わったときも、各大学の出題の特徴は大きく変わらないことがほとんどでした。入試問題は各大学のアドミッション・ポリシーに沿って出題されており、過去問にはその特徴がよく表れています。過去問を研究してその大学に特有の傾向をつかめば、最適な対策をとることができます。

出題の特徴の例	・英作文問題の出題の有無 ・論述問題の出題（字数制限の有無や長さ） ・計算過程の記述の有無

新課程入試の対策も、赤本で過去問に取り組むところから始めましょう。

Q2. 赤本を使う上での注意点はありますか？

A. 志望大学の入試科目を確認しましょう。

　過去問を解く前に，過去の出題科目（問題編冒頭の表）と 2025 年度の募集要項とを比べて，課される内容に変更がないかを確認しましょう。ポイントは以下のとおりです。科目名が変わっていても，実際は旧課程の内容とほとんど同様のものもあります。

英語・国語	科目名は変更されているが，実質的には変更なし。 ▶▶ ただし，リスニングや古文・漢文の有無は要確認。
地歴	科目名が変更され，「歴史総合」「地理総合」が新設。 ▶▶ 新設科目の有無に注意。ただし，「経過措置」（Q3参照）により内容は大きく変わらないことも多い。
公民	「現代社会」が廃止され，「公共」が新設。 ▶▶ 「公共」は実質的には「現代社会」と大きく変わらない。
数学	科目が再編され，「数学 C」が新設。 ▶▶ 「数学」全体としての内容は大きく変わらないが，出題科目と単元の変更に注意。
理科	科目名も学習内容も大きな変更なし。

　数学については，科目名だけでなく，どの単元が含まれているかも確認が必要です。例えば，出題科目が次のように変わったとします。

旧課程	「数学 I・数学 II・数学 A・数学 B（数列・ベクトル）」
新課程	「数学 I・数学 II・数学 A・数学 B（数列）・数学 C（ベクトル）」

　この場合，新課程では「数学 C」が増えていますが，単元は「ベクトル」のみのため，実質的には旧課程とほぼ同じであり，過去問をそのまま役立てることができます。

Q3. 「経過措置」とは何ですか？

A. 既卒の旧課程履修者への対応です。

　多くの大学では，既卒の旧課程履修者が不利にならないように，出題において「経過措置」が実施されます。措置の有無や内容は大学によって異なるので，募集要項や大学のウェブサイトなどで確認しておきましょう。

○旧課程履修者への経過措置の例

> ● 旧課程履修者にも配慮した出題を行う。
> ● 新・旧課程の共通の範囲から出題する。
> ● 新課程と旧課程の共通の内容を出題し，共通範囲のみでの出題が困難な場合は，旧課程の範囲からの問題を用意し，選択解答とする。

例えば，地歴の出題科目が次のように変わったとします。

旧課程	「日本史B」「世界史B」から1科目選択
新課程	「歴史総合，日本史探究」「歴史総合，世界史探究」から1科目選択※ ※旧課程履修者に不利益が生じることのないように配慮する。

　「歴史総合」は新課程で新設された科目で，旧課程履修者には見慣れないものですが，上記のような経過措置がとられた場合，新課程入試でも旧課程と同様の学習内容で受験することができます。

要チェックだホン

新課程の情報はWEBもチェック！
より詳しい解説が赤本ウェブサイトで見られます。
https://akahon.net/shinkatei/

科目名が変更される教科・科目

	旧 課 程	新 課 程
国語	国語総合 国語表現 現代文A 現代文B 古典A 古典B	現代の国語 言語文化 論理国語 文学国語 国語表現 古典探究
地歴	日本史A 日本史B 世界史A 世界史B 地理A 地理B	歴史総合 日本史探究 世界史探究 地理総合 地理探究
公民	現代社会 倫理 政治・経済	公共 倫理 政治・経済
数学	数学I 数学II 数学III 数学A 数学B 数学活用	数学I 数学II 数学III 数学A 数学B 数学C
外国語	コミュニケーション英語基礎 コミュニケーション英語I コミュニケーション英語II コミュニケーション英語III 英語表現I 英語表現II 英語会話	英語コミュニケーションI 英語コミュニケーションII 英語コミュニケーションIII 論理・表現I 論理・表現II 論理・表現III
情報	社会と情報 情報の科学	情報I 情報II

大学のサイトも見よう

目　次

2024 年度
問題と解答

※解答は，東京理科大学から提供のあった情報を掲載しています。

2023 年度
問題と解答

※解答は，東京理科大学から提供のあった情報を掲載しています。

2022 年度
問題と解答

※解答は，東京理科大学から提供のあった情報を掲載しています。

基本情報

 ## 沿革

1881（明治 14）	東京大学出身の若き理学士ら 21 名が標す夢の第一歩「東京物理学講習所」を設立
1883（明治 16）	東京物理学校と改称
🖊1906（明治 39）	神楽坂に新校舎が完成。理学研究の「先駆的存在」として受講生が全国より集結。「落第で有名な学校」として世に知られるようになる
1949（昭和 24）	学制改革により東京理科大学となる。理学部のみの単科大学として新たなスタート
1960（昭和 35）	薬学部設置
1962（昭和 37）	工学部設置
1967（昭和 42）	理工学部設置
1981（昭和 56）	創立 100 周年
1987（昭和 62）	基礎工学部設置
1993（平成　5）	経営学部設置
2013（平成 25）	葛飾キャンパス開設
2021（令和　3）	基礎工学部を先進工学部に名称変更
2023（令和　5）	理工学部を創域理工学部に名称変更

ロゴマーク

　ロゴマークは，創立125周年の際に制定されたもので，東京理科大学徽章をベースにデザインされています。

　エメラルドグリーンの色は制定した際，時代に合わせた色であり，なおかつスクールカラーであるえんじ色との対比を考えた色として選ばれました。

　なお，徽章はアインシュタインによって確立された一般相対性理論を図案化したものです。太陽の重力によって曲げられる光の軌道を模式的に描いています。

 # 学部・学科の構成

大　学

●理学部第一部　神楽坂キャンパス

　数学科
　物理学科
　化学科
　応用数学科
　応用化学科

●工学部　葛飾キャンパス

　建築学科
　工業化学科
　電気工学科
　情報工学科
　機械工学科

●薬学部　野田キャンパス※1

　薬学科［6年制］
　生命創薬科学科［4年制］

※1　薬学部は2025年4月に野田キャンパスから葛飾キャンパスへ移転。

●創域理工学部　野田キャンパス

　数理科学科

先端物理学科

情報計算科学科

生命生物科学科

建築学科

先端化学科

電気電子情報工学科

経営システム工学科

機械航空宇宙工学科

社会基盤工学科

● **先進工学部** 　葛飾キャンパス

電子システム工学科

マテリアル創成工学科

生命システム工学科

物理工学科

機能デザイン工学科

● **経営学部** 　神楽坂キャンパス

　　　　　　　（国際デザイン経営学科の 1 年次は北海道・長万部キャンパス）

経営学科

ビジネスエコノミクス学科

国際デザイン経営学科

● **理学部第二部** 　神楽坂キャンパス

数学科

物理学科

化学科

大学院

理学研究科 / 工学研究科 / 薬学研究科[※2] / 創域理工学研究科 / 先進工学研究科 / 経営学研究科 / 生命科学研究科

※ 2　薬学研究科は 2025 年 4 月に野田キャンパスから葛飾キャンパスへ移転。

（注）　学部・学科および大学院の情報は 2024 年 4 月時点のものです。

📍 大学所在地

野田キャンパス

神楽坂キャンパス

北海道・長万部キャンパス

葛飾キャンパス

神楽坂キャンパス	〒 162-8601	東京都新宿区神楽坂 1-3
葛飾キャンパス	〒 125-8585	東京都葛飾区新宿 6-3-1
野田キャンパス	〒 278-8510	千葉県野田市山崎 2641
北海道・長万部キャンパス	〒 049-3514	北海道山越郡長万部町字富野 102-1

入試データ

 一般選抜状況（志願者数・競争率など）

○競争率は受験者数÷合格者数で算出（小数点第2位以下を切り捨て）。

○大学独自試験を課さないA方式入試（大学入学共通テスト利用）は1カ年分のみ掲載。

○2021年度より，基礎工学部は先進工学部に，電子応用工学科は電子システム工学科に，材料工学科はマテリアル創成工学科に，生物工学科は生命システム工学科に名称変更。経営学部に国際デザイン経営学科を新設。

○2023年度より，理学部第一部応用物理学科は先進工学部物理工学科として改組。理工学部は創域理工学部に，数学科は数理科学科に，物理学科は先端物理学科に，情報科学科は情報計算科学科に，応用生物科学科は生命生物科学科に，経営工学科は経営システム工学科に，機械工学科は機械航空宇宙工学科に，土木工学科は社会基盤工学科に名称変更。先進工学部に物理工学科と機能デザイン工学科を新設。

2024 年度　入試状況

●A方式入試（大学入学共通テスト利用）

学部・学科		募集人員	志願者数	受験者数	合格者数	競争率	合格最低点
理第一部	数	19	340	340	152	2.2	646
	物　　　　理	19	764	764	301	2.5	667
	化	19	554	554	238	2.3	628
	応　用　数	20	175	175	90	1.9	607
	応　　用　　化	20	646	646	297	2.1	632
工	建　　　　築	16	472	472	163	2.8	652
	工　業　化	16	260	260	141	1.8	604
	電　気　工	16	249	249	112	2.2	638
	情　報　工	16	852	852	284	3.0	671
	機　械　工	16	776	776	188	4.1	669
薬	薬	15	768	768	246	3.1	644
	生 命 創 薬 科	15	381	381	140	2.7	644
創域理工	数　理　科	10	200	200	85	2.3	592
	先　端　物　理	15	299	299	143	2.0	608
	情　報　計　算　科	20	274	274	118	2.3	623
	生　命　生　物　科	16	478	478	182	2.6	628
	建　　　　築	20	520	520	147	3.5	638
	先　端　化	20	372	372	168	2.2	592
	電気電子情報工	25	374	374	164	2.2	615
	経営システム工	16	226	226	86	2.6	636
	機械航空宇宙工	21	486	486	230	2.1	635
	社 会 基 盤 工	16	382	382	139	2.7	624
先進工	電子システム工	19	295	295	114	2.5	635
	マテリアル創成工	19	303	303	142	2.1	616
	生命システム工	19	390	390	146	2.6	640
	物　理　工	19	189	189	94	2.0	632
	機能デザイン工	19	448	448	153	2.9	613
経営	経　　　　営	37	407	407	223	1.8	597
	ビジネスエコノミクス	37	309	309	134	2.3	598
	国際デザイン経営	20	215	215	91	2.3	586
理第二部	数	15	159	159	88	1.8	405
	物　　　　理	20	198	198	145	1.3	352
	化	15	211	211	162	1.3	313
合　　　　計		625	12,972	12,972	5,306	—	—

（配点）　800 点満点（ただし，理学部第二部は 600 点満点）。

● B 方式入試（東京理科大学独自試験）

学部・学科		募集人員	志願者数	受験者数	合格者数	競争率	合格最低点
理第一部	数	46	921	883	297	3.0	180
	物　　　　理	46	1,534	1,460	463	3.1	176
	化	46	1,132	1,085	381	2.8	201
	応　用　数	49	616	588	221	2.6	159
	応　用　化	49	1,418	1,355	384	3.5	217
工	建　　　　築	46	1,138	1,091	256	4.2	193
	工　業　化	46	582	550	250	2.2	174
	電　気　工	46	1,134	1,069	437	2.4	175
	情　報　工	46	2,298	2,159	464	4.6	197
	機　械　工	46	1,756	1,671	393	4.2	191
薬	薬	40	964	899	310	2.9	209
	生 命 創 薬 科	40	689	645	267	2.4	203
創域理工	数　理　科	20	578	558	169	3.3	287
	先　端　物　理	40	785	757	298	2.5	204
	情 報 計 算 科	49	877	851	300	2.8	206
	生 命 生 物 科	46	1,120	1,072	429	2.4	197
	建　　　　築	49	914	878	197	4.4	210
	先　端　化	49	725	684	323	2.1	168
	電気電子情報工	40	1,204	1,148	331	3.4	200
	経営システム工	46	786	757	275	2.7	205
	機械航空宇宙	53	1,093	1,044	392	2.6	200
	社 会 基 盤 工	46	938	901	379	2.3	186
先進工	電子システム工	46	1,140	1,100	346	3.1	220
	マテリアル創成工	46	900	873	323	2.7	213
	生命システム工	46	1,080	1,044	370	2.8	214
	物　理　工	46	928	898	345	2.6	217
	機能デザイン工	46	1,042	1,012	348	2.9	209
経営	経　　　　営	72	1,176	1,147	384	2.9	265
	ビジネスエコノミクス	73	1,020	987	323	3.0	200
	国際デザイン経営	32	371	357	113	3.1	253
理第二部	数	70	241	198	116	1.7	131
	物　　　　理	64	245	200	124	1.6	130
	化	69	186	159	121	1.3	132
合　　　　　　計		1,594	31,531	30,080	10,129	—	—

（備考）　合格者数・合格最低点には追加合格者を含む。

（配点）　試験各教科 100 点満点，3 教科計 300 点満点。ただし，以下を除く。

- 理学部第一部化学科・応用化学科は 350 点満点（化学 150 点，他教科各 100 点）。

- 創域理工学部数理科学科は 400 点満点（数学 200 点，他教科各 100 点）。

- 経営学部経営学科は 400 点満点（高得点の 2 科目をそれぞれ 1.5 倍に換算，残り 1 科目 100 点）。

- 経営学部国際デザイン経営学科は 400 点満点（英語 200 点，他教科各 100 点）。

●C方式入試（大学入学共通テスト＋東京理科大学独自試験）

学部・学科		募集人員	志願者数	受験者数	合格者数	競争率	合格最低点
理第一部	数	9	143	122	31	3.9	405
	物　　　　理	9	213	160	10	16.0	435
	化	9	194	142	21	6.7	411
	応　用　数	10	81	60	26	2.3	375
	応　　用　　化	10	208	144	27	5.3	415
工	建　　　　築	10	185	136	34	4.0	409
	工　業　化	10	93	58	29	2.0	359
	電　気　工	10	88	61	17	3.5	404
	情　報　工	10	259	197	40	4.9	418
	機　械　工	10	218	169	42	4.0	398
薬	薬	10	198	150	34	4.4	388
	生 命 創 薬 科	10	168	123	35	3.5	388
創域理工	数　理　科	4	91	77	10	7.7	409
	先　端　物　理	10	106	88	31	2.8	373
	情 報 計 算 科	10	87	68	22	3.0	402
	生 命 生 物 科	10	200	147	50	2.9	380
	建　　　　築	10	171	132	12	11.0	421
	先　端　化	10	121	95	27	3.5	369
	電気電子情報工	10	109	80	18	4.4	394
	経営システム工	10	95	64	22	2.9	389
	機械航空宇宙工	10	182	136	45	3.0	371
	社 会 基 盤 工	10	130	97	20	4.8	382
先進工	電子システム工	9	117	98	21	4.6	399
	マテリアル創成工	9	94	68	16	4.2	387
	生命システム工	9	215	175	18	9.7	399
	物　理　工	9	81	54	15	3.6	396
	機能デザイン工	9	107	75	22	3.4	388
経営	経　　　　営	12	121	95	22	4.3	366
	ビジネスエコノミクス	15	100	83	45	1.8	337
	国際デザイン経営	5	41	33	11	3.0	329
合	計	288	4,216	3,187	773	—	—

（配点）　500 点満点（大学入学共通テスト 200 点＋東京理科大学独自試験 300 点）。

●グローバル方式入試（英語の資格・検定試験＋東京理科大学独自試験）

学部・学科		募集人員	志願者数	受験者数	合格者数	競争率	合格最低点
理第一部	数	5	124	111	13	8.5	310
	物 理	5	120	102	6	17.0	302
	化	5	79	75	13	5.7	264
	応 用 数	5	102	95	25	3.8	270
	応 用 化	5	107	94	12	7.8	270
工	建 築	5	113	104	15	6.9	286
	工 業 化	5	42	42	20	2.1	217
	電 気 工	5	63	56	14	4.0	276
	情 報 工	5	156	139	16	8.6	292
	機 械 工	5	165	144	16	9.0	283
薬	薬	5	83	72	15	4.8	268
	生 命 創 薬 科	5	66	58	13	4.4	238
創域理工	数 理 科	6	103	100	11	9.0	280
	先 端 物 理	5	73	68	17	4.0	263
	情 報 計 算 科	5	74	66	8	8.2	274
	生 命 生 物 科	5	94	86	18	4.7	248
	建 築	5	109	104	6	17.3	298
	先 端 化	5	98	90	21	4.2	241
	電気電子情報工	5	108	99	20	4.9	262
	経営システム工	5	77	74	16	4.6	259
	機械航空宇宙工	5	101	93	25	3.7	257
	社 会 基 盤 工	5	71	66	9	7.3	262
先進工	電子システム工	5	100	88	15	5.8	267
	マテリアル創成工	5	95	91	21	4.3	262
	生命システム工	5	90	84	10	8.4	260
	物 理 工	5	86	76	19	4.0	262
	機能デザイン工	5	100	82	17	4.8	243
経営	経 営	12	130	120	24	5.0	235
	ビジネスエコノミクス	8	115	104	27	3.8	235
	国際デザイン経営	15	116	107	23	4.6	205
合 計		171	2,960	2,690	485	—	—

（配点） 325 点満点（東京理科大学独自試験 300 点＋英語の資格・検定試験 25 点）。

●S方式入試（東京理科大学独自試験）

学部・学科		募集人員	志願者数	受験者数	合格者数	競争率	合格最低点
創域理工	数 理 科	20	286	277	85	3.2	267
	電気電子情報工	20	296	284	114	2.4	266
合 計		40	582	561	199	—	—

（配点） 400 点満点。

- 創域理工学部数理科学科は数学 300 点，英語 100 点。

- 創域理工学部電気電子情報工学科は物理 200 点，他教科各 100 点。

2023 年度　入試状況

●B 方式入試（東京理科大学独自試験）

学部・学科		募集人員	志願者数	受験者数	合格者数	競争率	合格最低点
理第一部	数	46	953	910	256	3.5	203
	物　　　　理	46	1,571	1,507	355	4.2	209
	化	46	1,115	1,077	375	2.8	231
	応　用　数	49	689	651	220	2.9	187
	応　　用　　化	49	1,428	1,367	417	3.2	242
工	建　　　　築	46	1,178	1,103	273	4.0	184
	工　業　化	46	639	599	280	2.1	157
	電　気　工	46	1,227	1,170	431	2.7	175
	情　　報　　工	46	2,294	2,165	496	4.3	197
	機　　械　　工	46	1,689	1,606	564	2.8	175
薬	薬	40	950	876	292	3.0	179
	生　命　創　薬　科	40	629	592	213	2.7	172
創域理工	数　　理　　科	20	545	522	232	2.2	294
	先　端　物　理	40	808	767	327	2.3	204
	情　報　計　算　科	49	1,029	986	388	2.5	215
	生　命　生　物　科	46	981	928	436	2.1	209
	建　　　　築	49	794	768	239	3.2	203
	先　　端　　化	49	699	661	329	2.0	172
	電気電子情報工	40	1,214	1,167	503	2.3	198
	経営システム工	46	898	862	308	2.7	214
	機械航空宇宙工	53	1,205	1,155	430	2.6	206
	社　会　基　盤　工	46	876	828	376	2.2	183
先進工	電子システム工	46	1,176	1,137	361	3.1	201
	マテリアル創成工	46	874	857	394	2.1	207
	生命システム工	46	1,011	968	416	2.3	209
	物　　理　　工	46	835	804	355	2.2	195
	機能デザイン工	46	914	880	393	2.2	201
経営	経　　　　営	72	1,062	1,036	370	2.8	261
	ビジネスエコノミクス	73	1,241	1,198	305	3.9	200
	国際デザイン経営	32	267	259	111	2.3	243
理第二部	数	70	263	214	122	1.7	160
	物　　　　理	64	241	197	139	1.4	152
	化	69	212	173	151	1.1	100
合　　　　　計		1,594	31,507	29,990	10,857	―	―

（備考）　合格者数・合格最低点には追加合格者を含む。

（配点）　試験各教科 100 点満点，3 教科計 300 点満点。ただし，以下を除く。

- 理学部第一部化学科・応用化学科は 350 点満点（化学 150 点，他教科各 100 点）。
- 創域理工学部数理科学科は 400 点満点（数学 200 点，他教科各 100 点）。
- 経営学部経営学科は 400 点満点（高得点の 2 科目をそれぞれ 1.5 倍に換算，残り 1 科目 100 点）。
- 経営学部国際デザイン経営学科は 400 点満点（英語 200 点，他教科各 100 点）。

●C方式入試（大学入学共通テスト＋東京理科大学独自試験）

学部・学科		募集人員	志願者数	受験者数	合格者数	競争率	合格最低点
理第一部	数	9	128	85	26	3.2	350
	物理	9	166	109	16	6.8	397
	化	9	142	92	31	2.9	355
	応用数	10	81	58	21	2.7	346
	応用化	10	157	93	20	4.6	376
工	建築	10	143	101	21	4.8	380
	工業化	10	73	54	23	2.3	340
	電気工	10	63	42	16	2.6	353
	情報工	10	201	149	39	3.8	375
	機械工	10	160	98	36	2.7	347
薬	薬	10	131	79	23	3.4	364
	生命創薬科	10	113	80	23	3.4	360
創域理工	数理科	4	35	29	14	2.0	310
	先端物理	10	76	44	22	2.0	316
	情報計算科	10	106	73	17	4.2	373
	生命生物科	10	133	100	36	2.7	358
	建築	10	104	77	38	2.0	335
	先端化	10	80	51	25	2.0	339
	電気電子情報工	10	74	55	19	2.8	351
	経営システム工	10	76	58	21	2.7	335
	機械航空宇宙工	10	130	84	33	2.5	331
	社会基盤工	10	85	58	24	2.4	325
先進工	電子システム工	9	89	61	18	3.3	349
	マテリアル創成工	9	66	45	17	2.6	349
	生命システム工	9	111	74	34	2.1	349
	物理工	9	74	45	14	3.2	350
	機能デザイン工	9	80	56	12	4.6	361
経営	経営	12	78	50	25	2.0	297
	ビジネスエコノミクス	15	88	64	30	2.1	316
	国際デザイン経営	5	26	17	8	2.1	322
合計		288	3,069	2,081	702	—	—

（配点）　500 点満点（大学入学共通テスト 200 点＋東京理科大学独自試験 300 点）。

●グローバル方式入試（英語の資格・検定試験＋東京理科大学独自試験）

学部・学科		募集人員	志願者数	受験者数	合格者数	競争率	合格最低点
理第一部	数	5	73	67	14	4.7	191
	物　　　　理	5	101	88	8	11.0	234
	化	5	75	65	14	4.6	238
	応　用　数	5	86	80	14	5.7	201
	応　用　化	5	94	81	17	4.7	244
工	建　　　　築	5	87	76	11	6.9	214
	工　業　化	5	50	46	15	3.0	232
	電　気　工	5	45	41	11	3.7	199
	情　報　工	5	129	112	16	7.0	236
	機　械　工	5	110	91	33	2.7	187
薬	薬	5	97	83	18	4.6	247
	生 命 創 薬 科	5	80	74	13	5.6	238
創域理工	数　理　科	6	66	57	25	2.2	163
	先　端　物　理	5	66	59	14	4.2	191
	情　報　計　算　科	5	75	66	13	5.0	233
	生　命　生　物　科	5	120	96	25	3.8	215
	建　　　　築	5	89	79	18	4.3	195
	先　端　化	5	70	64	29	2.2	210
	電 気 電 子 情 報 工	5	76	67	24	2.7	178
	経 営 シ ス テ ム 工	5	77	74	15	4.9	225
	機 械 航 空 宇 宙 工	5	92	81	23	3.5	184
	社　会　基　盤　工	5	75	65	19	3.4	218
先進工	電 子 シ ス テ ム 工	5	90	83	21	3.9	201
	マテリアル創成工	5	80	68	23	2.9	214
	生 命 シ ス テ ム 工	5	92	81	20	4.0	215
	物　　理　　工	5	61	54	15	3.6	188
	機 能 デ ザ イ ン 工	5	97	87	11	7.9	243
経営	経　　　　営	12	79	71	26	2.7	164
	ビジネスエコノミクス	8	90	82	23	3.5	170
	国際デザイン経営	15	104	88	43	2.0	139
合　　　　　計		171	2,526	2,226	571	—	—

（配点）　325 点満点（東京理科大学独自試験 300 点＋英語の資格・検定試験 25 点）。

●S 方式入試（東京理科大学独自試験）

学部・学科		募集人員	志願者数	受験者数	合格者数	競争率	合格最低点
創域理工	数　理　科	20	256	246	122	2.0	226
	電 気 電 子 情 報 工	20	258	253	111	2.2	259
合　　　　　計		40	514	499	233	—	—

（配点）　400 点満点。

• 創域理工学部数理科学科は数学 300 点，英語 100 点。

• 創域理工学部電気電子情報工学科は物理 200 点，他教科各 100 点。

2022 年度 入試状況

●B方式入試 （東京理科大学独自試験）

学部・学科		募集人員	志願者数	受験者数	合格者数	競争率	合格最低点
理第一部	数	49	896	848	249	3.4	182
	物　　　理	49	1,347	1,255	401	3.1	200
	化	49	1,092	1,031	322	3.2	212
	応　用　数	49	688	652	189	3.4	183
	応　用　物　理	49	723	679	268	2.5	165
	応　用　化	49	1,443	1,365	451	3.0	208
工	建　　　築	46	1,236	1,162	268	4.3	203
	工　業　化	46	647	608	260	2.3	148
	電　気　工	46	1,450	1,359	381	3.5	197
	情　報　工	46	2,401	2,250	451	4.9	212
	機　械　工	46	1,864	1,756	557	3.1	196
薬	薬	40	1,032	949	259	3.6	197
	生　命　創　薬　科	40	604	568	204	2.7	191
理工	数	49	789	754	294	2.5	287
	物　　　理	49	1,068	1,025	457	2.2	203
	情　報　科	49	1,558	1,500	381	3.9	231
	応　用　生　物　科	49	828	792	387	2.0	206
	建　　　築	49	960	925	205	4.5	222
	先　端　化	49	873	837	357	2.3	184
	電気電子情報工	67	1,758	1,670	526	3.1	210
	経　　　営	49	902	871	326	2.6	214
	機　械　工	49	1,522	1,449	449	3.2	217
	土　木　工	49	1,027	996	305	3.2	204
先進工	電子システム工	49	967	930	279	3.3	203
	マテリアル創成工	49	1,098	1,061	345	3.0	202
	生命システム工	49	1,127	1,073	418	2.5	198
経営	経　　　営	72	1,271	1,233	391	3.1	262
	ビジネスエコノミクス	73	1,149	1,103	324	3.4	183
	国際デザイン経営	32	228	222	108	2.0	240
理第二部	数	70	319	258	121	2.1	144
	物　　　理	64	308	270	133	2.0	168
	化	69	204	166	143	1.1	100
合	計	1,639	33,379	31,617	10,209	—	—

（備考）　合格者数・合格最低点には追加合格者を含む。

（配点）　試験各教科 100 点満点，3 教科計 300 点満点。ただし，以下を除く。

• 理学部第一部化学科・応用化学科は 350 点満点（化学 150 点，他教科各 100 点）。

• 理工学部数学科は 400 点満点（数学 200 点，他教科各 100 点）。

• 経営学部経営学科は 400 点満点（高得点の 2 科目をそれぞれ 1.5 倍に換算，残り 1 科目 100 点）。

• 経営学部国際デザイン経営学科は 400 点満点（英語 200 点，他教科各 100 点）。

●C方式入試（大学入学共通テスト＋東京理科大学独自試験）

学部・学科		募集人員	志願者数	受験者数	合格者数	競争率	合格最低点
理第一部	数	10	136	98	24	4.0	420
	物　　　　　理	10	161	121	19	6.3	418
	化	10	171	104	34	3.0	389
	応　用　数	10	127	98	25	3.9	386
	応　用　物　理	10	84	64	17	3.7	394
	応　　用　　化	10	229	145	36	4.0	397
工	建　　　　　築	10	217	162	33	4.9	407
	工　業　化	10	97	69	27	2.5	371
	電　気　工	10	96	75	24	3.1	392
	情　報　工	10	292	243	35	6.9	425
	機　械　工	10	204	153	57	2.6	381
薬	薬	10	206	156	23	6.7	413
	生　命　創　薬　科	10	135	100	22	4.5	399
理工	数	10	107	91	24	3.7	404
	物　　　　　理	10	102	79	20	3.9	386
	情　報　科	10	140	114	25	4.5	403
	応　用　生　物　科	10	208	167	36	4.6	387
	建　　　　　築	10	169	138	34	4.0	397
	先　端　化	10	150	110	33	3.3	373
	電気電子情報工	13	171	136	23	5.9	397
	経　　　　　営	10	89	66	25	2.6	384
	機　械　工	10	227	177	42	4.2	381
	土　木　工	10	129	92	30	3.0	361
先進工	電子システム工	10	119	95	24	3.9	397
	マテリアル創成工	10	135	107	11	9.7	410
	生命システム工	10	184	142	30	4.7	399
経営	経　　　　　営	12	189	160	43	3.7	390
	ビジネスエコノミクス	15	147	122	39	3.1	392
	国際デザイン経営	5	55	46	16	2.8	378
合	計	295	4,476	3,430	831	―	―

（配点）　500点満点（大学入学共通テスト200点＋東京理科大学独自試験300点）。

●グローバル方式入試（英語の資格・検定試験＋東京理科大学独自試験）

学部・学科		募集人員	志願者数	受験者数	合格者数	競争率	合格最低点
理第一部	数	5	72	65	13	5.0	310
	物　　　理	5	62	53	13	4.0	274
	化	5	60	54	17	3.1	251
	応　用　数　理	5	105	101	18	5.6	305
	応　用　物　理	5	39	36	11	3.2	261
	応　用　化	5	46	35	9	3.8	252
工	建　　　築	5	75	72	15	4.8	276
	工　業　化	5	39	34	11	3.0	255
	電　気　工	5	62	57	9	6.3	289
	情　報　工	5	114	100	15	6.6	281
	機　械　工	5	67	56	11	5.0	274
薬	薬	5	60	52	10	5.2	265
	生　命　創　薬　科	5	39	35	11	3.1	250
理工	数	5	106	101	24	4.2	292
	物　　　理	5	58	56	18	3.1	247
	情　　報　　科	5	82	76	9	8.4	276
	応　用　生　物　科	5	61	53	15	3.5	253
	建　　　築	5	80	75	12	6.2	270
	先　端　化	5	61	54	17	3.1	241
	電気電子情報工	7	126	114	16	7.1	270
	経　　営　　工	5	49	43	12	3.5	255
	機　械　工	5	73	66	18	3.6	258
	土　木　工	5	72	68	12	5.6	243
先進工	電子システム工	5	65	59	18	3.2	249
	マテリアル創成工	5	34	29	6	4.8	261
	生命システム工	5	82	76	12	6.3	271
経営	経　　　　　営	12	112	103	23	4.4	281
	ビジネスエコノミクス	8	106	100	20	5.0	285
	国際デザイン経営	15	63	58	33	1.7	220
合　　　　　計		167	2,070	1,881	428	—	—

（配点）　325 点満点（東京理科大学独自試験 300 点＋英語の資格・検定試験 25 点）。

2021 年度 入試状況

●B方式入試（東京理科大学独自試験）

学部・学科		募集人員	志願者数	受験者数	合格者数	競争率	合格最低点
理第一部	数	49	858	827	247	3.3	185
	物　　　理	49	1,247	1,180	423	2.7	187
	化	49	1,020	972	344	2.8	＊234
	応　用　数	49	570	544	191	2.8	183
	応　用　物　理	49	664	634	311	2.0	144
	応　用　化	49	1,240	1,187	447	2.6	＊181
工	建　　　築	46	1,199	1,144	290	3.9	197
	工　業　化	46	643	610	271	2.2	177
	電　気　工	46	1,190	1,120	380	2.9	188
	情　報　工	46	2,389	2,264	375	6.0	211
	機　械　工	46	1,769	1,671	494	3.3	197
薬	薬	40	934	841	252	3.3	175
	生　命　創　薬　科	40	603	560	224	2.5	166
理工	数	49	702	683	340	2.0	＊＊279
	物　　　理	49	1,083	1,048	409	2.5	220
	情　報　科	49	1,410	1,360	433	3.1	228
	応　用　生　物　科	49	900	854	355	2.4	212
	建　　　築	49	798	762	250	3.0	213
	先　端　化	49	636	614	296	2.0	196
	電気電子情報工	67	1,413	1,338	626	2.1	202
	経　営　工	49	902	871	301	2.8	221
	機　械　工	49	1,417	1,350	474	2.8	214
	土　木　工	49	782	755	418	1.8	187
先進工	電子システム工	49	1,233	1,182	198	5.9	212
	マテリアル創成工	49	1,280	1,235	357	3.4	199
	生命システム工	49	1,288	1,239	390	3.1	194
経営	経　　　営	72	1,093	1,063	312	3.4	＃299
	ビジネスエコノミクス	73	1,091	1,059	321	3.2	221
	国際デザイン経営	32	499	485	64	7.5	＃＃307
理第二部	数	64	254	215	123	1.7	123
	物　　　理	64	238	185	122	1.5	110
	化	69	188	152	112	1.3	101
合　　　　　計		1,633	31,533	30,004	10,150	―	―

（備考）　合格者数・合格最低点には追加合格者を含む。

（配点）　試験各教科 100 点満点，3 教科計 300 点満点。ただし，以下を除く。

- 理学部第一部化学科・応用化学科（＊）は 350 点満点（化学 150 点，他教科各 100 点）。
- 理工学部数学科（＊＊）は 400 点満点（数学 200 点，他教科各 100 点）。
- 経営学部経営学科（＃）は 400 点満点（高得点の 2 科目をそれぞれ 1.5 倍に換算，残り 1 科目 100 点）。
- 経営学部国際デザイン経営学科（＃＃）は 400 点満点（英語 200 点，他教科各 100 点）。

●C方式入試（大学入学共通テスト＋東京理科大学独自試験）

学部・学科		募集人員	志願者数	受験者数	合格者数	競争率	合格最低点
理第一部	数	10	131	91	26	3.5	369
	物　　　　理	10	126	81	12	6.7	391
	化	10	129	87	30	2.9	371
	応　用　数　理	10	64	42	25	1.6	319
	応　用　物　理	10	76	53	19	2.7	360
	応　　用　　化	10	130	87	20	4.3	385
工	建　　　　築	10	130	94	25	3.7	390
	工　　業　　化	10	91	65	26	2.5	369
	電　　気　　工	10	90	64	21	3.0	383
	情　　報　　工	10	216	165	30	5.5	405
	機　　械　　工	10	142	92	30	3.0	382
薬	薬	10	163	112	16	7.0	391
	生　命　創　薬　科	10	114	75	18	4.1	376
理工	数	10	74	57	27	2.1	339
	物　　　　理	10	78	60	19	3.1	376
	情　　報　　科	10	135	105	17	6.1	401
	応　用　生　物　科	10	139	104	36	2.8	361
	建　　　　築	10	83	57	24	2.3	358
	先　　端　　化	10	72	50	19	2.6	359
	電気電子情報工	13	107	79	19	4.1	373
	経　　営　　工	10	96	70	21	3.3	375
	機　　械　　工	10	136	87	32	2.7	358
	土　　木　　工	10	65	33	13	2.5	352
先進工	電子システム工	10	138	113	14	8.0	387
	マテリアル創成工	10	123	67	14	4.7	366
	生命システム工	10	164	116	33	3.5	374
経営	経　　　　営	12	87	63	26	2.4	337
	ビジネスエコノミクス	15	110	78	23	3.3	366
	国際デザイン経営	5	37	26	7	3.7	369
合　　　　　　　計		295	3,246	2,273	642	—	—

（配点）　500 点満点（大学入学共通テスト 200 点＋東京理科大学独自試験 300 点）。

●グローバル方式入試（英語の資格・検定試験＋東京理科大学独自試験）

学部・学科		募集人員	志願者数	受験者数	合格者数	競争率	合格最低点
理第一部	数	5	57	52	11	4.7	243
	物　　理	5	60	52	8	6.5	252
	化	5	57	49	15	3.2	246
	応　用　数　理	5	89	80	16	5.0	208
	応　用　物　理	5	37	34	11	3.0	233
	応　用　化	5	71	64	10	6.4	261
工	建　　築	5	85	77	10	7.7	253
	工　業　化	5	52	44	12	3.6	245
	電　気　工	5	50	44	13	3.3	229
	情　報　工	5	119	101	14	7.2	256
	機　械　工	5	61	51	11	4.6	252
薬	薬	5	46	35	6	5.8	255
	生　命　創　薬　科	5	48	41	13	3.1	251
理工	数	5	46	46	23	2.0	185
	物　　理	5	38	37	8	4.6	232
	情　報　科	5	59	53	8	6.6	250
	応　用　生　物　科	5	51	45	14	3.2	228
	建　　築	5	56	50	15	3.3	227
	先　端　化	5	30	29	7	4.1	238
	電気電子情報工	7	57	53	13	4.0	209
	経　営　工	5	57	51	13	3.9	251
	機　械　工	5	65	55	15	3.6	218
	土　木　工	5	59	52	9	5.7	244
先進工	電子システム工	5	105	99	12	8.2	238
	マテリアル創成工	5	68	62	8	7.7	244
	生命システム工	5	99	88	19	4.6	232
経営	経　　　　営	12	84	74	13	5.6	206
	ビジネスエコノミクス	8	143	130	30	4.3	215
	国際デザイン経営	15	86	79	20	3.9	203
合　　　　　　計		167	1,935	1,727	377	—	—

（配点）　325 点満点（東京理科大学独自試験 300 点＋英語の資格・検定試験 25 点）。

2020 年度　入試状況

●B方式入試（東京理科大学独自試験）

学部・学科		募集人員	志願者数	受験者数	合格者数	競争率	合格最低点
理第一部	数	49	887	852	238	3.5	180
	物　　　　理	49	1,418	1,361	376	3.6	207
	化	49	1,073	1,008	291	3.4	＊221
	応　用　数	49	688	665	186	3.5	176
	応　用　物　理	49	751	717	285	2.5	180
	応　用　化	49	1,470	1,403	390	3.5	＊250
工	建　　　　築	46	1,413	1,317	285	4.6	208
	工　業　化	46	656	617	264	2.3	181
	電　気　工	46	1,729	1,638	329	4.9	209
	情　報　工	46	2,158	2,014	418	4.8	213
	機　械　工	46	2,213	2,080	444	4.6	213
薬	薬	40	1,028	935	262	3.5	212
	生　命　創　薬　科	40	688	646	237	2.7	203
理工	数	49	911	879	311	2.8	＊＊262
	物　　　　理	49	1,215	1,170	411	2.8	187
	情　報　科	49	1,567	1,492	366	4.0	218
	応　用　生　物　科	49	1,228	1,174	393	2.9	202
	建　　　　築	49	1,044	991	214	4.6	217
	先　端　化	49	1,059	1,005	292	3.4	206
	電気電子情報工	67	1,623	1,542	493	3.1	208
	経　　　　営	49	1,064	1,026	270	3.8	208
	機　械　工	49	1,766	1,688	470	3.5	216
	土　木　工	49	995	946	322	2.9	198
基礎工	電　子　応　用　工	49	794	769	211	3.6	204
	材　料　工	49	1,138	1,097	263	4.1	207
	生　物　工	49	775	739	295	2.5	196
経営	経　　　　営	132	1,755	1,695	328	5.1	＃262
	ビジネスエコノミクス	62	1,054	1,022	139	7.3	217
理第二部	数	64	310	259	113	2.2	167
	物　　　　理	64	304	273	138	1.9	162
	化	69	231	200	131	1.5	148
合　　　　計		1,650	35,005	33,220	9,165	―	―

（備考）　合格者数・合格最低点には補欠合格者を含む。

（配点）　試験各教科100点満点，3教科計300点満点。ただし，以下を除く。

• 理学部第一部化学科・応用化学科（＊）は350点満点（化学150点，他教科各100点）。

• 理工学部数学科（＊＊）は400点満点（数学200点，他教科各100点）。

• 経営学部経営学科（＃）は350点満点（英語150点，他教科各100点）。

●C方式入試（大学入試センター試験＋東京理科大学独自試験）

学部・学科		募集人員	志願者数	受験者数	合格者数	競争率	合格最低点
理第一部	数	10	90	72	18	4.0	384
	物　　　　理	10	132	102	14	7.2	410
	化	10	110	86	27	3.1	381
	応　用　数	10	88	68	25	2.7	379
	応　用　物　理	10	60	47	18	2.6	376
	応　　用　　化	10	161	117	34	3.4	390
工	建　　　　築	10	146	112	26	4.3	401
	工　　業　　化	10	75	53	20	2.6	371
	電　　気　　工	10	184	142	37	3.8	393
	情　　報　　工	10	205	152	30	5.0	404
	機　　械　　工	10	210	159	40	3.9	390
薬	薬	10	182	133	20	6.6	396
	生　命　創　薬　科	10	106	83	24	3.4	379
理工	数	10	79	68	19	3.5	378
	物　　　　理	10	84	60	10	6.0	392
	情　　報　　科	10	115	81	22	3.6	385
	応　用　生　物　科	10	173	125	35	3.5	366
	建　　　　築	10	113	91	24	3.7	398
	先　　端　　化	10	90	72	20	3.6	371
	電気電子情報工	13	91	65	16	4.0	374
	経　　営　　工	10	96	79	20	3.9	369
	機　　械　　工	10	145	118	25	4.7	390
	土　　木　　工	10	69	54	12	4.5	387
基礎工	電　子　応　用　工	10	115	87	24	3.6	377
	材　　料　　工	10	165	132	10	13.2	395
	生　　物　　工	10	120	97	32	3.0	358
経営	経　　　　　　営	24	208	172	25	6.8	387
	ビジネスエコノミクス	13	181	148	23	6.4	383
合　　　　　　計		300	3,593	2,775	650	―	―

（配点）　500点満点（大学入試センター試験200点＋東京理科大学独自試験300点）。

●グローバル方式入試（英語の資格・検定試験＋東京理科大学独自試験）

学部・学科		募集人員	志願者数	受験者数	合格者数	競争率	合格最低点
理第一部	数	5	56	52	7	7.4	270
	物　　　　理	5	66	61	7	8.7	269
	化	5	58	50	13	3.8	235
	応　用　数	5	68	63	17	3.7	236
	応　用　物　理	5	37	34	9	3.7	253
	応　用　化	5	69	59	12	4.9	238
工	建　　　　築	5	79	74	10	7.4	253
	工　業　化	5	44	40	12	3.3	213
	電　気　工	5	107	100	15	6.6	250
	情　報　工	5	91	76	12	6.3	254
	機　械　工	5	80	75	10	7.5	266
薬	薬	5	59	45	8	5.6	242
	生命創薬科	5	43	37	9	4.1	221
理工	数	5	33	31	8	3.8	234
	物　　　　理	5	38	33	7	4.7	246
	情　　　報	5	50	46	7	6.5	242
	応用生物科	5	78	68	13	5.2	224
	建　　　　築	5	68	61	9	6.7	252
	先　端　化	5	45	40	9	4.4	230
	電気電子情報工	7	62	52	15	3.4	233
	経　営　工	5	50	43	10	4.3	228
	機　械　工	5	65	57	11	5.1	251
	土　木　工	5	76	71	14	5.0	222
基礎工	電子応用工	5	94	88	21	4.1	227
	材　料　工	5	76	68	5	13.6	239
	生　物　工	5	60	53	13	4.0	217
経営	経　　　　営	12	177	162	12	13.5	236
	ビジネスエコノミクス	7	110	104	20	5.2	228
合　　　　計		151	1,939	1,743	315	—	—

（配点）　320 点満点（東京理科大学独自試験 300 点＋英語の資格・検定試験 20 点）。

募集要項（出願書類）の入手方法

◎一般選抜（A方式・B方式・C方式・グローバル方式・S方式）

　Web出願サイトより出願を行います。募集要項は大学ホームページよりダウンロードしてください（11月中旬公開予定）。

◎学校推薦型選抜・総合型選抜

　Web出願サイトより出願を行います。募集要項は7月上旬頃，大学ホームページで公開。

> 〔Web出願の手順〕
> Web出願サイトより出願情報を入力
> ⇒入学検定料等を納入⇒出願書類を郵送⇒完了

◎上記入学試験以外（帰国生入学者選抜や編入学など）

　Web出願には対応していません。願書（紙媒体）に記入し，郵送により出願します。募集要項は大学ホームページから入手してください。

問い合わせ先

　東京理科大学　　入試課
　　〒162-8601　東京都新宿区神楽坂1-3
　　TEL 03-5228-7437　　　　FAX 03-5228-7444
　　ホームページ　https://www.tus.ac.jp/

 東京理科大学のテレメールによる資料請求方法

| スマートフォンから | QRコードからアクセスしガイダンスに従ってご請求ください。 |
| パソコンから | 教学社 赤本ウェブサイト(akahon.net)から請求できます。 |

合格体験記
募集

　2025 年春に入学される方を対象に，本大学の「合格体験記」を募集します。お寄せいただいた合格体験記は，編集部で選考の上，小社刊行物やウェブサイト等に掲載いたします。お寄せいただいた方には小社規定の謝礼を進呈いたしますので，ふるってご応募ください。

・応募方法・

下記 URL または QR コードより応募サイトにアクセスできます。
ウェブフォームに必要事項をご記入の上，ご応募ください。
折り返し執筆要領をメールにてお送りします。
※入学が決まっている一大学のみ応募できます。

☞ **http://akahon.net/exp/**

・応募の締め切り・

総合型選抜・学校推薦型選抜	2025 年 2 月 23 日
私立大学の一般選抜	2025 年 3 月 10 日
国公立大学の一般選抜	2025 年 3 月 24 日

受験にまつわる川柳を募集します。
入選者には賞品を進呈！
ふるってご応募ください。

応募方法 http://akahon.net/senryu/ にアクセス！☞

気になること、聞いてみました！

在学生メッセージ

大学ってどんなところ？　大学生活ってどんな感じ？
ちょっと気になることを，在学生に聞いてみました。

以下の内容は 2020〜2022 年度入学生のアンケート回答に基づくものです。ここ
で触れられている内容は今後変更となる場合もありますのでご注意ください。

Message from current students

メッセージを書いてくれた先輩　［創域理工学部］K.N. さん　［理学部第一部］A.Y. さん
　　　　　　　　　　　　　　　［理学部第二部］M.A. さん

大学生になったと実感！

　自由度が高まったと感じています。バイト，部活，勉強など自分のやり
たいことが好きなようにできます。高校時代と比べて良い意味でも悪い意
味でも周りからの干渉がなくなったので，自分のやりたいことができます。
逆に，何もしないと何も始まらないと思います。友達作りや自分のやりた
いことを自分で取捨選択して考えて行動することで，充実した大学生活を
送ることができるのではないでしょうか。自分自身，こういった環境に身
を置くことができるのはとてもありがたいことだと思っており，有意義な
ものになるよう自分から動くようにしています。（A.Y. さん／理〈一部〉）

　大学生になって，高校よりも良くも悪くも自由になったと実感していま
す。高校生までは，時間割が決まっていて学校の外に出ることはなかった
と思いますが，大学生は授業と授業の間にお出かけをしたり，ご飯を食べ
たりすることもできますし，授業が始まる前に遊んでそのまま大学に行く
こともあります。アルバイトを始めたとき，専門書を購入したとき，大学
生になったと実感します。また，講義ごとに教室が変わり自分たちが移動

する点も高校とは異なる点だと思います。（M.A. さん／理〈二部〉）

　所属する建築学科に関する専門科目が新しく加わって，とても楽しいです。さらに OB の方をはじめとした，現在業界の第一線で働いていらっしゃる専門職の方の講演が授業の一環で週に 1 回あります。そのほかの先生も業界で有名な方です。（K.N. さん／創域理工）

この授業がおもしろい！

　1 年生の前期に取っていた教職概論という授業が好きでした。この授業は教職を取りたいと思っている学生向けの授業です。教授の話を聞いたり個人で演習したりする授業が多いですが，この授業は教授の話を聞いた後にグループワークがありました。志の高い人たちとの話し合いは刺激的で毎回楽しみにしていました。後半にはクラス全体での発表もあり，たくさんの意見を聞くことができる充実した授業でした。（A.Y. さん／理〈一部〉）

大学の学びで困ったこと＆対処法

　高校と比べて圧倒的に授業の数が多いので，テスト勉強がとても大変です。私の場合，1 年生前期の対面での期末テストは 12 科目もありました。テスト期間は長く大変でしたが，先輩や同期から過去問題をもらい，それを重点的に対策しました。同学科の先輩とのつながりは大切にするべきです。人脈の広さがテストの点数に影響してきます。（A.Y. さん／理〈一部〉）

　数学や物理でわからないことがあったときは，SNS でつながっている学科の友人に助けを求めたり，高校時代の頭のよかった友人に質問したりします。他の教科の課題の量もかなり多めなので，早めに対処することが一番大事です。（K.N. さん／創域理工）

Message from current students

部活・サークル活動

　部活は弓道部，サークルは「ちびらぼ」という子供たちに向けて科学実験教室を行うボランティアサークルに所属しています。弓道部は週に3回あり忙しいほうだと思いますが，他学部の人たちや先輩と知り合うことができて楽しいです。部活やサークルに入ることは，知り合いの幅を広げることもできるのでおすすめです。どのキャンパスで主に活動しているのか，インカレなのかなど，体験入部などを通してよく調べて選ぶといいと思います。（A.Y. さん／理〈一部〉）

 ## 交友関係は？

　初めは SNS で同じ学部・学科の人を見つけてつながりをもちました。授業が始まるにつれて対面で出会った友達と一緒にいることが増えました。勉強をしていくうえでも，大学生活を楽しむうえでも友達の存在は大きく感じます。皆さんに気の合う友達ができることを祈っています。（M.A. さん／理〈二部〉）

 ## いま「これ」を頑張っています

　勉強，部活，バイトです。正直大変で毎日忙しいですが，充実していて楽しいです。自分の知らなかった世界が広がった気がします。実験レポートや課題が多く，いつ何をするか計画立てて進めています。自分はどうしたいかを日々考えて動いています。（A.Y. さん／理〈一部〉）

おススメ・お気に入りスポット

　私は理学部なので神楽坂キャンパスに通っています。キャンパスの周りにはたくさんのカフェやおしゃれなお店があり，空きコマや放課後にふらっと立ち寄れるのがいいと思います。東京理科大学には「知るカフェ」というカフェがあり，ドリンクが無料で飲めるスペースがあります。勉強している学生が多くいて，私もよくそこで友達と課題をしています。（A.Y. さん／理〈一部〉）

 ## 入学してよかった！

　勤勉な友達や熱心な先生方と出会い，毎日が充実しており，東京理科大学に入学してよかったと心から思っています。理科大というと単位や留年，実力主義という言葉が頭に浮かぶ人，勉強ばかりで大変だと思っている人もいると思います。しかし，勉強に集中できる環境が整っており，先生方のサポートは手厚く，勉強にも大学生活にも本気になることができます。また，教員養成にも力を入れており，この点も入学してよかったと思っている点です。（M.A. さん／理〈二部〉）

Message from current students

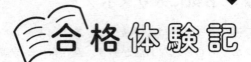

合格体験記

みごと合格を手にした先輩に，入試突破のためのカギを伺いました。
入試までの限られた時間を有効に活用するために，ぜひ役立ててください。

（注）ここでの内容は，先輩方が受験された当時のものです。2025 年
度入試では当てはまらないこともありますのでご注意ください。

・アドバイスをお寄せいただいた先輩・

M.Y. さん　先進工学部（生命システム工学科）
B 方式・グローバル方式 2024 年度合格，埼玉県
出身

　自分が今できる最善の勉強をしつづけることです。受験は長期戦で
す。あのときにこうしておけばよかったと後悔することもあって当然
です。でも，そう感じたときにもし最善の選択をしていたら，「あの
ときの自分は最善だと思って行動したから今があるんだ」と思えます。
過去には戻れないので後悔をしても過去は変わりません。失敗をする
と，たくさんのことを学べます。失敗を恐れず挑戦しつづけてほしい
です。また，常に前向きに勉強をしつづけることは難しく，時には落
ち込むこともあって当然です。辛い気持ちになったら周りの人を頼り
ましょう。私たちには応援をしてくれる家族や先生，友だちがいます。
ずっと勉強をしつづければ本番では自信になります。最後まで諦めず
に努力していってほしいです。

その他の合格大学　東京理科大（創域理工），明治大（農〈農芸化〉），青

山学院大（理工〈化学・生命科〉），中央大（理工〈生命科〉）

○ **H.S. さん**　先進工学部（機能デザイン工学科）
○ B方式 2023 年度合格，千葉県出身

　最後まで諦めないことだと思います。模試で良い成績を残せず，「なんでこんなに勉強しているのに成績が伸びないんだ」と心が折れてしまうことがあるかもしれないけれど，最後まで諦めなければ結果はついてくると思います。

その他の合格大学　東京海洋大（海洋工），中央大（理工），青山学院大（理工），法政大（理工）

○ **A.Y. さん**　理学部（化学科）
○ B方式 2022 年度合格，東京都出身

　1問1問に向き合い，自分自身や受験に対して最後まで諦めない気持ちを持つことが合格への最大のポイントだと思います。うまくいかないこともありますが，踏ん張って自分で考え試行錯誤しているうちに何かに気がつけたり，成長できていることに気づかされることもあります。受験には終わりがあります。あと少しだけ，そう思って諦めず少しずつでも進んでいくことが大切だと思います。どんなにうまくいかなかったり周りから何か言われたりしても合格すればすべて報われます。そう思って頑張ってください！

その他の合格大学　東邦大（理），東京電機大（工），立教大（理），法政大（生命科），中央大（理工），富山大（理）

K.O. さん 先進工学部（電子システム工学科）
B方式 2022 年度合格，大阪府出身

　時にはモチベーションが上がらなかったり，投げ出したくなること
もあるかもしれません。でもやっぱり一番大事なのは，そんなときこ
そゆっくりでもいいから足を止めず，勉強を続けることだと思います。

その他の合格大学　芝浦工業大（工），法政大（理工），東京都市大（理
工）

入試なんでも **Q & A**

受験生のみなさんからよく寄せられる，
入試に関する疑問・質問に答えていただきました。

Q 「赤本」の効果的な使い方を教えてください。

A 　夏くらいから解き始めました。受験する大学は必ず解き，傾向をつかみました。第一志望校（国立）は8年ほど，私立の実力相応校は3年ほど，安全校は1年ほど解きました。安全校であっても自分に合わない形式の大学もあるので，赤本は必ずやるべきです。また，挑戦校は早めに傾向をつかむことで，合格に近づくことができると思います。赤本の最初のページには傾向が書かれているので，しっかりと目を通すとよいと思います。
（M.Y. さん／先進工）

A 　夏頃に第1志望校の最新1年分の過去問を時間を計って解いてみて自分の現状を知ることで，これからどのような学習をすればよいのか再度計画を立て直しました。10月下旬からは志望校の過去問を1週間に1〜2年分解くようにしました。数学や物理は解けなくても気にしないようにして，解答や解説を読んでどのくらいの過程で結論を導き出せるのかを把握することで過去問演習や受験本番のペース配分に利用していました。間違えた問題には印を付けておき，復習しやすいようにしていました。直前期には間違えた問題を中心に第3志望校くらいまでの過去問5年分を2〜3周しました。
（H.S. さん／先進工）

１年間の学習スケジュールはどのようなものでしたか？

A　高３になる前：英語と数学Ⅰ・Ⅱ・Ａ・Ｂの基礎を固めておく。
　　高３の夏：理科の基礎を固める（『重要問題集』（数研出版）のレベルＡまで，得意な範囲はＢも）。ここで苦手分野をあぶりだす。また，夏に一度，第一志望校の過去問を解き，夏以降の勉強の指針を立てる。
　９月：意外と時間があり，志望校の対策をする。
　10月：模試に追われ，模試のたびに復習をして，苦手範囲をつぶしていく。
　11月：各科目の苦手範囲を問題集等でなるべく減らす。
　12〜１月：共通テストに専念。
　共通テスト明け：私立の過去問を解きつつ，国立の対策もする。
　　　　　　　　　　　　　　　　　　　　　　　　　（M.Y. さん／先進工）

A　４〜10月までは基礎の参考書を何周もして身につけました。英単語は「忘れたら覚える」の繰り返しを入試までずっと続けていました。理系科目も何周もしましたが，その単元の内容を短時間で一気に身につけるという意識で，１つの問題に長い時間をかけて取り組んでいました。11月から12月半ばまでは過去問演習と参考書学習を並行して行っていました。そこから入試にかけてはほとんど過去問演習でしたが，過去問演習と参考書学習の比率は自分のレベルに応じて決めるといいと思います。
　　　　　　　　　　　　　　　　　　　　　　　　　（K.O. さん／先進工）

　どのように学習計画を立て，受験勉強を進めていましたか？

A　１，２週間ごとに「やることリスト」を紙に書き出していました。休憩の時間も含めて決めて，それを元に１日単位のやる量も決めました。計画において大切なことは，ガチガチではなく大ざっぱに決め，少なくてもいいから絶対に決めた量はやりきるということだと思います。最初はなかなか計画通りに進めるのは難しいと思いますが，「今日から計画

を1回も破らない」という意識で，思っているより少ないタスク量から始めていくと続きやすいのかもしれません。　　　　　　　　（K.O. さん／先進工）

Q 東京理科大学を攻略するうえで，特に重要な科目は何ですか？

A 理科があまり得意ではなかったこともあり，東京理科大学の物理は難しいと感じていたため，英語・数学を得点源にしようと考えました。英語に関しては単語帳と熟語帳を1冊しっかりと仕上げれば，単語や熟語で困ることはないと思います。長文も慣れればそこまで難しくはないので慣れるまで過去問を解きました。私は慣れるのに時間がかかったので他学部の英語の問題も解きました。数学に関しては先進工学部はマーク式と記述式があるのですが，過去問を解いてどちらを得点源にできるのか考えておくと，受験当日に緊張していても落ち着いて試験に臨めると思います。物理に関しては大問の中盤くらいまでをしっかり解けるようにしておけば，難しい問題が多い終盤の問題を落としても合格点に届くと思います。　　　　　　　　　　　　　　　　　　　　　　（H.S. さん／先進工）

A 英語です。数学や化学は年によって難易度に差があり，問題を見てみないとわからない部分もあります。だからこそ英語で安定して点を取れていると強いと思います。東京理科大の英語は傾向が読みにくいので，最低3〜5年分の過去問をやり，どんな形式にでも対応できるようにしておくべきです。試験が始まったら，まずどんな問題で，どのように時間配分をすべきか作戦を立ててから問題に取り組むことをお勧めします。具体的には文と文の因果関係や，プラスマイナスの関係性に気をつけて記号的に読んでいました。　　　　　　　　　　　　　　（A.Y. さん／理）

Q 学校外での学習はどのようにしていましたか？

A 高2の秋から1年間，英語と数学を塾で週に1回ずつ学んでいました。学校の課題が多かったので学校と塾との両立は簡単ではあり

ませんでしたが，自分には合っていたと思います。また，夏休みにオンライン学習をしていました。予備校の種類は多いので自分に合ったものを選ぶことが大切だと思います。そもそも予備校に通ったほうがいいのか，対面かオンラインか，集団か個別かなど，体験授業などにも参加して取捨選択するのがいいと思います。自分に合っていない方法をとって時間もお金も無駄にしてしまうことはよくないと思うからです。　　（A.Y. さん／理）

Q　時間をうまく使うためにしていた工夫を教えてください。

A　時間は自分でつくるものです。いままでスマホを見ていた時間を隙間時間だと考えると，隙間時間の多さを感じると思います。ほかにも，電車に乗っている時間は言うまでもないと思いますが，例えば電車が来るまでの時間，食事後の時間などです。スマホを触る代わりに単語帳を開くとよいと思います。移動時間には暗記系，机の上で勉強できる時間はすべてペンを使った勉強と決めておくと，暗記は電車の中で終わらせるという意識がもてて集中できると思います。　　（M.Y. さん／先進工）

Q　苦手な科目はどのように克服しましたか？

A　わからない問題を，納得のいくまで先生に聞きつづける。入試本番でわからないより，今わからないほうがよいと思って質問をしていました。質問をしたことは頭にも残りやすいと思います。暗記の場合は，語呂合わせを利用するなどするとよいと思います。理系科目は，苦手な範囲を見つけ，なぜその範囲が苦手なのかを追求し，それを苦手でないようにするにはどうすればよいのかを考え，実行するとよいと思います。一見簡単そうに思えますが，実行までもっていくことは難しいです。なぜできないのかが自分でわからない場合は，逃げるのではなく，周りの人に聞いてみるとよいと思います。　　（M.Y. さん／先進工）

スランプに陥ったときに，どのように抜け出しましたか？

 友達や先生など信頼できる人に相談をしました。悩んで前に進まない時間が一番もったいないので，周りの人を頼りました。何でも気軽に相談できる先生がいたので，その先生に不安や悩みを相談していました。相談をする時間が惜しかったときもありますが，相談することでメンタルが回復するのであれば，相談をする時間は惜しむべきではないと思います！　また，一緒に頑張る仲間がいると頑張れます。友だちが頑張っていると自分も頑張ろうと思えますし，一方が落ち込んだらもう一方が励ますことで，お互いに支えあって受験を乗り越えることができました。

（M.Y. さん／先進工）

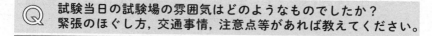 **模試の上手な活用法を教えてください。**

僕は模試を入試仮想本番として捉えることの大切さを挙げたいと思います。一日中通しで試験を受けるというのは，普段はなかなかできない貴重な体験だと思います。そして，本番として本気でぶつかることで普段の勉強では得られない発見が必ずあります。計算ミスはその筆頭で，これをなくすだけで偏差値は大幅にアップします。本番としてやるというのは，言葉通り模試前の教材の総復習だったり，模試の過去問があるなら見ておいたり，気合いを入れたり，本当の入試として取り組むということです。ぜひやってみてください。　　　　　（K.O. さん／先進工）

試験当日の試験場の雰囲気はどのようなものでしたか？
緊張のほぐし方，交通事情，注意点等があれば教えてください。

1時間前には座席に座れるように余裕を持って行動しました。私は受験のときに着る私服を決め，毎回同じ服装で受験していました。私服で行くのは体温調節がしやすいのでオススメです。私はカイロを毎回持参することで緊張をほぐしていました。試験が始まるまで耳栓をして，

黙々と暗記教科を中心に見直しをしていました。教科が終わるごとに歩いたりトイレに行ったりして，気分転換していました。出来があまりよくなかった教科ほど気持ちの切り替えが大切です。　　　　　　　　（A.Y. さん／理）

Q 併願をするうえで重視したことは何ですか？
また，注意すべき点があれば教えてください。

A 　キャンパスがどこにあるのかをしっかりと調べるようにして，もし通うことになったときに通学時間が長くても自宅から 2 時間かからない場所の大学を選びました。また，自分が最後に受けた模試の偏差値を見て，安全校，実力相応校，挑戦校を決めました。安全校はウォーミングアップ校とも言ったりしますが，実力相応校を受験する前に受験できる大学を選びました。私の場合は，理科が得点源になるほどにはできなかったので数学や英語だけで受験できるような大学も選ぶようにしていました。

（H.S. さん／先進工）

Q 受験生のときの失敗談や後悔していることを教えてください。

A 　受験勉強が始まって最初の頃，現実逃避したいせいか受験とは関係ないことに時間を使いすぎてしまい，勉強をストップしてしまったことです。例えば勉強を 1 週間休んだとしたら，それを取り返すためには数カ月質を上げて努力し続けなければいけません。だからストップだけはせず，気分が上がらないときはかなりスローペースでもいいので勉強を継続することです。そうやって 1 日 1 日を一生懸命に生きていれば，自然とペースはつかめてくると思います。　　　　（K.O. さん／先進工）

Q 普段の生活のなかで気をつけていたことを教えてください。

A 　食事の時間だけは勉強を忘れて友達や家族と他愛ない話をして気分転換の時間としました。温かいものを食べると体も心も温まるの

で夕食は家で温かいものを食べるようにしていました。また，睡眠時間を削ると翌日の勉強に悪影響を及ぼすので，毎日決まった時間に寝るようにしていました。起床時間は平日と土日でほとんど差がでないようにすることで，平日でも土日でもしっかりと起きることができました。さらに，寝る前の 30 分は暗記によい時間と聞いたことがあったので，ストレッチをしながらその日にやったことをさらっと復習したり，苦手な範囲を見直したりしていました。

（M.Y. さん／先進工）

 受験生へアドバイスをお願いします。

A　受験は長いです。しかも 1 日十何時間も毎日本気で勉強して，こんな大変な思いをする意味はあるのか？と思った人もいると思います。でも，本気であることに打ち込むのは貴重な経験だと思います。受験が始まる前に取り組んだいろんなことも，今では何でも簡単にできるようになっていると思えませんか？　そういった自信をつくるという意味で，この経験は受験ならではですし，大学受験が今までの人生で一番本気で頑張っていることだという人も多いと思います。そんな頑張っている自分を認めてあげてください。そのうえで，受験を最後まで走り切ってください。頑張れ受験生！

（K.O. さん／先進工）

科目別攻略アドバイス

みごと入試を突破された先輩に，独自の攻略法や
おすすめの参考書・問題集を，科目ごとに紹介していただきました。

英　語

速読力，単語力，英文の構造理解がポイント。　　（M.Y. さん／先進工）
📖 **おすすめ参考書**　『速読英単語』（Z 会）
『LEAP』（数研出版）

まずは語彙力だと思います。文法問題も出題されているので文法も大事
だと思います。　　　　　　　　　　　　　　　　　　（H.S. さん／先進工）
📖 **おすすめ参考書**　『英単語ターゲット 1900』『英熟語ターゲット 1000』
（いずれも旺文社）

試験が始まったら，まずどんな問題が出ていてどのように時間を使えば
いいか作戦をざっくり立てる。そうすることで焦りが軽減される。文法問
題から解くことで英語に慣れてから長文を解くとよい。

（A.Y. さん／理）

まず単語と熟語は反復して覚えて，時間内に間に合うまでスピードを上
げることが重要。　　　　　　　　　　　　　　　　　（K.O. さん／先進工）
📖 **おすすめ参考書**　『システム英単語』（駿台文庫）

数　学

典型問題の解法がすぐに出てくるようにしておきましょう。また，何と
なく解くのではなく，どのような方針で解くのかを考えるとよいです。授

業では，解き方を学ぶというよりも，初見問題に出合ったときの頭の使い方を学ぶとよいと思います。　　　　　　　　　　　（M.Y. さん／先進工）

📖 **おすすめ参考書**　『**数学Ⅲ 重要事項完全習得編**』（河合出版）『**合格る計算 数学Ⅲ**』（文英堂）

　記述式とマーク式のどちらが自分にとってコストパフォーマンスがいいか考えて，時間配分の力と計算力を上げることが大切。

（K.O. さん／先進工）

📖 **おすすめ参考書**　『**Focus Gold**』シリーズ（啓林館）

物　理

　公式は成り立ちから理解し，演習ではミスをしないギリギリのスピードを探ること。　　　　　　　　　　　　　　　　　（K.O. さん／先進工）

📖 **おすすめ参考書**　『**物理のエッセンス**』（河合出版）

化　学

　典型問題の解法を早めにしっかりと身につけましょう。何を求めたくて，どうすればどれが求まるのか，与えられた条件をどのように使えばいいのかをしっかり考えることが大切です。なぜ自分の答えが間違ったのかを突き止めましょう。　　　　　　　　　　　　　　　　（M.Y. さん／先進工）

📖 **おすすめ参考書**　『**実戦 化学重要問題集 化学基礎・化学**』（数研出版）

　教科書を大切にする。教科書の隅々までわかっていれば解ける。細かい知識が問われることが多いので，よく出るところの周辺は手厚く対策するべき。　　　　　　　　　　　　　　　　　　　　　（A.Y. さん／理）

📖 **おすすめ参考書**　『**大学受験 Do シリーズ**』（旺文社）『**宇宙一わかりやすい高校化学 無機化学**』（Gakken）

生　物

自分で現象の説明をできるようにすることがポイント。

(M.Y. さん／先進工)

📖 **おすすめ参考書** 『**ニューグローバル 生物基礎＋生物**』(東京書籍)

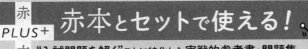

　科目ごとに問題の「傾向」を分析し，具体的にどのような「対策」をすればよいか紹介しています。まずは出題内容をまとめた分析表を見て，試験の概要を把握しましょう。

=========================== 注　意 ===========================

　「傾向と対策」で示している，出題科目・出題範囲・試験時間等については，2024 年度までに実施された入試の内容に基づいています。2025 年度入試の選抜方法については，各大学が発表する学生募集要項を必ずご確認ください。

英　語

年度	番号	項　目	内　容
2024 ●	〔1〕	読　　解	空所補充，同意表現，内容説明，内容真偽，主題
	〔2〕	読　　解	同意表現，空所補充，内容説明，内容真偽
	〔3〕	文法・語彙	空所補充，語の定義
	〔4〕	会　話　文	空所補充
2023 ●	〔1〕	読　　解	空所補充，同意表現，語句整序，内容真偽
	〔2〕	読　　解	空所補充，同意表現，内容説明，主題，内容真偽
	〔3〕	文法・語彙	空所補充
	〔4〕	会　話　文	空所補充
2022 ●	〔1〕	読　　解	語句整序，空所補充，同意表現，内容真偽
	〔2〕	読　　解	同意表現，語句整序，空所補充，内容真偽
	〔3〕	文法・語彙	空所補充
	〔4〕	会　話　文	空所補充
	〔5〕	文法・語彙	定義に当てはまる語

(注)　●印は全問，◐印は一部マークシート式採用であることを表す。

読解英文の主題

年度	番号	主　題
2024	〔1〕	オフィス復帰で気づいた利点
	〔2〕	XR の課題と未来
2023	〔1〕	歩きやすい都市
	〔2〕	蚊に刺されるのを防ぐ素材をテストする
2022	〔1〕	過去の自分との比較，他人との比較
	〔2〕	人類の進歩

読解力，文法・語彙・熟語力をバランスよく問う

01 出題形式は？

　2022 年度は 5 題に増えたが，例年，大問 4 題の出題である。また，2022 年度より，マークシート式による選択式と記述式を組み合わせた出題形式から，全問選択式に変わった。試験時間は 60 分。

02 出題内容はどうか？

　読解総合問題 2 題，文法・語彙問題 1，2 題，会話文問題 1 題の大問構成である。設問文が英文となっている。

　読解総合問題の設問は，語句整序，空所補充，同意表現，内容真偽，主題など，バラエティーに富んでいる。英文のテーマとしては，科学技術に関連するものや生物学など理系らしいものも目立つ。英文は標準レベルから専門用語を多用したやや難解なものまで，レベルに相当の差がみられる。

　文法・語彙問題は，すべて空所補充問題であり，文法問題は関係詞・準動詞・時制・接続詞・語順など，語彙問題では名詞・形容詞・前置詞・成句表現・語の定義などが問われている。

　会話文問題は，例年 1 題出題されており，特に難解なものはみられない。逆に言えばそれだけ高得点が求められるので，ケアレスミスに注意して慎重に取り組みたい。

03 難易度は？

　読解問題は設問が多く，スピーディーに処理しなければならないが，全体的にみれば，読解力，文法・語彙・熟語力をバランスよく問う，標準的なレベルの問題となっている。文法問題については，標準的な問題が多いが，なかには文法の根幹がわかっていないと解けないような論理的なものがみられることもある。読解問題が 2 題となった 2022 年度からは，特に時間配分に気をつける必要が出てきている。

対 策

01 読解問題

　長文読解は，設問の形式に過度に気を取られるよりは，着実に読解力を伸ばすことが第一の要点である。したがって，解法を研究するというよりは，ともかくもしっかり英文を読みこなす必要がある。そのためには『大学入試 ぐんぐん読める英語長文』（教学社）などで，読解の基礎を固めよう。また，英文のレベルは，共通テストの問題に近いので，共通テストやセンター試験の過去問を読んでみよう。読み飛ばすだけでもいいが，さらに出てきた単語・熟語などをノートにメモして，反復して練習すれば，必ず成果が上がってくる。

02 文法力をつけよう

　文法問題はもちろんのこと，読解のためにも文法力を向上させることは大切である。文法がわかると構文や英文の流れがわかってくるからである。英文法の薄い問題集で，解説の詳しいものを1冊仕上げてみよう。答えを覚えるくらい何度も反復練習すれば，自信がついてくるだろう。英語を読めるようになるには「文法なんかどうでもいい」と思わず，しっかり取り組みたい。

03 単語・熟語力の養成を

　単語・熟語は文法・語彙としていっしょに扱われることが多いが，これはやはり，市販の単語帳・熟語帳によって暗記していくのが効率的であろう。その際，決して欲張ってはならない。特に単語力のない人は，1000語程度の薄い単語帳を徹底的に見返して，一つ残らず覚えるという気構えで当たることが必要だ。ただ，持続力のない人は，市販の単語帳・熟語帳では途中で挫折してしまうことが多い。そういう人は，問題をやっていて出てきた単語・熟語を自作のノートに記録した上で，何度も見返して，全

部を暗記するのがよいだろう。

04 語句整序問題

　2024年度は出題がなかったが，英語は語順が重要な意味を持つので，今後の出題に備えて語句整序問題には積極的に取り組みたい。過去には長文中の語句を整序して英文を完成させる形式が出題されているが，適当な推測に基づく解答ではなく，単語が持つそれぞれの語法的，文法的，構文的条件を満たす並びを追究し，整序を終えた英文を文構造解析して正しいことを確かめるようにするとよい。時間と労力はかかるものの，必ず力がつき，語順を意識することで，ひいては正確かつ迅速な読解が可能になる。

── 東京理科大「英語」におすすめの参考書 ── Check!

✓ 『大学入試 ぐんぐん読める英語長文』（教学社）

数　学

年度	番号	項　目	内　容
2024 ◑	〔1〕	2 次 関 数	2 次方程式の解と係数の関係，式の値
	〔2〕	ベ ク ト ル	空間ベクトル，三角形の面積，四面体の体積
	〔3〕	積 分 法	定積分，定積分で表された関数
	〔4〕	微 分 法	方程式，導関数，法線，最大・最小
	〔5〕	数列，極限	漸化式，階差数列，一般項，数列の和，極限
2023 ◑	〔1〕	2 次 関 数	2 次方程式の解の公式，虚数解，解と係数の関係，複素数の絶対値
	〔2〕	微 分 法	3 次方程式，方程式の実数解の個数
	〔3〕	図形と方程式	不等式の表す領域における最大・最小
	〔4〕	微・積分法	導関数，接線，定積分，面積
	〔5〕	ベ ク ト ル	空間ベクトル，線分の交点，4 点が同一平面上にある条件，点から直線に下ろした垂線
2022 ◑	〔1〕	対 数 関 数	底の変換，対数の演算，桁数，小数，常用対数，対数不等式
	〔2〕	三 角 関 数，微 分 法	対称式の値，三角関数の合成，3 次関数の値域，3 次方程式，三角方程式
	〔3〕	複素数平面	内分点・外分点を表す複素数，回転，共役複素数，純虚数
	〔4〕	微・積分法	関数の値，導関数，最大値・最小値，面積，置換積分法
	〔5〕	ベ ク ト ル	空間ベクトルの大きさ・内積・1 次結合，ベクトルの大きさの最小値

(注)　●印は全問，◑印は一部マークシート式採用であることを表す。

出題範囲の変更

　2025 年度入試より，数学は新教育課程での実施となります。詳細については，大学から発表される募集要項等で必ずご確認ください（以下は本書編集時点の情報）。

2024 年度（旧教育課程）	2025 年度（新教育課程）
数学Ⅰ・Ⅱ・Ⅲ・A・B（数列，ベクトル）	数学Ⅰ・Ⅱ・Ⅲ・A（図形の性質，場合の数と確率）・B（数列，統計的な推測）・C（ベクトル，平面上の曲線と複素数平面）

旧教育課程履修者への経過措置

　2025 年度入試に限り，新教育課程と旧教育課程の共通範囲から出題する。

標準的な問題が中心だが 計算力を要する問題も出題

01 出題形式は？

　マークシート式による空所補充形式と記述式が併用されている。マークシート式3題と，記述式2題の計5題の出題となっている。記述式は，答えのみを書くものと，途中の過程も書くものとがある。標準的な内容の出題がほとんどであるが，過去に図示問題が出題されたこともある。試験時間は100分。

02 出題内容はどうか？

　微・積分法は必出といってよい。その他の特徴としては，図やグラフに関連した出題が多いという点が挙げられる。

03 難易度は？

　標準的な頻出問題が出題の中心である。しかし，なかにはかなりの計算を伴う問題もある。時間配分としては，まずは1題あたり10〜15分で解き，残りの時間で，解ききれなかった問題に戻るとよいだろう。てこずりそうな問題は後回しにして，自分がスムーズに解ける問題から着実に解答していくことが肝要である。

01 基本事項の徹底理解

　見慣れない問題や高度な内容の問題であっても，基本的な事柄の組み合わせで解けるものである。そこでは当然，定理や公式は単に覚えて使えるだけでなく，証明まで含めて理解しておくことが求められる。また，出題

範囲の各分野から幅広く出題されているので，苦手分野をなくしておくことが必要である。『チャート式 基礎からの数学』シリーズ（青チャート）（数研出版）などを活用するとよい。

02　計算力をつけよう

　かなりの計算力が要求される問題も出題されている。日頃から計算を行うときは集中して，より速く正確に答えに達することができるように努めよう。なかでも微・積分法の計算は特に重要であるから，演習問題で習熟しておくこと。『システム数学 入試必修問題集 練磨』シリーズ（数学Ⅰ・Ⅱ・A・B＋C，数学Ⅲ＋C）（新興出版社啓林館）などが適切である。

03　マークシート式への対応

　マークシート式による出題がある。マークシート式では途中経過を丁寧に書く必要はないので，答えを正確に速く求めて，マークミスをしないことが肝要である。過去問を利用して，十分に慣れておくようにしよう。

04　記述式答案の作成練習

　解答過程の求められる記述問題では筋道の通った簡潔な答案が要求される。また，図やグラフに関連した問題が多いので，答案にも必要に応じて図やグラフを描き加える必要がある。日頃から，答案をまとめる練習をしておくこと。

東京理科大「数学」におすすめの参考書

- ✓ 『大学入試 最短でマスターする数学Ⅰ・Ⅱ・Ⅲ・A・B・C』（教学社）
- ✓ 『チャート式 基礎からの数学』シリーズ（青チャート）（数研出版）
- ✓ 『システム数学 入試必修問題集 練磨 数学Ⅰ・Ⅱ・A・B＋C』
- ✓ 『システム数学 入試必修問題集 練磨 数学Ⅲ＋C』（いずれも新興出版社啓林館）

物　理

年度	番号	項　目	内　容
2024 ●	〔1〕	力　　　学	摩擦のある斜面上での単振動
	〔2〕	熱　力　学	傾きを変えられるシリンダー内の気体の状態変化
	〔3〕	波　　　動	音源と観測者両方の単振動に伴うドップラー効果
	〔4〕	電　磁　気	磁場中に設置されたレール上での導体棒の運動
2023 ●	〔1〕	力　　　学	斜面上での小球の複数回衝突と正三角柱のつり合い
	〔2〕	熱　力　学	ばねのついた真空部に接した気体の状態変化
	〔3〕	電　磁　気	磁場中の導体棒の運動，コンデンサーの切り替えと電気振動
	〔4〕	原　　　子	X線の発生とブラッグの条件，コンプトン効果
2022 ●	〔1〕	力　　　学	人工衛星の運動，重力と静電気力による鉛直方向の運動
	〔2〕	熱　力　学	気体塊の断熱上昇に伴う気温の逓減率の考察
	〔3〕	波　　　動	3重スリットでの光の干渉
	〔4〕	電　磁　気	比電荷の測定，正六角形回路と電磁誘導，複雑な回路の電流

（注）　●印は全問，◑印は一部マークシート式採用であることを表す。

力学・電磁気を中心に各分野から出題
試験時間の割に小問数が多い

01　出題形式は？

　大問4題の出題で，試験時間は80分。全問マークシート式で，解答群から適切な数式・数値・グラフ等を選ぶ形式となっている。2023年度は数値計算の結果をマークする形式も出題された。1題が小問構成をとることも多く，設問数は多めである。

02 出題内容はどうか？

出題範囲は「物理基礎・物理」である。

2022・2024 年度は力学，熱力学，電磁気，波動から各 1 題の出題であった。2023 年度には波動にかわって原子からの出題があり，各分野から出題されているので，満遍なく学習しておく必要がある。ただし，力学と電磁気の分野は配点も高めなので特に力を入れておきたい。

03 難易度は？

特に難問が出されているわけではないが，標準レベルかそれ以上で，教科書の章末問題よりは明らかにワンランク上の問題といえる。また，試験時間と大問数を考慮すると，大問 1 題あたり 20 分程度で解くことになるが，力学・電磁気分野にどうしても時間がかかる。的確に内容を把握する力と，着実に処理していける正確で素早い計算力が求められている。

対 策

01 基礎力を充実させたうえで，出題形式に慣れよう

まずは，受験問題の標準レベルの問題を確実に得点できるようにしておこう。そのうえでワンランク上の問題集に取り組み，時間を意識しながら解く練習を重ねておく必要がある。物理の本質から着実に力を伸ばしたい人には，『体系物理』（教学社）が適している。過去問にあたるときは，空所補充問題の思考の流れを意識し，選択肢もヒントと捉えて取り組むことが肝要である。演習量を増やすためにも他学部の問題にも取り組んでおこう。

02 計算力の充実を

前の問題の結果や思考過程を利用して解答することが多いので，計算ミ

スは致命的である。計算過程を丁寧に残しながら計算を進める習慣をつけ
ておく必要がある。さらに選択肢の形式を意識した式変形を行う必要があ
るので、その練習のためにも過去問に数多く取り組んでおこう。

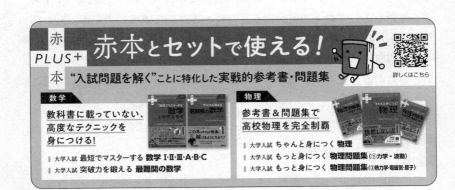

化　学

年度	番号	項　目	内　　容
2024 ●	〔1〕	構　　造	純物質と混合物
	〔2〕	構造・変化	濃度，量的関係，逆滴定，酸化還元滴定，鉛蓄電池，加水分解　　　　　　　　　　　　　　　　　　　　　　　　　⊘計算
	〔3〕	変　　化	ルシャトリエの原理，ヨウ素滴定，溶解度積　　　　　⊘計算
	〔4〕	無　　機	陽イオンの分離
	〔5〕	有　　機	アルコールとエーテル，$C_6H_{14}O$ の異性体
	〔6〕	有機・高分子	カルボン酸，アミノ酸，サリチル酸，合成樹脂　　　⊘計算
2023 ●	〔1〕	変化・高分子	反応速度を変える条件，水の電離平衡，アミノ酸　　⊘計算
	〔2〕	状　　態	浸透圧　　　　　　　　　　　　　　　　　　　　　　⊘計算
	〔3〕	無　　機	炭素，実用電池，アルカリ金属・アルカリ土類金属，セラミックス，金属元素
	〔4〕	無　　機	合金，金属の反応
	〔5〕	有　　機	油脂，エステルの構造決定　　　　　　　　　　　　　⊘計算
	〔6〕	有　　機	芳香族化合物の製法，芳香族化合物の分離
2022 ●	〔1〕	変　　化	酢酸の電離平衡，緩衝液　　　　　　　　　　　　　　⊘計算
	〔2〕	状　　態	コロイド溶液の性質，コロイド粒子1個の質量・体積・直径　　　　　　　　　　　　　　　　　　　　　　　　　　⊘計算
	〔3〕	理論・無機	結晶，沸点と分子量，気体の発生，無機化合物の製法，錯イオンの構造，硫酸の溶解性
	〔4〕	変　　化	電池の種類，燃料電池，鉛蓄電池
	〔5〕	有　　機	ジカルボン酸の構造決定　　　　　　　　　　　　　　⊘計算
	〔6〕	高　分　子	芳香族炭化水素の酸化，ポリエチレンテレフタラート　　　　　　　　　　　　　　　　　　　　　　　　　　　⊘計算

（注）　●印は全問，◖印は一部マークシート式採用であることを表す。

計算力・思考力・総合判断力を重視
有機は構造と反応に注目

01　出題形式は？

　大問数は6題で，試験時間は80分。全問マークシート式であるが，形

式は選択・計算・正誤法など多様である。特に計算法では，結果を指定した形でマークさせる東京理科大学独自の形式があるので，過去問を解いて答え方に慣れておくと有利であろう。そのほか，適切な選択肢の番号の和を答える形式の問題などもあるので，ケアレスミスをしないよう注意したい。

02　出題内容はどうか？

　出題範囲は「化学基礎・化学」である。

　理論・無機・有機にわたって広い範囲から出題されている。理論（計算）が多い年度もある。計算は毎年独特の趣向を凝らした問題が出され，しかも難問が含まれることもあるので注意したい。有機は構造式・異性体の決定や，有機合成反応，検出・確認法および天然・合成高分子化合物に関する出題が多い。また，有機にも計算が含まれるので注意しておきたい。

03　難易度は？

　全般的には基本的・標準的な問題が多いが，問題量が多く，1題を10〜15分程度で解くことになる。時間配分に注意し，特に理論問題の読み取り，計算のための時間を確保したい。

対　策

01　題意の把握と思考力を養うこと

　まず問題の題意の把握に細心の注意を払うこと。特に，計算問題の解答の仕方，有効数字のとり方など，独特の答え方に注意する必要がある。また，問題の解法に総合判断力・思考力を要する問題もあるので，少し難度の高い問題集（例えば，『実戦 化学重要問題集 化学基礎・化学』（数研出版））や本書の過去問などを使ってしっかり練習し，応用力を養っておくことが望まれる。

02 理　論

　広範囲から総合的な問題として出題されることが多いので，基礎理論を
きちんと理解した上で，特に計算に重点をおいて演習を徹底的に行うこと。
理論では，水和水を含む化合物の溶解度，状態変化とエネルギー，気体の
法則（混合気体・水蒸気を含む），熱化学，酸・塩基，酸化還元滴定，電
気分解，反応速度，化学平衡などが頻出しており，特に重要である。

03 無　機

　無機だけの出題もあるが，実験や理論と絡めて出題されることもある。
気体の製法や性質，陽・陰イオンの沈殿・溶解反応などは化学反応式を含
めて確実に理解すること。また，実用電池や無機化合物の利用も出題され
るので，細かな知識にも注意したい。学習は教科書中心でよいが，検出法
など実験については図を含めてよく調べておくこと。

04 有　機

　分子式や構造式・異性体の推定，元素の確認法などがよく出題される。
これらの対策としては，合成法や性質を官能基や反応の種類と関連づけて
よく調べておくことが大切である。また，元素分析や高分子の計算もよく
出題されるので，十分練習しておくこと。さらに，糖類，タンパク質とア
ミノ酸の構造と性質をまとめておく必要がある。

生　物

年度	番号	項　目	内　　容
2024 ●	〔1〕	細　　胞, 植物の反応	植物ホルモンと植物の反応，能動輸送
	〔2〕	代　　謝, 遺 伝 情 報	オペロンを構成する遺伝子群とその発現調節，アミノ酸の光学異性体と酵素反応
	〔3〕	総　　合	減数分裂と受精，集団遺伝と適応度，集団で生活する昆虫の生活様式　⊘計算
2023 ◑	〔1〕	遺 伝 情 報	遺伝子の転写と翻訳，ヘモグロビンの四次構造の多様性　⊘計算
	〔2〕	代　　謝	呼吸と発酵の代謝過程，酵母および乳酸菌の増殖に与える環境中の酸素の影響　⊘計算・描図
	〔3〕	植物の反応	オーキシンとサイトカイニンの相互作用，花芽形成に及ぼす光条件と種子の低温処理の影響　⊘描図
2022 ◑	〔1〕	遺 伝 情 報	DNA の複製，培養細胞の突然変異と薬剤耐性獲得，転写調節因子を介した遺伝子の発現制御　⊘計算・描図
	〔2〕	総　　合	植物ホルモンと植物の応答，花の形態形成における ABC モデル，被食−捕食関係と個体数変動　⊘計算・描図
	〔3〕	総　　合	生殖細胞形成，性決定にかかわる遺伝子と性ホルモンを介した性分化　⊘計算

(注)　●印は全問，◑印は一部マークシート式採用であることを表す。

計算問題と考察問題への対処がポイント
例年出題の遺伝情報は特に注意

01　出題形式は？

　例年大問 3 題の出題で，試験時間は 80 分である。2023 年度までは，解答はほとんどがマークシート式であるが，描図問題や過去には論述問題も出題されたことがある。2024 年度は，例年出題されていた描図問題がなくなり，全問マークシート式の解答形式となった。マークシート式には正誤問題や計算問題の解答の数値を直接マークする方式もみられる。計算問題とグラフや図表に関する問題が多く，リード文が長文なのが特徴である。

以前は考察型の選択問題が多かったが，近年は空所補充などの知識問題の割合も増加している。

02　出題内容はどうか？

出題範囲は「生物基礎・生物」である。

最も出題が多い項目は遺伝情報で，この分野からの出題は毎年続いている。そのほか，植物の反応からの出題も目立つ。全体的に，分子生物学的な内容を含むやや高度な問題がみられ，バイオテクノロジー・遺伝子工学・細胞工学など現代生物学の研究方法については，図説などを利用して特に注意して見ておく必要があるだろう。

03　難易度は？

各大問に複数の問題が含まれ，実質的にはかなり多岐にわたる内容で問題量も多いので，試験時間内で処理するには難度は高い。特に計算問題にしばしば高度なものが含まれ，単位の換算や指数の処理など，計算力が必要な手間のかかる問題が多い。大問1題を20〜30分で解くことになるが，実験・グラフ・図表に関するデータの読み取りや考察を含む問題，正文・誤文の判定が必要な知識問題などでは，内容理解・判断に時間がかかるものが目立つので，難易の見極めと時間配分がポイントになるだろう。

対　策

01　十分な計算力をつける

例年，計算問題は必出で，手間のかかる問題も多い。まずは，標準的な問題集を使って各分野の代表的な計算問題について繰り返し練習し，基本的な問題の解き方をきちんと理解して，計算の基本を身につけよう。その上で，モル濃度やアボガドロ数などの化学の知識，単位の換算や指数の処理，問題の要求内容を的確にとらえる解析力まで要求されるような，高度

な問題にもチャレンジしていこう。また，計算問題では，独特の形式のものが出題されるので，創域理工学部を含めた過去問に取り組み，出題形式などに慣れておきたい。

02　やや高度な学習を目標にする

　新しい題材，高度な内容が含まれる実験などが積極的に出題される傾向にある。まずは教科書を十分学習した上で，詳しい内容や関連する事柄を図説や参考書で学習しておくことも必要である。特に，分子生物学的な内容やバイオテクノロジー・遺伝子工学・細胞工学などの分野は，比較的新しいテーマについても図説で丁寧に見ておきたい。

03　実験やグラフの解析力をつける

　実験結果やグラフ・図表に関する考察問題では，長いリード文を読み解く力やグラフ・データの解析力が求められる。図説を使って，なるべく多くの実験手法や題材に触れ，結果やグラフ・図表の読み方など，資料をきちんと解析する練習をしておいてほしい。また，教科書レベルを超えた独自の資料が示されることもあるので，問題集や他大学の過去問などでも考察問題を探して，演習をしておくとよい。見たことのない実験やテーマでも，関連して知っていることがあれば，解答の糸口が見つかることもあるので，さまざまな角度から検討する習慣をつけておこう。

　マーク式の解答ではないが，このような考察や解析の練習には，『生物 理系上級問題集』（駿台文庫）などを使うのもよいだろう。

04　重要分野をしっかり固める

　遺伝情報の分野は，難度の高い問題が多い重要分野である。細胞，生殖・発生，動物の反応などの諸分野との関連もしっかり押さえて学習するとともに，過年度に出された論述問題にも取り組んでおきたい。実戦的な問題に十分当たって，しっかり力をつけておこう。

問題と解答

Ｂ方式

問 題 編

▶**試験科目・配点**

教　科	科　　　　目	配　点
外国語	コミュニケーション英語Ⅰ・Ⅱ・Ⅲ，英語表現Ⅰ・Ⅱ	100 点
数　学	数学Ⅰ・Ⅱ・Ⅲ・Ａ・Ｂ	100 点
理　科	**電子システム工・物理工学科**：物理基礎・物理 **マテリアル創成工学科**：「物理基礎・物理」，「化学基礎・化学」から１科目選択 **生命システム工・機能デザイン工学科**：「物理基礎・物理」，「化学基礎・化学」，「生物基礎・生物」から１科目選択	100 点

▶**備　考**

• 英語はリスニングおよびスピーキングを課さない。
• 「数学Ｂ」は「数列」「ベクトル」から出題。

英　語

（60 分）

1 Read the following passage and answer the questions below. （27 points）

　　Soon after graduating from university, Jessica got offered a fully remote job handling customer service at a tech company in 2020. She absolutely loved working from home. "I could work for a bit, then walk the dog or meet a friend for coffee and continue working after," she says. "I had this great office space in my house, too. As soon as I finished work, I had the ability to fully relax." Then, as Covid-19 restrictions eased, （　1　） It was her first experience of a full-time, in-person environment. "I was back in an almost school-like routine … and I didn't like it," says the 24-year-old, based in the UK. In February 2022, she left the company, determined to only take roles that afforded her the flexibility and freedom of working remotely instead of what her bosses desired. She got offered a remote role soon thereafter, but the job ended abruptly in August 2022, （　2　） the company unexpectedly closed down. Jessica is now in a new position at a digital PR firm as a senior copywriter, but she's required to spend two to three days a week in the office.

　　A few months in, she's surprised by how much she's enjoying it, even after digging in her heels against returning. "It creeped up on me how much I
(3)
liked being in the office," she says. "In the mornings, I look forward to seeing my colleagues and having a nice chat." Jessica missed the friendly interaction with colleagues in a way she never would've predicted only a few months ago. "That social interaction and feel of being part of a collective is something I
(4)
think people forget when they've not had it for ages," Jessica feels.

　　Jessica is one of a growing group of workers who have quietly changed

their minds about returning to their desks, at least a little. <u>They're</u>
<u>rediscovering the unexpected benefits of being back in the office</u>, ⁽⁵⁾ <u>from</u>
<u>catching up with colleagues face-to-face, to finding themselves able to draw</u>
<u>clearer boundaries between work and home.</u> And while many workers are
willing to tell their bosses they're glad to be back, some have taken the
decision to keep those feelings quiet; they don't want to （ 　6　 ） management
personnel to take away flexible work arrangements. When millions of
employees were forced to change to remote work at the start of the pandemic,
it was a major adjustment.

　　Alexander, a director of account management, says it took about three
months to fully get into a routine of working （ 　7　 ）, having always been
based full-time in an office. But quickly, he began to appreciate the undeniable
benefits. With no commute, he had time to run household errands during the
day and spend lots of extra time with his dogs. So, when his employer decided
to bring staff back into the office full-time in June 2021, Alexander was
（ 　8　 ） to get on board.

　　"I wasn't overjoyed," he admits. "It was a shock. In a year and three
months, you get used to certain things. I was in the team that was thinking,
'I'm performing at my job and the company is performing, so what's the need
to go back into an office?' We're a sales-based company. What's the benefit of
going back if we're still achieving our goals and I'm still selling?" Many
workers have shared <u>the same sentiment.</u>⁽⁹⁾

　　According to a questionnaire, about two-thirds of people surveyed
between July and August 2022 wanted to keep working remotely full-time,
while 32% wanted the chance to work from home at least a few days per
week. Another report, which surveyed more than 32,000 US workers in
November 2021, found 64% would look for another job if their employers
wanted them back in the office full-time. Still, many companies have brought
back workers to the office, at least a few days per week. And some of the
workers who resisted the return are finding that maybe it's not so bad after

all.

Like Jessica, once Alexander was back in the Miami office, the 29-year-old quickly discovered the upsides. "I started to realize that if I wanted to have a conversation with someone or work through a problem, there's no ignoring me when you're in person," he says. "If I needed a simple answer to a quick question, that might have been a multi-hour process at home. But now if I need an answer from one of our vice presidents, I can walk in their office and get things done a lot quicker."

He also found personal benefits, such as an improved work life balance. "My home time is my home time," he says. "It's time with my dogs, and when I'm in the office I give it my all."

(1) Choose the sentence that best fits into the space (　1　) in the passage. Mark the number on your **Answer Sheet**.

  1 Jessica's bosses asked her to spend more and more time in the office.

  2 Jessica asked her bosses to spend more and more time at home.

  3 Jessica's bosses asked her to spend less and less time in the office.

  4 Jessica asked her bosses to spend less and less time at home.

(2) Choose the word that best fits into the space (　2　) in the passage. Mark the number on your **Answer Sheet**.

  1 although   2 nevertheless

  3 notwithstanding   4 when

(3) Choose the best one that describes the meaning of the underlined part (3). Mark the number on your **Answer Sheet**.

  1 strongly persisting in going back

  2 firmly resisting the idea of going back

  3 returning with a sense of accomplishment and happiness

  4 never having a chance to return against her will

(4)　Choose the best one that describes the meaning of the underlined part (4).
Mark the number on your **Answer Sheet**.

　1　an individual　　　　　　　　2　a selective person

　3　a member of a group　　　　　4　a role of responsibility

(5)　Choose the best information that is included in the underlined part (5).
Mark the number on your **Answer Sheet**.

　1　They are learning the value of establishing a clear separation between
their professional and personal lives.

　2　They are attempting to combine their work lives and their personal
lives.

　3　They are hesitating to make a clear line between work and home.

　4　They are finding it difficult to meet coworkers in person.

(6)　Choose the word that best fits into the space (　6　) in the passage.
Mark the number on your **Answer Sheet**.

　1　make　　　　　　　　　　　　2　encourage

　3　establish　　　　　　　　　　4　discuss

(7)　Choose the best one that fits into the space (　7　) in the passage. Mark
the number on your **Answer Sheet**.

　1　for free of charge

　2　of the importance of his job

　3　by managing in the accounting section

　4　from his kitchen table

(8)　Choose the word that best fits into the space (　8　) in the passage.
Mark the number on your **Answer Sheet**.

　1　about　　　　　　　　　　　　2　reliable

　3　reluctant　　　　　　　　　　4　willing

(9) Choose the best one that describes the meaning of the underlined part (9). Mark the number on your **Answer Sheet**.

1 When employees go back to their offices, they naturally see it as advantageous to be recognized as high achievers.

2 Even though employees are performing valuable tasks, employers tend to avoid acknowledging it.

3 Unless there is a need for employees to return to the office, employers will remain concerned about the company's underperformance.

4 Returning to an office may not be necessary as long as employees contribute to the success of the business.

(10) Choose the two statements that most closely match the passage. Mark the numbers on your **Answer Sheet**.

1 Covid-19 initially led Jessica to appreciate the routines of her job that she could perform from her residence.

2 Jessica appreciated school life due to the style of the routine work.

3 According to a survey, for a certain time period, a relatively large number of people were keen to continue working remotely on a full-time basis.

4 Although he didn't need to waste time on his job, Alexander regarded his household chores as problematic.

5 So long as workers are doing well with their jobs, it does not matter where they do their jobs, which is Jessica's opinion.

6 A survey revealed a consistent pattern where workers returned to their respective workplaces every single day without hesitation.

(11) Choose the best one that could be used as a title for the passage. Mark the number on your **Answer Sheet**.

1 Employees abruptly protest remote work.

2 Workers quietly change their minds on return-to-office.

3 Companies quickly postpone office reopening.

4 Employers eagerly discourage remote work.

---

2 Read the following passage published in 2019 and answer the questions below. As for the word marked with an asterisk (*), see the **Notes** at the end of the passage. (28 points)

　　　Convincing the mind and body that a virtual experience is real requires a complex mix of digital technologies. What's more, all the various software and hardware components must work together seamlessly and continuously. Any bug, gap, or breakdown will produce an experience that <u>ranges</u> somewhere
(1)
between unconvincing and completely unacceptable. For example, if graphics get distorted or audio isn't synchronized with the virtual presentation, the entire experience can become problematic. Lags can separate the physics of extended reality (XR) from the physics of the natural world. In fact, research indicates that even a delay as tiny as 50 milliseconds is noticeable in a virtual environment.

　　　Within the realm of augmented reality (AR)*, things can be just as (2). Holding a smartphone over a menu and watching as a translation app converts languages can lead to incorrect information if the app displays wrong letters or words or produces complete nonsense. Pointing a smartphone camera at a room to view what a sofa or desk will look like in there can result in a funny situation if the item floats around the room or is out of proportion. It's not good enough to simply display the object; it has to settle in the right place and appear reasonably close to what <u>it</u> would look like in the room. Size,
(3)
scale, colors, and perspective are all critical.

　　　Of course, organizing and applying a mix of digital technologies are extremely important. <u>Yet assembling systems and apps that function correctly</u>
(4)
<u>also requires attention to other areas, including human factors and physiology,</u>

2
0
2
4
年度

B
方
式

英
語

psychology, and sociology. A person wearing AR glasses or viewing a virtual world must receive appropriate cues and signals, essentially indicators for how to interact. Part of the challenge for app designers is how to create a feedback loop. Essentially, the system must recognize and understand what a human is doing at any given instant and the human must recognize and understand what the system is doing. If a failure occurs on either side of this process, the extended reality experience will not continue sufficiently.

A common belief is that it's essential for virtual reality and other forms of XR to produce an experience as real as the physical world, but this isn't necessarily true. In most cases, the objective is to create an environment that appears real enough to trigger desired responses in the mind and body. This includes the illusion of movement or the sensation of hearing or touching an object. In short, imitating the physical world in every way isn't necessary or desirable. In much the same way a person enjoys a movie while knowing it isn't totally authentic, an individual can be immersed enough to accept the virtual reality or augmented reality frameworks as real enough.
(5)

In order to achieve this effect, those who design and build today's XR frameworks, particularly virtual reality software and systems, must maintain a balance between fidelity and speed. Greater pixel resolution and better graphics increase the demands placed on the system to produce images quickly and accurately. If the supporting computing platform can't keep up with the processing demands, as was a common problem with early VR gaming platforms, the technology stops working, performance suffers, and the magic of XR ceases to exist.
(6)

Yet, even if engineers and developers could produce an extremely realistic virtual world, they probably wouldn't want to do so. The human mind and body, sensing a virtual situation is real, could end up in a red zone. A person inside a virtual reality environment (　8　) becomes overwhelmed might suffer a panic attack, extreme fear, motion sickness, or, in a worst-case scenario, a heart attack or other physical problems that could lead to severe
(7)

illness or death.

The need to balance these factors is at the core of augmented reality, virtual reality, and mixed reality. <u>A VR system must avoid taking people beyond their physical and mental limits</u>. What's more, in many cases, the VR system must adapt and adjust dynamically, based on the user's motion and responses. In the future, extended reality systems will likely include a variety of sensors and biofeedback mechanisms, possibly built into gloves and clothing, that indicate when a person is approaching overstimulation. By monitoring heart rate, perspiration, and even brain waves, systems designers can build a more realistic yet safe environment. They can offer cutoff systems or failsafe triggers that allow a person to enjoy the experience with minimal risk.

(Notes) augmented reality：拡張現実

(1) Choose the word which is the closest in meaning to the underlined part (1) in the passage and mark the number on your **Answer Sheet**.

  1 appoints   2 conceals

  3 describes   4 varies

(2) Choose the word that best fits into the space （ 2 ） in the passage. Mark the number on your **Answer Sheet**.

  1 confident   2 promising

  3 strange   4 continuous

(3) Choose the one which refers to the underlined part (3) in the passage and mark the number on your **Answer Sheet**.

  1 the smartphone app   2 the right place

  3 the user   4 the object

出典追記：Virtual Reality by Samuel Greengard, MIT Press

(4) Choose the one which refers to the underlined part (4) in the passage and mark the number on your **Answer Sheet**.

1　A person who knows something about physiology, psychology, or sociology can enjoy a virtual world more.

2　App designers have to exclude human factors in arranging a mix of digital technology.

3　A system needs to know the human-related characteristics of the person viewing a virtual world.

4　People cannot be app designers without earning a degree in other areas such as psychology.

(5) Why does the author mention a movie in the underlined part (5) in the passage? Mark the number on your **Answer Sheet**.

1　To imply that systems designers have learned a lot from movie directors

2　To indicate that directors should adopt advanced VR technology in making a movie

3　To show a virtual reality experience is far more complex than watching a movie

4　To suggest that creating an environment that appears completely real is not totally necessary

(6) What can be inferred from the underlined part (6) in the passage? Mark the number on your **Answer Sheet**.

1　Keeping a balance between fidelity and speed is essential.

2　The magic of XR depends entirely on great pixel resolution and good graphics.

3　Producing images immediately is not a concern.

4　Those who design and build today's XR framework should follow the structure of early VR gaming platforms.

(7)　Choose the one which refers to the underlined part (7) in the passage and mark the number on your **Answer Sheet**.

1　to be strongly affected by a virtual reality environment

2　to make a virtual world as nearly identical as the real world

3　to believe that a virtual world is real

4　to suffer from severe illness due to a virtual reality environment

(8)　Choose the word that best fits into the space (　8　) in the passage. Mark the number on your **Answer Sheet**.

1　whatever　　　　　　　　2　which

3　who　　　　　　　　　　4　whose

(9)　What can be inferred from the underlined part (9) in the passage? Mark the number on your **Answer Sheet**.

1　A VR system may cause harm to the user's mind and body.

2　A VR system's use should be limited by users.

3　The author considers it necessary to establish an age restriction for the use of a VR system.

4　The author thinks that a VR system cannot be used in the treatment of physical and mental illness.

(10)　Choose the two statements that match the overall passage. Mark the numbers on your **Answer Sheet**.

1　To present an object accurately is not the only essential thing in augmented reality.

2　Living body information, gathered from various sensors, has been used to prevent users' overstimulation for a long time.

3　Systems designers aim to generate desired user responses such as the illusion of movement or the sensation of hearing or touching an object.

4　Making various software and hardware components work together smoothly can spoil a satisfactory VR experience.

    5　Virtual reality should always create an experience as identical as the physical world.

3　Choose the items that best fit into the spaces (　　　). Mark the number on your **Answer Sheet**.　　　　　　　　　　　　　　　　　　(25 points)

(1)　New York City is (　　　) the most populous cities in the United States.

   1　among　　　　　　　　　　　　2　at

   3　through　　　　　　　　　　　　4　of

(2)　I had just walked in the door from work and my dog was sitting in the kitchen (　　　) his tail waving, hoping for a treat.

   1　in　　　　　　　　　　　　　　2　at

   3　while　　　　　　　　　　　　4　with

(3)　Despite the workers' reservations, the CEO insisted on moving forward with the plan he had proposed. Therefore, employees had no choice (　　　) yield to his ideas.

   1　but to　　　　　　　　　　　　2　rather on

   3　that　　　　　　　　　　　　　4　what

(4)　It seems (　　　) great importance to teach children to respect life.

   1　as me to　　　　　　　　　　　2　of me for

   3　with me to　　　　　　　　　　4　to me of

(5)　(　　　) you haven't already paid, please pay now.

   1　Although　　　　　　　　　　　2　Or

   3　If　　　　　　　　　　　　　　4　Unless

(6) As an adjective, "(   )" has several meanings, one of which implies "not soft or breakable when pressed; comparatively solid, hard, stiff, or rigid."

  1   fierce   **2**   firm

  3   solitary   **4**   static

(7) When a uranium or plutonium atom is split apart, it emits neutrons (   ) turn split other atoms.

  1   which   **2**   of which

  3   that in   **4**   when to

(8) Employers often look for candidates who are not only highly skilled in their area of expertise, but also possess a range of other positive abilities, making them (   ) and adaptable employees.

  1   cold-hearted   **2**   soft-focused

  3   short-sighted   **4**   well-rounded

(9) There are now more non-native speakers of English than native speakers, so it should hardly come as a surprise that speakers of other languages are growing in (   ) as writers of English.

  1   deliberation   **2**   correction

  3   prominence   **4**   residence

(10) I told my friend I couldn't go out with her this weekend because I had to focus on studying, but she keeps calling me and trying to change my mind. It's just (   ) stress that I don't need right now.

  1   extra   **2**   kind

  3   less   **4**   sort

(11) The coordinator, responsible for the conference, (   ) the participants that the event would be cancelled.

1　announced　　　　　　　　　2　notified

3　stated　　　　　　　　　　　4　pledged

(12)　The grandfather couldn't wait for life to go back to （　　　）, so that he could see his grandson without worrying about social distancing.

1　minimal　　　　　　　　　　2　normal

3　least　　　　　　　　　　　4　right

(13)　The instruction was （　　　） to explain how to play the game.

1　wasted　　　　　　　　　　2　pretended

3　intended　　　　　　　　　4　congratulated

(14)　Ever since he received the invitation, he has been bubbling with （　　　） for the upcoming concert.

1　anticipation　　　　　　　　2　adaptation

3　exclusiveness　　　　　　　4　prosperity

(15)　I recommend that you should inform the owner of your （　　　） time of arrival as far as possible in advance.

1　replied　　　　　　　　　　2　enclosed

3　estimated　　　　　　　　　4　preoccupied

(16)　I walked into the hotel lobby and approached the front desk. The receptionist gave me a quick （　　　）.

1　elevator　　　　　　　　　　2　glance

3　happiness　　　　　　　　　4　luggage

(17)　I am led by my （　　　） and can't resist the urge to explore the abandoned building.

1　concept　　　　　　　　　　2　curiosity

3 controversial   4 construction

(18) He decided to buy a German car before he even saved enough money. It seems like he's putting the ( ) before the horse.

1 bill   2 rider

3 carrot   4 cart

(19) We need to redesign our website, but I'm not sure how to incorporate the logo in a way that satisfies our boss. Actually, she is very ( ) about how the company logo is used in marketing materials.

1 especially   2 particular

3 specification   4 article

(20) We have a lot of tasks to complete, and we can't do everything at once. To make sure we're focusing on the most important things first, let's arrange everything ( ) priority.

1 in charge of   2 in exchange for

3 in order of   4 in preparation for

(21) After trying to do a crossword puzzle for hours, I was still ( ) and couldn't complete it.

1 out of the air   2 on my behalf

3 in case   4 at a loss

(22) Despite the poor audio quality, everybody could still ( ) the main points of the lecture and understand the speaker's message.

1 get out of   2 make out

3 stay in   4 hang out

(23) The word "nutrition" means ( ).

1　the practices and habits that promote good health and prevent the spread of illness

2　the process of giving or getting the right type of food for good health and growth

3　the bodily action of breaking down food into smaller components

4　the ways someone or something looks or presents itself to others

(24)　The word "intuition" means (　　　).

1　the ability to understand or know something without conscious reasoning or logical evidence

2　the feeling of being certain that something exists or is true

3　the widely held belief or fixed idea about a particular group, category, or individual

4　the process of recognizing, organizing, and interpreting sensory information received from the environment

(25)　The word "to pour" means (　　　).

1　the act of causing a liquid to flow out of a container in a controlled manner

2　the process of removing something, especially by force

3　the act of bouncing back or giving back images, sounds, or light

4　the act of moving or conveying something from one place, person, or situation to another

4　The following is a conversation in a research institute. Choose the most appropriate word for each blank (**a–j**) and mark the number on your **Answer Sheet**. You must use each word only once.　　　　　　(20 points)

A: Today I'll be showing you how to use a microscope. It's an essential tool at our (　**a**　) to view and magnify small subjects.

B: Thank you. I'm looking forward to learning how to use it (　**b**　).

A: Okay, let's start with the different parts of the microscope. We have the base which provides stability, the stage where we place the slides, the lenses that enlarge the specimens, the eyepiece for observing, and knobs for modifying the image (　**c**　) and definition. There is also a light for illuminating subjects.

B: Okay, I think I've got it.

A: Oh, that's (　**d**　). Now, let's move on to preparing slides. Confirm that they are clean and free from marks. Then, carefully place the specimen on a slide and put a cover slip over it to limit any (　**e**　) that may occur, such as dents and scratches.

B: So, I clean the slide, put the specimen on it, and place a cover slip over the top. Is that correct?

A: Yes, that's right. Now, let's position the slide. Gently place it onto the stage and ensure that it's secured using the gripping clips. This will (　**f**　) the slide from moving when (　**g**　) specimens.

B: Okay, I see.

A: Now, we will set the magnification. Turn the light on and look through the eyepiece, and then use the focus knob to bring the specimen into rough view.

B: Let me try that. Like this?

A: Yes, but perhaps with just a little (　**h**　) to how your hand is positioned.

B: How's this?

A: That's good! Okay, so now turn it slowly until you achieve a sharp view. Remember, be gentle to avoid any malfunctions.

B: Okay. So, how do I explore different parts of the specimens?

A: Well, you can use this mechanical stage control to move the slide and explore the different areas you want to examine. If you need more light, turn the power up.

B: Oh, I see. That's really interesting! The microscope seems easy to （　i　） and control.

A: That's right. Just one more thing, be （　j　） to record your findings accurately in this notebook and follow any specific instructions for each study.

B: Yes, I'll remember to do that.

1 adjustment	2 analyzing	3 clarity
4 damage	5 effectively	6 excellent
7 laboratory	8 operate	9 prevent
10 sure		

数　学

（100 分）

以下の問題 $\boxed{1}$ $\boxed{2}$ $\boxed{3}$ において，$\boxed{}$ 内のカタカナの１文字にあてはまる 0 から 9 までの数字を求めて，**解答用マークシートの指定された欄にマークしなさい。** ただし，分数は既約分数で表しなさい。また，根号内の $\boxed{}$ に対しては，根号の中に 現れる正の整数が最小となる形で答えなさい。なお，$\boxed{ア}$ のようなカタカナ１文字は１ 桁の数を表し，$\boxed{アイ}$ のようなカタカナ２文字は２桁の数，$\boxed{アイウ}$ のようなカタカ ナ３文字は３桁の数を表すものとします。

$\boxed{1}$ （16 点）

２次方程式 $2x^2 + 4x + 3 = 0$ の２つの解を α, β とするとき，次の式の値を求めよ。

(1) $(\alpha - \beta)^2 = -\boxed{ア}$

(2) $\alpha^2\beta + \alpha\beta^2 = -\boxed{イ}$

(3) $\alpha^3 + \beta^3 = \boxed{ウ}$

(4) $\dfrac{\beta}{\alpha + 2} + \dfrac{\alpha}{\beta + 2} = -\boxed{エ}$

(5) $\alpha^6 + \beta^6 = -\dfrac{\boxed{オカ}}{\boxed{キ}}$

$\boxed{2}$ (16 点)

次の条件を満たす四面体 ABCD を考える。

- $AB = \dfrac{\sqrt{2}}{2}$, $AC = \dfrac{\sqrt{2}}{3}$, $AD = 1$

- $\cos\angle CAB = \dfrac{1}{2}$, $\cos\angle BAD = \dfrac{\sqrt{2}}{2}$, $\cos\angle DAC = \dfrac{\sqrt{2}}{2}$

(1) $\cos\angle BDC = \dfrac{\boxed{ア}}{\boxed{イ}}\sqrt{\boxed{ウエ}}$ である。

(2) 三角形 BCD の面積は,

$$\dfrac{\boxed{オ}}{\boxed{カキ}}\sqrt{\boxed{ク}}$$

である。

(3) 四面体 ABCD の頂点 A から平面 BCD に垂線 AE をひく。このとき, $\overrightarrow{AE}$ は

$$\overrightarrow{AE} = \overrightarrow{AC} - \dfrac{\boxed{ケ}}{\boxed{コ}}\overrightarrow{BD}$$

と書ける。

(4) 四面体 ABCD の体積は,

$$\dfrac{\boxed{サ}}{\boxed{シス}}$$

である。

3 (16 点)

(1) 定積分 $\displaystyle\int_0^{\frac{\pi}{3}} \cos^2 t \, dt$ を計算すると，

$$\int_0^{\frac{\pi}{3}} \cos^2 t \, dt = \frac{\boxed{\text{ア}}}{\boxed{\text{イ}}} \pi + \frac{\boxed{\text{ウ}}}{\boxed{\text{エ}}} \sqrt{\boxed{\text{オ}}}$$

となる。

(2) 定積分 $\displaystyle\int_0^{\frac{\pi}{3}} \sin^3 t \, dt$ を計算すると，

$$\int_0^{\frac{\pi}{3}} \sin^3 t \, dt = \frac{\boxed{\text{カ}}}{\boxed{\text{キク}}}$$

となる。

(3) 関数 $f(x)$, $g(x)$ が

$$f(x) = \cos x + \int_0^{\frac{\pi}{3}} g(t) \sin t \, dt$$

$$g(x) = \sin^2 x + \int_0^{\frac{\pi}{3}} f(t) \cos t \, dt$$

を満たすとする。このとき，関数 $f(x)$ は

$$f(x) = \cos x + \frac{\boxed{\text{ケコ}}}{\boxed{\text{サシス}}} + \frac{\boxed{\text{セソ}}}{\boxed{\text{タチ}}} \sqrt{\boxed{\text{ツ}}} + \left(\frac{\boxed{\text{テ}}}{\boxed{\text{トナ}}} + \frac{\boxed{\text{ニ}}}{\boxed{\text{ヌネ}}} \sqrt{\boxed{\text{ノ}}} \right) \pi$$

と書ける。

4 (26 点)

問題 4 の解答は解答用紙 4 に記入しなさい。

以下の設問に答えなさい。ただし，空欄（あ）〜（か）については，適切な式または値を解答用紙の所定の欄に記入しなさい。

関数 $f(x)$ を

$$f(x) = \frac{x^3 - 3x^2 + 3x + 6}{x^2 - 2x + 2}$$

と定める。

(1) 方程式 $f(x) - x = 0$ の実数解は，　（あ）　，　（い）　である。

(2) 関数 $f(x)$ の導関数 $f'(x)$ は，$f'(x) =$ 　（う）　である。

(3) 曲線 $y = f(x)$ 上の点 $\mathrm{A}(2, f(2))$ における法線の方程式は 　（え）　である。

(4) x が $-1 \le x \le 6$ の範囲を動くとき，関数 $f(x)$ の最大値は 　（お）　であり，最小値は 　（か）　である。

なお，（お）と（か）の値を導く過程を解答用紙の所定の欄に書きなさい。

5 (26 点)

問題 5 の解答は解答用紙 5 に記入しなさい。

以下の設問に答えなさい。ただし，空欄（あ）〜（お）については，適切な式または値を解答用紙の所定の欄に記入しなさい。

次の条件によって定められる数列 $\{a_n\}$ と，数列 $\{a_n\}$ の階差数列 $\{b_n\}$ を考える。

$$a_1 = 5, \quad a_{n+1} = 7a_n + 5 \quad (n = 1, 2, 3, \cdots\cdots)$$

(1) 数列 $\{b_n\}$ の初項は $b_1 = \boxed{\quad（あ）\quad}$ であり，一般項を n の式で表すと $b_n = \boxed{\quad（い）\quad}$ である。

(2) 数列 $\{a_n\}$ の一般項を n の式で表すと，

$$a_n = \boxed{\quad（う）\quad}$$

である。

(3) $S_n = \displaystyle\sum_{k=1}^{n} \dfrac{7^k}{a_k a_{k+1}}$ とするとき，S_n を n の式で表すと，

$$S_n = \boxed{\quad（え）\quad}$$

である。

なお，（え）の式を導く過程を解答用紙の所定の欄に書きなさい。

(4) (3) で定めた S_n に対して，$\displaystyle\lim_{n\to\infty} S_n = \boxed{\quad（お）\quad}$ となる。

物　理

（80分）

　　以下の問題 $\boxed{1}$ ～ $\boxed{4}$ において，文章中の $\boxed{（ア）}$ などにあてはまる最も適当なものを指定の**解答群**の中から選び，その番号を**解答用マークシート**の指定欄にマークしなさい。ただし， $\boxed{（ア）}$ などは既出の $\boxed{（ア）}$ などを表す。必要なら，同一番号を繰り返し用いてよい。

$\boxed{1}$　（25点）

　　以下の問題において，重力加速度の大きさを $g\,[\mathrm{m/s^2}]$ とする。また，斜面は水平な床に固定されており，おもりは斜面から飛び出さないとする。また，おもりの大きさ，ばねの質量は無視してよい。

(1)　**図1-1**のように，摩擦の無視できる角度 $\theta\,[\mathrm{rad}]$ のなめらかな斜面に，質量 $m\,[\mathrm{kg}]$ のおもりがばね定数 $k\,[\mathrm{N/m}]$ のばねにつながれている。最初，ばねは自然長でおもりはストッパーで止められていた。ばねが自然長のときのおもりの位置を原点 O に，斜面に沿って下向きを正に x 軸をとる。この状態からストッパーを静かにはなすと，おもりは $x=\boxed{（ア）}\,[\mathrm{m}]$ の位置を中心とした，周期 $\boxed{（イ）}\,[\mathrm{s}]$ の単振動を行った。

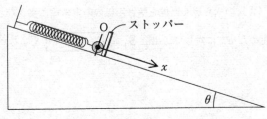

図1-1

⑦の解答群

0　0　　　　　1　mg　　　　　2　$mg\sin\theta$　　　3　$mg\cos\theta$

4　$\dfrac{mg}{k}$　　　　5　$\dfrac{mg\sin\theta}{k}$　　　6　$\dfrac{mg\cos\theta}{k}$

⑴の解答群

0　$\sqrt{\dfrac{k}{m}}$　　1　$\sqrt{\dfrac{m}{k}}$　　2　$2\pi\sqrt{\dfrac{k}{m}}$　　3　$2\pi\sqrt{\dfrac{m}{k}}$

4　$\sqrt{\dfrac{k}{m}}\sin\theta$　　5　$\sqrt{\dfrac{m}{k}}\sin\theta$　　6　$2\pi\sqrt{\dfrac{k}{m}}\sin\theta$

7　$2\pi\sqrt{\dfrac{m}{k}}\sin\theta$

(2)　次に，**図1-2**のように，今度は摩擦のはたらく角度 θ〔rad〕のあらい斜面に，同じく質量 m〔kg〕のおもりがばね定数 k〔N/m〕のばねにつながれて，ばねの自然長の位置でストッパーで止められている。同じく自然長の位置を原点 O に，斜面に沿って下向きを正に x 軸をとる。おもりと斜面の間の静止摩擦係数を μ，動摩擦係数を μ' とする（$0 < \mu' < \mu$）。

　ストッパーを静かにはなしたときおもりが動きだす条件は，$\tan\theta >$　(ウ)　である。$\tan\theta >$　(ウ)　を満たす条件でストッパーを静かにはなすと，おもりは $x =$　(エ)　〔m〕の位置を中心とした単振動の半周期分の運動を行い，ストッパーをはなしてから　(オ)　〔s〕後に，最下点 $x =$　(カ)　〔m〕に到達した。最下点に到達した後，おもりが動かず静止し続ける条件は　(ウ)　$< \tan\theta <$　(キ)　である。

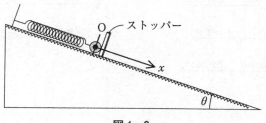

図1-2

㈠の解答群

0 μ **1** μ' **2** $\mu + \mu'$

3 $\mu - \mu'$ **4** $\mu\cos\theta$ **5** $\mu'\cos\theta$

6 $(\mu + \mu')\cos\theta$ **7** $(\mu - \mu')\cos\theta$

㈢の解答群

0 $\dfrac{mg\sin\theta}{k}$ **1** $\dfrac{mg(\sin\theta - \mu)}{k}$

2 $\dfrac{mg(1-\mu)\sin\theta}{k}$ **3** $\dfrac{mg(\sin\theta - \mu\cos\theta)}{k}$

4 $\dfrac{mg(\sin\theta - \mu')}{k}$ **5** $\dfrac{mg(1-\mu')\sin\theta}{k}$

6 $\dfrac{mg(\sin\theta - \mu'\cos\theta)}{k}$

㈣の解答群

0 $\dfrac{1}{2}\sqrt{\dfrac{m}{k}}$ **1** $\sqrt{\dfrac{m}{k}}$ **2** $\pi\sqrt{\dfrac{m}{k}}$

3 $2\pi\sqrt{\dfrac{m}{k}}$ **4** $\dfrac{1}{2}(1+\mu')\sqrt{\dfrac{m}{k}}$ **5** $(1+\mu')\sqrt{\dfrac{m}{k}}$

6 $\pi(1+\mu')\sqrt{\dfrac{m}{k}}$ **7** $2\pi(1+\mu')\sqrt{\dfrac{m}{k}}$

㈤の解答群

0 $\dfrac{2mg\sin\theta}{k}$ **1** $\dfrac{2mg(\sin\theta - \mu)}{k}$

2 $\dfrac{2mg(1-\mu)\sin\theta}{k}$ **3** $\dfrac{2mg(\sin\theta - \mu\cos\theta)}{k}$

4 $\dfrac{mg(\sin\theta - 2\mu\cos\theta)}{k}$ **5** $\dfrac{2mg(\sin\theta - \mu')}{k}$

6 $\dfrac{2mg(1-\mu')\sin\theta}{k}$ **7** $\dfrac{2mg(\sin\theta - \mu'\cos\theta)}{k}$

8 $\dfrac{mg(\sin\theta - 2\mu'\cos\theta)}{k}$

㈭の解答群

0	3μ	1	$3\mu'$	2	$\mu + 2\mu'$
3	$2\mu + \mu'$	4	$3\mu\cos\theta$	5	$3\mu'\cos\theta$
6	$\mu + 2\mu'\cos\theta$	7	$2\mu + \mu'\cos\theta$		

$\boxed{2}$ （25点）

　図2-1のように，鉛直面内で点 O を支点にして鉛直線からの角度 θ〔°〕を変更できるシリンダーを考える。シリンダーの内側の断面積は S〔m²〕であり，同じ断面積で質量が M〔kg〕のピストンがなめらかに動くようになっている。シリンダーには 1 mol の単原子分子理想気体が注入されていて，熱を吸収，放出させることで状態を変化させることができる。ただし，シリンダーとピストンは断熱材でできているので，直接外部との熱のやり取りを行なうことはできないが，シリンダーには熱交換器がついていて，これを通じてシリンダー内の気体に熱を吸収，放出させることができる。また，シリンダーを回転させるとき，その間，ピストンにかかる力は常につりあった状態にあるとする。気体定数を R〔J/(mol·K)〕，大気圧を P_0〔N/m²〕，重力加速度の大きさを g〔m/s²〕とする。断熱変化では，気体の圧力を P〔N/m²〕，気体の体積を V〔m³〕とすると，$PV^{\frac{5}{3}} = $ 一定 が成り立つとする。

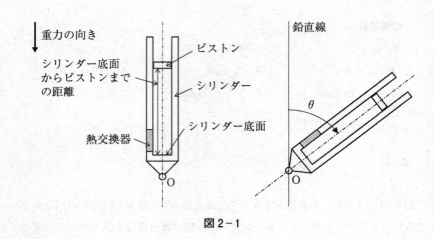

図 2-1

はじめに，**図 2-1**の左図のように，シリンダーと鉛直線の角度が 0 で，シリンダー内の気体の温度が T_A〔K〕の状態を考える。この状態を状態 A とする。このとき，シリンダー内の気体の圧力は，　(ア)　〔N/m^2〕になる。また，シリンダー底面からピストンまでの距離は，　(イ)　〔m〕となる。

(ア)の解答群

$$0 \quad P_0 \qquad\qquad 1 \quad P_0 - \frac{Mg}{S} \qquad\qquad 2 \quad P_0 + \frac{Mg}{S} \qquad\qquad 3 \quad \frac{Mg}{S}$$

(イ)の解答群

$$0 \quad \frac{RT_A}{P_0 S} \qquad\qquad 1 \quad \frac{RT_A}{P_0 S - Mg} \qquad\qquad 2 \quad \frac{RT_A}{P_0 S + Mg} \qquad\qquad 3 \quad \frac{RT_A}{Mg}$$

次に，状態 A から熱交換器を使用せず，シリンダーと鉛直線の角度が $\theta = 60°$ になるまで，ゆっくりとシリンダーを回転させた（**図 2-2**）。この状態を状態 B とする。このとき，シリンダー内の気体の圧力は，　(ウ)　〔N/m^2〕になる。また，シリンダー底面からピストンまでの距離は，　(エ)　×　(イ)　〔m〕になる。シリンダー内の気体の温度は，　(オ)　〔K〕となる。

さらに，状態 B から熱交換器を使用して，シリンダー内の気体の体積を一定

に保ちながら，シリンダーと鉛直線の角度が $\theta = 90°$ になるまで，ゆっくりとシリンダーを回転させた(**図 2 − 3**)。この状態を状態 C とする。このとき，シリンダー内の気体の内部エネルギーの変化(増加の場合，正とする)は，　□(カ)□　〔J〕となる。また，シリンダー内の気体に加えられた熱量は，　□(キ)□　〔J〕となる。

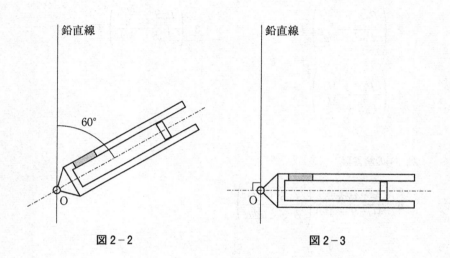

図 2 − 2　　　　　　　　　　　図 2 − 3

(ウ)の解答群

0　$P_0 - \dfrac{Mg}{2S}$　　　　1　$P_0 + \dfrac{Mg}{2S}$　　　　2　$P_0 - \dfrac{\sqrt{3}\,Mg}{2S}$

3　$P_0 + \dfrac{\sqrt{3}\,Mg}{2S}$　　　4　P_0

(エ)の解答群

0　$\left(\dfrac{P_0 S + Mg}{P_0 S + \dfrac{\sqrt{3}\,Mg}{2}}\right)^{\frac{3}{5}}$　　1　$\left(\dfrac{P_0 S + Mg}{P_0 S - \dfrac{\sqrt{3}\,Mg}{2}}\right)^{\frac{3}{5}}$　　2　$\left(\dfrac{P_0 S + Mg}{P_0 S + \dfrac{Mg}{2}}\right)^{\frac{3}{5}}$

3　$\left(\dfrac{P_0 S + Mg}{P_0 S - \dfrac{Mg}{2}}\right)^{\frac{3}{5}}$　　4　$\left(\dfrac{P_0 S - Mg}{P_0 S + \dfrac{Mg}{2}}\right)^{\frac{3}{5}}$

㋔の解答群

$$0 \quad \left(\dfrac{P_0 S + \dfrac{\sqrt{3}\,Mg}{2}}{P_0 S + Mg}\right)^{\frac{2}{5}} T_A \qquad\qquad 1 \quad \left(\dfrac{P_0 S - \dfrac{\sqrt{3}\,Mg}{2}}{P_0 S + Mg}\right)^{\frac{2}{5}} T_A$$

$$2 \quad \left(\dfrac{P_0 S + \dfrac{Mg}{2}}{P_0 S + Mg}\right)^{\frac{2}{5}} T_A \qquad\qquad 3 \quad \left(\dfrac{P_0 S - \dfrac{Mg}{2}}{P_0 S - Mg}\right)^{\frac{2}{5}} T_A$$

$$4 \quad \left(\dfrac{P_0 S + Mg}{P_0 S + \dfrac{Mg}{2}}\right)^{\frac{2}{5}} T_A$$

㋕, ㋖の解答群

$$0 \quad \dfrac{-3MgRT_A}{4(P_0 S + Mg)}\left(\dfrac{P_0 S + Mg}{P_0 S + \dfrac{Mg}{2}}\right)^{\frac{3}{5}}$$

$$1 \quad \dfrac{3MgRT_A}{4(P_0 S + Mg)}\left(\dfrac{P_0 S + Mg}{P_0 S + \dfrac{Mg}{2}}\right)^{\frac{3}{5}}$$

$$2 \quad \dfrac{-3MgRT_A}{4(P_0 S + Mg)}\left(\dfrac{P_0 S + Mg}{P_0 S + \dfrac{\sqrt{3}\,Mg}{2}}\right)^{\frac{3}{5}}$$

$$3 \quad \dfrac{3MgRT_A}{4(P_0 S + Mg)}\left(\dfrac{P_0 S + Mg}{P_0 S + \dfrac{\sqrt{3}\,Mg}{2}}\right)^{\frac{3}{5}}$$

$$4 \quad \dfrac{3MgRT_A}{4(P_0 S + Mg)}\left(\dfrac{P_0 S + Mg}{P_0 S - \dfrac{Mg}{2}}\right)^{\frac{3}{5}}$$

　状態Cからシリンダー内の気体の圧力を一定に保ちながら，シリンダー内の
気体の体積が状態Aと同じになるまで熱交換器を動作させた。この状態を状態

Dとする。このとき，シリンダー内の気体の温度は，　(ク)　〔K〕となる。

(ク)の解答群

0　$\dfrac{Mg}{P_0 S + Mg} T_A$　　　1　$\dfrac{P_0 S}{P_0 S + Mg} T_A$　　　2　$\dfrac{P_0 S}{Mg} T_A$

3　T_A　　　　　　　　　　4　$\dfrac{P_0 S + Mg}{P_0 S} T_A$

3　(25点)

　図3-1のように，水平で摩擦のない床の上に音源を備えた質量 m〔kg〕の物体
Aと，音源と同じ高さにあるマイクを備えた同じく質量 m〔kg〕の物体Bが，ば
ね定数 k〔N/m〕の軽いばねで結ばれている。また物体Aと物体Bは，同じくば
ね定数 k〔N/m〕の軽いばねで床に垂直な壁と杭にそれぞれつながっている。す
べてのばねは同一のものであり，はじめ，自然長であるものとする。このときの
物体Aの位置を原点Oに取り，水平方向右向きを x 軸の正とする。

　音源からでる振動数 f_0〔Hz〕の音をマイクで測定する。空気中での音速を
V〔m/s〕とし，風の影響はなく，音速は音源が移動する速さに比べてじゅうぶん
速く，音源からマイクまで音が伝わる時間は直接音（音源からマイクに直接届く
音）および反射音（壁で一度反射してマイクに届く音）ともに無視できるものとす
る。また，杭，音源，マイク，物体A，物体Bの大きさは無視できるものと
し，杭，音源，マイク，物体A，物体B，床，ばねは音を反射しないものとす
る。

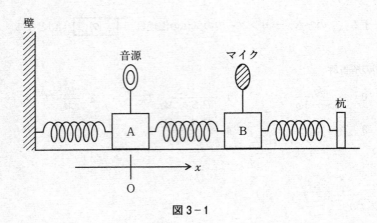

図 3 - 1

(1)　物体 B を固定したまま，物体 A の中心位置を x 軸に沿って正の方向に l〔m〕
だけ動かした後，時刻 $t = 0$ で物体 A を静かにはなすと同時に音源を鳴らし
たところ，物体 A は単振動をおこなった。なお，ばねの伸びは，ばねの自然
長に比べてじゅうぶん小さいものとする。このとき，単振動する物体 A の時
刻 t〔s〕における位置 x は　　(ア)　　〔m〕となり，物体 A が原点 O を通るとき
の速さは　　(イ)　　〔m/s〕となる。

(ア)の解答群

0　$l\sin\sqrt{\dfrac{k}{m}}\,t$　　　　　1　$l\cos\sqrt{\dfrac{k}{m}}\,t$　　　　　2　$l\sin\sqrt{\dfrac{2k}{m}}\,t$

3　$l\cos\sqrt{\dfrac{2k}{m}}\,t$　　　　4　$l\sin\sqrt{\dfrac{3k}{m}}\,t$　　　　5　$-l\sin\sqrt{\dfrac{k}{m}}\,t$

6　$-l\cos\sqrt{\dfrac{k}{m}}\,t$　　　7　$-l\sin\sqrt{\dfrac{2k}{m}}\,t$　　　8　$-l\cos\sqrt{\dfrac{2k}{m}}\,t$

9　$-l\sin\sqrt{\dfrac{3k}{m}}\,t$

(イ)の解答群

0　$l\sqrt{\dfrac{k}{m}}$　　1　$l\sqrt{\dfrac{2k}{m}}$　　2　$l\sqrt{\dfrac{3k}{m}}$　　3　$l\sqrt{\dfrac{k}{2m}}$　　4　$l\sqrt{\dfrac{k}{3m}}$

5　$2l\sqrt{\dfrac{k}{m}}$　　6　$2l\sqrt{\dfrac{2k}{m}}$　　7　$2l\sqrt{\dfrac{3k}{m}}$　　8　$2l\sqrt{\dfrac{k}{2m}}$　　9　$2l\sqrt{\dfrac{k}{3m}}$

(2)　続いて，(1)の条件下でマイクが検出する音について考える。時刻 t〔s〕における直接音の振動数 f_1 は　(ウ)　〔Hz〕となる。また直接音の振動数 f_1 が最も高くなる最初の時刻 t は　(エ)　〔s〕のときであり，このときの反射音の振動数 f_2 は　(オ)　〔Hz〕となる。

(ウ)の解答群

0　$\dfrac{f_0 V}{V + l\sqrt{\dfrac{k}{m}}\sin\sqrt{\dfrac{k}{m}}\,t}$

1　$\dfrac{f_0\left(V + l\sqrt{\dfrac{k}{m}}\sin\sqrt{\dfrac{k}{m}}\,t\right)}{V}$

2　$\dfrac{f_0 V}{V - l\sqrt{\dfrac{k}{m}}\sin\sqrt{\dfrac{k}{m}}\,t}$

3　$\dfrac{f_0\left(V - l\sqrt{\dfrac{k}{m}}\sin\sqrt{\dfrac{k}{m}}\,t\right)}{V}$

4　$\dfrac{f_0\left(V + l\sqrt{\dfrac{k}{m}}\sin\sqrt{\dfrac{k}{m}}\,t\right)}{V - l\sqrt{\dfrac{k}{m}}\sin\sqrt{\dfrac{k}{m}}\,t}$

5　$\dfrac{f_0\left(V - l\sqrt{\dfrac{k}{m}}\sin\sqrt{\dfrac{k}{m}}\,t\right)}{V + l\sqrt{\dfrac{k}{m}}\sin\sqrt{\dfrac{k}{m}}\,t}$

6　$\dfrac{f_0 V}{V + l\sqrt{\dfrac{2k}{m}}\sin\sqrt{\dfrac{2k}{m}}\,t}$

7　$\dfrac{f_0\left(V + l\sqrt{\dfrac{2k}{m}}\sin\sqrt{\dfrac{2k}{m}}\,t\right)}{V}$

8　$\dfrac{f_0 V}{V - l\sqrt{\dfrac{2k}{m}}\sin\sqrt{\dfrac{2k}{m}}\,t}$

9　$\dfrac{f_0\left(V - l\sqrt{\dfrac{2k}{m}}\sin\sqrt{\dfrac{2k}{m}}\,t\right)}{V}$

(エ)の解答群

0　0　　1　$\dfrac{\pi}{2}\sqrt{\dfrac{m}{k}}$　　2　$\pi\sqrt{\dfrac{m}{k}}$　　3　$\dfrac{3\pi}{2}\sqrt{\dfrac{m}{k}}$

4　$\dfrac{\sqrt{2}\pi}{4}\sqrt{\dfrac{m}{k}}$　　5　$\dfrac{\sqrt{2}\pi}{2}\sqrt{\dfrac{m}{k}}$　　6　$\dfrac{3\sqrt{2}\pi}{4}\sqrt{\dfrac{m}{k}}$　　7　$\dfrac{\sqrt{3}\pi}{6}\sqrt{\dfrac{m}{k}}$

8　$\dfrac{\sqrt{3}\pi}{3}\sqrt{\dfrac{m}{k}}$　　9　$\dfrac{\sqrt{3}\pi}{2}\sqrt{\dfrac{m}{k}}$

㋔の解答群

0 0

1 $\dfrac{f_0 V}{V + l\sqrt{\dfrac{k}{m}}}$

2 $\dfrac{f_0 V}{V - l\sqrt{\dfrac{k}{m}}}$

3 $\dfrac{f_0 V}{V + l\sqrt{\dfrac{2k}{m}}}$

4 $\dfrac{f_0 V}{V - l\sqrt{\dfrac{2k}{m}}}$

5 $\dfrac{f_0\left(V + l\sqrt{\dfrac{k}{m}}\right)}{V}$

6 $\dfrac{f_0\left(V - l\sqrt{\dfrac{k}{m}}\right)}{V}$

7 $\dfrac{f_0\left(V + l\sqrt{\dfrac{2k}{m}}\right)}{V}$

8 $\dfrac{f_0\left(V - l\sqrt{\dfrac{2k}{m}}\right)}{V}$

9 $\dfrac{f_0\left(V + l\sqrt{\dfrac{k}{m}}\right)}{V - l\sqrt{\dfrac{k}{m}}}$

(3) 今度は，すべてのばねが自然長である状態から，物体 A の中心位置を x 軸に沿って負の方向に l 〔m〕，物体 B の中心位置を x 軸に沿って正の方向に l〔m〕だけ動かしてから，時刻 $t = 0$ で同時に両物体を静かにはなす場合について考える。物体 A の速さが最大となる最初の時刻 t は ┃ ㋕ ┃ 〔s〕であり，このときの直接音と反射音の振動数の差 Δf は ┃ ㋖ ┃ 〔Hz〕となる。

㋕の解答群

0 0

1 $\dfrac{\pi}{2}\sqrt{\dfrac{m}{k}}$

2 $\pi\sqrt{\dfrac{m}{k}}$

3 $\dfrac{3\pi}{2}\sqrt{\dfrac{m}{k}}$

4 $\dfrac{\sqrt{2}\pi}{4}\sqrt{\dfrac{m}{k}}$

5 $\dfrac{\sqrt{2}\pi}{2}\sqrt{\dfrac{m}{k}}$

6 $\dfrac{3\sqrt{2}\pi}{4}\sqrt{\dfrac{m}{k}}$

7 $\dfrac{\sqrt{3}\pi}{6}\sqrt{\dfrac{m}{k}}$

8 $\dfrac{\sqrt{3}\pi}{3}\sqrt{\dfrac{m}{k}}$

9 $\dfrac{\sqrt{3}\pi}{2}\sqrt{\dfrac{m}{k}}$

㋖の解答群

0 0

1 $\dfrac{2V}{V - l\sqrt{\dfrac{k}{m}}} f_0$

2 $\dfrac{2l\sqrt{\dfrac{k}{m}}}{V - l\sqrt{\dfrac{k}{m}}} f_0$

3 $\dfrac{2V}{V - l\sqrt{\dfrac{2k}{m}}} f_0$　　　4 $\dfrac{2l\sqrt{\dfrac{2k}{m}}}{V - l\sqrt{\dfrac{2k}{m}}} f_0$　　　5 $\dfrac{2V}{V - l\sqrt{\dfrac{3k}{m}}} f_0$

6 $\dfrac{2l\sqrt{\dfrac{3k}{m}}}{V - l\sqrt{\dfrac{3k}{m}}} f_0$　　　7 $\dfrac{2V}{V + l\sqrt{\dfrac{k}{m}}} f_0$　　　8 $\dfrac{2l\sqrt{\dfrac{k}{m}}}{V + l\sqrt{\dfrac{k}{m}}} f_0$

9 $\dfrac{2l\sqrt{\dfrac{2k}{m}}}{V + l\sqrt{\dfrac{2k}{m}}} f_0$

4　(25点)

　図4-1のように，磁束密度の大きさが B〔T〕の鉛直上向きの一様な磁場の中に，2本の平行な導体レールが水平面と θ〔rad〕の角度をなして l〔m〕の間隔で置かれている。このレールの上に質量 m〔kg〕の導体棒がレールと直角に固定されている。レールにはスイッチSおよび抵抗値 R〔Ω〕の抵抗 R_1 が接続されており，2本のレールと導体棒の接点の間の導体棒の抵抗値は R〔Ω〕である。導体棒の固定を外すと，導体棒はレールと直角を保ったままレールから外れることなくレール上をなめらかにすべる。レールは十分長く，導体棒はレールの下端に達することは無い。導体棒と回路に接続した抵抗以外の抵抗値，レールの太さ，空気抵抗，回路を流れる電流により発生する磁場，自己誘導は無視する。また，重力加速度の大きさを g〔m/s²〕とする。

⑴　スイッチSを入れて，導体棒の固定を外したところ，導体棒がすべり始め，その速さが v〔m/s〕となった。このとき，導体棒にはたらく合力のレールと平行方向の成分は下向きに　(ア)　〔N〕である。

⑵　しばらくすると導体棒は一定の速さで運動するようになった。このとき，導体棒を流れる電流は　(イ)　〔A〕で，導体棒の速さは　(ウ)　〔m/s〕である。

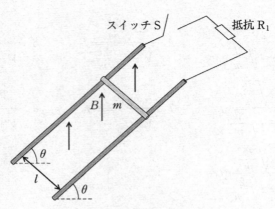

図 4 − 1

(ア)の解答群

0 $\quad mg\sin\theta + \dfrac{B^2 l^2 v\cos\theta}{R}$ 1 $\quad mg\sin\theta - \dfrac{B^2 l^2 v\cos\theta}{R}$

2 $\quad mg\sin\theta + \dfrac{B^2 l^2 v\cos\theta}{2R}$ 3 $\quad mg\sin\theta - \dfrac{B^2 l^2 v\cos\theta}{2R}$

4 $\quad mg\sin\theta + \dfrac{B^2 l^2 v\cos^2\theta}{R}$ 5 $\quad mg\sin\theta - \dfrac{B^2 l^2 v\cos^2\theta}{R}$

6 $\quad mg\sin\theta + \dfrac{B^2 l^2 v\cos^2\theta}{2R}$ 7 $\quad mg\sin\theta - \dfrac{B^2 l^2 v\cos^2\theta}{2R}$

(イ)の解答群

0 $\quad \dfrac{mg\tan\theta}{Bl\cos\theta}$ 1 $\quad \dfrac{2mg\tan\theta}{Bl\cos\theta}$ 2 $\quad \dfrac{3mg\tan\theta}{Bl\cos\theta}$

3 $\quad \dfrac{mg}{Bl}\tan\theta$ 4 $\quad \dfrac{2mg}{Bl}\tan\theta$ 5 $\quad \dfrac{3mg}{Bl}\tan\theta$

(ウ)の解答群

0 $\quad \dfrac{mgR\tan\theta}{B^2 l^2\cos\theta}$ 1 $\quad \dfrac{2mgR\tan\theta}{B^2 l^2\cos\theta}$ 2 $\quad \dfrac{3mgR\tan\theta}{B^2 l^2\cos\theta}$

3 $\quad \dfrac{mgR}{B^2 l^2}\tan\theta$ 4 $\quad \dfrac{2mgR}{B^2 l^2}\tan\theta$ 5 $\quad \dfrac{3mgR}{B^2 l^2}\tan\theta$

次に，**図4-2**のように，電圧を自由に変えられる電源Eを回路に取り付けた。電源Eの電圧をさまざまに変えて，スイッチSを入れるごとに導体棒の固定を外し，その後の導体棒の動きを観察した。

(3) ある電圧のとき，スイッチSを入れ，導体棒の固定を外したところ，導体棒は静止したまま動かなかった。このとき，電源Eの電圧は　　(エ)　　〔V〕である。

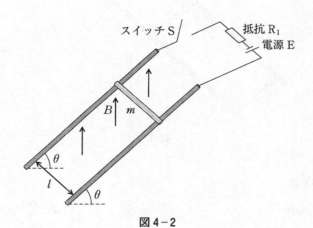

スイッチS　抵抗R_1　電源E

B　m

θ

l

θ

図4-2

(エ)の解答群

0　$\dfrac{mgR\tan\theta}{Bl\cos\theta}$　　　　1　$\dfrac{2mgR\tan\theta}{Bl\cos\theta}$　　　　2　$\dfrac{3mgR\tan\theta}{Bl\cos\theta}$

3　$\dfrac{mgR}{Bl}\tan\theta$　　　　4　$\dfrac{2mgR}{Bl}\tan\theta$　　　　5　$\dfrac{3mgR}{Bl}\tan\theta$

次に，電源Eの電圧を　　(エ)　　に固定した。**図4-3**のように，さらに抵抗値R〔Ω〕の抵抗R_2を回路に直列に取り付け，導体棒をレールの上に固定した。

(4) スイッチSを入れて，導体棒の固定を外したところ，導体棒はすべり始めた。スイッチSを入れて固定を外した瞬間の，導体棒にはたらく合力のレールと平行方向の成分は下向きに　　(オ)　　〔N〕である。

(5)　しばらくすると導体棒は一定の速さで運動するようになった。このとき，導
　　　体棒を流れる電流は　　(カ)　　〔A〕で，導体棒の速さは　　(キ)　　〔m/s〕であ
　　　る。

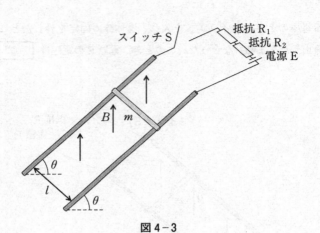

図 4 − 3

(オ)の解答群

  0   $mg\tan\theta$ 1 $\dfrac{mg}{2}\tan\theta$ 2 $\dfrac{mg}{3}\tan\theta$

  3   $mg\sin\theta$ 4 $\dfrac{mg}{2}\sin\theta$ 5 $\dfrac{mg}{3}\sin\theta$

(カ)の解答群

  0   $\dfrac{mg\tan\theta}{Bl\cos\theta}$ 1 $\dfrac{2mg\tan\theta}{Bl\cos\theta}$ 2 $\dfrac{3mg\tan\theta}{Bl\cos\theta}$

  3   $\dfrac{mg}{Bl}\tan\theta$ 4 $\dfrac{2mg}{Bl}\tan\theta$ 5 $\dfrac{3mg}{Bl}\tan\theta$

(キ)の解答群

  0   $\dfrac{mgR\tan\theta}{B^2l^2\cos\theta}$ 1 $\dfrac{2mgR\tan\theta}{B^2l^2\cos\theta}$ 2 $\dfrac{3mgR\tan\theta}{B^2l^2\cos\theta}$

  3   $\dfrac{mgR}{B^2l^2}\tan\theta$ 4 $\dfrac{2mgR}{B^2l^2}\tan\theta$ 5 $\dfrac{3mgR}{B^2l^2}\tan\theta$

化　学

（80 分）

〔注　意〕

⑴　問題の中で特に指定のない限り，計算に必要な場合は，次の値を用いなさい。

元素記号	H	C	N	O	Na	S	K	Cr	Cu	Ag	I	Pb
原 子 量	1.00	12.0	14.0	16.0	23.0	32.0	39.0	52.0	64.0	108	127	207

アボガドロ定数：6.02×10^{23}/mol

気　体　定　数：8.31×10^3 Pa·L/(K·mol) ＝ 8.31 J/(K·mol)

⑵　問題の中で特に指定のない限り，気体は理想気体として扱いなさい。

⑶　数値で解答する場合は，問題の中で特に指定のない限り，解答の有効数字が 2 ケタになるように計算し，問題の中で指定された形式で解答用マークシートの適切な数字または正負の符号をマークしなさい。ただし，解答の指数部分が 0 の場合には ＋0 とマークしなさい。

⑷　問題によって答え方が違います。問題を十分に注意して読みなさい。

⑸　計算にはこの問題冊子の余白部分または下書用紙を利用しなさい。

1　次の文章を読み，以下の設問(1)～(4)に答えなさい。　　　　　　　　(16 点)

　酸素や水のように1種類の物質だけからなるものを純物質といい，空気や海水のように2種類以上の物質が混じりあったものを混合物という。

　一定圧力のもとで純物質の沸点は，それぞれの物質で決まっており，一定である。一方，混合物の沸点は，混じっている物質の種類や量によって変化する。したがって，物質の沸点を測定すれば，その物質が純物質か混合物かを調べることができる。たとえば，1気圧のもと，純物質である水の沸点は100℃で一定である。一方，混合物である食塩の希薄水溶液の沸点は　(あ)　。また，水とエタノールの混合溶液の沸点は　(い)　。

　混合物から成分となる純物質を分けて取り出すことを　(う)　という。取り出した物質から不純物を取り除いて，より純度の高い物質を得る操作を　(え)　という。

(1)　混合物として適切なものを**解答群**からすべて選び，その番号の和を**解答用マークシート**の指定された欄にマークしなさい。ただし，十の位が必要ない場合は0をマークしなさい。また，適切なものがない場合は十の位，一の位の両方に0をマークしなさい。

解答群

1	塩酸	2	石油	4	アンモニア
8	氷	16	ドライアイス	32	牛乳

(2)　文章中の　(あ)　，　(い)　にあてはまる文章としてもっとも適切なものを**解答群**から選び，その番号を**解答用マークシート**の指定された欄にマークしなさい。ただし，適切なものがない場合は0をマークしなさい。なお，同じ番号を複数回選んでもよいものとする。

解答群

1　100℃で，沸騰を続けても一定である

2　100℃より低く，沸騰を続けても一定である

3　100℃より高く，沸騰を続けても一定である

4　100℃で，沸騰を続けると変化する

5　100℃より低く，沸騰を続けると変化する

6　100℃より高く，沸騰を続けると変化する

(3)　文章中の　(う)　，　(え)　にあてはまる語句としてもっとも適切なものを**解答群**から選び，その番号を**解答用マークシート**の指定された欄にマークしなさい。

解答群

1　分離　　　2　抽出　　　3　分類　　　4　精製　　　5　選別

6　大別　　　7　整理　　　8　純化　　　9　調製

(4)　次の混合物から純物質を得る操作(ア)～(ウ)に示す名称(用語)としてもっとも適切なものを**解答群**から選び，その番号を**解答用マークシート**の指定された欄にマークしなさい。ただし，適切なものがない場合は**0をマーク**しなさい。

(ア)　塩化ナトリウムとヨウ素の混合物を加熱し，生じた気体を冷却することでヨウ素を得る。

(イ)　塩化ナトリウム水溶液を加熱し，生じた気体を冷却することで水を得る。

(ウ)　少量の塩化ナトリウムを含む硝酸カリウムを熱水に溶かし，後に冷却することで硝酸カリウムを得る。

解答群

1　液化　　　　　2　再結晶　　　　3　蒸留

4　抽出　　　　　5　昇華法　　　　6　クロマトグラフィー

$\boxed{2}$　以下の設問(1)～(6)に答えなさい。　　　　　　　　　　　　　　　(18 点)

(1)　硫酸銅(Ⅱ)五水和物 25.0 g を水に溶かして，200 g の水溶液とした。この硫
　　酸銅(Ⅱ)水溶液の質量パーセント濃度を求めなさい。ただし，硫酸銅(Ⅱ)五水
　　和物の密度は 2.30 g/cm³，水の密度は 0.997 g/mL とする。

　　硫酸銅(Ⅱ)水溶液の質量パーセント濃度 = $\boxed{a}$. $\boxed{b}$ × 10 $\boxed{p}$ $\boxed{c}$ 〔%〕
　　　　　　　　　　　　　　　　　　　　　　　小数点　　　　正負の符号

(2)　エタノール 60.0 mL を完全燃焼させたとき，生成する水の質量を求めなさい。
　　ただし，エタノールの密度は 0.767 g/mL，水の密度は 0.997 g/mL とする。

　　生成する水の質量 = $\boxed{a}$. $\boxed{b}$ × 10 $\boxed{p}$ $\boxed{c}$ 〔g〕
　　　　　　　　　　　　　小数点　　　　正負の符号

(3)　アンモニアを 0.100 mol/L 硫酸 10.0 mL に通して完全に吸収させ，その硫
　　酸を 0.100 mol/L の水酸化ナトリウム水溶液で中和したところ 16.0 mL を要
　　した。アンモニアの物質量を求めなさい。

　　アンモニアの物質量 = $\boxed{a}$. $\boxed{b}$ × 10 $\boxed{p}$ $\boxed{c}$ 〔mol〕
　　　　　　　　　　　　　　小数点　　　　正負の符号

(4)　過酸化水素水 10.0 mL を，硫酸酸性条件で 0.0200 mol/L 過マンガン酸カリ
　　ウム水溶液で滴定したところ，20.0 mL 滴下したときに，過マンガン酸カリウ
　　ムの赤紫色が消えなくなり，反応が完了した。過酸化水素水のモル濃度を求め
　　なさい。

　　過酸化水素水のモル濃度 = $\boxed{a}$. $\boxed{b}$ × 10 $\boxed{p}$ $\boxed{c}$ 〔mol/L〕
　　　　　　　　　　　　　　　小数点　　　　正負の符号

(5) 鉛蓄電池を放電したところ負極が 9.60 g 増加した。放電で流れた電子の物質量を求めなさい。ただし、放電時に負極で生成した物質はすべて負極に付着するものとする。

放電で流れた電子の物質量 = $\boxed{a}$. $\boxed{b}$ × $10^{\boxed{p}\boxed{c}}$ 〔mol〕

　　　　　　　　　　　　　　　　　↑小数点　　　　↑正負の符号

(6) 0.100 mol/L の酢酸ナトリウム水溶液の pH を小数点以下第 2 位まで求めなさい。ただし、酢酸イオンの加水分解定数 $K_h = 3.60 \times 10^{-10}$ mol/L、酢酸の電離定数 $K_a = 2.777 \times 10^{-5}$ mol/L、水のイオン積 $K_w = 1.00 \times 10^{-14} (\mathrm{mol/L})^2$、$\sqrt{2.777} = 1.67$、$\log 1.67 = 0.22$、$\log 2 = 0.30$、$\log 3 = 0.48$、$\log 5 = 0.70$、$\log 7 = 0.85$ とする。なお、加水分解で生じる水酸化物イオンの濃度は、酢酸ナトリウムの電離で生じる酢酸イオンの濃度に比べて十分に小さいものとする。なお、加水分解定数 K_h は $A^- + H_2O \rightleftarrows HA + OH^-$ の反応において、$K_h = \dfrac{[\mathrm{HA}][\mathrm{OH}^-]}{[\mathrm{A}^-]}$ で定義される。

pH = $\boxed{a}$. $\boxed{b}$ $\boxed{c}$

　　　　　↑小数点

3 以下の設問(1)～(3)に答えなさい。　　　　　　　　　　　　　　(16点)

(1) 次の熱化学方程式で表される反応が，2×10^5 Pa，400 ℃ で平衡状態になっている。

$$C(固) + H_2O(気) = CO(気) + H_2(気) - 141 \text{ kJ}$$

この平衡状態に対して次の(ア)～(キ)の操作を加えたとき，平衡の移動はどうなるか。適切なものを**解答群**から選び，その番号を**解答用マークシート**の指定された欄にマークしなさい。なお，同じ番号を複数回選んでもよいものとする。

(ア) 炭素の粉末を加える。

(イ) 体積を一定にしたまま，アルゴンを加える。

(ウ) 全体を圧縮して，圧力を 7×10^5 Pa にする。

(エ) 温度を 300 ℃ にする。

(オ) 圧力を 2×10^5 Pa で一定にしたまま，ネオンガスを加える。

(カ) 触媒を加えて，加熱する。

(キ) 水素を加えて，600 ℃ にする。

解答群

0 右方向へ平衡が移動する。

1 左方向へ平衡が移動する。

2 平衡は移動しない。

3 与えられた条件からは判断できない。

(2) 1.80×10^{-2} mol のヨウ素をヨウ化カリウム水溶液 1.00 L に溶かし，二酸化硫黄を含んだ気体 A を 10.0 L 通じて反応させ，水溶液 B が得られた。このときの体積変化はないものとする。また，反応は次の式で表される。

$$SO_2 + 2H_2O + I_2 \longrightarrow H_2SO_4 + 2HI$$

　なお，気体 A に含まれる二酸化硫黄はすべて反応したものとし，気体 A には二酸化硫黄以外に反応する物質は含まれていないものとする。水溶液 B を 50.0 mL とり，デンプンを指示薬として 0.0400 mol/L チオ硫酸ナトリウム水溶液で滴定したところ，20.0 mL を要した。ヨウ素とチオ硫酸ナトリウムの反応は，次の式で表される。

$$I_2 + 2Na_2S_2O_3 \longrightarrow 2NaI + Na_2S_4O_6$$

　水溶液 B 1.00 L 中に残ったヨウ素の物質量は $\boxed{(ク)}$ mol であり，気体 A 10.0 L 中の二酸化硫黄の物質量は $\boxed{(ケ)}$ mol である。したがって，最初の気体 A の中の二酸化硫黄のモル分率は $\boxed{(コ)}$ である。

　$\boxed{(ク)}$ ～ $\boxed{(コ)}$ にあてはまる数値を求めなさい。気体の体積はすべて標準状態で表すものとする。**解答は次の形式で解答用マークシートにマーク**しなさい。

$$\boxed{a} \,.\, \boxed{b} \times 10^{\boxed{p}\,\boxed{c}}$$

↑小数点　　　↑正負の符号

(3)　ある温度におけるクロム酸銀の溶解度積を $3.20 \times 10^{-11} (mol/L)^3$ とする。このとき，1.00 L の水にクロム酸銀は $\boxed{(サ)}$ mg まで溶ける。

　$\boxed{(サ)}$ にあてはまる数値を求めなさい。**解答は次の形式で解答用マーク**シートにマークしなさい。

$$\boxed{a} \,.\, \boxed{b} \times 10^{\boxed{p}\,\boxed{c}}$$

↑小数点　　　↑正負の符号

4　金属イオンの分離について，以下の設問(1)〜(3)に答えなさい。　　　　(18 点)

(1)　K^+，Ca^{2+}，Fe^{3+}，Ag^+，Cu^{2+}，Zn^{2+} を含む一つの水溶液がある。これら
　　の金属イオンを分離するため，次の(ア)〜(オ)の操作を順番におこなった。

(ア)　希塩酸を加える。

(イ)　硫化水素を通じる。

(ウ)　じゅうぶんに煮沸したのち，希硝酸を加える。さらにアンモニア水をじゅ
　　　うぶんに加える。

(エ)　硫化水素を通じる。

(オ)　炭酸アンモニウム水溶液を加える。

　　なお，操作(ア)〜(オ)によって生じた沈殿物をろ過し，ろ液に対して次の操作を順
番におこなったものとする。また，操作(ア)によって沈殿物 **A**，(イ)によって沈殿物
B，(ウ)によって沈殿物 **C**，(エ)によって沈殿物 **D**，(オ)によって沈殿物 **E** が生じたも
のとする。沈殿を生じる場合は，その金属イオンを含む塩はすべて沈殿するもの
とする。

　　操作(ア)〜(オ)によって生じた沈殿物 **A** 〜 **E** について，含まれる金属元素，沈殿
物の色，沈殿物に含まれる金属元素の説明としてもっとも適切なものをそれぞれ
解答群①，②，③の中から 1 つずつ選び，その番号を**解答用マークシート**の指定
された欄にマークしなさい。なお，同じ番号を複数回選んでもよいものとする。

解答群①

　　0　K　　　　　　　　　1　Ca　　　　　　　　2　Fe

　　3　Ag　　　　　　　　4　Cu　　　　　　　　5　Zn

解答群②

　　0　淡黄色　　　　　　　1　白色　　　　　　　　2　緑白色

3 黒色　　　　　　　　**4** 黄色　　　　　　　　**5** 深青色

6 赤白色　　　　　　　**7** 青白色　　　　　　　**8** 赤褐色

9 緑色

解答群③

0 クロム，ニッケルとの合金はステンレス鋼とよばれる。

1 単体はブリキ，はんだなどに用いられる。

2 硫酸塩は胃や腸のX線撮影の造影剤に用いられる。

3 単体は乾いた空気中ではさびにくいが，湿った空気中では徐々に緑色の
さび（緑青）を生じる。

4 単体は放射線の遮へい材料などに用いられる。

5 酸化物は乾燥剤や発熱剤などに用いられる。

6 単体は金属中で最大の電気や熱の伝導性をもつ。

7 単体は両性金属であり，酸化物は白色顔料や化粧品などに用いられる。

8 単体は，常温で唯一の，液体の金属である。

9 炭酸水素塩は重曹とよばれ，胃薬やベーキングパウダーなどに用いられ
る。

(2) (1)において，操作(オ)のあとのろ液に含まれるイオンを炎色反応で確認する
と，何色になるか。もっとも適切なものを**解答群**の中から選び，その番号を**解
答用マークシート**の指定された欄にマークしなさい。

解答群

0 黄緑色　　　　　　　**1** 紅色　　　　　　　　**2** 橙色

3 青緑色　　　　　　　**4** 赤色　　　　　　　　**5** 黄色

6 赤紫色　　　　　　　**7** 青色　　　　　　　　**8** 緑色

9 淡青色

(3) Ba^{2+}，Al^{3+}，Pb^{2+} を含む一つの水溶液について，次の(ア)〜(オ)の操作を順番
におこなった。

(ア) 希塩酸を加える。

(イ) 硫化水素を通じる。

(ウ) じゅうぶんに煮沸したのち，希硝酸を加える。さらにアンモニア水をじゅうぶんに加える。

(エ) 硫化水素を通じる。

(オ) 炭酸アンモニウム水溶液を加える。

なお，操作(ア)〜(オ)によって生じた沈殿物をろ過し，ろ液に対して次の操作を順番におこなったものとする。また，操作(ア)によって生じた沈殿物をろ過したあとの溶液をろ液(a)，(イ)によって生じた沈殿物をろ過したあとの溶液をろ液(b)，(ウ)によって生じた沈殿物をろ過したあとの溶液をろ液(c)，(エ)によって生じた沈殿物をろ過したあとの溶液をろ液(d)，(オ)によって生じた沈殿物をろ過したあとの溶液をろ液(e)とする。沈殿を生じる場合は，その金属イオンを含む塩はすべて沈殿するものとする。

このとき，Ba^{2+}，Al^{3+}，Pb^{2+} はろ液(a)〜(e)のどれに含まれるか。適切なものを解答群の中からすべて選び，その番号の和を解答用マークシートの指定された欄にマークしなさい。ただし，十の位が必要ない場合には 0 をマークしなさい。なお，同じ番号を複数回選んでもよいものとする。

Ba^{2+} は （F）， Al^{3+} は （G）， Pb^{2+} は （H） に含まれる。

解答群

　1　ろ液(a)　　　　2　ろ液(b)　　　　4　ろ液(c)

　8　ろ液(d)　　　16　ろ液(e)

　32　ろ液(a)〜(e)に含まれない

5 　以下の設問(1), (2)に答えなさい。　　　　　　　　　　　　　(16点)

(1)　次の文章を読み，　(あ)　～　(き)　にあてはまる語句としてもっとも
適切なものを**解答群**より選び，その番号を**解答用マークシート**の指定された欄
にマークしなさい。なお，同じ番号を複数回選んでもよいものとする。

　　アルコールは，炭化水素の水素原子をヒドロキシ基で置換した構造の化合物で
ある。アルコールのヒドロキシ基は　(あ)　であるため，エタノールなどの低
級アルコールは水に　(い)　。また，ヒドロキシ基によって分子間で　(う)　
を生じるため，分子量が同程度の炭化水素と比べて，アルコールの融点や沸点は
(え)　。酸素原子に 2 個の炭化水素基が結合した構造の，アルコールと構造
異性体の関係にある化合物を　(お)　という。　(お)　は，アルコールと比
べて　(か)　ため，分子量が同程度のアルコールよりも沸点は　(き)　。

解答群

11　溶解する	12　溶解しない	13　共有結合	14　イオン結合
15　水素結合	16　親水基	17　疎水基	18　高い
19　低い	20　カルボン酸	21　アルデヒド	22　ケトン
23　エーテル	24　エステル	25　アミド	26　アルケン
27　分子間力が大きい		28　分子間力が小さい	

(2)　次の文を読み，設問(a), (b)に答えなさい。

・化合物 A，化合物 B，化合物 C は分子式 $C_6H_{14}O$ で表される。

・化合物 A，化合物 B に単体のナトリウムを作用させると水素が発生した。

・化合物 C に単体のナトリウムを作用させたときには反応しなかった。

・化合物 A を酸化することでアルデヒドを合成できた。

・化合物 B の酸素原子と結合した炭素原子は，水素原子と結合していない。

・化合物 C の酸素原子はエチル基と結合している。

(a)　化合物 A，化合物 B，化合物 C に相当する構造異性体として，それぞれ何種類が考えられるか，その数を**解答用マークシート**の指定された欄にマークしなさい。十の位が必要ない場合には **0** をマークしなさい。なお，シス-トランス異性体や鏡像異性体は区別しないものとする。

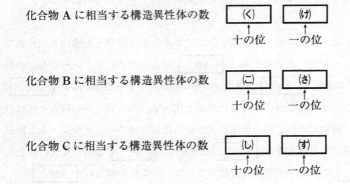

化合物 A に相当する構造異性体の数　　(く)　(け)
　　　　　　　　　　　　　　　　　　　↑十の位　↑一の位

化合物 B に相当する構造異性体の数　　(こ)　(さ)
　　　　　　　　　　　　　　　　　　　↑十の位　↑一の位

化合物 C に相当する構造異性体の数　　(し)　(す)
　　　　　　　　　　　　　　　　　　　↑十の位　↑一の位

(b)　化合物 A，化合物 B，化合物 C に相当する構造異性体のうち，不斉炭素原子を含む構造異性体の数を**解答用マークシート**の指定された欄にマークしなさい。十の位が必要ない場合には **0** をマークしなさい。また，適切なものがない場合は十の位，一の位の両方に **0** をマークしなさい。なお，シス-トランス異性体や鏡像異性体は区別しないものとする。

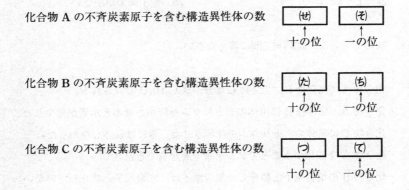

化合物 A の不斉炭素原子を含む構造異性体の数　　(せ)　(そ)
　　　　　　　　　　　　　　　　　　　　　　　　↑十の位　↑一の位

化合物 B の不斉炭素原子を含む構造異性体の数　　(た)　(ち)
　　　　　　　　　　　　　　　　　　　　　　　　↑十の位　↑一の位

化合物 C の不斉炭素原子を含む構造異性体の数　　(つ)　(て)
　　　　　　　　　　　　　　　　　　　　　　　　↑十の位　↑一の位

6 次の文章を読み，以下の設問(1)〜(3)に答えなさい。 (16点)

　酢酸などの分子量が小さいカルボン酸は水に　[あ]　。パルミチン酸などの水に溶解しにくいカルボン酸の場合には，　[い]　の水溶液を作用させると水に溶解しやすくなる。

　アミノ基とカルボキシ基が同一の炭素原子に結合している分子を α-アミノ酸という。一般式 R-CH(NH$_2$)-COOH で表される α-アミノ酸は，側鎖 R の違いによってそれぞれ異なる特徴をもつ。アミノ酸の水溶液に対して　[う]　を加えて温めると，赤紫〜青紫色を呈する。この反応は，アミノ酸の検出・定量等に利用される。α-アミノ酸に無水酢酸を作用させると，　[え]　を生じ，[お]　の性質がなくなる。

　サリチル酸は，カルボキシ基とヒドロキシ基を，ベンゼン環の　[か]　の位置に結合した化合物である。サリチル酸にメタノールと濃硫酸を加えて加熱すると，　[き]　が生成する。　[き]　は消炎鎮痛剤(湿布薬)として利用されている。

　カルボン酸は，合成樹脂の原料としても重要である。飲料の容器などとして利用されるポリエチレンテレフタラートは，2個のカルボキシ基をベンゼン環の[く]　の位置に結合した化合物と，　[け]　を原料として合成される[こ]　である。釣り糸，機械部品，ラケットなどに利用される　[さ]　は，アジピン酸とヘキサメチレンジアミンを原料として，　[し]　によって合成される　[す]　である。

(1) 文章中の　[あ]　〜　[お]　にあてはまる語句としてもっとも適切なものを**解答群**より選び，その番号を**解答用マークシート**の指定された欄にマークしなさい。なお，同じ番号を複数回選んでもよいものとする。

解答群

　11　溶解する 　　　　　　　　12　溶解しない

　13　酸 　　　　　　　　　　　14　塩基

15	エステル		16	安息香酸
17	濃硝酸		18	塩化鉄(Ⅲ)水溶液
19	酢酸鉛(Ⅱ)水溶液		20	アミド
21	アルデヒド		22	ケトン
23	ニンヒドリン		24	フェーリング液

(2)　文章中の　□(か)□　～　□(す)□　にあてはまる語句としてもっとも適切なものを**解答群**より選び，その番号を**解答用マークシート**の指定された欄にマークしなさい。なお，同じ番号を複数回選んでもよいものとする。

解答群

11	オルト		12	メタ
13	パラ		14	開環重合
15	縮合重合		16	付加重合
17	クメン		18	ポリエチレン
19	アセトアニリド		20	塩化ビニリデン
21	ナイロン66		22	エチレンジアミン
23	エチレングリコール(1, 2-エタンジオール)			
24	ベークライト		25	サリチル酸メチル
26	アセチルサリチル酸		27	熱可塑性樹脂
28	熱硬化性樹脂		29	メラミン樹脂
30	イオン交換樹脂			

(3)　一般式 $R-CH(NH_2)-COOH$ で表される分子 100 mg を完全燃焼させたところ，二酸化炭素 240 mg と水 60 mg を得た。この $R-CH(NH_2)-COOH$ としてもっとも適切なものを**解答群**より選び，その番号を**解答用マークシート**の指定された欄にマークしなさい。

解答群

1　$CH_3-CH(NH_2)-COOH$　　　2　$HSCH_2-CH(NH_2)-COOH$

3　$HOCH_2-CH(NH_2)-COOH$　　4　$C_6H_5CH_2-CH(NH_2)-COOH$

生　物

（80 分）

1　植物の環境応答に関する以下の設問に答えなさい。　　　　　　　（33 点）

(1)　以下の文章を読み，(A)および(B)の設問に答えなさい。

　　植物において，種子の発芽や細胞の成長は，植物体内の特定の部位で合成される植物ホルモンと総称される一群の物質によって調節されている。オオムギの種子は，多くの場合，植物体の生育に適する時期まで休眠した状態で過ごす。種子の休眠を維持し，発芽を抑制するはたらきをもつ植物ホルモンは，　(ア)　である。水や温度，酸素などの条件が発芽に適するようになると，胚で　(イ)　が合成される。　(イ)　は，胚乳の外側にある　(ウ)　の細胞に作用して，　(エ)　の合成を促進する。　(エ)　は，胚乳に分泌されて，貯蔵されている　(オ)　をより分子量の小さい糖に分解する。最終的に糖は胚に移動し，成長に必要な物質として利用される。植物細胞の成長は，細胞の分裂だけでなく，細胞の伸長や肥大を調節することで制御されている。植物細胞は，細胞膜のまわりが弾力性のある頑丈な細胞壁で覆われているため，植物ホルモンに対する反応により細胞の形を柔軟に変化させ，細胞の大きさを調節している。
　　　　　　　　　　　　　　　　　　　(i)

(A)　文章中の　(ア)　と　(イ)　にあてはまる最も適切な語句を**解答群A**から，　(ウ)　～　(オ)　にあてはまる最も適切な語句を**解答群B**から選び，その番号を**解答用マークシート**の指定された欄にマークしなさい。

解答群A
　　⓪　オーキシン　　　　　①　フロリゲン　　　　　②　ジャスモン酸

③　フェロモン　　　　　④　サイトカイニン　　　⑤　ジベレリン

⑥　ブラシノステロイド　④　エチレン　　　　　　⑧　アブシシン酸

⑨　ペプチド

解答群B

⓪　外胚葉　　　　　　　①　カタラーゼ　　　　　②　離　層

③　アミラーゼ　　　　　④　セルロース　　　　　⑤　糊粉層

⑥　中胚葉　　　　　　　⑦　ペプシン　　　　　　⑧　チラコイド

⑨　デンプン

(B)　下線部(i)に関する植物ホルモンの作用について述べた以下の(a)～(d)の記述のうち，内容的に正しいものは①を，誤りを含むものは②を選び，**解答用マークシート**の指定された欄にマークしなさい。

(a)　エチレンは，植物細胞の伸長成長を抑え，肥大成長を促す。

(b)　ジベレリンは，細胞壁をゆるめて細胞の吸水や膨潤を容易にする。

(c)　サイトカイニンは，頂芽の成長を促す。

(d)　ブラシノステロイドは，植物細胞の伸長成長を促す。

(2)　以下の文章を読み，(A)～(C)の設問に答えなさい。

　　植物は一生の間にさまざまな刺激を受容し，反応している。刺激による植物の形態的な変化には，植物細胞の膨圧の変化による膨圧運動や，部分的な成長速度の差でおきる成長運動があげられる。膨圧運動は，細胞内の水に溶けている物質の濃度と，細胞周辺の水に溶けている物質の濃度との差から生じる浸透圧によっておこる運動である。一方，成長運動は，植物体の部分的な成長速度の差によっておこる運動である。一例として，植物の地上部が光を横から受けると，茎が光の方向に屈曲する。これは光の刺激に応答した屈性で，光屈性とよばれている。

(A)　下線部(ii)に関する形態的な変化として，傾性と屈性が知られている。以下の(a)〜(d)の現象のうち，傾性を示すものには①を，屈性を示すものには②を，どちらにもあてはまらないものには⓪を選び，**解答用マークシート**の指定された欄にマークしなさい。

(a)　アブラナの花粉は，めしべの柱頭につくと発芽して，花粉管を胚珠にむかって伸ばす。

(b)　チューリップの花は，温度によって花弁を開閉する。

(c)　コムギは，一定の低温状態にさらされると花芽形成が促される。

(d)　オジギソウは，葉に刺激を与えると葉を閉じる。

(B)　下線部(iii)に関するダーウィンまたはボイセン イェンセンが行った実験について述べた以下の(a)〜(d)の記述のうち，内容的に正しいものは①を，誤りを含むものは②を選び，**解答用マークシート**の指定された欄にマークしなさい。

(a)　クサヨシの幼葉鞘の先端を，光を通さない不透明なキャップで遮光し，光を横から当てると幼葉鞘は光屈性を示した。

(b)　クサヨシの幼葉鞘の先端を切り取ったのち，光を横から当てると，幼葉鞘は光屈性を示した。

(c)　マカラスムギの幼葉鞘の先端部近くにおいて，幼葉鞘の太さの半分まで雲母片を水平に差し込んだ。その後，雲母片を差し込んだ反対側から光を当てると，幼葉鞘は光屈性を示した。

(d)　マカラスムギの幼葉鞘の先端部を切断したのち，先端部と基部の間にゼラチン片をはさんだ。その後，光を横から当てると幼葉鞘は光屈性を示した。

(C)　暗所で発芽および2日間生育させたシロイヌナズナの胚軸に，横から白色光をあて，光屈性を示さない変異体を探索した結果，変異体Sをみつけた。次に，暗所で発芽および2日間生育させたシロイヌナズナの野生型植物体，

および変異体 S を水平において重力屈性を調べた。その結果、野生型植物体は胚軸および根で重力屈性を示した。一方、変異体 S は、胚軸および根での重力屈性は示さなかった。次に、野生型植物体および変異体 S におけるオーキシンの植物体全体での総量を測定した結果、両植物体においてオーキシンの総量は同じであった。この実験結果より、変異体 S の原因となる遺伝子 S からつくられるタンパク質の機能として、最も適切なものを**解答群C**から選び、その番号を**解答用マークシート**の指定された欄にマークしなさい。

解答群C

　⓪　オーキシンの取り込み輸送体

　①　アミロプラスト

　②　オーキシンの分解酵素

　③　光受容体

　④　オーキシンの排出輸送体

(3) 以下の文章を読み、(A)〜(G)の設問に答えなさい。

　ツユクサの葉では光合成や呼吸がおこなわれ、外界との酸素や二酸化炭素の出入りが調節される。ツユクサの葉の表面には、気孔とよばれる一対の孔辺細胞に囲まれたすき間が多数存在する。気孔の開口を調節する環境要因の一つは光である。孔辺細胞に白色光(自然光)があたると、孔辺細胞の細胞膜にある　(カ)　受容体である　(キ)　が光情報をとらえ、細胞内にその情報を伝達する。その後、孔辺細胞の細胞膜にあるプロトンポンプ A が活性化し、細胞内の水素イオンを細胞外へ能動輸送する。次に、孔辺細胞内に　(ク)　が流入し、孔辺細胞の浸透圧が上昇する。さらに、　(ケ)　が孔辺細胞へ流入し、膨圧が生じて孔辺細胞が膨らむ。その結果、孔辺細胞の外側が伸びて細胞全体が湾曲し、気孔が開く。気孔が開くことで、二酸化炭素の取り込みや蒸散が行われる。

(A) 文章中の ┃ (カ) ┃ と ┃ (キ) ┃ にあてはまる最も適切な語句を**解答群D**から，┃ (ク) ┃ と ┃ (ケ) ┃ にあてはまる最も適切な語句を**解答群E**から選び，その番号を**解答用マークシート**の指定された欄にマークしなさい。

解答群D

⓪ 赤色光　　　　　① クリプトクロム　　② カロテン

③ クロロフィル　　④ フォトトロピン　　⑤ 緑色光

⑥ フィトクロム　　⑦ 青色光　　　　　　⑧ 近赤色光

⑨ チラコイド

解答群E

⓪ NADH　　　　　① 電 子　　　　　　② アセチル CoA

③ 水　　　　　　　④ シナプス　　　　　⑤ FAD

⑥ フロリゲン　　　⑦ グルコース　　　　⑧ イオン

⑨ CO_2

(B) 下線部(iv)のプロトンポンプ A は，リン酸化反応によって活性化する。このリン酸化反応は，タンパク質リン酸化酵素によって，プロトンポンプ A を構成するアミノ酸の一つであるトレオニンの水酸基に，リン酸が付加される反応である。一方，脱リン酸化反応では，このトレオニンに付加されたリン酸基が，タンパク質脱リン酸化酵素によって取り除かれ，プロトンポンプ A の活性が消失する。

　プロトンポンプ A の活性に着目して，次の実験を行った。一定時間，暗所で静置させたツユクサの葉の裏面から表皮をはがした。その後すぐに，はがした表皮を 0.9 % の塩化ナトリウム水溶液(生理食塩水)に浸し，水溶液中の pH を測定しながら白色光を照射し続けたところ，**図 1** に示す結果を得た。

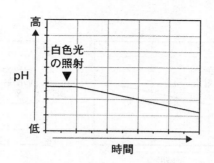

図1　水溶液中の pH 測定の結果

　次に，一定時間，暗所で静置させたツユクサの葉の裏面から表皮をはがした。その後すぐに，はがした表皮をタンパク質リン酸化酵素の活性を阻害する阻害剤 X を含む生理食塩水に浸し，水溶液中の pH を測定しながら白色光を照射し続けた。この実験において，時間の経過とともに変動する pH を示すグラフのうち，最も適切なものを**解答群 F** から選び，その番号を**解答用マークシート**の指定された欄にマークしなさい。なお，阻害剤 X はすみやかに孔辺細胞内に取り込まれ，かつ，孔辺細胞以外の細胞には影響を与えないものとする。

解答群 F

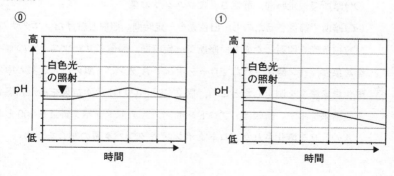

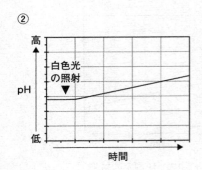

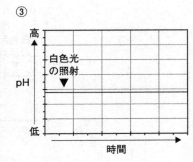

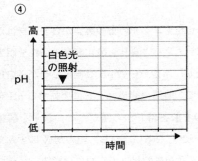

(C)　白色光をあてていた葉を暗所に移すと，開いていた気孔が閉じる。そこで，

(ア)暗所で一定時間，静置させたツユクサの葉

(イ)暗所で静置させたのち，白色光を一定時間，照射し続けたツユクサの葉

(ウ)白色光を照射したのち，暗所で一定時間，静置させたツユクサの葉

を対象に，リン酸化されたプロトンポンプＡタンパク質の割合と葉の中の二酸化炭素濃度を測定したところ，**図2 (ア)～(ウ)**に示す結果を得た。黒丸は測定結果を示す。横軸は，プロトンポンプＡの総タンパク質量を100としたときの，リン酸化されたプロトンポンプＡタンパク質の割合を示す。

（ア）

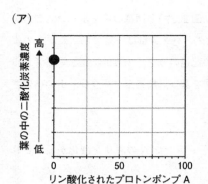

暗所で一定時間，静置させたツユクサ
の葉

（イ）

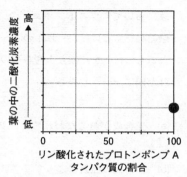

暗所で静置させたのち，白色光を一定
時間，照射し続けたツユクサの葉

（ウ）

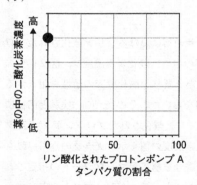

白色光を照射したのち，暗所で一定時
間，静置させたツユクサの葉

図2　リン酸化されたプロトンポンプ A タンパク質の割合と
葉の中の二酸化炭素濃度の測定結果

　　次に，暗所で静置させたのち，白色光を一定時間，照射し続けているツユ
クサの葉に対して，特殊な装置を用いて葉の中の二酸化炭素の濃度を上昇さ
せると，リン酸化されたプロトンポンプ A のタンパク質の割合と，葉の中

の二酸化炭素濃度は，**図2（ア）**および**図2（ウ）**と同様の値を示した。この実験において，プロトンポンプAの総タンパク質量は一定であった。この実験結果をもとにした，以下の(a)～(d)の記述のうち，内容的に正しいと考えられるものは①を，誤りを含むものは②を選び，**解答用マークシート**の指定された欄にマークしなさい。

(a) 光合成がおこなわれると，プロトンポンプAの脱リン酸化が促進される。

(b) 白色光の照射によって，プロトンポンプAのリン酸化が阻害される。

(c) 葉の中の二酸化炭素濃度が上昇すると，プロトンポンプAの脱リン酸化が促進される。

(d) 白色光を照射した後，暗所で静置させると，プロトンポンプAの脱リン酸化が阻害される。

(D) 暗所で一定時間，静置させたツユクサの葉における，リン酸化されたプロトンポンプAタンパク質の割合と，葉の中の二酸化炭素濃度は，**図2（ア）**の値を示した。次に，測定中の葉にタンパク質リン酸化酵素の活性を阻害する阻害剤Xを塗布し，じゅうぶんに時間をおいた。その後，(C)の実験と同様に白色光を一定時間，照射し続けたとき，リン酸化されたプロトンポンプAタンパク質の割合と，葉の中の二酸化炭素濃度の値を示すグラフのうち，最も適切なものを**解答群G**から選び，その番号を**解答用マークシート**の指定された欄にマークしなさい。黒丸は測定した値を示す。なお，プロトンポンプAの総タンパク質量は一定である。また阻害剤Xは，葉に塗布することでプロトンポンプAの活性を制御することができ，実験中に消失しないものとする。

解答群G

⓪

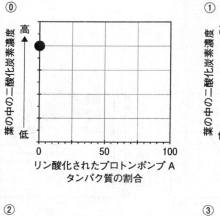

①

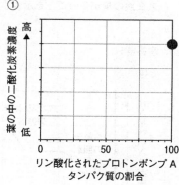

②

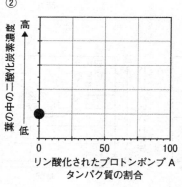

③

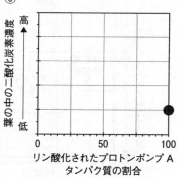

(E)　白色光を照射している条件下において，アブシシン酸は気孔の閉鎖を促す。さらに，葉にアブシシン酸を塗布することでも，気孔の閉鎖を制御することができる。

　　アブシシン酸を用いて，次の実験を行った。一定時間，暗所で静置させたツユクサの葉の気孔コンダクタンス（気孔を通過しているガス交換の量の多さを表す指標）を測定しながら，(C)の実験と同様に白色光を照射し続けた。その後，葉にアブシシン酸を塗布した。この実験において，時間の経過と共に変動する気孔コンダクタンスを示すグラフのうち，最も適切なものを解答群Hから選び，その番号を解答用マークシートの指定された欄にマークしな

さい。なお，気孔コンダクタンスの値が大きければ，気孔を通過しているガス交換の量が多いことを示す。

解答群H

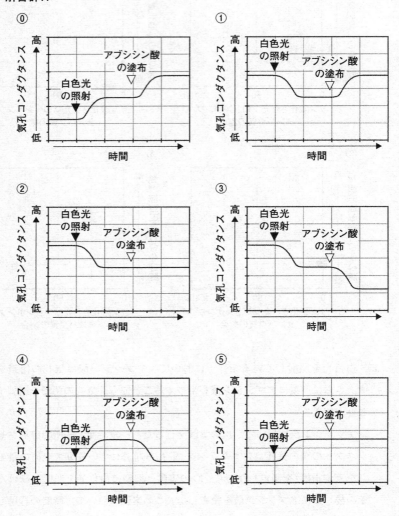

(F) 暗所で一定時間，静置させたツユクサの葉に白色光を照射し続けたところ，リン酸化されたプロトンポンプAタンパク質の割合と，葉の中の二酸

化炭素濃度は，**図2（イ）**の値を示した。次に，特殊な装置を用いて葉の中の二酸化炭素の濃度を上昇させると，リン酸化されたプロトンポンプAタンパク質の割合と，葉の中の二酸化炭素濃度は，**図2（ア）**および**図2（ウ）**と同様の値を示した。その後，測定中の葉にアブシシン酸を塗布し，じゅうぶんに時間をおいた。次に，二酸化炭素の濃度をもとの濃度にもどすと，二酸化炭素の濃度に応じて変化していたリン酸化されたプロトンポンプAタンパク質の割合は，変化しなかった。本実験の手順を**図3**に示した。

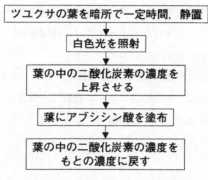

図3 本実験で行った手順

　この実験において，時間の経過と共に変動する気孔コンダクタンスの値を説明した以下の(a)～(d)の記述のうち，内容的に正しいものは①を，誤りを含むものは②を選び，**解答用マークシート**の指定された欄にマークしなさい。なお，この実験におけるプロトンポンプAの総タンパク質量は一定であり，塗布したアブシシン酸は消失しないものとする。

(a) 暗所で静置させたのち，白色光を一定時間，照射し続けると，気孔コンダクタンスの値は減少する。

(b) 二酸化炭素の濃度の上昇に伴って，気孔コンダクタンスの値は増加する。

(c) 二酸化炭素の濃度を上昇させ，じゅうぶんに時間をおいたあとと，その後アブシシン酸を塗布し，じゅうぶんに時間をおいたあとを比較すると，

　　　気孔コンダクタンスの値はかわらない。

　(d)　アブシシン酸の塗布後，二酸化炭素の濃度をもとに戻すと，気孔コンダ

　　　クタンスの値は増加する。

(G)　能動輸送について説明している以下の(a)〜(e)の記述のうち，内容的に適切

　　と思われる組み合わせを**解答群Ⅰ**から選び，その番号を**解答用マークシート**

　　の指定された欄にマークしなさい。

　(a)　能動輸送では濃度勾配に逆らって物質を輸送できる。

　(b)　アクアポリンとよばれるチャネルは，能動輸送によって細胞膜を透過す

　　　る水分子の量を調節している。

　(c)　能動輸送では ADP を分解して輸送に必要なエネルギーを得ている。

　(d)　二酸化炭素は，能動輸送によって脂質二重層を通過する。

　(e)　ナトリウムポンプは，能動輸送によって Na^+ を細胞外へ排出し，K^+ を

　　　細胞内へ取り込む。

解答群Ⅰ

⓪	(a)−(b)	①	(a)−(c)	②	(a)−(d)	③	(a)−(e)
④	(b)−(c)	⑤	(b)−(d)	⑥	(b)−(e)	⑦	(c)−(d)
⑧	(c)−(e)	⑨	(d)−(e)						

2　アミノ酸合成と酵素反応に関する以下の設問に答えなさい。　　　（34点）

(1)　アミノ酸にはアミノ基とカルボキシ基，水素が結合し，残りの1カ所に側鎖とよばれる原子団（図ではRと記述する）が結合する炭素原子が含まれる。炭素原子は他の原子や原子団と結合する4つの手をもっている。その4つの結合手のそれぞれに異なる原子や原子団が結合しているような炭素を不斉炭素とよぶ。不斉炭素に結合する原子や原子団の配置によって，鏡写しの関係にあって互いに重ね合わすことのできない立体構造をもつ一対のアミノ酸が生じる。この一対のアミノ酸は光学異性体とよばれる。

　グリシンを除くアミノ酸には不斉炭素があり，それぞれのアミノ酸には光学異性体が存在する。これらのアミノ酸はL体（L-アミノ酸），D体（D-アミノ酸）とよばれて区別されている。これらの対となるアミノ酸は物理的性質，化学的性質は同じであり，一般的な方法で化学合成した場合にはL体とD体が混合したもの（ラセミ体）が得られる。一方，自然界に存在するアミノ酸の大部分はL体である。しかし，細菌の細胞壁に含まれるペプチドグリカンとよばれる物質には，D-アラニンとD-グルタミン酸が含まれている。細菌には特定のL-アミノ酸とD-アミノ酸を可逆的な変換ができるラセマーゼとよばれる酵素が存在する（図1）。D-グルタミン酸はグルタミン酸ラセマーゼによりL-グルタミン酸から変換される。

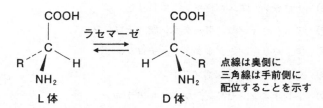

図1　ラセマーゼによるL体とD体の変換
両矢印は可逆的な酵素反応であることを示す。
この反応では両者が一定の割合に保たれる。

　　細菌や植物などは自身に必要なアミノ酸を生合成することができる。たとえばグルタミン酸は，グルタミン酸トランスアミナーゼやグルタミン酸脱水素酵素(GDH)により α-ケトグルタル酸から生成される。植物のミトコンドリアに存在する GDH は，NADH を補助因子として，以下の反応を可逆的に触媒する。

$$\alpha\text{-ケトグルタル酸} + NH_4 + NADH \rightleftharpoons \text{L-グルタミン酸} + H_2O + NAD^+$$

(A)　タンパク質を構成するアミノ酸について，下記の(あ)(い)にあてはまる組み合わせを**解答群A**から選び，その番号を**解答用マークシート**の指定された欄にマークしなさい。なお，同じ番号を複数回選択してもよい。

(あ)　アルカリ性の側鎖をもつアミノ酸の組み合わせ。
(い)　ヒトの必須アミノ酸の組み合わせ。

　　解答群A
　　⓪　リシン，グルタミン酸，アルギニン
　　①　イソロイシン，フェニルアラニン，トレオニン
　　②　ロイシン，セリン，システイン
　　③　トリプトファン，メチオニン，アラニン
　　④　リシン，ヒスチジン，アルギニン
　　⑤　チロシン，アスパラギン，プロリン
　　⑥　アスパラギン酸，グルタミン酸，チロシン
　　⑦　アスパラギン，グルタミン，チロシン
　　⑧　バリン，セリン，イソロイシン
　　⑨　トレオニン，セリン，フェニルアラニン

(B)　アミノ酸に関する以下の(a)〜(d)の記述のうち，内容が正しいものは①を，誤りを含むものは②を選び，**解答用マークシート**の指定された欄にマークしなさい。

(a) グリシンに光学異性体が存在しないのはグリシンのラセマーゼが存在するからである。

(b) グリシンでは R に相当する側鎖は H(水素)である。

(c) GDH の反応は，L-グルタミン酸が過剰に存在し，じゅうぶん量の NAD$^+$ があるときには，L-グルタミン酸から α-ケトグルタル酸への反応が促進される。

(d) α-ケトグルタル酸は，カルビンベンソン回路でオキサロ酢酸とピルビン酸から合成される。

(2) 大腸菌のトリプトファンオペロンには図に示すように trpA から trpE までの5つの遺伝子が含まれており，それぞれからタンパク質(タンパク質 A から E)が翻訳される。このうち，trpA と trpB からつくられるタンパク質 A とタンパク質 B はトリプトファン合成酵素の2つの構成成分(α サブユニットと β サブユニットとよばれる)である。trpC，trpD，trpE からつくられるタンパク質 C からタンパク質 E の3つのタンパク質はトリプトファン合成酵素の基質の1つであるインドールの生合成に関与する。このオペロンでは，トリプトファンがじゅうぶんに存在するときにはリプレッサーによる遺伝子の発現抑制が起こる(**図2**)。

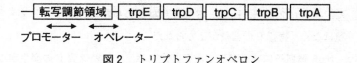

図2 トリプトファンオペロン

(A) トリプトファンオペロンに関する(a)～(d)の記述のうち，内容が正しいものは①を，誤りを含むものは②を選び，**解答用マークシート**の指定された欄にマークしなさい。

(a) トリプトファンオペロンは，トリプトファンが存在しないときにはリプレッサーはオペレーターと結合せず，遺伝子の発現を促進する。

(b)　トリプトファンオペロンは，リプレッサータンパク質が RNA ポリメ
ラーゼと直接に結合することで転写を阻害する。

(c)　リプレッサーをコードする遺伝子が変異してリプレッサーが発現しなく
なるとトリプトファン合成酵素遺伝子群の恒常的な発現が起こる。

(d)　オペレーターの塩基配列が変化してオペレーターにリプレッサーが結合
できなくなるとトリプトファン合成酵素遺伝子群の恒常的な発現が起こ
る。

(B)　トリプトファンは図3のような経路で物質Pから生合成される。大腸菌の
トリプトファンオペロンにコードされる遺伝子の機能を調べるため，これら
の遺伝子に突然変異が生じた(イ)～(ハ)の変異体の形質を調べた。

物質 P $\xrightarrow{\text{酵素 J}}$ 物質 Q $\xrightarrow{\text{酵素 K}}$ 物質 R $\xrightarrow{\text{酵素 L}}$ $\longrightarrow$ トリプトファン

図3　トリプトファン生合成の流れ

(イ)　trpC 遺伝子に変異が生じた変異体Cは，タンパク質Cの産生がなかっ
た。タンパク質 A，B，D，Eの産生は認められた。トリプトファンの蓄
積はなく，物質Qの蓄積が認められた。

(ロ)　trpD 遺伝子に変異が生じた変異体Dは，タンパク質Dの産生がなかっ
た。タンパク質 A，B，C，Eの産生は認められた。トリプトファンの蓄
積はなく，物質Pの蓄積が認められた。

(ハ)　trpE 遺伝子に変異が生じた変異体Eは，タンパク質Eの産生がなかっ
た。タンパク質 A，B，C，Dの産生は認められた。トリプトファンの蓄
積はなく，物質Pの蓄積が認められた。

以上の結果からタンパク質C，タンパク質D，タンパク質Eは酵素J，酵
素K，酵素Lの反応のいずれかに関与することが示唆される。それぞれに
該当すると思われるものを**解答群B**から選び，その番号を**解答用マークシー
ト**の指定された欄にマークしなさい。なお，同じ番号を複数回選択してもよ

い。

(あ) タンパク質 C

(い) タンパク質 D

(う) タンパク質 E

解答群 B

⓪ 酵素 J   ① 酵素 K   ② 酵素 L

(3) トリプトファン合成酵素は α サブユニットと β サブユニットの 2 種類のタンパク質が結合した複合体を形成している。このうち，α サブユニットは，物質 R からインドールの生合成に関わる可逆的な反応を触媒する活性をもっている。β サブユニットは，インドールとセリンの不可逆的な反応を触媒してトリプトファンを合成する活性を有する（**図 4**）。α の活性部位と β の活性部位は空間的に近接しており，それぞれの酵素活性には α と β サブユニットの複合体による立体構造を形成する必要がある。

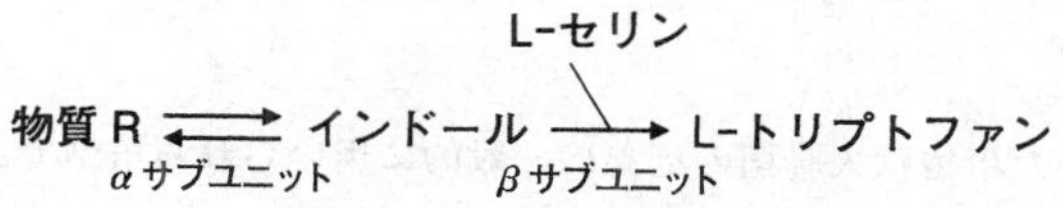

L-セリン

物質 R ⇌ インドール → L-トリプトファン
α サブユニット β サブユニット

図 4　トリプトファン合成酵素による反応
両矢印は可逆的な酵素反応であることを示す。

トリプトファンオペロンから trpA と trpB の構造遺伝子部分を取り出し，ラクトースオペロンのプロモーターおよび転写調節領域に結合し，組換え遺伝子を作製した。同様に trpB のみを結合した組換え遺伝子を作製した。これらをトリプトファンオペロンの転写調節領域に変異が生じた変異体（トリプトファンオペロンの遺伝子群の発現がない変異体）に導入してトランスジェニック大腸菌（組換え体 S と T）が得られた（**図 5**）。

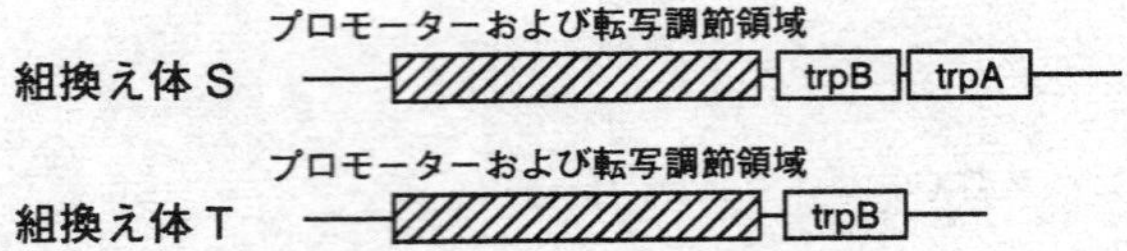

図5　組換え体に含まれる組換え遺伝子

斜線部はラクトースオペロンのプロモーターおよび転写調節領域である。

(A)　組換え体Sを利用してトリプトファン合成酵素を生産するための最適な
培養条件を見つけるために，細菌の培養に一般的に用いられる培地を改変し
た(イ)～(ホ)の5種類の培地を調製し，組換え体Sをこれらの培地で培養し
た。これらの培地で生育した菌体について，最も適切なものを**解答群C**より
選び，その番号を**解答用マークシート**の指定された欄にマークしなさい。

(イ)　培地(何も添加していない)

(ロ)　グルコースを添加した培地

(ハ)　ラクトースを添加した培地

(ニ)　トリプトファンを添加した培地

(ホ)　ラクトースとトリプトファンを添加した培地

【注】用いた培地は大腸菌の培養に一般的に用いられる培地であり，牛乳タン
パク質の分解物，酵母菌体の抽出物，塩化ナトリウムが含まれる。

解答群C

①　タンパク質A，Bともに産生しない。

②　タンパク質Bだけを産生する。

③　タンパク質AとBを産生するが，トリプトファン合成酵素の活性を
もたない。

④　タンパク質AとBを産生するが，トリプトファン合成酵素の活性を
もつ。

(B)　組換え体Tを上記の(イ)～(ホ)の培地で培養した。これらの培地で生育した
菌体について，最も適切なものを**解答群D**より選び，その番号を**解答用マー
クシート**の指定された欄にマークしなさい。

　解答群D
　①　タンパク質Bを産生しない。
　②　タンパク質Bを産生し，インドールとL-セリンからトリプトファン
　　を合成する活性をもつ。
　③　タンパク質Bを産生するが，インドールとL-セリンからトリプト
　　ファンを合成する活性をもたない。

(C)　組換え体Sを培養し，活性型のトリプトファン合成酵素を生産させた。こ
の酵素を含む溶液(酵素液)(pH 7)に物質RとL-セリンを加えて37℃で反
応させたところ，トリプトファンの生産が認められた。そこで，この酵素液
にさまざまな反応条件で基質のインドールとL-セリンを加えて反応させて
トリプトファンの生産を試みたところ，下記の(イ)～(ニ)の結果が得られた。

(イ)　酵素液に充分量のインドールとL-セリンを加えて37℃で反応させた。
　　その結果，**図6(a)**に示すようなトリプトファンの生産曲線が得られた。
(ロ)　酵素液を37℃に保ち，これに充分量のL-セリンを加え，数分おきに
　　少量のインドールを添加した。その結果，**図6(b)**に示すようなトリプト
　　ファンの生産曲線が得られた。
(ハ)　酵素液を48℃に保ち，これに充分量のL-セリンを加え，数分おきに
　　少量のインドールを添加した。その結果，**図6(c)**に示すようなトリプト
　　ファンの生産曲線が得られた。
(ニ)　アデニンの類縁化合物であるイノシンはトリプトファンと結合して不溶
　　性の複合体を形成することがわかっている。この複合体は酵素反応に関与
　　しない。また，イノシンはトリプトファン合成酵素の活性に影響を与えな
　　い。酵素液を37℃に保ち，これに充分量のL-セリンとイノシンを加え，

数分おきに少量のインドールを添加した。その結果，**図 6 (d)** に示すよう
なトリプトファンの生産曲線が得られた。

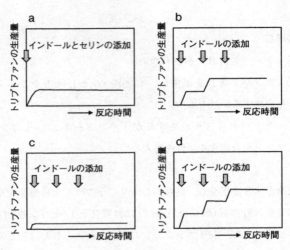

図 6　トリプトファン合成酵素によるトリプトファン生合成

これらの実験結果からいえることは何であろうか。(a)～(e)の記述のうち，
適切なものは①を，不適切なものは②を選び，**解答用マークシート**の指定さ
れた欄にマークしなさい。

(a) トリプトファン合成酵素は生成したトリプトファンにより反応の抑制が
　　起こる。

(b) トリプトファン合成酵素は後から添加したインドールによる競争的阻害
　　が起こる。

(c) トリプトファン合成酵素はインドールを一度に添加するよりも数回に分
　　けて添加した方がトリプトファン合成効率が高い。

(d) トリプトファン合成酵素は 48℃ で反応させると 37℃ で反応させたと
　　きよりも早く失活する。

(e) イノシンはトリプトファン合成酵素の補助因子である。

(D)　セリン・ラセマーゼは L-セリンと D-セリンの可逆的な変換を触媒する。基質特異性が高く，pH 7 の反応液中では 30 ℃ から 37 ℃ で効率的に反応が起こる。セリン・ラセマーゼとトリプトファン合成酵素の混合物(pH 7)による酵素反応を試みた。以下の(イ)〜(ニ)の反応液組成で 37 ℃ でじゅうぶんな時間の反応を行った場合，反応後の反応液で検出される物質を**解答群E**から選び，その番号を**解答用マークシート**の指定された欄にマークしなさい。解答に同じ番号を複数回選んでもよい。なお，反応には適切な量の酵素と基質を加えるものとし，未反応な基質が残る可能性があるが考慮しないものとする。

(イ)　インドール，有機合成したセリン(ラセミ体)，トリプトファン合成酵素とセリン・ラセマーゼ

(ロ)　インドール，有機合成したセリン(ラセミ体)とトリプトファン合成酵素

(ハ)　インドール，L-セリン，トリプトファン合成酵素とセリン・ラセマーゼ

(ニ)　インドール，L-セリンとセリン・ラセマーゼ

解答群E

⓪　L-トリプトファン

①　L-トリプトファンと D-セリン

②　L-トリプトファンとセリン(ラセミ体)

③　トリプトファン(ラセミ体)

④　トリプトファン(ラセミ体)とセリン(ラセミ体)

⑤　インドールとセリン(ラセミ体)

⑥　インドールと L-セリン

⑦　インドールと D-セリン

(4)　ヒダントイナーゼは環状化合物であるヒダントインを加水分解してウレイドアミノ酸を生じる反応を触媒する酵素である。ウレイドアミノ酸はカルバモイラーゼという酵素により加水分解されてアミノ酸が生じる。ヒダントイナーゼは，ヒダントインの R 部分に水素(H)以外のさまざまな側鎖が結合した化合物(ヒダントイン誘導体)を基質にすることができる。この場合は図中で白抜きで

示す炭素原子が不斉炭素であり，不斉炭素を有するヒダントイン誘導体やウレイドアミノ酸にはL体とD体の2種類の光学異性体が存在する（図7）。

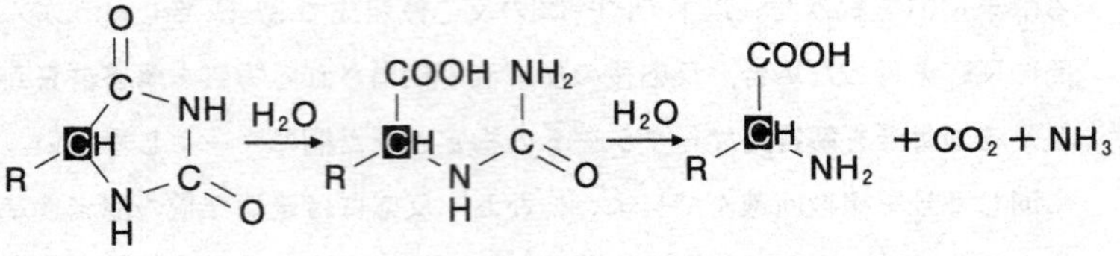

ヒダントイン　　　　ウレイドアミノ酸　　　アミノ酸

図7　ヒダントインからアミノ酸への変換

図ではRがHの場合の化合物名を記す。

ヒダントイナーゼはさまざまな細菌がもっていることが知られている。細菌Xのヒダントイナーゼは基質特異性が広く，Rがさまざまな原子団に置換されたヒダントインの誘導体化合物を基質にすることができる。しかし，この酵素はこれらのうちD体の化合物のみを基質にすることができるがL体の化合物は基質にならない。細菌Xにはカルバモイラーゼも存在し，この酵素はL体，D体どちらのウレイドアミノ酸の誘導体も基質になる。

細菌Xは通常の培地（pH7）ではあまり生育せず，アルカリ性（pH9）の培地（高アルカリ培地）で45℃で最もよく生育した。この細菌の菌体よりヒダントイナーゼとカルバモイラーゼの酵素液を調製し，これらの酵素反応の最適pHと最適温度を調べた。その結果，図8と図9に示すような反応特性が得られた。

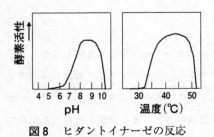

図8　ヒダントイナーゼの反応

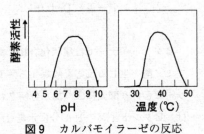

図9　カルバモイラーゼの反応

　細菌 Y はヒダントイン誘導体の D 体と L 体を変換するヒダントイン・ラセマーゼを有することがわかった。この酵素は側鎖部分(R)がさまざまな構造を有するヒダントイン誘導体に作用する活性を有する。細菌 Y は通常の培地 (pH 7)で 30 ℃ でよく生育した。この細菌の菌体より得られたヒダントイン・ラセマーゼによる酵素反応の最適 pH と最適温度を調べた。その結果，**図 10** に示すような反応特性が得られた。

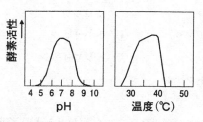

図 10　ヒダントイン・ラセマーゼの反応

(A)　この実験結果について述べた以下の(a)～(d)の記述のうち，内容が正しいものは①を，誤りを含むものは②を選び，**解答用マークシート**の指定された欄にマークしなさい。

(a)　細菌 X のヒダントイナーゼは，細菌 Y のヒダントイン・ラセマーゼよりも反応の最適温度が高い。

(b)　細菌 X のカルバモイラーゼは 50 ℃ を超える温度で活性を失う。

(c)　細菌 X のヒダントイナーゼとカルバモイラーゼが最も高い活性をしめす温度は，細菌 X の培養に最も適した 45 ℃ である。

(d)　細菌 Y のヒダントイン・ラセマーゼが最も高い活性をしめす温度は，細菌 Y の培養に最も適した 30 ℃ である。

(B)　細菌 X のヒダントイナーゼ，カルバモイラーゼ，細菌 Y のヒダントイン・ラセマーゼを用い，有機合成したベンジルヒダントイン(ラセミ体)の酵素反応を行った。ベンジルヒダントインはヒダントイン化合物の R 部分が**図 11** に示すようなベンジル基を有する構造をとる化合物である。ベンジルヒダントインを酵素処理して生じるアミノ酸はどれか。**解答群 F** より選び，その番号を**解答用マークシート**の指定された欄にマークしなさい。

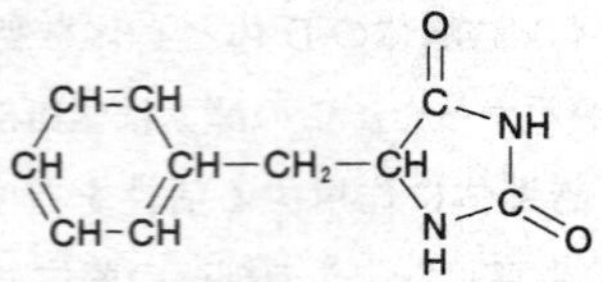

図 11　ベンジルヒダントイン

解答群 F

⓪　アラニン　　　　　　①　チロシン　　　　　　②　アルギニン

③　フェニルアラニン　　④　トレオニン　　　　　⑤　リシン

⑥　ヒスチジン　　　　　⑦　イソロイシン　　　　⑧　アスパラギン

⑨　トリプトファン

(C)　有機合成したベンジルヒダントイン（ラセミ体）と細菌 X のヒダントイナー
　　ゼ，カルバモイラーゼ，細菌 Y のヒダントイン・ラセマーゼを混合し，以
　　下の(イ)～(ニ)の条件で反応させた場合，反応後に検出されると予想される物質
　　を**解答群 G** より選び，その番号を**解答用マークシート**の指定された欄にマー
　　クしなさい。解答には同じ番号を複数回選んでもよい。なお，反応には適切
　　な量の酵素と基質を加えるものとし，未反応な基質が残る可能性があるが考
　　慮しないものとする。

(イ)　pH 6，30 ℃ で酵素反応させた

(ロ)　pH 7.5，45 ℃ で酵素反応させた

(ハ)　pH 8，35 ℃ で酵素反応させた

(ニ)　pH 9，50 ℃ で酵素反応させた

解答群 G

⑩　ベンジルヒダントイン（ラセミ体）

⑪　L-ベンジルヒダントイン

⑫　D-ベンジルヒダントイン

⑬　L-ベンジルヒダントインと L-ウレイドアミノ酸

⑭　L-ベンジルヒダントインと D-ウレイドアミノ酸

⑤ L-ベンジルヒダントインとウレイドアミノ酸(ラセミ体)

⑥ L-ウレイドアミノ酸

⑦ D-ウレイドアミノ酸

⑧ ウレイドアミノ酸(ラセミ体)

⑨ L-ベンジルヒダントインとL-アミノ酸

⑩ L-ベンジルヒダントインとD-アミノ酸

⑪ L-ベンジルヒダントインとアミノ酸(ラセミ体)

⑫ ウレイドアミノ酸(ラセミ体)とL-アミノ酸

⑬ ウレイドアミノ酸(ラセミ体)とD-アミノ酸

⑭ D-ウレイドアミノ酸とアミノ酸(ラセミ体)

⑮ D-ウレイドアミノ酸とL-アミノ酸

⑯ L-ウレイドアミノ酸とD-アミノ酸

⑰ アミノ酸(ラセミ体)

⑱ L-アミノ酸

⑲ D-アミノ酸

3　動物の生殖，遺伝および生態に関する以下の設問に答えなさい。　　（33点）

(1)　以下の文章を読み，(A)～(F)の設問に答えなさい。

　　　生物の生殖様式は，有性生殖と無性生殖に大別できる。有性生殖では精子や卵などの2種類の配偶子が合体(接合)して新たな個体が生まれる。配偶子は減数分裂をおこなうことで染色体数が半分になる。減数分裂時には，遺伝子重複や染色体の再編成がおきることがあり，遺伝性疾患の原因になったり，進化に影響を及ぼしたりする。有性生殖では，遺伝的に多様な個体が生じるため，環境の変化に適応できる個体が含まれる可能性が高くなる。その一方で，生存や繁殖に不利な突然変異が出現した場合には，その変異遺伝子が集団内から取り除かれずに，広がることがある。

(A)　下線部(i)で，精子と卵が合体することを受精という。ウニの受精でみられる現象を説明した以下の(a)～(e)の記述のうち，内容が正しいものは①を，誤りを含むものは②を選び，**解答用マークシート**の指定された欄にマークしなさい。

　(a)　精子にはミトコンドリアが含まれており，自らのエネルギーで鞭毛を動かして泳ぎ，卵に近づく。

　(b)　精子がゼリー層に接すると，先体からタンパク質分解酵素がエンドサイトーシスによって放出される。

　(c)　先体反応により，精子は先体突起を形成し，ゼリー層を通過する。

　(d)　受精すると卵内のナトリウムイオンが流出し，卵の細胞膜の膜電位がマイナスから 0 mV 以上に瞬時に変化する。

　(e)　精核と卵核が融合したのちに受精膜が形成され，一つの卵に二つ以上の精子が受精することを防ぐ。

(B)　下線部(ii)の減数分裂について，ヒトの減数分裂の特徴を説明した以下の

(a)〜(e)の記述のうち，内容が正しいものは①を，誤りを含むものは②を選び，**解答用マークシート**の指定された欄にマークしなさい。

(a)　精原細胞と卵原細胞はいずれも減数分裂して増える。

(b)　1個の卵母細胞から1個の卵ができる。

(c)　第一分裂前期で対合する染色体は，相同染色体である。

(d)　減数分裂の結果，一つの精子の細胞あたりの DNA 量は，分裂前の G2 期の母細胞の半分となる。

(e)　染色体の乗換えを考えない場合，両親から生じる子の染色体の受け継ぎ方は 2^{23} 通りである。

(C)　以下の(a)〜(d)の記述のうち，下線部(ⅲ)の遺伝子重複の説明として，内容が正しいものは①を，誤りを含むものは②を選び，**解答用マークシート**の指定された欄にマークしなさい。

(a)　遺伝子重複は，生物の生存に必要な遺伝子にはおきない。

(b)　遺伝子重複してできた二つの遺伝子のうち，突然変異は片方にしかおきない。

(c)　となり合う複数の遺伝子が同時に重複することがある。

(d)　遺伝子重複した結果できた遺伝子が，異なる染色体に存在することがある。

(D)　無性生殖のみで繁殖する一倍体の生物の性質を説明した以下の(a)〜(d)の記述のうち，内容が正しいものは①を，誤りを含むものは②を選び，**解答用マークシート**の指定された欄にマークしなさい。

(a)　1個体いれば，同じ形質をもつ個体を複数増やすことができる。

(b)　限られた空間内でも同一個体に由来するクローンであるために競争がなく，指数関数的に個体数を増やすことができる。

(c)　個体の生存に必要な遺伝子の機能が失われる突然変異がおきた場合，そ

の遺伝子が集団内に広がることはない。

(d) 突然変異によって、遺伝的な多様性が生じることはない。

(E) 集団内に含まれている対立遺伝子の割合を遺伝子頻度という。ある集団内で2500人に1人の割合で生じる、常染色体上に存在する単一遺伝子による劣性(潜性)の遺伝性疾患がある。この遺伝性疾患は、正常な遺伝子Rに対して、機能不全となる変異がおきた対立遺伝子rをホモでもつと100%発症するが、ヘテロでは発症しない。この集団に関する、以下の(あ)〜(う)の設問に答えなさい。ただし、この集団ではハーディ・ワインベルグの法則が成立しているものとする。

(あ) 対立遺伝子Rとrの遺伝子頻度をそれぞれpとqとしたとき、p+q=1が成り立つとする。この集団内のrの遺伝子頻度を計算しなさい。下記の
  (ア) 〜 (エ) にあてはまる0から9までの数字を**解答用マーク**シートの指定された欄にマークしなさい。なお、空欄がある位には0をマークしなさい。また、小数点以下第4位未満の数を含む場合は四捨五入しなさい。

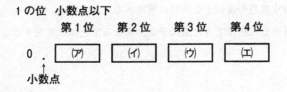

1の位 小数点以下
　　　　第1位　　第2位　　第3位　　第4位

0 . [(ア)] [(イ)] [(ウ)] [(エ)]
↑
小数点

(い) この遺伝性疾患を発症していない人のうち、rをヘテロでもつ保因者の確率は、何人に一人であるかを計算しなさい。下記の (オ) 〜 (ク) にあてはまる0から9までの数字を**解答用マーク**シートの指定された欄にマークしなさい。なお、空欄がある位には0をマークしなさい。また、小数点以下第1位未満の数を含む場合は四捨五入しなさい。

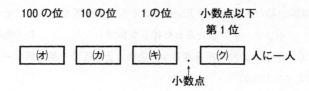

100 の位　　10 の位　　1 の位　　小数点以下
　　　　　　　　　　　　　　　　　　第 1 位

(オ)　　(カ)　　(キ)　.　(ク)　　人に一人

小数点

(う)　この遺伝性疾患を発症していない男性がいる。男性の両親は遺伝性疾患を発症していないが，兄弟の一人は発症している。この男性と，遺伝性疾患を発症していない女性との間に生まれた子どもが遺伝性疾患を発症する確率は何人に一人であるか，最も適切なものを**解答群A**から選び，その番号を**解答用マークシート**の指定された欄にマークしなさい。

解答群A

　⓪　100 人　　①　108 人　　②　117 人　　③　126 人

　④　135 人　　⑤　144 人　　⑥　153 人　　⑦　162 人

　⑧　171 人　　⑨　180 人　　⑩　189 人

(F)　以下の文章を読み，(あ)，(い)の設問に答えなさい。

　　ある疾患に 3 つの遺伝子(それぞれ A，B，C とする)が関連していることがわかった。そこで，遺伝子 A，B，C をそれぞれ破壊したノックアウトマウスを作製したところ(破壊したそれぞれの対立遺伝子を a，b，c とする)，単独の遺伝子のホモ接合変異体に異常はみられなかった。そのため，遺伝子 A，B，C を全て破壊した 3 重ホモ接合変異体を作製することにした。マウスでは，遺伝子 A と B は同一の常染色体上に存在する遺伝子であり，遺伝子 C はそれとは別の常染色体上に存在している。なお，以下の実験で交配に使用した個体の遺伝子の変異は，個体の生存や繁殖能力には影響しない。

(あ)　a と b のホモ接合変異体(F0)どうしを交配させた子のなかから，**図 1**に示す a と b の 2 重ヘテロ接合変異体(F1)を得た。次にこの遺伝子型をもつ F1 個体を，c のホモ接合変異体(遺伝子 A と B は正常)と交配させ，

F2 個体を得た。得られた F2 個体は全部で 100 個体であり，そのうち，a，b，c の 3 重ヘテロ接合変異体は 5 個体であった。A と B の組換え価として最も適切なものを**解答群B**から選び，その番号を**解答用マークシート**の指定された欄にマークしなさい。

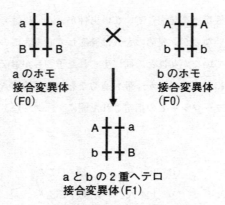

図 1　F1 個体の遺伝子型
C の遺伝子座は省略している。

解答群B

⓪　1 %	①　2.5 %	②　5 %	③　7.5 %
④　10 %	⑤　12.5 %	⑥　15 %	⑦　17.5 %
⑧　20 %	⑨　22.5 %	⑩　25 %	

(い)　上記で得られた 3 重ヘテロ接合変異体どうしを交配させて，3 重ホモ接合変異体が得られる確率を計算しなさい。下記の　(ア)　～　(エ)　にあてはまる 0 から 9 までの数字を**解答用マークシート**の指定された欄にマークしなさい。なお，空欄がある位には 0 をマークしなさい。また，小数点以下第 2 位未満の数を含む場合は四捨五入しなさい。

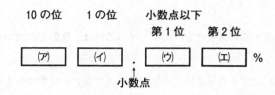

10の位　　1の位　　小数点以下
　　　　　　　　　　　第1位　第2位

(ア)　(イ)．(ウ)　(エ) ％

↑
小数点

(2)　以下の文章を読み，(A)～(C)の設問に答えなさい。

　　動物が自らの生存と子孫の繁殖の可能性をより高めるために，外部の環境シグナルを受け取って，遺伝子配列の変化を伴わずに表現型を変える現象を表現型可塑性という。アブラムシは，春から夏の間は単為生殖(受精を伴わない卵から個体が発生する生殖様式)により，雌が遺伝的に全く同一の雌個体を産み続ける。個体密度が高くなると，遺伝情報は同じだが飛翔するための翅や筋肉をもつ個体が産まれ，新たな寄主植物へと分散する。また，アブラムシのなかには，成長して繁殖に参加する個体にくわえ，外敵に対して攻撃をおこなう不妊の兵隊個体を産みだす種がある。これらの個体はクローンであるにも関わらず，行動・形態・妊性といった表現型が異なっており，表現型可塑性の代表的な事象である。

　　アブラムシは秋になり短日・低温条件になると雄個体も産むようになり，有性生殖世代の雌雄が，有性生殖によって越冬卵を産生する。アブラムシは3対の常染色体と，2本あるいは1本の性染色体をもち，XO型とよばれる性決定様式をとる。このとき，性染色体の組み合わせがXXの場合は雌に，XO(性染色体を一つしかもたないことを表している)の場合は雄になる。次の春に越冬卵からふ化する個体は全て雌で，成長後に単為生殖により爆発的に数を増やす。

(A)　下線部(iv)の表現型可塑性にあてはまる現象を解答群Cから選び，その番号を解答用マークシートの指定された欄にマークしなさい。

解答群C

　⓪　個体密度が高い状態で育ったバッタの幼虫は，移動力が強い成虫になる。

　①　年の離れたヒトの兄弟は，インフルエンザなどの疾患に対するかかりやすさが異なる。

　②　クジラの前肢は，泳ぐのに便利なヒレ状になった。

　③　かま状赤血球症の原因遺伝子をヘテロでもつヒトは，マラリアにかかりにくくなる。

(B)　アブラムシの生殖について説明した以下の(a)～(d)の記述のうち，内容が正しいものは①を，誤りを含むものは②を選び，**解答用マークシート**の指定された欄にマークしなさい。

(a)　雄と雌で染色体の本数が異なる。

(b)　越冬卵からふ化した個体は，合計で8本の染色体をもつ。

(c)　雌は，雄の倍数体である。

(d)　X染色体をもつ精子のみが，卵と受精して次世代の幼虫をつくることができる。

(C)　下線部(v)に示した組織化された集団を形成するアブラムシのように，高度な社会性を獲得した昆虫を社会性昆虫という。社会性昆虫の進化に関する以下の文章を読み，(あ)，(い)の設問に答えなさい。

　　生物集団の個体のあいだには突然変異などによって生じたさまざまな形質の違いがあり，生息する環境に応じて生存や繁殖に有利な形質をもつ個体は次世代により多くの子を残す。これを　(ア)　という。また，生物がさまざまな環境に適応し，多数の系統に分化していくことを　(イ)　という。

　　ある個体が一生の間に残した子のうち，生殖可能な年齢まで達した子の数の指標を適応度という。適応度が高い個体ほど，自分と同じ遺伝子を多く残すことになり，適応的であるといえる。ミツバチやアリ，シロアリのような

社会性昆虫のなかには，自分では繁殖せず，同じ母親（女王）の子の世話に専念するワーカーと呼ばれる雌個体がいる例がある。鳥類や哺乳類でみられる，親以外の個体がほかの個体の子育てに関与する　（ウ）　とは異なり，ワーカーは自らの子を残すことはできない。自己の不利益にもかかわらず，他の個体へ利益をもたらす利他行動は，その個体の適応度を下げるが，包括適応度（血縁関係にある他個体から生じる子も含めて考えた場合の適応度）が高くなるため，　（エ）　によって進化すると考えられる。

（あ）　文章中の　（ア）　～　（エ）　に当てはまる最も適切な語句を**解答群**
Dから選び，その番号を**解答用マークシート**の指定された欄にマークしなさい。なお，同じ番号を複数回選択してもよい。

解答群D

⓪　共進化　　　　　①　中立説　　　　　②　収れん（収束）

③　遺伝的浮動　　　④　自然選択　　　　⑤　適応放散

⑥　相利共生　　　　⑦　片利共生　　　　⑧　種内競争

⑨　寄生者　　　　　⑩　ヘルパー

（い）　以下の(a)～(d)の記述のうち，次の文章中の　（オ）　に当てはまる内容として正しいものは①を，誤りであるものは②を選び，その番号を**解答用マークシート**の指定された欄にマークしなさい。

　　血縁度とは，ある個体間で任意の遺伝子を共有している確率である。ヒトのような二倍体生物の場合，自分の子を一人育てることと，兄弟（あるいは姉妹）を一人育てることの包括適応度は等しい。ミツバチの場合，雌のワーカーは父母由来の染色体を一組ずつ受け継ぐ二倍体だが，雄は未受精卵から発生し，母親由来のゲノムを一組のみ受け継ぐため，染色体数が雌の体細胞の半数しかない（図2）。そのためミツバチでは包括適応度を考えた場合，　（オ）　ほうが有利になる。なお，女王と交尾した雄は1個体であると仮定する。

(a)　女王が娘を育てるより，自分(ワーカー)が妹を育てる

(b)　女王が息子を育てるより，自分(ワーカー)が弟を育てる

(c)　自分(ワーカー)が弟を育てるより，自分(ワーカー)が妹を育てる

(d)　女王が息子を育てるより，女王が娘を育てる

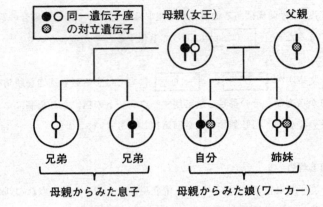

図2　ミツバチの染色体の構成

ワーカーの一人を自分としたときの血縁関係を示している。

解　答　編

英　語

（注）　解答は，東京理科大学から提供のあった情報を掲載しています。

① **解答** (1)—1　(2)—4　(3)—2　(4)—3　(5)—1　(6)—2
(7)—4　(8)—3　(9)—4　(10)—1・3　(11)—2

.... **全訳** ....

《オフィス復帰で気づいた利点》

① 大学を卒業してすぐ，ジェシカは2020年に技術系の会社でカスタマーサービスを担当する完全にリモートの仕事を提示された。彼女は在宅勤務をするのがほんとうに大好きだった。「少し働いて，それから犬を散歩させたり友人と会ってコーヒーを飲んだりして，そのあと仕事を続けることができました」と彼女は言う。「自宅にすてきな仕事場もありました。仕事を終えるとすぐ完全にリラックスすることができました」　そして，新型コロナウイルスの規制が緩和されたとき，ジェシカの上司たちは彼女により長い時間を会社で過ごしてほしいと求めた。それが，彼女がフルタイムの対面環境で働く初めての経験だった。「私はほぼ学校のような日課に戻ったのですが，それが好きではなかったのです」と，英国を拠点とする24歳は言う。2022年2月に彼女はその会社を退職し，自分の上司たちが望むことではなく，リモート勤務の融通性と自由さを得ることのできる仕事のみを引き受けることを決意した。その後まもなく彼女はリモートの仕事を提供されたが，その仕事はその会社が思いがけなく廃業した2022年8月に突然終わった。ジェシカは今，シニアコピーライターとしてデジタル広告会社で新しい職に就いているが，会社で週に2日から3日過ごすことを求められている。

② 　元に戻るまいと意志を貫いたあとであっても，数カ月出勤して自分が大いにその働き方を楽しんでいることに彼女は驚いている。「会社にいることが大好きだという気持ちが徐々に起こってきました」と彼女は言う。「午前中は同僚に会って楽しいおしゃべりをするのを楽しみにしています」ジェシカはほんの数カ月前には予測できなかったであろう形で，同僚との心地よい付き合いを懐かしんだ。「あの親しげなやりとりと集団の一員という感覚は，長年そういったことを経験していないときに人々が忘れてしまうと私が思うことです」とジェシカは感じている。

③ 　職場に戻ることについて，少なくとも少しは考えをそっと変えた労働者集団が増えており，ジェシカはその中のひとりだ。じかに同僚たちに会って話をすることから，職場と家とのより明確な境界線を引けることに気づくということまで，彼らは会社に戻っていることの意外な利点を再認識しつつある。そして，戻ってきてうれしいということを上司に話してもいいと多くの社員たちが思っている一方で，そういった感情を口に出さないことに決めた人も一部いるのは，経営陣が柔軟な勤務形態を取り上げるように促してしまうことになるのを望まないからなのだ。感染爆発の初期に多数の社員がリモート勤務に変わらざるを得なかったとき，それは大きな変化だった。

④ 　会社にフルタイムでずっと配属されてきたので，台所のテーブルで日常業務をすることに完全になじむのに3カ月かかったと，取引先管理の責任者をしているアレキサンダーは言う。しかしすぐに，彼は明白な利点を評価し始めた。通勤がないので，日中に家の用事を済ませ，余った多くの時間を飼い犬たちと過ごした。そういうわけで，彼の雇い主が2021年6月に職員をフルタイムで会社に戻すことを決めたとき，アレキサンダーはその一員にはなりたくなかった。

⑤ 　「私は大喜びではありませんでした」と彼は認める。「それは衝撃的なことでした。1年と3カ月で，人はある種の物事に慣れるのです。『自分の仕事を遂行し，会社は機能しているので，会社に戻る必要性はあるのか』と考えているチームに私はいました。私たちは営業主体の会社なのです。自分たちの目標をなおも達成し，私が売れ行きをなおも伸ばしているならば，元に戻る利点はあるのでしょうか」 多くの社員たちが同じ意見を共有してきた。

6　アンケートによると，2022年7月と8月の間に調査を受けた人々の約3分の2がフルタイムでリモート勤務を続けたいと考えているのに対し，32％が少なくとも週に数日の在宅勤務の機会を望んでいた。2021年11月にアメリカの労働者3万2千人以上を調査した別の報告書では，もし雇い主が自分たちをフルタイムで会社に戻したいのであれば，64％が別の仕事を探すつもりでいるということがわかった。それにもかかわらず，多くの企業が社員を会社に少なくとも週に数日は戻らせた。そして復帰に抵抗していた社員の一部は，もしかするとそれは結局さほど悪くはないかもしれないと気づき始めている。

7　ジェシカと同じく，アレキサンダーがマイアミのオフィスに戻ってくると，その29歳はすぐに良い面に気づいた。「だれかと会話をしたい，あるいは問題を解決したいと思った場合，相手が目の前にいれば私を無視するわけにはいかないことに気づき始めました」と彼は言う。「すぐに終わる質問への簡単な答えを私が必要としていた場合，それが自宅だと数時間かかったかもしれません。しかし今では，部長のひとりに答えを求めるなら，彼らの部屋に歩いて行き，ずっと短い時間で事を終わらせることができるのです」

8　彼は例えば仕事と生活のバランスの向上といった個人的な利点も見出した。「私の家での時間は私の家での時間です」と彼は言う。「その時間は飼い犬たちとの時間で，会社にいるときは全力を尽くしています」

出典追記：The workers quietly backtracking on return-to-office, BBC Worklife on March 25, 2023 by Megan Tatum

解　説

(1)　空所の次に続く文の主語であるIt は，空所の文の内容を受けた代名詞である。その補語が「彼女がフルタイムの対面環境で働く初めての経験だった」となっていることから，会社に戻って働くことを表す内容が空所に入ると判断できる。したがって，正解は1．「ジェシカの上司たちは彼女により長い時間を会社で過ごしてほしいと求めた」。なお，4は，her bosses と spend がSV関係になっているので，家で過ごす時間が少なくなるのはジェシカではなく，ジェシカの上司という内容になっている。

(2)　空所に続く部分は，the company がS，closed down がVになっているので，空所には従属接続詞が入ることがわかる。1，3，4が該当す

るが，1と3は「～にもかかわらず」で文意が通らないので，正解は4。なお，2は副詞で「それにもかかわらず」の意。

(3)　下線部を含む even after からの従属節と，前方の主節の意味関係を簡略化して考えてみると，「(下線部) のあとでさえ，大いにその働き方を楽しんでいる」となっている。この前後関係を踏まえると，正解は2。「職場に戻るという考えに断固として抵抗した」。なお，下線部の dig in one's heels against は「～に激しく抵抗する」の意。

(4)　下線部の名詞 collective の動詞形は collect で「～を集める」の意。それが名詞形になると「共同体」の意。part は「一部」の意であることなどを踏まえると，正解は3。「集団の一員」。

(5)　下線部に含まれる rediscovering the unexpected benefits「意外な利点を再認識しつつある」，および to draw clearer boundaries between work and home「職場と家とのより明確な境界線を引く」の内容を踏まえると，正解は1。「彼らは仕事と私生活の間に明確な区別をつけることの重要性を理解しつつある」。

(6)　空所直後に名詞 management personnel「経営陣」，さらに to take away という to 不定詞が続いていることから，空所には SVO to *do* 文型をとる動詞が入ると判断できる。したがって正解は2。他の選択肢はいずれも同文型をとらない。

(7)　空所直前で「日常業務をすることに完全になじむのに3カ月かかった」と苦労したことを述べているが，その理由を続く部分の分詞構文で「会社にフルタイムでずっと配属されてきたので」としている。「会社で働いていたので，家で働くことに当初はなじめなかった」とすると文意が通ることから，正解は4。「台所のテーブルで」。なお，次の文（But quickly, …）で述べている the undeniable benefits「明白な利点」は，さらに次の文（With no …）にある no commute「通勤がない」，つまり在宅勤務だったということなので，この内容も根拠となる。

(8)　第4段第2文（But quickly, …）にある the undeniable benefits の具体例として，同段第3文（With no …）でアレキサンダーが思う在宅勤務の利点が述べられている。同段最終文（So, when …）の文頭にある副詞 So は，その前が原因，後が結果，という因果関係を表すので，利点を感じていた結果，雇い主が職員を会社に戻すと決めたときに彼はどのよう

な気持ちになったのかを推察する。正解は３。be reluctant to *do* で「〜したがらない」の意。

(9)　下線部の sentiment は「意見，感情」の意。the を伴っているので，個人の意見や考え方を想起させる既出表現を探す。第５段第４文（I was in …）に what's the need「必要性はあるのか」，そして第６文（What's the benefit …）に What's the benefit「利点はあるのか」と意見が述べられていることがわかるが，これらは反語表現で，それぞれ「必要性はない」「利点はない」という内容であることから，正解は４。「事業で成果を上げることに社員が貢献しさえすれば，会社に戻ることは必要でないかもしれない」。

(10)　１．「新型コロナウイルスによって，当初ジェシカは家から行うことのできる日常業務をありがたく思うようになった」

　Covid-19 は第１段第６文（Then, as Covid-19 …）にあるが，これは規制が緩和された時期の話で，ジェシカの当初の考えは，同段第２文（She absolutely …）に「在宅勤務が大好きだった」と述べられている。したがって，この選択肢は本文の内容に合致する。

　２．「ジェシカは型どおりの学習方法による学校生活に感謝していた」

　学校の話題は第１段第８文（"I was back …）にあるが，学校生活への感謝は述べられていないので，この選択肢は合致しない。

　３．「ある調査によると，一定の期間，比較的多くの人々がフルタイムでリモート勤務を続けたいと切望していた」

　調査結果の話題は第６段第１文（According to …）にあるが，約３分の２がフルタイムでリモート勤務を続けたいと考えていることが述べられているので，この選択肢は本文の内容に合致する。

　４．「自分の仕事に時間を浪費する必要がなかったにもかかわらず，アレキサンダーは家事をやっかいだと考えていた」

　アレキサンダーが家事をする場面は第４段第３文（With no …）にあるが，その内容について前文（But quickly, …）に the undeniable benefits「明白な利点」と述べており，家事を否定的には捉えていないことがわかるので，この選択肢は合致しない。

　５．「社員が仕事でうまくやっている限り仕事をする場所は関係ない，というのはジェシカの意見だ」

　　仕事を果たしていれば，その場所は関係ないとする考えは第5段第4文（I was in …）に述べられているが，これはジェシカではなく，アレキサンダーのものであるので，この選択肢は合致しない。

6．「ある調査によって，社員たちはためらうことなく毎日それぞれの職場に戻る一貫性のある傾向が明らかになった」

　　調査結果の話題は第6段第2文（Another report, …）にもあるが，ここではフルタイム勤務に戻ることを望まない労働者は64％だったことが述べられている。したがって，この選択肢は合致しない。

⑾　本文では前半でジェシカの事例と，後半でアレキサンダーの事例が紹介されているが，どちらも最初はリモート勤務を歓迎していたが，職場に戻り，対面で仕事をすることの利点に次第に気づいたことが述べられている。この内容を踏まえると，2．「労働者たちは出勤再開に関する気持ちをそっと変える」が正解。他の選択肢は，1．「従業員たちはリモート業務に突然抗議する」，3．「企業は職場再開を即座に延期する」，4．「雇用者たちはリモート業務をしきりにやめさせる」。

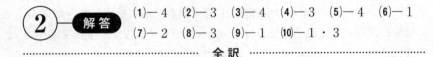

② 解答　(1)—4　(2)—3　(3)—4　(4)—3　(5)—4　(6)—1
　　　　(7)—2　(8)—3　(9)—1　(10)—1・3

──────── 全訳 ────────

《XRの課題と未来》

① 　仮想体験がリアルだと心と体が納得するには，デジタル技術を複雑に結びつける必要がある。加えて，さまざまなソフトとハードの構成要素すべてが途切れることなく，連続して同時に機能しなければならない。ひとつでもバグや途切れや故障があれば，本物らしくないものからまったく受け入れられないものに至る，何かしらの体験がもたらされる。例えば，画像がゆがんだり，コンピュータ上で描写したものと音声が同期していなかったりすると，その体験すべてが問題の多いものになる可能性がある。時間差によって，クロスリアリティ（XR）の物理学と実在する世界の物理学が分離する可能性がある。実際，わずか0.05秒の遅延でさえ仮想環境では認知できるということが研究で示されている。

② 　拡張現実（AR）の領域内でも，ちょうど同じように物事に違和感が出る可能性がある。翻訳アプリが間違った文字や表現を表示したり，まった

く無意味な言葉を示したりするなら，スマートフォンをメニューにかざしてそのアプリが言語を変換するのをじっと見ることが，情報を間違って受け取ることになりかねない。もしソファや机が部屋を浮遊していたり，不釣り合いだったりするなら，それらが部屋の中でどのように見えるかを検分するためにスマートフォンのカメラをそこに向けることが，おかしな状況になりかねない。物体を単に表示するだけでは不十分で，それが正しい位置におさまって，その部屋の中での見え方にそこそこ近いものでなければならない。大きさ，縮尺，色，遠近感すべてが重要なのだ。

③　もちろん，デジタル技術を結びつけたものを整理して利用することがきわめて重要だ。しかし，正しく機能するシステムとアプリを組み上げるには，人的要因，さらに生理学，心理学，社会学を含む他の領域にも注意を払う必要がある。ARメガネをかけたり，仮想世界を見たりしている人は，適切な合図と信号，つまるところ，やりとりのしかたを示すものを受け取らねばならない。アプリ開発者の課題の一部には，いかにしてフィードバックの循環を作り出すかということがある。基本的には，人間が行っていることを装置はいつでも認識して理解し，装置が行っていることを人間は認識して理解しなければならない。この過程のどちらか一方で不具合が発生すれば，XR体験は満足に続かない。

④　仮想現実やXRの他形態が物理世界と同程度の実体験を生み出すことがきわめて重要であると一般的に思われているが，これは必ずしも正しいことではない。ほとんどの場合，目標は心と体に望み通りの反応を促すに足るだけリアルに思える環境を作り出すことだ。これにはものが動く錯覚や，音が聞こえたり物体を触ったりする感覚が含まれている。要するに，あらゆる点で物理世界をまねることは，必要なことでも望ましいことでもない。映画が本物ではまったくないとわかって人がそれを楽しむのとほぼ同じように，個人は仮想現実や拡張現実の枠組みを十分にリアルだと認めるに足るだけ没頭することができる。

⑤　この結果をもたらすために，今日のXRの枠組み，特に仮想現実ソフトとシステムを設計し構築する人々は，忠実さと速さのバランスを保たなければならない。より高いピクセル解像度とより高性能な画像処理機能によって，速く正確に画像を生成するシステムに寄せられる要求が高まっている。初期のVRゲームプラットフォームによくあった問題のように，コン

ピュータ関連の基盤プラットフォームが処理要求に追いつかなければ，この技術が機能しなくなり，性能は低下し，XR の魔法が存在しなくなる。

6　しかし，技術者と開発者がきわめてリアルな仮想世界を作り出すことができたとしても，彼らはおそらくそうしたいとは思わないだろう。人間の心と体は仮想状況を本物だと理解して，危険地帯に入ることになるだろう。仮想現実環境の中にいて圧倒された人は，パニック発作，極度の不安，乗り物酔い，あるいは，最悪の事態では，深刻な病気や死を引き起こすこともありうる心臓発作や他の身体的問題に苦しむかもしれない。

7　こういった要因の釣り合いをとる必要性が拡張現実や仮想現実や複合現実の中心にある。VR システムは人々が身体的，精神的限界を超えたところに行かないようにしなければならない。加えて，多くの場合，その VR システムは使用者の動きと反応に基づいて動的に順応し，調節できなければならない。将来，もしかすると手袋や服の中に組み込まれるかもしれないが，人が過剰な刺激に近づきつつあるときに合図を出すさまざまなセンサーと生体自己制御装置が XR のシステムに入るだろう。心拍数や発汗，そして脳波までも測定することで，システム設計者は，よりリアルだが安全な環境を作ることができる。危険性が最小限の体験を人が楽しむことを可能にする遮断システムや安全機能装置を，彼らは提供することができる。

=== 解説 ===

(1)　下線部の語 ranges には，副詞 somewhere，前置詞句 between … unacceptable が続いて文が終わっていることから，range は自動詞だと判断できる。したがって，正解は 4.「変動する」。なお，他の選択肢はすべて他動詞用法しかない。

(2)　空所直前の just as は比較表現の一部で，AR の比較対象になっているのは第1段に出てくる仮想体験であり，どちらも「同様だ」と述べられている。第1段第3文（Any bug, …）には，少しの不具合で仮想体験が説得力のないものになったり，受け入れられないものになったりするとあり，第2段では，AR の不具合の例が述べられる。いずれもネガティブな事例が取り上げられていることから，空所にも否定的な意味を持つ語が入ることになる。よって正解は 3。

(3)　動詞句 look like は「～のように見える」の意なので，その主語とな

っている it はセミコロン直前の the object を受ける代名詞だと考えられる。したがって，正解は４．「物体」。なお，この部分は間接疑問で，もともとは，it would look like＋名詞＋in the room「それが部屋の中で〈名詞〉のように見える」だったものが，〈名詞〉が what に変わって節の先頭に移動し名詞節を形成したもの。

⑷　下線部は「システムを構築するには（デジタル技術のほかに）人的要因にも注意が必要だ」と要約できるので，正解は３．「システムは，仮想世界を見ている人の人間関連の特徴を理解する必要がある」。

⑸　第４段では，第１文（A common belief …）で仮想現実は物理世界と同じであることが重要だという一般論に反論している。その理由を第２文（In most cases, …）で仮想現実では心と体が望む反応を促せばよいからだと述べ，第４文（In short, …）で仮想現実は物理世界をまねる必要はないとまとめている。さらにその主張を支持するために，最終文（In much …）で映画を引き合いに出してわかりやすい例を示している。この流れを踏まえると，正解は４．「完全にリアルに思える環境を作り出すことは，必ずしも必要ではないと提案するため」。

⑹　第５段は，第１文（In order to …）で述べた主張を，第２文（Greater pixel …）と下線部で具体的な例を示して支持しているという段落構成になっている。主張と具体例は同様の内容となるが，第１文が「忠実さと速さのバランスを保たなければならない」となっているので，正解は１．「忠実さと速さのバランスを保つことがきわめて重要だ」。

⑺　to do so は既出の動詞句の代用表現なので，前方にある produce an extremely realistic virtual world「きわめてリアルな仮想世界を作り出す」のことだと判断できる。したがって，正解は２．「現実世界とほとんど同じ仮想世界を作り出す」。

⑻　空所直後に動詞が続いているので，直後に名詞が続くことになる４をまず除外する。１．whatever は名詞節か副詞節を導くが，A person(S) … might suffer(V) の構造を考えると，ＳＶの間にはいずれの節も置くことはできない。空所後方の overwhelmed は感情を表す他動詞の過去分詞で，補語の位置にあれば主語は「人」でなければならない。つまり，空所に入る関係代名詞の先行詞が「人」となることを踏まえると，正解は３。

⑼　第６段最終文（A person inside …）では，仮想現実環境で想定され

る望ましくない状況として「パニック発作，極度の不安，乗り物酔い，深刻な病気，死」が挙げられている。この下線部の people beyond their physical and mental limits「人々が身体的，精神的限界を超える」がまさにそれらを指しており，VR システムではそういうことが起こりうるので注意を喚起している。したがって，正解は1.「VR システムは使用者の心と体に害を与えるかもしれない」。

⑽　1.「正確に物体を描写することは，拡張現実において唯一の重要事項ではない」

　第4段第4文（In short, …）では，物理世界の模倣は必要でも理想でもないと述べているので，本文に合致する。

2.「さまざまなセンサーから集められた生体情報は，使用者を刺激しすぎないようにするために長期間ずっと使用されてきた」

　overstimulation「過剰な刺激」は最終段第4文（In the future, …）にあるが，ここでは将来の可能性についてであって，これまでのことを述べているのではないので，本文に合致しない。

3.「システム設計者はものが動く錯覚や，音が聞こえたり物体を触ったりする感覚といった使用者の望ましい反応を生み出そうと努力している」

　第4段第2文（In most cases, …）にある the objective「目標」の内容が，「心と体に望み通りの反応を促す環境作り」であり，その反応に含まれるものとして，同段第3文（This includes …）で「ものが動く錯覚や，音が聞こえたり物体を触ったりする感覚」と述べている。これらを踏まえると，本文に合致すると判断できる。

4.「さまざまなソフトとハードの構成要素を支障なく同時に機能させることによって，満足のいく VR 体験が台無しになる可能性がある」

　第1段第1・2文（Convincing …）で，仮想体験ではソフトとハードが同時に機能しなければならないと述べていることから，本文に合致しない。

5.「仮想現実は物理世界とまったく同じ体験をつねに作り出すべきだ」

　第4段第4文（In short, …）では，物理世界の模倣は必要でも理想でもないと述べているので，本文に合致しない。

③ 解答

(1)— 1　(2)— 4　(3)— 1　(4)— 4　(5)— 3　(6)— 2
(7)— 3　(8)— 4　(9)— 3　(10)— 1　(11)— 2　(12)— 2
(13)— 3　(14)— 1　(15)— 3　(16)— 2　(17)— 2　(18)— 4　(19)— 2　(20)— 3
(21)— 4　(22)— 2　(23)— 2　(24)— 1　(25)— 1

━━━━━━━━ 解説 ━━━━━━━━

(1)「ニューヨーク市はアメリカ合衆国で最も人口密度の高い都市のうちのひとつだ」

前置詞 among には one of the と同じ働きがあり, one of the most populous cities と言い換えができることから, 正解は 1。

(2)「私が仕事から戻って玄関から歩いて入るとちょうど, 私の犬がごほうびを期待してしっぽを振りながらキッチンに座っていた」

空所直後に〈名詞＋現在分詞〉が続いていることから, 付帯状況を表す前置詞 with を使うと, 犬が座っている様子としっぽが動いている様子が同時に発生していることを表す。したがって, 正解は 4。

(3)「社員たちの不安にもかかわらず, CEO は自分が提案した計画を推進することにこだわった。したがって, 従業員たちは彼の考えに屈するほかなかった」

have no choice but to *do* で「～せざるをえない」の意であることから, 正解は 1。

(4)「子どもたちに命を尊重するよう教えることは, 非常に重要だと私には思える」

空所後方の importance は形容詞 important から派生した抽象名詞で, of＋抽象名詞で形容詞の働きをする。of great importance は very important と同じ意味で, seems の補語になるので, 正解は 4。

(5)「まだ支払いが済んでいないのなら, すぐに支払ってください」

従属節を導く従属接続詞を空所に入れると文が完成するが, 1. Although「～だけれども」, 4. Unless「～しない限り, ～する場合を除いて」では, 主節の命令文には意味がつながらないことから, 正解は 3。

(6)「形容詞として, 『firm』にはいくつかの意味があるが, そのうちのひとつは『押されてもやわらかかったり, 壊れやすかったりすることはなく, 比較的しっかりしていたり, 固かったり, 折り曲げにくかったり, 動かなかったりする』ことを意味する」

　　この定義にふさわしいものは 2 の形容詞「かたい」である。他の選択肢はそれぞれ，1.「激しい」，3.「単独の」，4.「静止した」の意。

⑺　「ひとつのウラニウム，あるいはプルトニウム原子が核分裂すると，それが今度は他の原子を分裂させる中性子を出す」

　　空所後方の turn と split にはそれぞれ動詞と名詞の働きがあるが，片方を動詞，もう片方を名詞としなければ文構造が成立しない。in turn で「今度は，今度は逆に」の意で修飾語とし，先行詞を neutrons とする関係代名詞 that が続く構造とすると正しい文になることから，正解は 3。

⑻　「専門的技術の分野において高度な技術があるだけでなく，幅広い他の有望な能力を備えていることで多才で柔軟性のある職員になる求職者を雇い主は探すことが多い」

　　空所の語と後方の形容詞 adaptable が等位接続詞 and で並列され，そのうしろの名詞 employees を修飾している構造。adaptable は「適応力のある，柔軟性のある」の意であることから，それと同様の好ましい特性を表す語が空所にふさわしいことから，正解は 4.「多才な」。他の選択肢はそれぞれ，1.「無情な」，2.「焦点をぼかした」，3.「先見性のない，近視眼的な」の意。

⑼　「今や英語の母語話者よりもそうでない人のほうが多いので，他言語を話す人が英語の作家として顕著に増加しているというのは驚くまでもない」

　　空所直前の in は状態を表す前置詞で，「目立つこと，傑出」の意の prominence とともに「顕著に」となり文意が通るので，正解は 3。他の選択肢はそれぞれ，1.「熟考」，2.「訂正」，4.「居住」の意。

⑽　「勉強に集中しなければならないので，今週末は一緒に出かけることはできないとその友人に伝えたが，彼女は繰り返し電話をかけてきて私の気持ちを変えようとした。そういったことは私が今，必要としない単なる余計なストレスだ」

　　名詞 stress を修飾するにふさわしい形容詞を空所に入れると文意が通ることから，正解は 1.「追加の，余分の」。他の選択肢はそれぞれ，2.「親切な」，3.「より少ない」の意。なお，4 に形容詞の働きはなく，名詞で「種類」の意。

⑾　「会議の責任を負うまとめ役が，この催しが中止されるということを

参加者に通知した」

　空所のうしろに名詞と that 節が続いていることに注目する。空所には SVO＋that 節の文型をとる他動詞を入れればよいので，正解は 2 。他の選択肢の動詞はいずれも同文型はとらない。他の選択肢はそれぞれ，1．「～を知らせる」，3．「～を述べる」，4．「～を誓う」の意。

⑿　「ソーシャルディスタンスを気にせず孫に会うことができるよう，生活が平常に戻るのをそのおじいさんは待ちきれなかった」

　空所直前に前置詞 to があるので，空所には名詞を選ぶが，文意が通るものは「通常の状態」の意の normal なので，正解は 2 。他の選択肢はそれぞれ，3．「最小」，4．「権利」の意。なお，1 に名詞の働きはなく，形容詞で「最小の」の意。

⒀　「この取扱説明書はこのゲームの遊び方を説明するために作られていた」

　直前に be 動詞，直後に to 不定詞が続いて意味をなす過去分詞を選べばよい。したがって，正解は 3 。be intended to *do* で「～するために作られている」の意。他の選択肢はそれぞれ原形で，1．「～を浪費する」，2．「～を装う」，4．「～を祝う」の意。

⒁　「招待状を受け取ってからずっと，彼は間近にせまるコンサートへの期待で興奮している」

　bubble with ～ で「～で沸き立つ，興奮する」の意。したがって，意味が通るのは 1 ．「期待，わくわくする気持ち」。他の選択肢はそれぞれ，2．「適応」，3．「独占」，4．「繁栄」の意。

⒂　「できるだけ事前におおよその到着時間をあなたがオーナーに知らせるよう勧めます」

　過去分詞とそれに修飾される名詞との間には，動詞とその目的語の関係が成立する。他動詞 estimate とその目的語 time で「時間を推定する」となり，estimated time で「推定時刻」の意。したがって，正解は 3 。他の選択肢はもともと他動詞ではあるが，time を目的語にとってもどれも意味を成さない。他の選択肢はそれぞれ原形で，1．「～と答える」，2．「～を同封する」，4．「～の心を奪う」の意。

⒃　「私はホテルのロビーに歩いて入り，受付に近づいた。受付係が私をちらっと見た」

　　空所直前の形容詞 quick は「〈動作が〉すばやい」の意。したがって，空所には動作を表す名詞がふさわしいことから，正解は２。「ちらりと見ること」。他の選択肢はどれも動作を表すものではない。他の選択肢はそれぞれ，１．「エレベーター」，３．「幸せ」，４．「荷物」の意。

⒄　「私は好奇心に誘われ，その廃墟を探検する衝動を抑えきれない」

　　空所直後の and 以下には抑えきれない気持ちが表されている。その内容に続けるには，空所には名詞 curiosity「好奇心」が最もふさわしい。したがって，正解は２。他の選択肢はそれぞれ，１．「概念」，４．「建設」の意。なお，３に名詞の働きはなく，形容詞で「論争を呼ぶ」の意。

⒅　「彼は十分なお金を貯めることなくドイツ車を買うことに決めた。彼は順序をあべこべにしているようだ」

　　put the cart before the horse は，直訳は「馬の前に荷車を置く」だが，転じて「順序を逆にする，本末を転倒する」の意のイディオム。したがって，正解は４。他の選択肢はそれぞれ，１．「請求書，法案」，２．「騎手，ライダー」，３．「にんじん」の意。

⒆　「自社のウェブサイトをデザインし直す必要があるが，私たちの上司を満足させるようなロゴの組み入れ方がよくわからない。実際に，彼女は販売資料の中での会社のロゴの使われ方にはとてもうるさい」

　　be particular about ～ で「～について好みがうるさい，好き嫌いのある」の意であることから，正解は２。なお，その他の選択肢に形容詞の働きはなく，１は副詞で「とりわけ」，３は名詞で「詳述」，４も名詞で「記事」の意。

⒇　「私たちには仕上げるべき仕事がたくさんあるが，一度にすべてを行うことはできない。まず最も重要なことに確実に集中するため，すべてを優先順に整理しよう」

　　in order of priority が「優先順に」の意なので，空所前方の arrange everything「すべてを整理する」と合わせて文意が通る。したがって，正解は３。他の選択肢はそれぞれ，１．「～を担当して」，２．「～と引き換えに」，４．「～に備えて」の意。

(21)　「何時間もクロスワードパズルをやってみたが，それでも私は途方にくれ，それを完成させることができなかった」

　　be at a loss で「困って，途方にくれて」の意であることから，正解は

４。他の選択肢はそれぞれ，１．「空気から」，２．「私の代わりに」，３は接続詞で「〜しないように，もし〜なら」の意。

⑵⑵ 「音質が悪かったにもかかわらず，それでも全員が講義の重要点を聞き取り，講演者の意図を理解することができた」

make out 〜 で「〜を理解する」の意であることから，正解は２。他の選択肢はそれぞれ，１．「〜から逃げ出す」，３．「〜（状態・立場など）を維持する」，４．「〜を干す」の意。

⑵⑶ 「『nutrition』という語は，健康と成長のために適切な種類の食べ物を与える，あるいは得る過程を意味する」

nutrition は「栄養補給」の意なので，正解は２。

⑵⑷ 「『intuition』という語は，意識的に推論したり，論理的に立証したりすることなく何かを理解する，あるいは何かに気づく能力を意味する」

intuition は「直観力」の意なので，正解は１。

⑵⑸ 「『to pour』という語は，容器から液体を静かに流す行為を意味する」

to pour は「〜を注ぐ」の意なので，正解は１。

---

④ 解答　a−7　b−5　c−3　d−6　e−4　f−9
　　　　g−2　h−1　i−8　j−10

·········· 全訳 ··········

A：今日はあなたに顕微鏡の使い方を教えます。これは小さな対象物を見て拡大する私たちの研究所で必要不可欠な道具です。

B：ありがとうございます。その効果的な使い方を習得するのを楽しみにしています。

A：さあ，顕微鏡のいろいろな部品から見てみましょう。安定性をもたらす土台，スライドを置くステージ，標本を拡大するレンズ，観察のための接眼レンズ，そして像の鮮明度と精細度を変更するつまみがあります。対象物を照らすためのライトもあります。

B：はい，わかりました。

A：まあ，それはすばらしい。さあ，スライドの準備に移りましょう。スライドが清潔で汚れがないことを確かめてください。それからスライドに標本を慎重に置き，へこみや引っかき傷など生じるおそれのある損傷を抑えるため，そこにカバーガラスをのせてください。

B：では，スライドをきれいにして，そこに標本をのせ，その上にカバーガラスをのせます。これで合っていますか？

A：はい，それで間違いありません。では，スライドを置きましょう。ステージの上にそれを静かに置き，クリップを使って確実に固定してください。こうすることで，標本を分析するときにスライドが動くのを防ぎます。

B：はい，わかりました。

A：では，これから倍率を設定しましょう。ライトをつけ，接眼レンズをのぞき込んで，それからピント調節のつまみを使って標本がぼんやり見える状態にします。

B：私もやってみます。こんな感じですか？

A：はい，でも手の位置をほんの少し調整してみてください。

B：これはどうでしょう？

A：いいですね！　さあ，次は鮮明に見えるまでそれをゆっくり回してください。優しく扱い，故障しないように注意してください。

B：わかりました。では，標本のさまざまな部分はどのようにして調べればよいのですか？

A：そうですね，この機械式のステージ調整つまみを使ってスライドを動かし，調べたいと思うさまざまな場所を探索することができます。さらに光が必要ならば，電源スイッチを調整して光量を上げてください。

B：はい，わかりました。ほんとうにおもしろいですね！　この顕微鏡は操作と調整がしやすいと思います。

A：そのとおり。あともうひとつ，このノートに正確に調査結果を記録し，各研究の具体的などんな指示にも従うようにしてください。

B：はい，そうするようにします。

=== 解説 ===

a. 空所直前には代名詞の所有格があるので，空所には名詞が入る。名詞は1，3，4，7だが，前置詞 at の目的語ということも踏まえると，正解は7。

b. 空所前方の use は第3文型をとる動詞であり，it が目的語になっているので空所には副詞が入る。正解は5。副詞はこの選択肢のみである。

c. 空所後方の definition が名詞なので，空所にも同様に名詞を入れて並

列構造としなければならない。名詞は1，3，4，7だが，definition「精細度」と意味的に並列可能なものが空所に入るので，正解は3「鮮明度」。

d． 空所は that's に続く部分なので，補語となる形容詞が入る。形容詞は6，10だが，10の sure は人が主語になるので，正解は6。

e． 空所前方の limit は第3文型をとる動詞なので，その目的語となる名詞が空所に入る。また，空所直後の that は関係代名詞なので，空所の名詞が先行詞となり，occur の主語にもなっている。名詞は1，3，4，7だが，それら2つの条件を踏まえると正解は4。

f． 空所直前には助動詞があるので，空所には動詞の原形が入る。動詞の原形は4，8，9だが，空所には名詞 + from *doing* が続いていることから，正解は9。prevent *A* from *doing* で「*A* が〜するのを妨げる」の意。

g． 空所直前には副詞節を導く従属接続詞 when があるが，副詞節内ではS + be 動詞の省略が発生することがある。現在分詞 analyzing を入れて省略を補うと，正しい副詞節 when（you are）analyzing specimens が完成する。したがって，正解は2。なお，本来この省略は主節の主語と，副詞節の主語が一致している場合に発生するものである。

h． 空所前方には前置詞 with があるので，空所には名詞が入る。名詞は1，3，4，7だが，空所直後に前置詞 to が続いていることを踏まえると正解は1。なお，直前の相手の発言中に try that があるので，with の直前に try it を補うと完全な命令文となる。

i． 空所直後の and が2つの不定詞，空所の動詞と control をつないでいる構造になっている。S is〔seems〕easy to *do*. は「S は〜しやすい」の意で，*do* には目的語が示されていないものの，S が *do* の目的語になっているという文構造上の特徴がある。つまり，空所の動詞と control に共通した目的語が the microscope ということを踏まえると，正解は8。

j． 空所は be に続く部分なので，補語となる形容詞が入る。形容詞は6，10だが，to 不定詞が続いていることを踏まえると，正解は10。be sure to *do* で「必ず〜する」の意。

講評

　2024 年度は 2023 年度と変わらず大問 4 題の出題構成。試験時間 60 分に対して長文問題が 2 題，さらに文法・語彙問題は 13 問から 25 問に，会話文問題は 7 問から 10 問に増えている。時間に追われた受験生も多かったと推測される。

　1 は長文読解問題。コロナ禍で浸透したリモートワークに関する話題を，2 人の事例を挙げながら扱っている。当初はその勤務形態をより好んでいたが，オフィスでの同僚との対面や仕事と家庭のバランス改善など，リモートワークでは得られなかった利点を彼らが再評価しているという内容である。彼らの気持ちの変化を丁寧に追って読み取りたい。

　2 も長文読解問題。XR とその技術的な問題を扱った内容になっているので，興味を持って読むことのできた人が多かったのではないだろうか。新技術の説明だけに専門的な語彙や表現が散見されたり，文構造が複雑な部分があったりするが，そのほとんどが解答には影響しないものなので，問われたことに対してしっかりとした根拠をもって答えを出したい。

　長文問題では 2 題とも，文脈理解，文法・語彙知識，内容把握，主題設定など，選択式ではあるものの，さまざまな形式で基本的な英語力を問うている。長文自体のテーマは社会生活やコンピュータテクノロジーではあるが，背景知識の豊富さよりも，やはり英語自体の力が得点につながることを念頭に準備をすすめたい。

　3 は文法・語彙の空所補充問題。名詞，形容詞，前置詞の意味や接続詞，関係詞を問うものや，動詞の文型，句動詞，熟語，イディオム，語の定義を問うものもあった。語彙レベルは標準をやや上回る程度とはいえ，これまでに必ず目にしたことのある表現がほとんどのはずなので，日頃の学習の中で知らない単語や表現をそのままにしない姿勢を持ち，その都度辞書で確かめて繰り返し覚える作業が大切である。なお，ここに挙げた単元だけでなく，文法や語彙に関しては幅広く学習することを心がけたい。

　4 は会話文の空所補充問題。研究所での顕微鏡の使い方を教えてもらっているという場面設定である。顕微鏡に関する専門用語があったり，

その操作方法を細かく指示する表現があったりするものの，解答にはほぼ関係なく，品詞や文構造の基本的な知識を問う問題となっている。また，2023年度は不要な選択肢があったが，2024年度ではすべての選択肢を使う形式になっている。空所前後にある語句と合わせて意味が通りそうなものを適当に入れるのではなく，文構造の観点からまず正しい品詞を選択し，それから文法や語法に従って絞り込みをかけ，最後に意味で判断するという流れが望ましい。

数　学

（注）　解答は，東京理科大学から提供のあった情報を掲載しています。

1　解答　(1)**ア.** 2　(2)**イ.** 3　(3)**ウ.** 1　(4)**エ.** 2
(5)**オカ.** 23　**キ.** 4

＝＝＝＝　解説　＝＝＝＝

《2次方程式の解と係数の関係，式の値》

2次方程式 $2x^2+4x+3=0$ の2つの解が α, β だから

$$\alpha+\beta=-\frac{4}{2}=-2, \quad \alpha\beta=\frac{3}{2}$$

(1)　$(\alpha-\beta)^2=(\alpha+\beta)^2-4\alpha\beta=(-2)^2-4\times\frac{3}{2}$

$$=4-6=-2 \quad \rightarrow \mathbf{ア}$$

(2)　$\alpha^2\beta+\alpha\beta^2=\alpha\beta(\alpha+\beta)=\frac{3}{2}\times(-2)=-3 \quad \rightarrow \mathbf{イ}$

(3)　$\alpha^3+\beta^3=(\alpha+\beta)^3-3\alpha\beta(\alpha+\beta)=(-2)^3-3\times\frac{3}{2}\times(-2)$

$$=-8+9=1 \quad \rightarrow \mathbf{ウ}$$

(4)　$\dfrac{\beta}{\alpha+2}+\dfrac{\alpha}{\beta+2}=\dfrac{\beta(\beta+2)+\alpha(\alpha+2)}{(\alpha+2)(\beta+2)}=\dfrac{\alpha^2+\beta^2+2(\alpha+\beta)}{(\alpha+2)(\beta+2)}$

$$=\frac{(\alpha+\beta)^2-2\alpha\beta+2(\alpha+\beta)}{\alpha\beta+2(\alpha+\beta)+4}$$

$$=\frac{(-2)^2-2\times\frac{3}{2}+2\times(-2)}{\frac{3}{2}+2\times(-2)+4}$$

$$=-3\times\frac{2}{3}=-2 \quad \rightarrow \mathbf{エ}$$

(5)　$\alpha^6+\beta^6=(\alpha^3+\beta^3)^2-2\alpha^3\beta^3=1-2\times\frac{27}{8}$

$$=1-\frac{27}{4}=-\frac{23}{4} \quad \rightarrow \mathbf{オ}\sim\mathbf{キ}$$

(1)**ア.** 1 **イ.** 5 **ウエ.** 10
(2)**オ.** 1 **カキ.** 12 **ク.** 6 (3)**ケ.** 1 **コ.** 3
(4)**サ.** 1 **シス.** 36

=== 解 説 ===

《空間ベクトル，三角形の面積，四面体の体積》

$\overrightarrow{AB}=\vec{b}$，$\overrightarrow{AC}=\vec{c}$，$\overrightarrow{AD}=\vec{d}$ とおくと

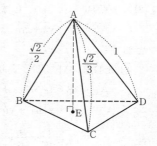

$$|\vec{b}|=\frac{\sqrt{2}}{2},\ |\vec{c}|=\frac{\sqrt{2}}{3},\ |\vec{d}|=1$$

$$\vec{b}\cdot\vec{c}=\frac{\sqrt{2}}{2}\times\frac{\sqrt{2}}{3}\times\frac{1}{2}=\frac{1}{6}$$

$$\vec{c}\cdot\vec{d}=\frac{\sqrt{2}}{3}\times1\times\frac{\sqrt{2}}{2}=\frac{1}{3}$$

$$\vec{d}\cdot\vec{b}=1\times\frac{\sqrt{2}}{2}\times\frac{\sqrt{2}}{2}=\frac{1}{2}$$

(1) $\overrightarrow{DB}=\vec{b}-\vec{d}$，$\overrightarrow{DC}=\vec{c}-\vec{d}$ より

$$\overrightarrow{DB}\cdot\overrightarrow{DC}=(\vec{b}-\vec{d})\cdot(\vec{c}-\vec{d})=\vec{b}\cdot\vec{c}-\vec{b}\cdot\vec{d}-\vec{c}\cdot\vec{d}+|\vec{d}|^2$$

$$=\frac{1}{6}-\frac{1}{2}-\frac{1}{3}+1=\frac{1-3-2+6}{6}=\frac{1}{3}$$

$$|\overrightarrow{DB}|^2=|\vec{b}-\vec{d}|^2=|\vec{b}|^2-2\vec{b}\cdot\vec{d}+|\vec{d}|^2=\frac{1}{2}-1+1=\frac{1}{2}$$

より $|\overrightarrow{DB}|=\frac{1}{\sqrt{2}}$

$$|\overrightarrow{DC}|^2=|\vec{c}-\vec{d}|^2=|\vec{c}|^2-2\vec{c}\cdot\vec{d}+|\vec{d}|^2$$

$$=\frac{2}{9}-\frac{2}{3}+1=\frac{2-6+9}{9}=\frac{5}{9}$$

より $|\overrightarrow{DC}|=\frac{\sqrt{5}}{3}$

よって

$$\cos\angle BDC=\frac{\overrightarrow{DB}\cdot\overrightarrow{DC}}{|\overrightarrow{DB}||\overrightarrow{DC}|}=\frac{1}{3}\times\sqrt{2}\times\frac{3}{\sqrt{5}}=\frac{1}{5}\sqrt{10}\quad\rightarrow\text{ア〜エ}$$

(2) $\sin\angle BDC=\sqrt{1-\cos^2\angle BDC}=\sqrt{1-\frac{2}{5}}=\sqrt{\frac{3}{5}}$ より

$$\triangle BCD=\frac{1}{2}|\overrightarrow{DB}||\overrightarrow{DC}|\sin\angle BDC$$

$$= \frac{1}{2} \times \frac{1}{\sqrt{2}} \times \frac{\sqrt{5}}{3} \times \sqrt{\frac{3}{5}} = \frac{1}{12}\sqrt{6} \quad \rightarrow オ〜ク$$

参考　面積公式 $\triangle BCD = \frac{1}{2}\sqrt{|\overrightarrow{DB}|^2|\overrightarrow{DC}|^2 - (\overrightarrow{DB}\cdot\overrightarrow{DC})^2}$ を用いると，容易

に計算できる。

(3)　4点B，C，D，Eは同一平面上にあるので

$$\overrightarrow{AE} = x\vec{b} + y\vec{c} + z\vec{d}, \quad x+y+z=1 \quad \cdots\cdots①$$

とおける。

$\overrightarrow{AE}\perp\overrightarrow{DB}$，$\overrightarrow{AE}\perp\overrightarrow{DC}$ より

$$\begin{aligned}
\overrightarrow{AE}\cdot\overrightarrow{DB} &= (x\vec{b}+y\vec{c}+z\vec{d})\cdot(\vec{b}-\vec{d}) \\
&= x|\vec{b}|^2 + y\vec{b}\cdot\vec{c} + (-x+z)\,\vec{b}\cdot\vec{d} - y\vec{c}\cdot\vec{d} - z|\vec{d}|^2 \\
&= \frac{1}{2}x + \frac{1}{6}y + \frac{1}{2}(-x+z) - \frac{1}{3}y - z \\
&= -\frac{1}{6}y - \frac{1}{2}z = 0
\end{aligned}$$

$$y = -3z \quad \cdots\cdots②$$

$$\begin{aligned}
\overrightarrow{AE}\cdot\overrightarrow{DC} &= (x\vec{b}+y\vec{c}+z\vec{d})\cdot(\vec{c}-\vec{d}) \\
&= x\vec{b}\cdot\vec{c} + y|\vec{c}|^2 + (-y+z)\,\vec{c}\cdot\vec{d} - x\vec{b}\cdot\vec{d} - z|\vec{d}|^2 \\
&= \frac{1}{6}x + \frac{2}{9}y + \frac{1}{3}(-y+z) - \frac{1}{2}x - z \\
&= -\frac{1}{3}x - \frac{1}{9}y - \frac{2}{3}z = 0
\end{aligned}$$

$$3x + y + 6z = 0 \quad \cdots\cdots③$$

②を①，③へ代入して

$$x - 2z = 1 \quad \cdots\cdots①'$$

$$x + z = 0 \quad \cdots\cdots③'$$

③′−①′ より　　$3z = -1$　　$z = -\frac{1}{3}$

③′ より　　$x = \frac{1}{3}$

①へ代入して　　$y = 1$

$$\overrightarrow{AE} = \frac{1}{3}\vec{b} + \vec{c} - \frac{1}{3}\vec{d} = \vec{c} - \frac{1}{3}(\vec{d}-\vec{b}) = \overrightarrow{AC} - \frac{1}{3}\overrightarrow{BD} \quad \rightarrow ケ，コ$$

(4) $\overrightarrow{\mathrm{AE}} = \dfrac{1}{3}(\vec{b}+3\vec{c}-\vec{d})$ より

$$|\overrightarrow{\mathrm{AE}}|^2 = \dfrac{1}{9}|\vec{b}+3\vec{c}-\vec{d}|^2$$

$$= \dfrac{1}{9}(|\vec{b}|^2+9|\vec{c}|^2+|\vec{d}|^2+6\vec{b}\cdot\vec{c}-6\vec{c}\cdot\vec{d}-2\vec{d}\cdot\vec{b})$$

$$= \dfrac{1}{9}\left(\dfrac{1}{2}+2+1+1-2-1\right)$$

$$= \dfrac{1}{9}\times\dfrac{3}{2} = \dfrac{1}{6}$$

より $|\overrightarrow{\mathrm{AE}}| = \dfrac{1}{\sqrt{6}}$

よって，四面体 ABCD の体積 V は

$$V = \dfrac{1}{3}\times\triangle\mathrm{BCD}\times|\overrightarrow{\mathrm{AE}}| = \dfrac{1}{3}\times\dfrac{1}{12}\sqrt{6}\times\dfrac{1}{\sqrt{6}} = \dfrac{1}{36} \quad\to\text{サ～ス}$$

③ 解答 **(1)ア.** 1 **イ.** 6 **ウ.** 1 **エ.** 8 **オ.** 3
(2)カ. 5 **キク.** 24
(3)ケコ. 49 **サシス.** 156 **セソ.** 11 **タチ.** 78 **ツ.** 3 **テ.** 4
トナ. 39 **ニ.** 1 **ヌネ.** 39 **ノ.** 3

===== 解説 =====
《定積分，定積分で表された関数》

(1) $\displaystyle\int_0^{\frac{\pi}{3}}\cos^2 t\,dt = \int_0^{\frac{\pi}{3}}\dfrac{1+\cos 2t}{2}\,dt = \left[\dfrac{1}{2}t+\dfrac{1}{4}\sin 2t\right]_0^{\frac{\pi}{3}} = \dfrac{1}{6}\pi+\dfrac{1}{8}\sqrt{3}$

$\to\text{ア～オ}$

(2) $\displaystyle\int_0^{\frac{\pi}{3}}\sin^3 t\,dt = \int_0^{\frac{\pi}{3}}(1-\cos^2 t)\sin t\,dt$

ここで，$\cos t = s$ とおくと

$-\sin t\,dt = ds$ $\quad \sin t\,dt = -ds$

t	$0\to\frac{\pi}{3}$
s	$1\to\frac{1}{2}$

$\displaystyle\int_0^{\frac{\pi}{3}}\sin^3 t\,dt = \int_1^{\frac{1}{2}}(1-s^2)(-1)\,ds = \int_1^{\frac{1}{2}}(s^2-1)\,ds = \left[\dfrac{1}{3}s^3-s\right]_1^{\frac{1}{2}}$

$$= \frac{1}{24} - \frac{1}{2} - \left(\frac{1}{3} - 1 \right) = \frac{5}{24} \quad \rightarrow カ \sim ク$$

別解　3倍角の公式 $\sin 3t = 3\sin t - 4\sin^3 t$ より

$$\sin^3 t = \frac{3}{4}\sin t - \frac{1}{4}\sin 3t$$

$$\int_0^{\frac{\pi}{3}} \sin^3 t\,dt = \int_0^{\frac{\pi}{3}} \left(\frac{3}{4}\sin t - \frac{1}{4}\sin 3t \right) dt = \left[-\frac{3}{4}\cos t + \frac{1}{12}\cos 3t \right]_0^{\frac{\pi}{3}}$$

$$= -\frac{3}{8} - \frac{1}{12} - \left(-\frac{3}{4} + \frac{1}{12} \right) = \frac{5}{24}$$

(3)　　$\displaystyle \int_0^{\frac{\pi}{3}} g(t)\sin t\,dt = C$ ……①

　　　　$\displaystyle \int_0^{\frac{\pi}{3}} f(t)\cos t\,dt = D$ ……②

とおくと

$$f(x) = \cos x + C, \quad g(x) = \sin^2 x + D$$

$g(t) = \sin^2 t + D$ を①へ代入して

$$C = \int_0^{\frac{\pi}{3}} (\sin^3 t + D\sin t)\,dt = \frac{5}{24} + \left[-D\cos t \right]_0^{\frac{\pi}{3}}$$

$$= \frac{5}{24} - \frac{1}{2}D + D = \frac{5}{24} + \frac{1}{2}D \quad ……③$$

$f(t) = \cos t + C$ を②へ代入して

$$D = \int_0^{\frac{\pi}{3}} (\cos^2 t + C\cos t)\,dt = \frac{1}{6}\pi + \frac{1}{8}\sqrt{3} + \left[C\sin t \right]_0^{\frac{\pi}{3}}$$

$$= \frac{1}{6}\pi + \frac{1}{8}\sqrt{3} + \frac{\sqrt{3}}{2}C \quad ……④$$

④を③へ代入して

$$C = \frac{5}{24} + \frac{1}{12}\pi + \frac{1}{16}\sqrt{3} + \frac{\sqrt{3}}{4}C$$

両辺に 48 を掛けて

$$48C = 10 + 4\pi + 3\sqrt{3} + 12\sqrt{3}\,C$$

$$12(4 - \sqrt{3})C = 10 + 4\pi + 3\sqrt{3}$$

$$C = \frac{5}{6(4 - \sqrt{3})} + \frac{\pi}{3(4 - \sqrt{3})} + \frac{\sqrt{3}}{4(4 - \sqrt{3})}$$

$$= \frac{5(4+\sqrt{3})}{6(16-3)} + \frac{(4+\sqrt{3})\pi}{3(16-3)} + \frac{\sqrt{3}(4+\sqrt{3})}{4(16-3)}$$

$$= \frac{20+5\sqrt{3}}{6\times13} + \frac{(4+\sqrt{3})\pi}{3\times13} + \frac{4\sqrt{3}+3}{4\times13}$$

$$= \frac{40+10\sqrt{3}}{12\times13} + \frac{12\sqrt{3}+9}{12\times13} + \frac{(4+\sqrt{3})\pi}{3\times13}$$

$$= \frac{49}{12\times13} + \frac{22\sqrt{3}}{12\times13} + \frac{(4+\sqrt{3})\pi}{3\times13}$$

$$= \frac{49}{156} + \frac{11}{78}\sqrt{3} + \left(\frac{4}{39} + \frac{1}{39}\sqrt{3}\right)\pi$$

よって

$$f(x) = \cos x + \frac{49}{156} + \frac{11}{78}\sqrt{3} + \left(\frac{4}{39} + \frac{1}{39}\sqrt{3}\right)\pi \quad \to \text{ケ} \sim \text{ノ}$$

④ **解答** (1)(あ)・(い)-2, 3 ((あ), (い)は順不同)

(2)(う)$\dfrac{x^4-4x^3+9x^2-24x+18}{(x^2-2x+2)^2}$ (3)(え)$y = \dfrac{2}{5}x + \dfrac{16}{5}$

(4)(お)7 (か)$-\dfrac{1}{5}$

（注）(お)・(か)については，途中の過程の記述は省略。

══════════ **解 説** ══════════

《方程式，導関数，法線，最大・最小》

(1) $f(x) - x = 0$ より $\quad \dfrac{x^3-3x^2+3x+6}{x^2-2x+2} - x = 0$

$\quad x^3 - 3x^2 + 3x + 6 - x(x^2 - 2x + 2) = 0$

$\quad -x^2 + x + 6 = 0 \quad x^2 - x - 6 = 0$

$\quad (x+2)(x-3) = 0$

$\quad x = -2, \ 3 \quad \to$(あ), (い)

(2) $\quad f'(x) = \dfrac{(3x^2-6x+3)(x^2-2x+2) - (x^3-3x^2+3x+6)(2x-2)}{(x^2-2x+2)^2}$

$\qquad = \dfrac{x^4-4x^3+9x^2-24x+18}{(x^2-2x+2)^2} \quad \to$(う)

(3) $f(2) = \dfrac{8 - 12 + 6 + 6}{4 - 4 + 2} = \dfrac{8}{2} = 4$ より　　A $(2, 4)$

$f'(2) = \dfrac{1 \times (-1) \times 10}{(4 - 4 + 2)^2} = -\dfrac{10}{4} = -\dfrac{5}{2}$ だから，法線の傾きは　　$\dfrac{2}{5}$

よって，点Aにおける法線の方程式は

$$y - 4 = \dfrac{2}{5}(x - 2)$$

$$y = \dfrac{2}{5}x + \dfrac{16}{5} \quad \rightarrow (\text{え})$$

(4) $f'(x) = 0$ となる x の値は　　$x = 1, 3$

x	-1	$\cdots$	1	$\cdots$	3	$\cdots$	6
$f'(x)$		$+$	0	$-$	0	$+$	
$f(x)$	$-\dfrac{1}{5}$	↗	極大	↘	極小	↗	$\dfrac{66}{13}$

$f(-1) = \dfrac{-1 - 3 - 3 + 6}{1 + 2 + 2} = -\dfrac{1}{5}$

$f(6) = \dfrac{216 - 108 + 18 + 6}{36 - 12 + 2} = \dfrac{132}{26} = \dfrac{66}{13}$

$x = 1$ のとき極大値 $\dfrac{1 - 3 + 3 + 6}{1 - 2 + 2} = 7$，$x = 3$ のとき極小値

$\dfrac{27 - 27 + 9 + 6}{9 - 6 + 2} = \dfrac{15}{5} = 3$ をとる。

増減表より

最大値は 7　$(x = 1$ のとき$)$，最小値は $-\dfrac{1}{5}$　$(x = -1$ のとき$)$

$\rightarrow (\text{お})$，(か)

(5) **解 答**　**(1)(あ)** 35　**(い)** $5 \cdot 7^n$　**(2)(う)** $\dfrac{5}{6} \cdot (7^n - 1)$

(3)(え) $\dfrac{6}{25}\left(\dfrac{1}{6} - \dfrac{1}{7^{n+1} - 1}\right)$　**(4)(お)** $\dfrac{1}{25}$

（注）（え）については，途中の過程の記述は省略。

════════════════ 解　説 ════════════════

《漸化式，階差数列，一般項，数列の和，極限》

(1)　$a_2 = 7a_1 + 5 = 35 + 5 = 40$ より

$$b_1 = a_2 - a_1 = 40 - 5 = 35 \quad \rightarrow(あ)$$

$a_{n+1} = 7a_n + 5$　……① で，n に $n+1$ を代入して

$$a_{n+2} = 7a_{n+1} + 5 \quad ……②$$

②－① より

$$a_{n+2} - a_{n+1} = 7(a_{n+1} - a_n)$$

$b_n = a_{n+1} - a_n$　$(n = 1, 2, \cdots)$ であるから

$$b_{n+1} = 7b_n$$

$\{b_n\}$ は初項 35，公比 7 の等比数列だから

$$b_n = 35 \cdot 7^{n-1} = 5 \cdot 7^n \quad \rightarrow(い)$$

(2)　$n \geqq 2$ のとき

$$a_n = a_1 + \sum_{k=1}^{n-1} b_k = 5 + \sum_{k=1}^{n-1} 5 \cdot 7^k = 5 + \frac{35(7^{n-1} - 1)}{7 - 1}$$

$$= 5 + \frac{35}{6} \cdot 7^{n-1} - \frac{35}{6} = \frac{5}{6} \cdot 7^n - \frac{5}{6} = \frac{5}{6} \cdot (7^n - 1)$$

$a_1 = 5$ はこれに含まれるので

$$a_n = \frac{5}{6} \cdot (7^n - 1) \quad \rightarrow(う)$$

別解　$a_{n+1} = 7a_n + 5$

$a_{n+1} - \alpha = 7(a_n - \alpha)$ と変形できるとすれば

$$a_{n+1} = 7a_n - 6\alpha$$

$-6\alpha = 5$ より　　$\alpha = -\frac{5}{6}$

$$a_{n+1} + \frac{5}{6} = 7\left(a_n + \frac{5}{6}\right)$$

$$a_1 + \frac{5}{6} = 5 + \frac{5}{6} = \frac{35}{6}$$

$\left\{a_n + \dfrac{5}{6}\right\}$ は初項 $\dfrac{35}{6}$，公比 7 の等比数列だから

$$a_n + \frac{5}{6} = \frac{35}{6} \cdot 7^{n-1} \qquad a_n = \frac{5}{6} \cdot 7^n - \frac{5}{6} = \frac{5}{6} \cdot (7^n - 1)$$

(3)　$\dfrac{7^k}{a_k a_{k+1}} = \dfrac{7^k}{\dfrac{5}{6}(7^k-1) \cdot \dfrac{5}{6}(7^{k+1}-1)} = \dfrac{36}{25} \cdot \dfrac{7^k}{(7^k-1)(7^{k+1}-1)}$

$\qquad\qquad = \dfrac{36}{25} \cdot \dfrac{1}{6} \left(\dfrac{1}{7^k-1} - \dfrac{1}{7^{k+1}-1} \right)$

$\qquad\qquad = \dfrac{6}{25} \left(\dfrac{1}{7^k-1} - \dfrac{1}{7^{k+1}-1} \right)$

と変形できるので

$S_n = \dfrac{6}{25} \displaystyle\sum_{k=1}^{n} \left(\dfrac{1}{7^k-1} - \dfrac{1}{7^{k+1}-1} \right)$

$\quad = \dfrac{6}{25} \left\{ \left(\dfrac{1}{7-1} - \dfrac{1}{7^2-1} \right) + \left(\dfrac{1}{7^2-1} - \dfrac{1}{7^3-1} \right) \right.$

$\qquad\qquad\qquad\qquad \left. + \ \cdots \ + \left(\dfrac{1}{7^n-1} - \dfrac{1}{7^{n+1}-1} \right) \right\}$

$\quad = \dfrac{6}{25} \left(\dfrac{1}{6} - \dfrac{1}{7^{n+1}-1} \right) \quad \rightarrow$(え)

(4)　$\displaystyle\lim_{n\to\infty} S_n = \lim_{n\to\infty} \dfrac{6}{25} \left(\dfrac{1}{6} - \dfrac{1}{7^{n+1}-1} \right) = \dfrac{6}{25} \times \dfrac{1}{6} = \dfrac{1}{25} \quad \rightarrow$(お)

講 評

　　2024 年度も例年通り大問 5 題の出題であった。マークシート式による空所補充形式が 3 題，記述式で答えを記入する（一部解答を導く過程も書く）問題が 2 題であることにも変化はない。2024 年度は計算量が多い問題もなく，基本〜標準レベルの問題であり，2023 年度よりもやや易しくなった。

　1　2 次方程式の解と係数の関係を用いた式の値の問題。基本的内容である。(5)は(3)の結果を活用する。

　2　空間ベクトルの問題で，四面体の体積がテーマである。問題全体を見渡すと，$\overrightarrow{AB} = \vec{b}$，$\overrightarrow{AC} = \vec{c}$，$\overrightarrow{AD} = \vec{d}$ とおいて，$\vec{b}\cdot\vec{c}$，$\vec{c}\cdot\vec{d}$，$\vec{d}\cdot\vec{b}$ を先に求めておくと，能率がよいだろう。(1)$\overrightarrow{DB}$ と $\overrightarrow{DC}$ のなす角が $\angle BDC$ であるから，$\cos\angle BDC = \dfrac{\overrightarrow{DB}\cdot\overrightarrow{DC}}{|\overrightarrow{DB}||\overrightarrow{DC}|}$ により求める。(2) (1)の結果を用

いて $\sin\angle BDC$ を求め，$\triangle BCD = \dfrac{1}{2}|\overrightarrow{DB}||\overrightarrow{DC}|\sin\angle BDC$ により計算する。(3) $\overrightarrow{AE} = x\vec{b} + y\vec{c} + z\vec{d}$，$x+y+z=1$ とおけるので，$\overrightarrow{AE}$ が $\overrightarrow{DB}$，$\overrightarrow{DC}$ とそれぞれ垂直であることから $x,\ y,\ z$ の値を求める。(4) (3)の結果より $|\overrightarrow{AE}|$ を計算し，(2)の結果も用いて $\dfrac{1}{3}\times\triangle BCD\times|\overrightarrow{AE}|$ を計算する。

3　定積分，定積分で表された関数の問題。(1)は半角の公式を用いて変形する。(2)は $\sin^3 t = (1-\cos^2 t)\sin t$ と変形し，$\cos t = s$ とおいて置換積分法を用いる。3倍角の公式を用いる方法でもよい。(3)上端，下端が定数の定積分は定数であるから，$\displaystyle\int_0^{\frac{\pi}{3}} g(t)\sin t\,dt = C$，$\displaystyle\int_0^{\frac{\pi}{3}} f(t)\cos t\,dt = D$ とおいて，$f(t)$，$g(t)$ をこれらに代入して，$C,\ D$ の連立方程式が得られるので，C の値を求める。

4　微分法を用いた最大・最小の問題で基本的な内容である。(1) $f(x)-x=0$ で分母を払うと x の2次方程式となる。(2)商の微分を用いて $f'(x)$ を計算する。(3)点Aにおける接線の傾きは $f'(2)$ だから，法線の傾き m は $f'(2)\times m = -1$ より求める。(4) (2)の結果を使って $-1\leqq x\leqq 6$ の範囲で増減表を作り，最大値，最小値を調べる。

5　隣接2項間の漸化式，階差数列，一般項，いろいろな数列の和，極限値を内容とする問題。(1) $b_1 = a_2 - a_1$ であり，$\{b_n\}$ は等比数列となることから，一般項 b_n を求める。(2) $n\geqq 2$ のとき $a_n = a_1 + \displaystyle\sum_{k=1}^{n-1} b_k$ であるから，(1)の結果を用いる。〔別解〕のように，(1)を用いない方法もある。(3) (2)の結果を用いて $\dfrac{7^k}{a_k a_{k+1}}$ を考え，変形するが

$$\frac{1}{7^k - 1} - \frac{1}{7^{k+1} - 1} = \frac{7^{k+1} - 1 - 7^k + 1}{(7^k - 1)(7^{k+1} - 1)} = \frac{(7-1)7^k}{(7^k - 1)(7^{k+1} - 1)}$$
$$= \frac{6\cdot 7^k}{(7^k - 1)(7^{k+1} - 1)}$$

より，$\dfrac{7^k}{(7^k - 1)(7^{k+1} - 1)} = \dfrac{1}{6}\left(\dfrac{1}{7^k - 1} - \dfrac{1}{7^{k+1} - 1}\right)$ となることがポイント。これを活用して S_n を計算する。S_n が求められれば(4)の $\displaystyle\lim_{n\to\infty} S_n$ は容易に計算できる。

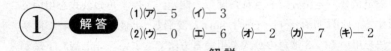

（注）　解答は，東京理科大学から提供のあった情報を掲載しています。

1 **解答** (1)(ア)— 5　(イ)— 3
(2)(ウ)— 0　(エ)— 6　(オ)— 2　(カ)— 7　(キ)— 2

━━━━━━━━━━━━━━━ 解　説 ━━━━━━━━━━━━━━━

《摩擦のある斜面上での単振動》

(1)(ア)　単振動の中心は物体にはたらく力の合力が 0 となる位置である。求める位置座標を x_1 として，おもりにはたらく重力の斜面方向成分と弾性力のつり合いを考えて

$$mg\sin\theta - kx_1 = 0$$

ゆえに　　$x_1 = \dfrac{mg\sin\theta}{k}$〔m〕

(イ)　中心位置からさらに斜面方向に X〔m〕変位した位置でおもりにはたらく合力 F〔N〕は

$$F = mg\sin\theta - k(x_1 + X)$$〔N〕

(ア)より $mg\sin\theta - kx_1 = 0$ であったので，$F = -kX$〔N〕となる。

また，単振動ではたらく合力 F は角振動数 ω〔rad/s〕を用いて $F = -m\omega^2 X$〔N〕とも表せるので，$\omega = \sqrt{\dfrac{k}{m}}$〔rad/s〕とわかる。

これより，求める周期 T〔s〕は

$$T = \frac{2\pi}{\omega} = 2\pi\sqrt{\frac{m}{k}}$$〔s〕

(2)(ウ)　ばねは自然長で弾性力は 0 であるので，おもりにはたらく重力の斜面方向成分の大きさが最大静止摩擦力の大きさより大きいときに動き出す。

$$mg\sin\theta > \mu mg\cos\theta　より　\tan\theta > \mu$$

(エ)　動き出してから半周期（最下点に達する）までは動摩擦力が x 軸の負の向きに作用することに注意し，合力が 0 となる位置を x_2〔m〕として

$$mg\sin\theta - kx_2 - \mu'mg\cos\theta = 0$$

より　　$x_2 = \dfrac{mg(\sin\theta - \mu'\cos\theta)}{k}$〔m〕

(オ)　(イ)と同様に，$x = x_2$ から X 変位したときの合力 F は

$$F = mg\sin\theta - k(x_2 + X) - \mu'mg\cos\theta = -kX \text{〔N〕}$$

摩擦のない場合と同様に周期は，$T = 2\pi\sqrt{\dfrac{m}{k}}$〔s〕となる。

求める半周期の時間 t〔s〕は

$$t = \dfrac{T}{2} = \pi\sqrt{\dfrac{m}{k}} \text{〔s〕}$$

(カ)　$x = 0$ から速度 0 で単振動が始まったので，振幅 A〔m〕は中心までの変位 x_2 の大きさと等しく $A = \dfrac{mg(\sin\theta - \mu'\cos\theta)}{k}$〔m〕となる。

これより，最下点の座標 x_3〔m〕は

$$x_3 = 2A = 2x_2 = \dfrac{2mg(\sin\theta - \mu'\cos\theta)}{k} \text{〔m〕}$$

(キ)　最下点では静止摩擦力が x 軸の正の向きにはたらく。おもりが動かず静止し続けるには，弾性力の大きさが最大摩擦力と重力の合力の大きさより小さければよいので

$$kx_3 < mg\sin\theta + \mu mg\cos\theta$$

前問の結果を代入して

$$2mg(\sin\theta - \mu'\cos\theta) < mg\sin\theta + \mu mg\cos\theta$$

$$mg\sin\theta < (\mu + 2\mu')mg\cos\theta$$

$$\tan\theta < \mu + 2\mu'$$

 **2** **解答**　(ア)—2　(イ)—2　(ウ)—1　(エ)—2　(オ)—2　(カ)—0

(キ)—0　(ク)—1

解説

《傾きを変えられるシリンダー内の気体の状態変化》

(ア)　求める圧力を P_A〔N/m²〕とすると，ピストンにはたらく力のつり合いの式

$$P_A S = P_0 S + Mg \quad \text{より} \quad P_A = P_0 + \dfrac{Mg}{S} \text{〔N/m²〕}$$

(イ) 求めるシリンダー底面からピストンまでの距離を h_A〔m〕として，状態方程式を立てる。

$$P_A S h_A = R T_A$$

これより　　$h_A = \dfrac{R T_A}{P_A S} = \dfrac{R T_A}{\left(P_0 + \dfrac{Mg}{S}\right)S} = \dfrac{R T_A}{P_0 S + Mg}$〔m〕

(ウ) 求める圧力を P_B〔N/m²〕とすると，(ア)と同様にピストンにはたらく力の点O方向のつり合いの式

$$P_B S = P_0 S + Mg\cos 60° \quad より \quad P_B = P_0 + \dfrac{Mg}{2S}$$〔N/m²〕

(エ) 求めるシリンダー底面からピストンまでの距離を h_B〔m〕とし，状態Aと状態Bについて与えられた断熱変化の式を用いて

$$P_A (S h_A)^{\frac{5}{3}} = P_B (S h_B)^{\frac{5}{3}} \quad より \quad h_B^{\frac{5}{3}} = \frac{P_A}{P_B} h_A^{\frac{5}{3}} = \frac{P_0 + \dfrac{Mg}{S}}{P_0 + \dfrac{Mg}{2S}} h_A^{\frac{5}{3}}$$

$$h_B = \left(\frac{P_0 S + Mg}{P_0 S + \dfrac{Mg}{2}}\right)^{\frac{3}{5}} h_A = \left(\frac{P_0 S + Mg}{P_0 S + \dfrac{Mg}{2}}\right)^{\frac{3}{5}} \times \frac{R T_A}{P_0 S + Mg}$$〔m〕

(オ) 求める温度を T_B〔K〕として，状態Bの状態方程式を立てると，$P_B S h_B = R T_B$ となる。これまでに得られた式を用いて

$$T_B = \frac{P_B S h_B}{R} = \frac{\left(P_0 + \dfrac{Mg}{2S}\right)S\left(\dfrac{P_0 S + Mg}{P_0 S + \dfrac{Mg}{2}}\right)^{\frac{3}{5}} h_A}{R}$$

$$= \frac{\left(P_0 + \dfrac{Mg}{2S}\right)S\left(\dfrac{P_0 S + Mg}{P_0 S + \dfrac{Mg}{2}}\right)^{\frac{3}{5}}\left(\dfrac{R T_A}{P_0 S + Mg}\right)}{R}$$

$$= \left(P_0 S + \dfrac{Mg}{2}\right)\left(\frac{P_0 S + Mg}{P_0 S + \dfrac{Mg}{2}}\right)^{\frac{3}{5}}\left(\frac{1}{P_0 S + Mg}\right) T_A$$

$$= \left(\frac{P_0 S + \dfrac{Mg}{2}}{P_0 S + Mg} \right)^{\frac{2}{5}} T_A \,[\mathrm{K}]$$

(カ)　$\theta = 0$ であるから状態 C での圧力は $P_0\,[\mathrm{N/m^2}]$ である。定積変化であることに注意して，状態 C での温度 $T_C\,[\mathrm{K}]$ は状態方程式 $P_0 S h_B = R T_C$ より

$$T_C = \frac{P_0 S h_B}{R} = \frac{P_0 S}{R} \left(\frac{P_0 S + Mg}{P_0 S + \dfrac{Mg}{2}} \right)^{\frac{3}{5}} h_A$$

$$= \frac{P_0 S}{R} \left(\frac{P_0 S + Mg}{P_0 S + \dfrac{Mg}{2}} \right)^{\frac{3}{5}} \left(\frac{R T_A}{P_0 S + Mg} \right)$$

$$= \frac{P_0 S}{P_0 S + Mg} \left(\frac{P_0 S + Mg}{P_0 S + \dfrac{Mg}{2}} \right)^{\frac{3}{5}} T_A$$

単原子分子理想気体の定積モル比熱は $\dfrac{3}{2} R\,[\mathrm{J/mol \cdot K}]$ であるので，求める内部エネルギーの変化 $\Delta U\,[\mathrm{J}]$ は

$$\Delta U = \frac{3}{2} R \,(T_C - T_B)$$

状態 B と状態 C の状態方程式を用いると

$$\Delta U = \frac{3}{2} \,(P_0 S h_B - P_B S h_B)$$

$$= \frac{3}{2} \,(P_0 - P_B)\, S h_B$$

$$= -\frac{3}{4} Mg S h_B$$

$$= \frac{-3 Mg R T_A}{4 \,(P_0 S + Mg)} \left(\frac{P_0 S + Mg}{P_0 S + \dfrac{Mg}{2}} \right)^{\frac{3}{5}} [\mathrm{J}]$$

(キ)　定積変化であるので，熱力学第一法則により気体に与えられたエネルギーは内部エネルギーの変化に等しい。

(ク) 求める温度を T_D〔K〕として状態Aと状態Dでボイル・シャルルの法則を用いると

$$\frac{P_A S h_A}{T_A} = \frac{P_0 S h_A}{T_D}$$

$$T_D = \frac{P_0}{P_A} T_A = \frac{P_0}{P_0 + \dfrac{Mg}{S}} T_A = \frac{P_0 S}{P_0 S + Mg} T_A \text{〔K〕}$$

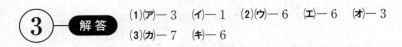

③ 解 答 (1)(ア)—3 (イ)—1 (2)(ウ)—6 (エ)—6 (オ)—3
(3)(カ)—7 (キ)—6

──────── 解 説 ────────

《音源と観測者両方の単振動に伴うドップラー効果》

(1)(ア) 物体Aが x〔m〕だけ変位したときにはたらく力の合力 F〔N〕は $F = -2kx$ となる。この単振動の角速度を ω〔rad/s〕とすると，$F = -m\omega^2 x$ と表すことができるので，$\omega = \sqrt{\dfrac{2k}{m}}$〔rad/s〕とわかる。

$t = 0$〔s〕のとき，$x = l$の位置から速度0〔m/s〕で単振動が始まり，振幅は l〔m〕であるので

$$x = l\cos\sqrt{\frac{2k}{m}}\,t \text{〔m〕}$$

(イ) 原点Oは単振動の中心であるので，その速さ v_0〔m/s〕は振幅 l と角振動数 ω を用いて

$$v_0 = l\omega = l\sqrt{\frac{2k}{m}}\text{〔m/s〕}$$

(2)(ウ) $t = 0$〔s〕での速度が0で，負の方向に運動が始まることから，時刻 t〔s〕での物体Aの速度 v〔m/s〕は

$$v = -l\omega\sin\omega t = -l\sqrt{\frac{2k}{m}}\sin\sqrt{\frac{2k}{m}}\,t\text{〔m/s〕}$$

と表される。

ドップラー効果の公式に当てはめると

$$f_1 = f_0\frac{V}{V-v} = f_0\frac{V}{V-\left(-l\sqrt{\dfrac{2k}{m}}\sin\sqrt{\dfrac{2k}{m}}\,t\right)} = \frac{f_0 V}{V + l\sqrt{\dfrac{2k}{m}}\sin\sqrt{\dfrac{2k}{m}}\,t}\text{〔Hz〕}$$

(**エ**) f_1 が最大となるのは式の分母 $V + l\sqrt{\dfrac{2k}{m}}\sin\sqrt{\dfrac{2k}{m}}\,t$ が最小となるとき，すなわち t が $\sin\sqrt{\dfrac{2k}{m}}\,t = -1$ を満たすときである。

f_1 が最も高くなる最初の時刻を問われているので，求める時刻 t_1〔s〕は，$\sqrt{\dfrac{2k}{m}}\,t_1 = \dfrac{3\pi}{2}$ より

$$t_1 = \frac{3\pi}{2}\sqrt{\frac{m}{2k}} = \frac{3\pi}{2\sqrt{2}}\sqrt{\frac{m}{k}} = \frac{3\sqrt{2}}{4}\pi\sqrt{\frac{m}{k}}\ \text{〔s〕}$$

(**オ**) 反射音の振動数 f_2〔Hz〕は壁と物体Bがともに静止しているので，$t = t_1$〔s〕のときに物体Aから壁に向かう音波の振動数と等しい。このときの物体Aの速度は x 軸の正の向き，すなわち音波の進行方向とは逆の向きに $l\sqrt{\dfrac{2k}{m}}$〔m/s〕であるから，ドップラー効果の公式より

$$f_2 = \frac{V}{V - \left(-l\sqrt{\dfrac{2k}{m}}\right)}f_0 = \frac{f_0 V}{V + l\sqrt{\dfrac{2k}{m}}}\ \text{〔Hz〕}$$

(3)(**カ**) $t = 0$ での物体Aと物体Bの変位は左右対称であり，ばね定数が同じであるため，変位が対称であるかぎり物体Aと物体Bにはたらく力のベクトルも対称であることから，物体A・Bの運動はつねに対称になると判断できる。これより，物体Aが x 変位しているとき，物体Aと物体Bの間のばねは $2x$ 縮むことがわかる。

よって，物体Aにはたらく力の合力 f_A〔N〕は

$$f_A = -kx - k\cdot 2x = -3kx$$

と表せることから，物体Aの単振動は振幅 l〔m〕，角振動数 $\sqrt{\dfrac{3k}{m}}$〔rad/s〕，周期 $2\pi\sqrt{\dfrac{m}{3k}}$〔s〕となる。

物体Aの速さが初めて最大となるのは振動の中心（$x = 0$）を通過するとき，すなわち $\dfrac{1}{4}$ 周期経過した時刻であるので，求める時刻 t_2〔s〕は

$$t_2 = \frac{1}{4}\times 2\pi\sqrt{\frac{m}{3k}} = \frac{\pi}{2}\sqrt{\frac{m}{3k}} = \frac{\pi}{2\sqrt{3}}\sqrt{\frac{m}{k}} = \frac{\sqrt{3}\pi}{6}\sqrt{\frac{m}{k}}\ \text{〔s〕}$$

(キ)　$t=t_2$ のとき両物体は振動の中心を通過し，物体Aの速度は $l\sqrt{\dfrac{3k}{m}}$ 〔m/s〕，物体Bの速度は $-l\sqrt{\dfrac{3k}{m}}$ 〔m/s〕である。

物体Bに取りつけたマイクが検出する直接音は，物体Aの音源から x 軸の正の向きに進行してきたものであり，その振動数 f_D〔Hz〕は

$$f_D=\frac{V-\left(-l\sqrt{\dfrac{3k}{m}}\right)}{V-\left(l\sqrt{\dfrac{3k}{m}}\right)}f_0=\frac{V+l\sqrt{\dfrac{3k}{m}}}{V-l\sqrt{\dfrac{3k}{m}}}f_0 \text{〔Hz〕}$$

次に，反射音を考える。この音は，物体Aの音源から，まず x 軸の負の向きに進行し，静止した壁で反射する。壁に到達した音の振動数 f〔Hz〕は，壁に観測者を設定し，正の向きに注意すると，ドップラー効果の公式より

$$f=\frac{V}{V-\left(-l\sqrt{\dfrac{3k}{m}}\right)}f_0=\frac{V}{V+l\sqrt{\dfrac{3k}{m}}}f_0 \text{〔Hz〕}$$

壁で反射したあと，この音は x 軸の正の向きに進行するので，運動する物体Bのマイクが検出する振動数 f_R〔Hz〕は

$$f_R=\frac{V-\left(-l\sqrt{\dfrac{3k}{m}}\right)}{V}f=\frac{V+l\sqrt{\dfrac{3k}{m}}}{V}\times\frac{V}{V+l\sqrt{\dfrac{3k}{m}}}f_0=f_0 \text{〔Hz〕}$$

この結果は，壁に対して物体Aと対称な運動をする仮想的な物体 A′ を考えると，物体 A′ と物体Bは同じ運動となるので納得がいく。

求める振動数の差 Δf〔Hz〕は

$$\Delta f=f_D-f_R=\frac{V+l\sqrt{\dfrac{3k}{m}}}{V-l\sqrt{\dfrac{3k}{m}}}f_0-f_0=\frac{2l\sqrt{\dfrac{3k}{m}}}{V-l\sqrt{\dfrac{3k}{m}}}f_0 \text{〔Hz〕}$$

④ 解答 (1)(ア)— 7　(2)(イ)— 3　(ウ)— 1　(3)(エ)— 4　(4)(オ)— 5
(5)(カ)— 3　(キ)— 0

= 解説 =

《磁場中に設置されたレール上での導体棒の運動》

(1)(ア)　導体棒に生じる誘導起電力 V_1〔V〕は，導体棒の速度の磁場に垂直な成分の大きさが $v\cos\theta$〔m/s〕となるので

$$V = vBl\cos\theta \text{〔V〕}$$

このとき，導体棒に流れる電流 I_1〔A〕は，閉回路の全抵抗が $2R$〔Ω〕であるから

$$I_1 = \frac{vBl\cos\theta}{2R} \text{〔A〕}$$

その向きは，図 4-1 で奥に向かう向き。

導体棒が磁場から受ける力 f〔N〕は図 4-1 で水平右向きに

$$f = IBl = \frac{vB^2l^2\cos\theta}{2} \text{〔N〕}$$

導体棒には，重力と磁場から受ける力，レールから受ける垂直抗力がはたらくが，レールから離れないので，レールに垂直な方向の力の成分はつり合っている。

求める導体棒にはたらく力の合力のレールと平行方向の成分 F_1〔N〕は下向きに

$$F_1 = mg\sin\theta - f\cos\theta = mg\sin\theta - \frac{B^2l^2v\cos^2\theta}{2R} \text{〔N〕}$$

(2)(イ)　求める電流を I_2〔A〕とすると，導体棒が磁場から受ける力の大きさは I_2Bl〔N〕と表せる。一定の速さで運動するので導体棒にはたらく力の合力のレールに平行な方向の成分はつり合っている。

$$mg\sin\theta - I_2Bl\cos\theta = 0 \quad \text{より} \quad I_2 = \frac{mg}{Bl}\tan\theta \text{〔A〕}$$

(ウ)　(ア)での考察から，求める速さを v_2〔m/s〕とすると，I_2 は

$$I_2 = \frac{v_2Bl\cos\theta}{2R} \text{〔A〕}$$

とも表現できるので

$$\frac{v_2Bl\cos\theta}{2R} = \frac{mg}{Bl}\tan\theta \quad \text{より} \quad v_2 = \frac{2mgR\tan\theta}{B^2l^2\cos\theta} \text{〔m/s〕}$$

(3)**(エ)**　求める電圧を E〔V〕とすると，このとき，導体棒は静止している
ので誘導起電力が生じていない。導体棒に流れる電流 I_3〔A〕は，$I_3 = \dfrac{E}{2R}$
〔A〕となる。

　また，導体棒にはたらく力の合力のレールに平行な成分はつり合ってい
る。

$$mg\sin\theta - I_3 Bl\cos\theta = 0 \quad より \quad mg\sin\theta - \frac{E}{2R}Bl\cos\theta = 0$$

　これより　$E = \dfrac{2mgR\sin\theta}{Bl\cos\theta} = \dfrac{2mgR}{Bl}\tan\theta$〔V〕

(4)**(オ)**　固定を外した直後であるので，誘導起電力は発生していない。こ
の瞬間に回路を流れる電流 I_4〔A〕は，抵抗が直列に追加されていること
を考慮して

$$I_4 = \frac{E}{3R} = \frac{2mgR}{3RBl}\tan\theta = \frac{2mg}{3Bl}\tan\theta〔A〕$$

　求める合力のレールに平行な成分 F_4〔N〕は下向きに

$$F_4 = mg\sin\theta - I_4 Bl\cos\theta = mg\sin\theta - \frac{2mg}{3Bl}\tan\theta Bl\cos\theta$$

$$= mg\sin\theta - \frac{2mg}{3}\sin\theta = \frac{mg}{3}\sin\theta〔N〕$$

(5)**(カ)**　求める電流を I_5〔A〕とする。これまでと同様に，合力のレールに
平行な方向成分のつり合いより

$$mg\sin\theta - I_5 Bl\cos\theta = 0 \quad より \quad I_5 = \frac{mg\sin\theta}{Bl\cos\theta} = \frac{mg}{Bl}\tan\theta〔A〕$$

(キ)　電源電圧と導体棒に生じる起電力の向きは同じであるので，求める速
さを v_5〔m/s〕とすると，電流 I_5〔A〕は

$$I_5 = \frac{E + v_5 Bl\cos\theta}{3R}$$

とも書くことができる。これより

$$\frac{E + v_5 Bl\cos\theta}{3R} = \frac{mg}{Bl}\tan\theta$$

　これまでの結果を用いて整理すると

$$v_5 Bl\cos\theta = \frac{3mgR}{Bl}\tan\theta - E = \frac{3mgR}{Bl}\tan\theta - \frac{2mgR}{Bl}\tan\theta$$

$$= \frac{mgR}{Bl}\tan\theta$$

これより　　　$v_5 = \frac{mgR\tan\theta}{B^2l^2\cos\theta}$〔m/s〕

講 評

　大問数は例年通り４題で，数値計算は求められなかった。ほとんどが典型的な題材で構成されており，特に難問はなかった。2024 年度は例年より解答個数が少なく，難問もなかったので，2023 年度より易化したといえる。また，１と３で単振動を扱っているので，この分野が苦手だと苦労したであろう。

　1　斜面での物体の単振動を扱ったもので，つり合いの位置（振動の中心）の把握がポイントとなる。入試問題としては典型的なものといえるので，確実に正解しておきたい。後半の設定も，水平面上で摩擦のある場合の単振動を取り扱ったことがある受験生には難しいものではない。

　2　シリンダーの傾きに伴う状態変化で，それぞれ変化の条件をしっかり押さえ，状態方程式や断熱変化の式，熱力学第一法則を用いれば容易に解答を得ることができる。とはいえ，導出した解答の形を選択肢と一致させるのに一苦労する。解答に当たっては，まず選択肢をざっと見て，どの文字を用いてどのような形の解答を求められているのかを確認する，などの工夫が必要である。

　3　単振動とドップラー効果を組み合わせたもので，丁寧に処理していけば難しいものではない。ドップラー効果の式での正の向きの取り扱いには注意が必要である。また，固定された壁での反射音を考える際には，壁に対して物体Ａと対称な運動をする仮想的な物体を考えると理解しやすい。

　4　題材としては傍用問題集等でよく取り扱われているものなので，取り組みやすい。レールに沿った運動を考えるので，導体棒にはたらく力は，重力と，磁場から受ける力のレールに平行な方向の成分だけでよい。誘導起電力の式に用いる導体棒の速さは磁場を垂直に横切る成分を用いることに注意が必要である。

化　学

（注）　解答は，東京理科大学から提供のあった情報を掲載しています。

① 解答

(1) 35　(2)(あ)— 6　(い)— 5

(3)(う)— 1　(え)— 4

(4)(ア)— 5　(イ)— 3　(ウ)— 2

===== 解説 =====

《純物質と混合物》

(1)　1．塩酸は塩化水素の水溶液を指し，塩化水素と水の混合物である。

2．石油は炭素数の異なる炭化水素の混合物である。

16．ドライアイスは二酸化炭素の固体であり化合物（純物質）である。

32．牛乳は脂肪やタンパク質，水などの混合物である。

(2)(あ)　不揮発性の溶質である食塩の希薄水溶液は，沸点上昇により $100℃$ 以上で沸騰する。沸騰後は，水の蒸発により濃度が上昇するため沸点上昇の影響が大きくなり，さらに沸点が高くなる。

(い)　水とエタノールの混合水溶液は，エタノールの沸点である $78℃$ よりも高い温度で沸騰を始め，水の沸点である $100℃$ まで上昇する。

(4)(ア)　ヨウ素のように固体から気体へ直接変化しやすい性質を利用して物質を分離する操作を昇華法という。

(イ)　混合物の液体を加熱し，発生する蒸気を冷却して蒸発しやすい物質を取り出す操作を蒸留という。

(ウ)　温度による溶解度の違いを利用して，純度の高い結晶を得る操作を再結晶という。

② 解答

(1) $8.0 \times 10^{+0}$　(2) $5.4 \times 10^{+1}$　(3) 4.0×10^{-4}

(4) 1.0×10^{-1}　(5) 2.0×10^{-1}　(6) 8.78

===== 解説 =====

《濃度，量的関係，逆滴定，酸化還元滴定，鉛蓄電池，加水分解》

(1)　$CuSO_4$ の式量は 160，$CuSO_4 \cdot 5H_2O$ の式量は 250 である。

$$\frac{25.0\times\dfrac{160}{250}}{200}\times100=8.0\,〔\%〕$$

(2) エタノールの完全燃焼の化学反応式は

$$C_2H_5OH+3O_2\longrightarrow 2CO_2+3H_2O$$

エタノールの分子量は 46.0, 水の分子量は 18.0 である。反応式の係数比より

$$\frac{60.0\times0.767}{46.0}\times3\times18.0=54.02\fallingdotseq5.4\times10\,〔g〕$$

(3) アンモニアの物質量を $x〔mol〕$ とすると,

$$2NH_3+H_2SO_4\longrightarrow(NH_4)_2SO_4$$

の反応式から

$$x\times1+0.100\times\frac{16.0}{1000}\times1=0.100\times\frac{10.0}{1000}\times2$$

$$x=4.0\times10^{-4}〔mol〕$$

(4) 過酸化水素が還元剤, 過マンガン酸カリウムが酸化剤として次のように反応する。

$$H_2O_2\longrightarrow O_2+2H^++2e^-$$

$$MnO_4^-+8H^++5e^-\longrightarrow Mn^{2+}+4H_2O$$

過酸化水素のモル濃度を $c〔mol/L〕$ とすると, 電子の授受の関係から

$$c\times\frac{10.0}{1000}\times2=0.0200\times\frac{20.0}{1000}\times5$$

$$c=0.100\fallingdotseq1.0\times10^{-1}〔mol/L〕$$

(5) 鉛蓄電池の負極で起こる反応は

$$Pb+SO_4^{2-}\longrightarrow PbSO_4+2e^-$$

電子 2mol が生じるとき負極では SO_4（式量 96.0）の分だけ質量が増加するので, 流れた電子の物質量は

$$\frac{9.60}{96.0}\times2=0.200\fallingdotseq2.0\times10^{-1}〔mol〕$$

(6) 酢酸ナトリウムの加水分解により生じる水酸化物イオンの濃度を $[OH^-]=y〔mol/L〕$ とすると

$$CH_3COO^- + H_2O \rightleftharpoons CH_3COOH + OH^-$$

	CH_3COO^-		CH_3COOH	OH^-	
はじめ	0.100		0	0	〔mol/L〕
平衡時	$0.100-y$		y	y	〔mol/L〕

y は酢酸イオンの濃度に比べて十分に小さいため

$$0.100-y \fallingdotseq 0.100$$

加水分解定数 K_h に代入すると

$$K_h = \frac{y^2}{0.100} = 3.60 \times 10^{-10} \qquad y = 6.00 \times 10^{-6} \text{〔mol/L〕}$$

水のイオン積より

$$pH = -\log_{10}\frac{K_w}{[OH^-]} = -\log_{10}\frac{1.00 \times 10^{-14}}{6.00 \times 10^{-6}} = -\log_{10}(6.00^{-1} \times 10^{-8})$$

$$= (0.30 + 0.48) + 8 = 8.78$$

③ 解答　(1)(ア)— 2　(イ)— 2　(ウ)— 1　(エ)— 1　(オ)— 0
　　　　　　　(カ)— 0　(キ)— 3

(2)(ク) 8.0×10^{-3}　(ケ) 1.0×10^{-2}　(コ) 2.2×10^{-2}

(3)(サ) $6.6 \times 10^{+1}$

=================== 解説 ===================

《ルシャトリエの原理，ヨウ素滴定，溶解度積》

(1)　一般的に，温度や圧力を変化させる問題では，それぞれ圧力や温度を一定に保ったままとみなして考える。

(ア)　固体の量は平衡に影響を与えないため，平衡は移動しない。

(イ)　体積一定でアルゴンを加えると，容器内の全圧は高くなるが，各成分気体の分圧は変化しないため，平衡は移動しない。

(ウ)　全圧が高くなるため，圧力が小さくなる方向，つまり気体の分子数が減少する左方向へ平衡が移動する。

(エ)　温度が低下すると，発熱反応の方向，つまり左方向へ平衡が移動する。

(オ)　全圧一定でネオンを加えると，体積は多くなり，各成分気体の分圧は低くなる。そのため，圧力が高くなる方向，つまり気体の分子数が増加する右方向へ平衡が移動する。

(カ)　触媒を加えても平衡は移動しないが，加熱したため吸熱反応の方向，つまり右方向へ平衡が移動する。

㈭　水素が増加することにより，水素が減少する方向へ平衡が移動するが，加熱により吸熱反応の方向へも平衡が移動するため，与えられた条件からは判断できない。

(2)(ク)　$I_2 + 2Na_2S_2O_3 \longrightarrow 2NaI + Na_2S_4O_6$

反応式より，水溶液B 1.00L中に残ったヨウ素の物質量は

$$0.0400 \times \frac{20.0}{1000} \times \frac{1}{2} \times \frac{1000}{50.0} = 8.0 \times 10^{-3} \text{〔mol〕}$$

(ケ)　$SO_2 + 2H_2O + I_2 \longrightarrow H_2SO_4 + 2HI$

反応した二酸化硫黄とヨウ素の物質量は等しい。はじめに含まれていたヨウ素と水溶液Bに残ったヨウ素の差が，二酸化硫黄と反応したヨウ素の物質量なので

$$1.80 \times 10^{-2} - 8.00 \times 10^{-3} = 1.00 \times 10^{-2} \fallingdotseq 1.0 \times 10^{-2} \text{〔mol〕}$$

㈡　同温・同圧の気体では体積比が物質量比を表すので，二酸化硫黄のモル分率は

$$\frac{1.00 \times 10^{-2} \times 22.4}{10.0} = 2.24 \times 10^{-2} \fallingdotseq 2.2 \times 10^{-2}$$

(3)　1.00Lの水に溶けたクロム酸銀を z〔mol〕とすると，反応式より，飽和溶液中での $[Ag^+] = 2z$，$[CrO_4^{2-}] = z$ となる。

$$Ag_2CrO_4 \rightleftharpoons 2Ag^+ + CrO_4^{2-}$$

溶解度積より

$$K_{sp} = [Ag^+]^2[CrO_4^{2-}] = (2z)^2 \times z = 3.20 \times 10^{-11}$$

$$z = 2.0 \times 10^{-4} \text{〔mol〕}$$

クロム酸銀の式量は332なので

$$2.0 \times 10^{-4} \times 332 \times 10^3 = 66.4 \fallingdotseq 6.6 \times 10 \text{〔mg〕}$$

 **4** **解答**　(1)A：①—3　②—1　③—6

　　　　　　　　　　B：①—4　②—3　③—3

C：①—2　②—8　③—0　D：①—5　②—1　③—7

E：①—1　②—1　③—5

(2)—6　(3)(F)15　(G)03　(H)32

2024年度 B方式

化学

===== 解 説 =====

《陽イオンの分離》

(1) 操作(ア)〜(オ)は次のようになる。

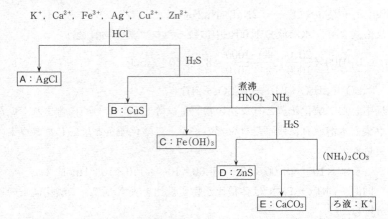

操作(ウ)では、じゅうぶんに煮沸することにより溶解した硫化水素を除き、硝酸を加えることにより Fe^{2+} を Fe^{3+} へ酸化している。

解答群③はそれぞれ次の金属の性質を示す。

1. Sn 2. Ba 4. Pb 8. Hg 9. Na

(2) 解答群の他の選択肢は次のようなイオンと対応する。

Ba^{2+}：黄緑色 Sr^+：紅色 Ca^{2+}：橙色 Cu^{2+}：青緑色

Li^+：赤色 Na^+：黄色

(3) 操作(ア)〜(オ)は次のようになる。

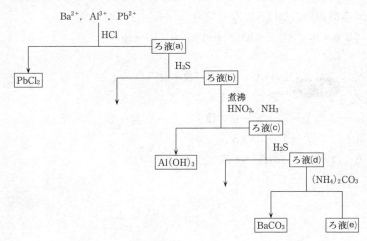

2024年度　B方式　化学

⑤ 解答

(1)(あ)—16　(い)—11　(う)—15　(え)—18　(お)—23
(か)—28　(き)—19

(2)(a)(く)(け) 08　(こ)(さ) 03　(し)(す) 04

(b)(せ)(そ) 03　(た)(ち) 00　(つ)(て) 01

=== 解 説 ===

《アルコールとエーテル，$C_6H_{14}O$ の異性体》

(1) 親水基であるヒドロキシ基をもつアルコールは，炭化水素基の炭素数が少ない場合は水に溶解する。炭素数が多くなると，炭化水素基の疎水性の効果が大きくなり水に溶解しにくくなる。

　エーテルは水素結合を形成しないため分子間力が小さくなる。

(2)(a)　$C_6H_{14}O$ で表される化合物は，次の①〜⑰のアルコールと，①′〜⑮′のエーテルの計 32 種考えられる。①〜⑰はヒドロキシ基のつく位置，①′〜⑮′はエーテル結合のつく位置を示す。

　化合物 A は，Na と反応し，酸化されるとアルデヒドを生じることから第一級アルコールであり，①・④・⑧・⑨・⑫・⑬・⑮・⑯の 8 種が相当する。

　化合物 B は，Na と反応し，水素と結合していないことから第三級アルコールであり，⑤・⑪・⑰の 3 種が相当する。

　化合物 C はエーテルであり，エチル基と結合することから，②′・⑥′・⑨′・⑫′ の 4 種が相当する。

(b) 化合物 **A** のうち，不斉炭素原子をもつのは④・⑨・⑯の３種である。

④

$$\text{HO-CH}_2\text{-}\overset{\text{CH}_3}{\underset{\text{H}}{\overset{|}{\underset{|}{\text{C}^*}}}}\text{-CH}_2\text{-CH}_2\text{-CH}_3$$

⑨

$$\text{HO-C}_2\text{H}_4\text{-}\overset{\text{CH}_3}{\underset{\text{H}}{\overset{|}{\underset{|}{\text{C}^*}}}}\text{-C}_2\text{H}_5$$

⑯

$$\text{HO-CH}_2\text{-}\overset{\text{CH}_3}{\underset{\text{H}}{\overset{|}{\underset{|}{\text{C}^*}}}}\overset{\text{CH}_3}{\underset{\text{H}}{\overset{|}{\underset{|}{\text{C}}}}}\text{-CH}_3$$

化合物 **B** のうち，不斉炭素原子をもつものは存在しない。

化合物 **C** のうち，不斉炭素原子をもつのは⑨′のみである。

⑨′

$$\text{C}_2\text{H}_5\text{-O-}\overset{\text{H}}{\underset{\text{CH}_3}{\overset{|}{\underset{|}{\text{C}^*}}}}\text{-C}_2\text{H}_5$$

⑥ **解答**

(1)(あ)—11　(い)—14　(う)—23　(え)—20　(お)—14

(2)(か)—11　(き)—25　(く)—13　(け)—23　(こ)—27

(さ)—21　(し)—15　(す)—27

(3)— 4

========== **解説** ==========

《カルボン酸，アミノ酸，サリチル酸，合成樹脂》

(1)(あ) カルボン酸は親水基であるカルボキシ基をもつため，炭素数が少ないカルボン酸は水に溶解する。一方，パルミチン酸 $\text{C}_{15}\text{H}_{31}\text{COOH}$ のように炭素数が多いカルボン酸は，疎水基である炭化水素基の影響が大きくなるため，水に溶解しにくい。

(い) カルボン酸は塩基と反応し塩を生成するため，水に溶解しやすくなる。

(え) α-アミノ酸に無水酢酸を作用させると，アミノ酸のアミノ基部分が

反応し，アミドを生成する。

$$H_2N-RCH-COOH + (CH_3COO)_2O$$

$$\longrightarrow CH_3CONH-RCH-COOH + CH_3COOH$$

(2)(き)　サリチル酸はメタノールと次のように反応する。

(く)　テレフタル酸とエチレングリコールの縮合重合により，ポリエチレンテレフタラートが合成される。

$$n\mathrm{HOOC}-\!\!\bigcirc\!\!-\mathrm{COOH} + n\mathrm{HO}-(CH_2)_2-OH$$

$$\longrightarrow \left[\!\begin{matrix}C\\\|\\O\end{matrix}-\!\!\bigcirc\!\!-\begin{matrix}C\\\|\\O\end{matrix}-O-(CH_2)_2-O\right]_n + 2n\mathrm{H_2O}$$

(さ)　アジピン酸とヘキサメチレンジアミンの縮合重合により，ナイロン 66 が合成される。

$$n\mathrm{HOOC}-(CH_2)_4-\mathrm{COOH} + n\mathrm{H_2N}-(CH_2)_6-\mathrm{NH_2}$$

$$\longrightarrow \left[\!\begin{matrix}C\\\|\\O\end{matrix}-(CH_2)_4-\begin{matrix}C\\\|\\O\end{matrix}-\begin{matrix}N\\|\\H\end{matrix}-(CH_2)_6-\begin{matrix}N\\|\\H\end{matrix}\right]_n + 2n\mathrm{H_2O}$$

(3)　$R-CH(NH_2)-COOH$ に含まれる炭素と水素の物質量比は

$$C : H = \dfrac{240 \times \dfrac{12.0}{44.0}}{12.0} : \dfrac{60 \times \dfrac{2.00}{18.0}}{1.00} = \dfrac{60}{11} : \dfrac{20}{3} = 9 : 11$$

解答群に与えられた分子の分子式はそれぞれ，1．$C_3H_7NO_2$，2．$C_3H_7NO_2S$，3．$C_3H_7NO_3$，4．$C_9H_{11}NO_2$ である。したがって，4 が条件を満たす。

講 評

煩雑な計算問題は少ないが，知識・計算ともに本質的な理解が求められた。

1　純物質と混合物に関する基本的な知識が問われた。(2)の沸点に関しては，溶質の揮発性・不揮発性を考慮する必要があり，現象を理解しているかが問われた。

2　濃度計算から逆滴定，加水分解まで入試頻出の計算問題が出題された。(1)の水溶液の濃度や(2)の生成物の質量では，水和物や水の密度などが与えられ，意味を正確に理解していないと戸惑ったかもしれない。

3　(1)のルシャトリエの原理では，「与えられた条件からは判断できない」という珍しい選択肢があり思考力を問われた。(2)ヨウ素滴定は反応式が与えられており解答はしやすいが，二酸化硫黄のモル分率は，体積比＝物質量比に気付かないと難しい。

4　9つの金属イオンについて沈殿生成や性質など幅広い知識が求められた。(3)は沈殿ではなく，金属イオンが含まれるろ液を答える必要があり，分離の系統図を書いて整理したい。

5　$C_6H_{14}O$ の構造異性体を数え上げる必要があり，抜けなく書き出すことが求められた。考えられる炭素骨格に対し，対称性を意識しながら官能基の位置を考える練習が必要である。

6　カルボン酸をテーマにアミノ酸，合成樹脂について基礎的な知識が幅広く問われた。(3)の元素分析では，酸素や窒素の物質量を求めることはできないことに気付きたい。

生　物

2
0
2
4
年
度

B
方
式

生
物

（注）　解答は，東京理科大学から提供のあった情報を掲載しています。

1 解答　(1)(A)(ア)—⑧　(イ)—⑤　(ウ)—⑤　(エ)—③　(オ)—⑨
(B)(a)—①　(b)—②　(c)—②　(d)—①
(2)(A)(a)—②　(b)—①　(c)—⓪　(d)—①
(B)(a)—②　(b)—②　(c)—②　(d)—①
(C)—④
(3)(A)(カ)—⑦　(キ)—④　(ク)—⑧　(ケ)—③
(B)—③
(C)(a)—②　(b)—②　(c)—②　(d)—②
(D)—②　(E)—④
(F)(a)—②　(b)—②　(c)—①　(d)—②
(G)—③

解説

《植物ホルモンと植物の反応，能動輸送》

(1)(B)　(a)正文。エチレンは細胞側面の細胞壁のセルロース繊維を縦方向に配列させることにより，細胞を繊維と同じ縦方向には伸びにくくする一方，繊維間を広げる横方向には膨らみやすくして肥大成長を促進する。

(b)誤文。ジベレリンは細胞側面の細胞壁のセルロース繊維を横方向に配列させることにより伸長成長が起こりやすくする。なお，細胞壁をゆるめて細胞の吸水や膨潤を容易にするのはオーキシンである。

(c)誤文。サイトカイニンは側芽の成長を促す作用をもつが，オーキシンの濃度が低い部位のみで合成されるので，オーキシン濃度の高い頂芽においてはサイトカイニンは合成されない。

(d)正文。ブラシノステロイドはジベレリンと同様に細胞側面の細胞壁のセルロース繊維を横方向に配列させることにより伸長成長が起こりやすくする。

(2)(A)　(a)花粉管は胚のうの助細胞から出される誘引物質の方に屈曲して

伸びながら胚珠に向かうため，その反応は正の化学屈性に分類される。

(b)温度刺激には方向性がないため，刺激の方向と花弁の動きの方向との間に関係があるとはいえないので，傾性といえる。

(c)花芽形成は，器官の屈曲のように動きを伴う反応（運動）ではないので，屈性，傾性のいずれにもあてはまらない。

(d)機械的（接触）刺激がどの方向から与えられても同様に葉を閉じるので，傾性といえる。

(C)　変異体 S は，光屈性，重力屈性のいずれか一方だけを示さなくなったわけではないので，①と③が正解の候補から外れる。また変異体 S に含まれるオーキシン量は野生型と変わらないので，②も正解ではない。したがって正解は⓪か④となり，変異体 S は，光や重力の受容能とオーキシンの生成量のいずれにも異常がないが，胚軸内のオーキシン分布を変えるしくみに異常があるため，光屈性と重力屈性の両方を示さなくなったと考えられる。胚軸内のオーキシン分布は，細胞膜のオーキシン輸送タンパク質の分布が変わることで変えられる。オーキシン輸送タンパク質には，細胞内にオーキシンを取り込む AUX1 タンパク質と，細胞外にオーキシンを排出する PIN タンパク質があるが，AUX1 タンパク質が細胞膜全体に一様に分布するのに対し，野生型において光や重力などの刺激に反応して分布を変えるのは PIN タンパク質の方なので，これを指す④が正解となる。

(3)(A)　光に反応して気孔が開くしくみは次の通りである。孔辺細胞にあたった青色光の成分をフォトトロピンが受容すると，孔辺細胞の細胞膜にあるプロトンポンプAが活性化され水素イオンが細胞外に汲み出される。これにより孔辺細胞内が過分極すると，細胞膜の電位依存性カリウムチャネルが開く。神経細胞などにおいて脱分極に反応してカリウムチャネルが開いたときはカリウムイオンが細胞外に流出するのと異なり，この場合は孔辺細胞の細胞内電位が過分極側（よりマイナス側）にシフトしているため，陽イオンであるカリウムイオンが電気的に誘引され細胞内に流入する点に注意すること。この結果，孔辺細胞の浸透圧が上昇し，孔辺細胞に水が流入するので孔辺細胞が膨らんで気孔が開く。

(B)　図1で，白色光の照射後に水溶液中の pH が低下しているのは，活性化されたプロトンポンプAにより孔辺細胞内の水素イオンが水溶液中に輸

送されたからと考えられる。タンパク質リン酸化酵素の活性が阻害されると，プロトンポンプAが活性化されず水素イオンの輸送がおこらないので，表皮の周囲の水溶液のpHは白色光を照射しても低下しなくなると考えられる。

(C) (a)・(b)ともに誤文。図2(イ)では，白色光が照射されている孔辺細胞で光合成が行われていると考えられるが，リン酸化されたプロトンポンプAタンパク質の割合は100％に達しているので，脱リン酸化の促進も，リン酸化の阻害もおこっていないと考えられる。

(c)正文。白色光を照射し続けているツユクサの葉では，図2(イ)のようにリン酸化されたプロトンポンプAタンパク質の割合が100％に達しているはずであるが，この割合が葉の中の二酸化炭素濃度を上昇させる処理によって0％に減少したことから，二酸化炭素濃度の上昇は脱リン酸化を促進すると考えられる。白色光を一定時間，照射した後に二酸化炭素を与え始めても効果があることから，二酸化炭素の作用は，リン酸化の阻害ではなく，脱リン酸化の促進であると言い切ってよい。

(d)誤文。図2(イ)と(ウ)より，白色光の照射中はリン酸化されたプロトンポンプAタンパク質の割合は100％であるが，その後，暗所で静置させると0％まで減少するので，暗所での静置中には脱リン酸化がさかんに行われていると考えられる。

(D) タンパク質リン酸化酵素の活性が阻害されているので，白色光を照射しても，リン酸化されたプロトンポンプAタンパク質の割合は，暗所で一定時間，静置させた図2(ア)の値（0％）から増加しない一方で，照射した光により孔辺細胞で光合成が行われ葉の中の二酸化炭素が消費されるので，②が正解となる。

(E) 白色光を照射し始めると，(3)のリード文および(3)(A)の〔解説〕にあるしくみにより気孔が開くので，気孔コンダクタンスが上がると考えられる。次に白色光を照射したままでアブシシン酸を塗布すると，問題文冒頭に「白色光を照射している条件下において，アブシシン酸は気孔の閉鎖を促す」とあるので，気孔コンダクタンスが下がると考えられ，④が正解とわかる。

(F) (a)誤文。問題文第1段第1文より，暗所で静置させた後，白色光を照射すると，プロトンポンプAタンパク質がリン酸化され活性化されるので，

続いて気孔が開き，気孔コンダクタンスの値は上昇すると考えられる。

(b)誤文。問題文第1段第2文より，二酸化炭素の濃度の上昇に伴って，リン酸化されたプロトンポンプAタンパク質は0％になるので，気孔コンダクタンスの値が増加することはないと考えられる。

(c)正文。問題文第1段第2～4文より，二酸化炭素の濃度を上昇させ，じゅうぶんに時間をおいたあとと，その後アブシシン酸を塗布し，じゅうぶんに時間をおいたあとでは，ともにリン酸化されたプロトンポンプAタンパク質の割合は0％なので，いずれも気孔が閉じた状態で気孔コンダクタンスの値は同程度に低いと考えられる。

(d)誤文。問題文第1段の後ろから2文目より，アブシシン酸の塗布後，二酸化炭素の濃度をもとに戻してもリン酸化されたプロトンポンプAタンパク質の割合は0％のままなので，気孔コンダクタンスの値は低いまま維持されると考えられる。なお，前問(E)の問題文の第1段第1文から，アブシシン酸塗布による気孔閉鎖の作用は，白色光照射による気孔開孔の効果を上回ることがわかるが，本問の解答がこれと矛盾しないことを確認するとよいだろう。

(G)　正解に含まれない記述の適切でない点は，それぞれ次の通り。

(b)記述にもあるようにアクアポリンは別名水チャネルとも呼ばれるが，チャネルを介した輸送は一般に受動輸送である。

(c) ADP は ATP の誤りである。

(d)二酸化炭素や酸素のような，分子量が小さい無極性分子は，脂質二重層を直接通過することができる。

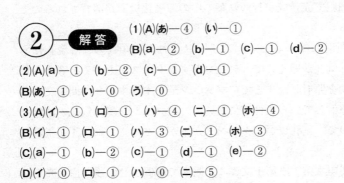

2 **解答**　(1)(A)(あ)―④　(い)―①

(B)(a)―②　(b)―①　(c)―①　(d)―②

(2)(A)(a)―①　(b)―②　(c)―①　(d)―①

(B)(あ)―①　(い)―⓪　(う)―⓪

(3)(A)(イ)―①　(ロ)―①　(ハ)―④　(ニ)―①　(ホ)―④

(B)(イ)―①　(ロ)―①　(ハ)―③　(ニ)―①　(ホ)―③

(C)(a)―①　(b)―②　(c)―①　(d)―①　(e)―②

(D)(イ)―⓪　(ロ)―①　(ハ)―⓪　(ニ)―⑤

(4)(A)(a)―①　(b)―①　(c)―②　(d)―②

(B)—③

(C)(イ)—⑩　(ロ)—⑩　(ハ)—⑲　(ニ)—⑭

===================== 解説 =====================

《オペロンを構成する遺伝子群とその発現調節，アミノ酸の光学異性体と酵素反応》

(1)(A)(あ)　アルカリ性の側鎖をもつアミノ酸（塩基性アミノ酸）は，ヒスチジン，アルギニン，リシンの3つである。この知識を頼りに解答するのは難しいが，次のように解くこともできる。

　高校レベルでタンパク質を構成する20種類のアミノ酸を全て押さえておくのは難しいが，生物や化学の入試問題でよく取り上げられるアミノ酸は，ある程度決まっている。例えばシステインはタンパク質中のジスルフィド結合の形成に必要なアミノ酸で，側鎖に官能基 −SH を含む点が特徴的である。またメチオニンとともに，含硫アミノ酸として有名である。グリシンやアラニンの側鎖は基本事項として暗記しておくべきであるが，化学においてフェニル基の知識があれば，フェニルアラニンの側鎖はわかる（この知識は後の(4)(B)でも役に立つ）。チロシン，セリン，トレオニンは，ヒドロキシ基をもつアミノ酸の例として扱われる頻度が高い。

　以上に加え，少なくとも「〜酸」の名称をもつアミノ酸は塩基性アミノ酸ではないので，これらを1つでも含む選択肢は除外していけば，消去法で④を解答することができる。

(い)　ヒトの必須アミノ酸は次の9種類である。

　　トリプトファン，ロイシン，リシン，バリン，トレオニン（スレオニン），フェニルアラニン，メチオニン，イソロイシン，ヒスチジン

　医療系の資格試験対策に用いられる暗記のための語呂合わせの一例として，「トロリーバス不明。必要？」などがあり，知っておくとよいだろう。

(3)(A)　図2にならい，図5の転写調節領域にはラクトースオペロンのオペレーターが含まれるものとする。ラクトースオペロンに対するリプレッサーは，大腸菌内で常に産生され，培地中にラクトースがない限りオペレーターに結合して下流の遺伝子の転写を阻止するので，培地中にラクトースが添加されていない(イ)，(ロ)，(ニ)では trpA，trpB ともに転写されない。一方，ラクトースオペロンのプロモーターおよび転写調節領域の下流の遺伝子の発現はトリプトファンの有無の影響を受けないので，培地中にラク

トースが添加されている(ハ), (ホ)ではいずれも trpA, trpB ともに転写され, α と β のサブユニットがどちらもつくられるので, トリプトファン合成酵素は正常な活性をもつと考えられる。

(B)　まず, 前問(A)と同様に, (イ), (ロ), (ニ)では trpB の転写はおこらないが, (ハ), (ホ)ではいずれも trpB が転写され, β サブユニットだけがつくられる。ここで, (3)のリード文第1段最終文に「α の活性部位と β の活性部位は空間的に近接しており, それぞれの酵素活性には α と β サブユニットの複合体による立体構造を形成する必要がある」とあるが, これは, β サブユニットの方だけが酵素活性を発揮するのにも, β サブユニットが α サブユニットと複合体をつくったときにとれる立体構造を形成する必要があるという意味と思われる。したがって, α サブユニットが共存しない(ハ), (ホ)では, いずれもタンパク質Bが本来のはたらきを示せないと考え, ③を選ぶ。

(C)　(a)正文。(ロ)と(ニ)の実験結果である図6(b)と(d)の比較から, 溶存する化学種としてのトリプトファンを反応系から除去した方がトリプトファンの生成量が増えることがわかるので, 反応生成物であるトリプトファン自体がその合成酵素の反応を抑制していると考えられる。

(b)誤文。インドールはトリプトファン合成酵素の本来の基質なので, 阻害剤になり得ない。

(c)正文。(イ)と(ロ)の実験結果である図6(a)と(b)の比較からわかる。

(d)正文。(イ)と(ハ)の実験結果である図6(a)と(c)の比較からわかる。

(e)誤文。(ニ)の文章に, 「イノシンはトリプトファン合成酵素の活性に影響を与えない」とあるので, イノシンはトリプトファン合成酵素と直接的な相互作用をもたないとわかる。

(D)　図4で, インドールとL-トリプトファンの間は右向き矢印しか描かれていないことから, この過程は可逆反応でない点に注意すること。したがって, トリプトファン合成酵素がはたらく条件下において問題文中にあるように「じゅうぶんな時間の反応を行った」場合には, 最終的にインドールとL-セリンのどちらかの基質が枯渇して全てL-トリプトファンになるまで反応が起こると考える。

　なお, 問題文の最後に「未反応な基質が残る可能性があるが考慮しないものとする」とあるのは, 反応液にあらかじめ加えたインドールとL-セリンの量比（モル比）が完全に1：1でなかったことにより, 一方がわず

かに残った場合には，その分は無視していずれの基質も使い切られたとみなせという意味と考えられる。つまり(イ)〜(ニ)の反応液組成いずれにおいても，〈必ず検出されるとはいえない〉物質については除外した選択肢を解答すること。

(イ) まず，インドールと L-セリンが反応して次々と L-トリプトファンに変わっていく。セリン・ラセマーゼの存在下で L-セリンが減少すると，ルシャトリエの原理に従い D-セリンが L-セリンに変換される反応が進み，生じた L-セリンが L-トリプトファンの合成反応に使われる，ということが繰り返されるので，最終的には L-セリンも D-セリンも枯渇し全て L-トリプトファンになるまで反応が進む。

(ロ) セリン・ラセマーゼが存在しないので，セリン（ラセミ体）のうちの L-セリンの方だけが反応に使われ，インドールと L-セリンが全て L-トリプトファンの合成に使われると，はじめに存在した D-セリンがそのまま全て残る。この D-セリンを，(D)の問題文最終文にある「未反応な基質」とみなし考慮しないものとすると，選択肢の⓪が正解となるが，前問(イ)と本問(ロ)の違いを問う出題意図を考えると，おそらくそうではない点に注意したい。D-セリンは，「反応後の反応液で検出される物質」に該当するので，これを含む①を正解とする。

(ハ) セリン・ラセマーゼ存在下では，はじめに基質として存在するセリンがラセミ体でも L-セリンのみでも同じ結果になるので，(イ)と同じように反応が進む。

(ニ) トリプトファン合成酵素が存在しないので，インドールも L-セリンもトリプトファン合成のための基質となることはなく，インドールは全く反応に使われないまま残る。一方で L-セリンは，セリン・ラセマーゼの作用でラセミ体に変わる。なお，このラセミ体中の L-セリンを「未反応な基質」とみなし⑦と解答しないよう注意したい。L-セリンは反応後の反応液で必ず検出される物質であるのに加え，L-セリンと D-セリンの変換は可逆的なので，「じゅうぶんな時間の反応を行った」場合には，D-セリンから再合成されたものも含まれる，つまり，L-セリンは基質であると同時に反応生成物でもあることになる。

(4)(C) (イ)〜(ニ)の全ての条件において，前述の(3)(D)の〔解説〕と同様に，ここでも，問題文最終文の「未反応な基質が残る可能性があるが考慮しな

いものとする」とあるのは，全く反応しなかったために反応後に検出されることが確実な基質については考慮せよ，という意味である点に注意すること。

(イ) 図８～図10より，反応系に加えた３種類の酵素のうち，細菌Ｙのヒダントイン・ラセマーゼのみが活性をもつ。したがって，ベンジルヒダントイン（ラセミ体）のＤ体とＬ体の相互変換がおこり，ラセミ体はラセミ体のままで残る。

(ロ) 細菌Ｘのヒダントイナーゼとカルバモイラーゼがある程度の活性をもつ一方，細菌Ｙのヒダントイン・ラセマーゼは全く活性をもたない。したがって，ベンジルヒダントイン（ラセミ体）のうちのＤ体のみがＤ-ウレイドアミノ酸に変換され，続いてＤ-アミノ酸に変換される。図７より，この２段階の反応はどちらも不可逆反応なので，最終的には，Ｄ-ベンジルヒダントインが全てＤ-アミノ酸になる一方，全く反応しないＬ-ベンジルヒダントインはそのまま残る。

(ハ) ３種類の酵素が全て，いずれもある程度の活性をもつ。ヒダントイナーゼがベンジルヒダントイン（ラセミ体）のうちのＤ体のみに作用しＤ体を減少させると，ヒダントイン・ラセマーゼの存在下ではルシャトリエの原理に従いベンジルヒダントインのＬ体からＤ体への変換が進む。こうして生じたＤ-ウレイドアミノ酸からＤ-アミノ酸がつくられるので，最終的には，もとの基質のベンジルヒダントイン（ラセミ体）は全てＤ-アミノ酸に変換される。

(ニ) ヒダントイナーゼのみが活性をもつ。したがって，ベンジルヒダントイン（ラセミ体）のうちのＤ体のみがＤ-ウレイドアミノ酸に変換される一方，反応しないＬ-ベンジルヒダントインがそのまま残る。

3 解答

(1)(A)(a)―① (b)―② (c)―① (d)―② (e)―②

(B)(a)―② (b)―① (c)―① (d)―② (e)―②

(C)(a)―② (b)―② (c)―① (d)―①

(D)(a)―① (b)―② (c)―① (d)―②

(E)(あ)(ア)(イ)(ウ)(エ) 0200 (い)(オ)(カ)(キ) 025 (ク) 5 (う)―⑥

(F)(あ)―④ (い)(ア)(イ) 05 (ウ)(エ) 06

(2)(A)―⓪

(B)(a)—① 　(b)—① 　(c)—② 　(d)—①

(C)(あ)(ア)—④ 　(イ)—⑤ 　(ウ)—⑩ 　(エ)—④

(い)(a)—① 　(b)—② 　(c)—① 　(d)—②

═══════════ 解　説 ═══════════

《減数分裂と受精，集団遺伝と適応度，集団で生活する昆虫の生活様式》

(1)(A) 　(a)正文。精子の鞭毛基部（中片）には多数のミトコンドリアがあり，鞭毛にその運動のためのエネルギーを供給している。

(b)誤文。「エンドサイトーシス」はエキソサイトーシスの誤りである。

(c)正文。精子は前方に先体突起をのばした状態でゼリー層を通過する。

(d)誤文。「卵内のナトリウムイオンが流出し」は卵内にナトリウムイオンが流入し，の誤りである。なお，その後の電位変化に関する記述は正しく，この膜電位変化のことを受精電位と呼ぶ。

(e)誤文。精子がゼリー層を通過して卵の細胞膜と融合すると，表層粒が卵の細胞膜と融合し，表層粒の内容物を卵黄膜と細胞膜の間に放出する表層反応がおこる。受精膜はこの表層反応に伴って，精核と卵核が融合する前に形成される。

(B) 　(a)誤文。精原細胞と卵原細胞はいずれも体細胞分裂で増える。減数分裂するのは精母細胞と卵母細胞である。

(b)・(c)いずれも正文で，基本事項といえる。

(d)誤文。分裂前の G2 期の母細胞と比較した場合，「半分」は $\frac{1}{4}$ の誤りである。

(e)誤文。ヒトの場合，2^{23} 通りとなるのは，一方の親がつくる配偶子に受け継がれる染色体の組み合わせである。それらの受精で生じる子の染色体の受け継ぎ方は，$2^{23} \times 2^{23} = 2^{46}$ 通りとなる。また，受精卵の 23 対のうちのいずれか 1 対の相同染色体について，一方は父方の 2 種類から，もう一方は母方の 2 種類からそれぞれ選択されるので，4 通りの組み合わせがあることから，4^{23} 通りと考えても同様の答えが得られる。

(D) 　(a)正文。無性生殖では 1 個体で増殖することができ，一倍体の生物では子孫の個体は遺伝的に同一なので同じ形質をもつ。

(b)誤文。「限られた空間内」では，密度効果が表れ，最終的には個体数は増加しなくなる。

(c)正文。一倍体では，生存に必要な遺伝子の機能が失われる突然変異がおきた個体は死亡し子孫を残さないので，変異遺伝子が集団内に広がることはない。

(d)誤文。生存に影響のない程度の，あるいは，生存に有利な突然変異は，変異をおこした個体の子孫に受け継がれるので，集団内に遺伝的多様性が生じる可能性がある。

(E)(あ) 劣性（潜性）であるこの遺伝性疾患は遺伝子型が rr の人のみで発症し，疾患が生じるのが 2500 人に 1 人なので

$$q^2 = \frac{1}{2500} \qquad q = \frac{1}{50} = 0.02$$

と計算される。

(い) 前問(あ)より，$p = \frac{49}{50}$ とわかる。「この遺伝性疾患を発症していない人のうち，r をヘテロでもつ保因者の確率」は，遺伝子型が RR と Rr の人に占める Rr の人の割合なので

$$\frac{2pq}{p^2 + 2pq} = \frac{2 \times \frac{49}{50} \times \frac{1}{50}}{\left(\frac{49}{50}\right)^2 + 2 \times \frac{49}{50} \times \frac{1}{50}} = \frac{2 \times 49}{49^2 + 2 \times 49}$$

$$= \frac{2 \times 49}{49(49+2)} = \frac{2}{51} = \frac{1}{25.5}$$

と計算され，25.5 人に一人の割合となる。または

$$\frac{2pq}{1-q^2} = \frac{2 \times \frac{49}{50} \times \frac{1}{50}}{1 - \frac{1}{2500}} = \frac{2 \times 49}{2500 - 1} = \frac{2 \times 49}{50^2 - 1^2}$$

$$= \frac{2 \times 49}{(50+1)(50-1)} = \frac{2 \times 49}{51 \times 49}$$

と計算してもよい。

(う) 男性の兄弟の一人が発症していることから，両親の遺伝子型はともに Rr とわかる。男性は発症していないので遺伝子型は RR または Rr であり，それらの出現比は〔RR〕：〔Rr〕＝1：2 なので，発症していないという条件の下で男性の遺伝子型が Rr である確率は $\frac{2}{1+2} = \frac{2}{3}$ である。また，発

症していない女性の遺伝子型が Rr である確率は，前問(い)で求めたように $\frac{2}{51}$ である。子どもがこの遺伝性疾患を発症するのは

(ⅰ)　男性の遺伝子型が Rr である

(ⅱ)　男性から遺伝子 r を受け継ぐ

(ⅲ)　女性の遺伝子型が Rr である

(ⅳ)　女性から遺伝子 r を受け継ぐ

の4つの事象が全ておこった場合のみなので

$$\frac{2}{3}\times\frac{1}{2}\times\frac{2}{51}\times\frac{1}{2}=\frac{1}{153}$$

と計算され，153 人に一人の確率となる。

(F)(あ)　問題文で F0 の遺伝子 C については特に触れられていないので，野生型（CC）であることが前提となる。この F0 どうしの子 F1 は遺伝子 C については CC であり，これを c のホモ接合変異体と交配した F2 は，遺伝子 C については必ずヘテロとなるので，あとは遺伝子 A と B についてのみ，考えればよい。c のホモ接合変異体は遺伝子型が〔AB〕の配偶子のみをつくるので，F2 のうちの3重ヘテロ接合変異体（A と B についての遺伝子型が AB/ab）の割合は，F1（Ab/aB）の全配偶子中の〔ab〕の割合に一致する。Ab/aB は組換えによって配偶子〔AB〕と〔ab〕を同じ割合でつくるので，〔ab〕の割合が5％であったことから，組換え価，すなわち，〔AB〕と〔ab〕の配偶子をつくる率の合計は 10％となる。

(い)　まず，遺伝子 A と B について考えると，前問(あ)で得られた AB/ab の個体は，A－B 間の組換え価が 10％であることから，雌親・雄親のそれぞれで次の割合で配偶子をつくる。

〔AB〕:〔Ab〕:〔aB〕:〔ab〕＝0.45 : 0.05 : 0.05 : 0.45

遺伝子 A，B について子の遺伝子型が aabb となるのはこのうち〔ab〕どうしが受精した場合のみなので，その確率は

$$0.45^2=0.2025$$

となる。遺伝子 C についてはこれとは独立に遺伝し，Cc どうしの交配で子が cc となる確率は 0.25 である。したがって，子が3重ホモ接合変異体（aabbcc）となる確率〔％〕は

$$(0.2025\times0.25)\times100=5.0625 \fallingdotseq 5.06〔\%〕$$

となる。

(2)(B)　一般には，性決定様式がXO型の生物の場合，卵がX染色体をもつ精子と受精すると雌個体になり，卵がX染色体をもたない精子と受精すると雄個体になるが，無性生殖も可能なアブラムシはそうではない点に注意する必要がある。(2)のリード文の第2段第1文に「アブラムシは秋になり短日・低温条件になると雄個体も産むようになり」とあるが，ここまでの文章に雄への言及が一切ない点に着目する。つまりこの雄個体は，交尾と受精を経て生じるのではなく，雌が単為生殖で産み続ける個体の中に雄が混ざるようになるのである。単為生殖には，減数分裂を経てつくられた生殖細胞を雌の体内で融合させて複相の細胞に戻す様式と，減数分裂を行わずに体細胞分裂の要領で複相の卵をつくる様式とがあるが，同第1段第2文に「雌が遺伝的に全く同一の雌個体を産み続ける」とあることから，アブラムシでは後者の様式だとわかる。秋になると，雌が卵の成熟の過程で一部の細胞だけX染色体を1本放出し失うことによって雄個体になる卵をつくることが知られている。したがって，雌は3対の常染色体と2本の性染色体を，雄は3対の常染色体と1本の性染色体をそれぞれもつので，(a)は正しく(c)は誤りである。このことから有性生殖世代の雄はやはり，X染色体をもつ精子とX染色体をもたない精子を同数ずつつくると考えられるが，越冬卵からふ化するのは全て雌，すなわち性染色体がXXの個体のみなので，有性生殖においてはX染色体をもつ精子のみが受精能をもつと推定できる。よって，(b)と(d)はともに正しい。

(C)(い)　適応度とは，自分の子のうちのどれだけの割合が生殖可能な年齢に達するかを示した値なので，次世代に自分の遺伝子をどれだけ残せるかを示す尺度となる。これに対し包括適応度は，自分または血縁者を通して自分と共通の遺伝子をどれだけ残せるかを示す尺度なので，自分の子より血縁度が高い血縁者がいる場合には，自分の子よりもその血縁者の養育を優先した方が包括適応度を増す上で有利となる。

(a)女王からみた娘（図2の「自分」）の血縁度（女王の1対の染色体上のいずれか片方の上にある任意の1つの遺伝子を「自分」ももつ確率）は0.5である。一方，自分（ワーカー）からみた妹の血縁度は次のように計算される。

　まず，自分の1対の染色体上で着目する遺伝子が母親（女王）由来の染

色体上にあるか父親由来の染色体上にあるかはともに 0.5 ずつの確率で決まる。母親（女王）由来の染色体上にあった場合，妹が母親（女王）から受け継いだのと同じ染色体を自分も母親から受け継いでいる確率は 0.5 である。着目した遺伝子が父親由来の染色体上であった場合，自分と妹がその遺伝子を共有する確率は 1 である。したがって，血縁度は

$$0.5 \times 0.5 + 0.5 \times 1 = 0.75$$

となる。血縁度が 0.5 の自分の子を育てるより，血縁度が 0.75 の妹を育てる方が自分と共通の遺伝子を残すには有利といえるので，(a)は空欄(ｵ)にあてはまる。

(b)女王からみた息子の血縁度は 0.5 である。一方，自分からみた弟の血縁度は，着目する遺伝子が母親（女王）由来の染色体上であった場合は弟がそれを共有する確率は 0.5 であり，着目する遺伝子が父親由来の染色体上であった場合は弟がそれを共有する確率は 0 なので

$$0.5 \times 0.5 + 0.5 \times 0 = 0.25$$

となる。女王からみた息子の血縁度の方が高いので，(b)は空欄(ｵ)にあてはまらない。

(c)(a)と(b)の〔解説〕より，自分からみた弟の血縁度は 0.25 である一方，自分からみた妹の血縁度は 0.75 なので，(c)は空欄(ｵ)にあてはまる。

(d)女王からみた息子あるいは娘の血縁度はともに 0.5 で同じであり，娘を育てた方がより有利であるとはいえないので，(d)は空欄(ｵ)にはあてはまらない。

講評

2024 年度は，大問 3 題の出題には変更はなかったが，例年，出題されていた描図問題がなくなり，全問マークシート式の解答となった。過年度の描図問題は考察に時間と慎重さを要するものが多く，それがなかったことで解答時間が少しは捻出できたことになるが，分量が多く注意深い読み取りが必要な問題文で，手のかかる計算も含まれていたことから，やはり 80 分で解答するには苦労したであろう。

1 植物の応答に関する知識と実験考察の両方を要求する問題。(3)(C)・(D)は，比較的新しい研究に関する出題で，どのような実験結果が出

れば植物の合目的的な応答と解釈できるのかわかりにくく，自信をもって解答しづらかっただろう。

　　2　細菌の遺伝子発現調節およびアミノ酸の光学異性体の変換に関する問題。(1)(A)は，細かい知識であり差がついただろう。(3)以下で扱われているアミノ酸の合成経路は，細菌に特有のものなので，類題を解いた経験がある人は少ないと思われ，慎重な読み取りが要求される。(3)(D)，(4)(C)は，全く反応しない基質は「未反応な基質」に含めないとする出題意図を限られた時間で察するのは難しい。

　　3　生殖・発生，遺伝情報，生態，進化・系統と，広範囲にわたる出題。(1)(E)・(F)の計算は，条件付き確率などで間違いやすいものも含まれ慎重さを要する。(2)(B)は，問題文から手がかりを読み取って解くのはかなり難しい。また最終問の血縁度も，普段から解き慣れていないと難しい性質のものなので，いずれも差がついただろう。

　　2024年度は，1つの中問の長さがさまざまで，どこからどこまでが一続きのまとまった小問群なのかわかりづらかった。何ページもさかのぼって図を見直す必要のある問題もあり，もとより時間制限が厳しい中，解答のペースをつかむのが難しかったのではないだろうか。

2023 年度

問題と解答

■B方式

▶試験科目・配点

教　科	科　　　　　目	配　点
外国語	コミュニケーション英語Ⅰ・Ⅱ・Ⅲ，英語表現Ⅰ・Ⅱ	100 点
数　学	数学Ⅰ・Ⅱ・Ⅲ・A・B	100 点
理　科	電子システム工・物理工学科：物理基礎・物理 マテリアル創成工学科：「物理基礎・物理」，「化学基礎・化学」から1科目選択 生命システム工・機能デザイン工学科：「物理基礎・物理」，「化学基礎・化学」，「生物基礎・生物」から1科目選択	100 点

▶備　考

- 英語はリスニングおよびスピーキングを課さない。
- 「数学B」は「数列」「ベクトル」から出題。

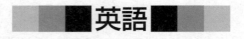

(60 分)

1 Read the following passage and answer each question.　　　　(28 points)

Cities around the world are changing to become more "walkable." As more and more people move to cities, the benefits of encouraging people to walk are clear. Besides making the urban environment (　**A**　), (　**B**　), and (　**C**　), improving a city's walkability can also ease traffic congestion and improve public health.

This is a particular challenge in cities built for cars, so there's been a lot of research to find out what sort of features make a city more attractive to pedestrians and encourage them to walk further and more often: whether it's the size of urban blocks, the quality of the pavement, the presence of trees or street furniture, or initiatives such as car-free zones.

While planners and researchers strive to work out what makes urban spaces attractive to pedestrians, they often overlook the fact that people's decisions about where to walk, and when, are not only determined by the physical qualities of the environment. In fact, new research suggests that these choices are strongly influenced by other people.

There is already much evidence that people are highly influenced by their friendship groups. As early as the 1970s, an American sociologist called Mark Granovetter suggested that the spread of rumors, adoption of new technology, and job searches were all influenced by a person's social network.

There is clear evidence of a social dimension to walking, too. For example, children are more likely to walk to school if they have siblings or friends to walk with. Gender, class, and the distance to work all affect (1　a　2　chooses

_3_ person _4_ to _5_ walk _6_ whether). And people prefer to go with friends when walking for leisure in the city.

More than that, in our new research, we looked at how the routes people choose to take when walking can be influenced by others; we call this phenomenon "social wayfinding." Perhaps the clearest example of social wayfinding is when two or more people are walking together, trying to reach a destination. They might plan where to go, identify landmarks along the way, and discuss their choice of route together.

To arrive at a destination together, one person might lead the way, and others follow along: whether that's a guide leading a tour, or you leading a friend to your house. Both of these are examples of "strong" social wayfinding because decisions about where to go are directly and intentionally influenced by other people.

Social wayfinding also happens when pedestrians take hints from others, which influences their choice of route. When a walker believes that other travelers might share the same destination — for example, when they follow fellow supporters from the train station to the football stadium for a match — he or she may simply go with the flow.
(5)

Similarly, the movement of people through a gap between two buildings might indicate a shortcut you wouldn't otherwise have noticed. This is what we call "weak" social wayfinding.

Timing also plays a role. For example, directions or guidance can be given before a journey or while walking. It can even be (6) the past movements of others leave "social trails." Social trails can indirectly inform pedestrians where to go, like the (7) tracks across grass giving a hint at a shortcut through a park.

Of course, people navigate using many different types of social wayfinding during the course of their walk. Smartphone applications (apps) can also be used in a social way. (8) they're typically designed with a single navigator in mind, in reality it's not unusual for two or more people to be using a device at the same time, passing it around, discussing the instructions, and jointly making decisions about where to go.

To create walkable cities, of course, it's important for city planners and leaders to understand what sort of physical features encourage people to walk more. But acknowledging how social interactions influence people's choices about when and where to walk would give leaders a much more realistic understanding of people's behavior and put them in a better position to encourage walking (**1** a　**2** around　**3** as　**4** getting　**5** of　**6** means).

(9) Understanding how other people influence wayfinding could also clear the way for many exciting technological innovations, which could make cities easier to navigate. Social trails could be mapped by digital apps or physical markers. Signs could be dynamic, possibly even functioning like an online recommendation system, for example, by flagging quieter routes during busy periods of the day. Wayfinding aids such as maps, signs, and apps can be tested on groups, as well as individuals, to make them more useful in both settings.

By being more responsive to the social influences that affect where people choose to walk, urban planners and leaders could gain valuable information about the way people use the city. Then they could make smarter decisions about what to build, and where.

(1)　Look at the underlined part (1). Choose the most appropriate combination of words for the blanks (A), (B), and (C) and mark the number on your **Answer Sheet**.

　1　(A)　less pleasant　　(B)　less safe　　(C)　more polluted

　2　(A)　less pleasant　　(B)　safer　　(C)　less polluted

　3　(A)　more pleasant　　(B)　less safe　　(C)　more polluted

　4　(A)　more pleasant　　(B)　safer　　(C)　less polluted

(2) Choose the most appropriate answer which has the closest meaning to the underlined part (2) and mark the number on your **Answer Sheet.**

   1 areas where cars can be parked without charge

   2 areas where cars can move freely

   3 areas where no cars are allowed

   4 areas where only cars are allowed

(3) Choose the most appropriate answer which has the closest meaning to the underlined word (3) and mark the number on your **Answer Sheet.**

   1 attempt   **2** fail

   3 gather   **4** perplex

(4) Arrange the words within the brackets (4) to make a correct sentence and mark the 2nd and 5th words on your **Answer Sheet.**

(5) Choose the most appropriate answer which has the closest meaning to the underlined part (5) and mark the number on your **Answer Sheet.**

   1 ask someone to lead the way

   2 do what other people are doing

   3 forget being with other fellows

   4 walk along the main street

(6) Choose the most appropriate answer for the blank (6) and mark the number on your **Answer Sheet.**

   1 for   **2** it

   3 that   **4** with

(7) Choose the most appropriate answer for the blank (7) and mark the number on your **Answer Sheet.**

   1 bought   **2** closed

3 stolen **4** worn

(8) Choose the most appropriate answer for the blank **(8)** and mark the number on your **Answer Sheet**.

1 Although **2** Now that

3 The moment **4** What

(9) Arrange the words within the brackets **(9)** to make a correct sentence and mark the 2nd and 5th words on your **Answer Sheet**.

(10) For each of the following sentences, on your **Answer Sheet**, mark **T** (true) for the statements that agree with the text and mark **F** (false) for the statements that do not agree or are not mentioned.

1 Urban planners often fail to notice the fact that people's choices of routes are also influenced by factors other than the physical qualities of the environment.

2 In the early 1970s, Mark Granovetter suggested the adoption of new technology affected a person's decision to walk.

3 Walking in a city on a guided tour is a case of "weak" social wayfinding because tour participants do not usually decide where to go.

4 It is not uncommon for people to use a device with others when they are in the process of deciding on a destination together.

5 Social trails left by the past movements of other people are considered unrealistic to be mapped by digital apps.

2　Read the following passage and answer each question.　　　(28 points)

　(This mark (*) indicates, see **Notes** after the text.)

　　Mosquito bites are not just a nuisance, but they can come with serious consequences. (　1　) other bite kills or sickens more humans than mosquito bites. People frequently use chemicals to protect themselves from mosquitoes. However, these chemicals can have unpleasant side effects, both on humans and the environment. People are advised to wear long clothes to protect themselves from getting bitten. Nevertheless, mosquitoes have a very sophisticated biting apparatus made out of six super skinny needles, which allows them to bite through some clothing as well as our skin.

　　Our research team wanted to know if we could add a non-toxic nanomaterial to clothes to make them impenetrable for mosquitoes. A good candidate seemed to be graphene, a material made of carbon in very thin sheets and already being used on clothes for various other applications. We conducted a couple of experiments with live humans and live mosquitoes. It was the first time this material was tested for mosquito bite prevention.

　　For the experiments, we recruited volunteers who agreed to be bitten by *Aedes aegypti* mosquitoes in a controlled setting. The volunteers exposed their arms or hands to roughly 100 mosquitoes for five minutes at a time. We tested three different conditions: (ⅰ) naked skin, (ⅱ) skin covered by *cheesecloth, and (ⅲ) skin covered with a thin graphene layer and then covered by cheesecloth. We recorded and examined the behavior of the mosquitoes with a video camera to see whether they landed on the skin, how long they stayed there, and whether they started to suck blood. We also counted how many bites each (　4　) received in all these conditions based on the number of swellings that developed on their skin afterward.

　　In addition to the live human and mosquito experiments, we also measured the physical ability of tiny needles to *puncture our graphene materials to find out if parts of a mosquito's mouth had enough strength to penetrate the graphene.

Interestingly, from our research, we found that the thin graphene layer under the cheesecloth prevented mosquitoes from biting people. Mosquitoes never bit through it, and no swellings developed. Bare skin got the most mosquito bites, with about 16 on average. This was followed by skin only covered by cheesecloth, with about 10 bites.

Mosquitoes also landed fewer times and spent less time overall on the skin covered with graphene. On naked skin or skin only covered by cheesecloth, the mosquitoes landed about 23 times on average and stayed for 1-2 minutes. (　5　), fewer than 10 mosquitoes on average landed on the graphene layer and stayed there for much shorter periods.

Our bite-force measurements with needles confirmed that mosquitoes do not have enough force to bite through the dry graphene layer.

Graphene was clearly effective in preventing mosquito bites. We were also surprised by how much less the mosquitoes landed on the graphene-covered skin. This told us that something else was going on: <u>What if the graphene also blocked chemical signals from the skin that the mosquitoes needed for locating their victims?</u>
(6)

To answer this question, we put water or sweat on top of the graphene layer. Then all of a sudden, the mosquitoes landed and started to bite through the material. This tells us two things. First, the (　7　) likely keeps mosquitoes off by preventing necessary chemical signals from reaching them. <u>Second, water or sweat breaks down the graphene layer and makes it penetrable for mosquitoes.</u> We hope that our research will inspire others to make graphene-covered clothes that prevent mosquito bites even in wet and humid conditions.
(8)

(**Notes**) 　**cheesecloth** : cotton cloth that is very thin and light

　　　　　　puncture : to make a small hole in something

出典追記 : Can graphene in your clothing stop mosquito bites?, Science Journal for Kids and Teens by Cintia Castilho, Dong Li, Muchun Liu, and others

(1) Choose the most appropriate word for the blank (1) and mark the number on your **Answer Sheet**.

   1 Any   2 More

   3 No   4 Not

(2) Choose the most appropriate answer which has the closest meaning to the underlined word (2) and mark the number on your **Answer Sheet**.

   1 capability   2 chemical

   3 equipment   4 force

(3) Look at the underlined part (3). To study graphene, why did the authors prepare three different conditions? Choose the most appropriate answer and mark the number on your **Answer Sheet**.

   1 to ask the volunteers which clothes they feel comfortable to wear

   2 to compare the behavior of mosquitoes in different situations on the skin

   3 to record the change in strength of mosquitoes' tiny needles

   4 to see if the species of mosquitoes vary in different situations

(4) Choose the most appropriate answer for the blank (4) and mark the number on your **Answer Sheet**.

   1 cheesecloth   2 minute

   3 mosquito   4 volunteer

(5) Choose the most appropriate answer for the blank (5) and mark the number on your **Answer Sheet**.

   1 As a result   2 In comparison

   3 In conclusion   4 That is

(6) Look at the underlined part (6). Which result led the authors to ask this question? Choose the most appropriate answer and mark the number on

your **Answer Sheet**.

1　The chemical signals were not strong enough to kill the mosquitoes.

2　The graphene emitted signals that stop the mosquitoes from flying.

3　The mosquitoes did not have enough power to bite through the dry graphene layer.

4　The mosquitoes did not land on the graphene-covered skin as expected.

(7)　Choose the most appropriate answer for the blank (7) and mark the number on your **Answer Sheet**.

1　dry graphene　　　　　　2　enough sweat

3　fresh air　　　　　　　　4　poor victim

(8)　Based on the underlined sentence (8), which of the following can be thought to be true? Choose the most appropriate answer and mark the number on your **Answer Sheet**.

1　Graphene is considered unsuitable for sports uniforms as sweat can damage graphene.

2　Making graphene wet will make it more effective to block mosquito bites.

3　Raincoats covered with graphene serve as protection against mosquito bites.

4　Water will protect the graphene layer when used in an appropriate amount.

(9)　Choose the most appropriate title for this passage and mark the number on your **Answer Sheet**.

1　A special net to capture mosquitoes

2　Testing a material that prevents mosquito bites

3　The harmful effects of mosquito bites

4　What happens if mosquitoes bite your skin?

(10) For each of the following sentences, on your **Answer Sheet**, mark **T** (true) for the statements that agree with the text and mark **F** (false) for the statements that do not agree or are not mentioned.

1 Before the experiments, there was no one who examined if graphene could be useful for protection against mosquito bites.

2 The movement of the mosquitoes in the experiments was observed using the records of a video camera.

3 The authors found a way to make graphene stronger even when it gets wet.

4 The number of mosquitoes was equal to that of swellings on the skin.

5 The mosquitoes' preferences changed depending on the volunteers' blood types.

3

Choose the most appropriate answer for each blank to complete the sentence and mark the number on your **Answer Sheet**.　　　　(30 points)

(1) I'm surprised that you know them. Tell me when (　　　) them for the first time.

1 did you meet　　　　　　　2 have you met

3 you have met　　　　　　　4 you met

(2) Due to the company's policy, either Tom or our project members (　　　) the president in the office every week to report our progress.

1 are having to visit　　　　　2 have to visit

3 having to visit　　　　　　　4 is having to visit

(3) It is mainly the decrease in the population (　　　) causes the poverty in these countries.

1 that   2 what

3 when   4 where

(4) If people tell you to keep your mouth (　　　) about something, they are telling you not to let anyone else know about it.

1 shut   2 shutted

3 shutting   4 to shut

(5) Please (　　　) to it that all the windows are opened. We need to take care of ventilation in the classroom.

1 meet   2 mind

3 see   4 watch

(6) Can you imagine my excitement when I saw the baby in my care (　　　) without any help?

1 to walk   2 to walking

3 walks   4 walk

(7) The word "(　　　)" refers to money that is paid by a government or organization to make prices lower, reduce the cost of producing goods, and so forth.

1 compromise   2 initiation

3 integration   4 subsidy

(8) I will study Spanish in Mexico when I (　　　) enough money.

1 had saved   2 save

3 will have saved   4 will save

(9) I heard that there was a terrible accident. How did the accident (　　　)?

1　bring about　　　　　　　　2　come about

3　get off　　　　　　　　　　4　put off

(10)　The figures show an abnormal increase in average air temperatures in five successive years since 1800. According to an ongoing analysis led by scientists, air temperatures on Earth （　　　　） since the Industrial Revolution.

1　has raised　　　　　　　　2　has rose

3　have been rising　　　　　　4　were rose

(11)　Access to Internet services is limited in the West African country of Mali but continues to gradually increase, particularly in urban areas, （　　　　） the growing popularity of Internet cafes.

1　as opposed to　　　　　　　2　in order to

3　owing to　　　　　　　　　4　superior to

(12)　Being more than a mile long, the Golden Gate Bridge in San Francisco held the title of the world's longest bridge from 1937, the year it was completed, until 1964. While the bridge （　　　　） in record length, it's hard to imagine that there will ever be a more picturesque bridge.

1　has been expanded　　　　　2　has been surpassed

3　has expanded　　　　　　　4　has surpassed

(13)　The attractions of gardening are various and may be experienced by any age group and at all levels of （　**13 a**　）. At its most elementary levels, the gardening experience begins with the child's wonder that a packet of seeds will produce a charming festival of color. At higher levels, it involves an understanding of the complexity of the gardening process which is （　**13 b**　） to a chess game with nature because the variables are so many.

出典追記：(11) Mali : Transportation and telecommunications, Britannica, Encyclopaedia Britannica Inc
(12) San Francisco : 9 claims to Fame: Golden Gate Bridge, Britannica, Encyclopaedia Britannica Inc
(13) Gardening : The varied appeal of gardening, Britannica, Encyclopaedia Britannica Inc

(13 a)

  1 appreciation   2 commodity

  3 concession   4 hostility

(13 b)

  1 contrary   2 equivalent

  3 responsible   4 worth

---

4   The following is a conversation between two university students in the United States. Choose the most appropriate word for each blank (**a-g**) from below and mark the number on your **Answer Sheet**; however, you must not use the same word more than once.   (14 points)

A: What are you up to for spring break, Jane?

B: I really want to go to Chicago because my cousin is getting (**a**) there in the spring.

A: That sounds great, but Chicago is a long way away from Los Angeles!

B: Yes, and the problem is that the flights are so expensive. I've called up all the main airlines, but I can't afford (**b**).

A: If I were you, I would probably send a thoughtful gift and skip the wedding since it's not a sibling's wedding.

B: Oh, I wouldn't do that. My cousin and I were really close growing up, and she is like a big sister to me. She used to take care of me, and I have (**c**) but fun memories of spending time with her. I particularly enjoyed our summer vacation together at my parents' lake house. I promised her that I would never miss her wedding. I don't want to (**d**) her down!

A: In that case, that's too bad if you can't go. Why don't you drive to Chicago?

B： I can't drive because my driver's license has already （　**e**　）, and anyway, I stress out about the highways. It's not an option for me!

A： Have you thought about the bus? I think there's a bus that goes directly to Chicago from here.

B： I've heard the bus trip is really long and tiring, but it is the cheapest option.

A： Right, it's not a very comfortable journey for （　**f**　）! I have another idea. Why don't you book your air tickets through the college travel website? You can get a twenty percent discount if you are a college student.

B： Really? That's great! I didn't even know there was a college travel website, but I think the flights might still be too expensive.

A： You could use the money from your job at the restaurant to help pay for the flights. I'm sure you can work （　**g**　） out.

B： Well, I'll think about it. Thanks.

1　anything	2　expired	3　granted
4　let	5　married	6　missed
7　nothing	8　something	9　sure
10　take		

数学

(100 分)

以下の問題 $\boxed{1}$ $\boxed{2}$ $\boxed{3}$ において，$\boxed{}$ 内のカタカナの 1 文字にあてはまる 0 から 9 までの数字を求めて，**解答用マークシート**の指定された欄にマークしなさい。ただし，分数は既約分数で表しなさい。また，根号内の $\boxed{}$ に対しては，根号の中に現れる正の整数が最小となる形で答えなさい。なお，$\boxed{ア}$ のようなカタカナ 1 文字は 1 桁の数を表し，$\boxed{アイ}$ のようなカタカナ 2 文字は 2 桁の数を表すものとします。

$\boxed{1}$ (16 点)

k を $k \geqq 4$ を満たす実数とし，x についての 2 次方程式

$$x^2 - \sqrt{k-4}\, x - \frac{1}{8}k^2 + 5 = 0$$

を考える。ただし，以下において i は虚数単位を表している。

(1) $k = 5$ のとき，この 2 次方程式 の解は，

$$x = \frac{\boxed{ア} \pm \sqrt{\boxed{イウ}}\, i}{\boxed{エ}}$$

と書ける。

(2) この 2 次方程式の解が異なる 2 つの純虚数となるときの実数 k の値は，

$$k = \boxed{オ}$$

であり，そのときの解は，

$$x = \pm \sqrt{\boxed{カ}}\, i$$

となる。

(3) この 2 次方程式が虚数解をもつような実数 k の値の範囲は，

$$\boxed{キ} \leqq k < \boxed{ク}$$

である。

(4) 実数 k が (3) で求めた範囲にあるときを考える。この 2 次方程式の異なる 2 つの虚数解を α, β とおいたとき，

$$|\alpha - \beta| = 1$$

が成り立つような実数 k の値は，

$$k = -\boxed{ケ} + \sqrt{\boxed{コサ}}$$

である。ここで，$|\alpha - \beta|$ は $\alpha - \beta$ の絶対値を表している。

2   (16 点)

$f(x) = x^3 - 6x^2 + 9x + 2$ とおく。

(1) 3 次方程式 $f(x) = 4$ の解は，

$$x = \boxed{\text{ア}}, \; x = \boxed{\text{イ}} \pm \sqrt{\boxed{\text{ウ}}}$$

である。

(2) 3 次方程式 $f(x) = k$ が異なる 2 個の実数解をもつような実数 k の値は，小さい順に，

$$k = \boxed{\text{エ}}, \; \boxed{\text{オ}}$$

である。

$k = \boxed{\text{エ}}$ のとき，異なる実数解は小さい順に $x = \boxed{\text{カ}}$，$x = \boxed{\text{キ}}$ である。

$k = \boxed{\text{オ}}$ のとき，異なる実数解は小さい順に $x = \boxed{\text{ク}}$，$x = \boxed{\text{ケ}}$ である。

(上の記述において $\boxed{\text{エ}}$，$\boxed{\text{オ}}$ は既出の $\boxed{\text{エ}}$，$\boxed{\text{オ}}$ を表している)

(3) 3 次方程式 $f(x) = k$ が異なる 3 個の実数解をもつような実数 k の値の範囲は，

$$\boxed{\text{コ}} < k < \boxed{\text{サ}}$$

である。

3 (16点)

原点を O とする座標平面において，連立不等式

$$\begin{cases} (x-2)^2 + (y-3)^2 \leqq 1 \\ x+y \leqq 4 \end{cases}$$

の表す領域を D とする。点 P(x,y) が領域 D 内を動くとき，以下の問いに答えよ。

(1) 原点 O と点 P との間の距離を l とする。距離 l が最大となるときの点 P の座標は，$\left(\boxed{ア},\boxed{イ}\right)$ であり，その最大値は $\sqrt{\boxed{ウエ}}$ である。

距離 l が最小となるときの点 P の座標は，

$$\left(\boxed{オ}-\dfrac{\boxed{カ}}{\boxed{キク}}\sqrt{\boxed{ケコ}},\ \boxed{サ}-\dfrac{\boxed{シ}}{\boxed{スセ}}\sqrt{\boxed{ソタ}}\right)$$

であり，その最小値は $-\boxed{チ}+\sqrt{\boxed{ツテ}}$ である。

(2) $2x+y$ の値が最大となるときの点 P の座標は $\left(\boxed{ト},\boxed{ナ}\right)$ であり，その最大値は $\boxed{ニ}$ である。$2x+y$ の最小値は $\boxed{ヌ}-\sqrt{\boxed{ネ}}$ である。

(3) $x^2+y^2-6x-8y$ の値の最大値は $-\boxed{ノハ}+\boxed{ヒ}\sqrt{\boxed{フ}}$ であり，最小値は $-\dfrac{\boxed{ヘホ}}{\boxed{マ}}$ である。

問題 $\boxed{4}$ の解答は解答用紙 $\boxed{4}$ に記入しなさい。

$\boxed{4}$　(26 点)

　以下の問いに答えなさい。ただし，空欄 **（あ）**～**（え）**については，適切な数または式を解答用紙の所定の欄に記入しなさい。

　関数 $f(x)$ を

$$f(x) = \log(x^2 + e)$$

と定め，座標平面上の曲線 $y = f(x)$ を考える。ただし，log は自然対数である。ここで，e は $e = \lim_{t \to 0}(1 + t)^{\frac{1}{t}}$ によって定まる実数とする。

(1) 関数 $f(x)$ の導関数は $f'(x) = \boxed{\text{（あ）}}$ である。

(2) 点 $(\sqrt{e},\, f(\sqrt{e}))$ における曲線 $y = f(x)$ の接線 ℓ の方程式は，

$$\boxed{\text{（い）}}$$

となる。

(3) 定積分 $\displaystyle\int_0^{\sqrt{e}} \frac{e}{x^2 + e}\, dx$ の値は，

$$\boxed{\text{（う）}}$$

である。

　なお，**（う）**の値を導く過程を解答用紙の所定の欄に書きなさい。

(4) 曲線 $y = f(x)$ と (2) で求めた接線 ℓ と y 軸で囲まれた図形を D とする。このとき，D の面積は $\boxed{\text{（え）}}$ である。

問題 $\boxed{5}$ の解答は解答用紙 $\boxed{5}$ に記入しなさい。

$\boxed{5}$　(26 点)

以下の問いに答えなさい。ただし，空欄（あ）～（か）に当てはまる数または座標を答えなさい。

座標空間に四面体 ABCD があり，A$(-1,\ 2,\ -2)$，B$(2,\ 2,\ 1)$，C$(-1,\ -4,\ -2)$，D$(-1,\ -1,\ 4)$ であるとする。

(1)　線分 AB を $2:1$ に内分する点を E，線分 BC を $5:2$ に外分する点を F，線分 AC と EF の交点を P とする。このとき，点 E の座標は $\boxed{（あ）}$，点 F の座標は $\boxed{（い）}$，点 P の座標は $\boxed{（う）}$ である。

(2)　k を実数として，3 点 B，C，D の定める平面 BCD 上に点 Q$(3k,\ 3k,\ -2k)$ があるとき，点 Q の座標は $\boxed{（え）}$ である。

(3)　(1)，(2) で求めた 2 点 P，Q を通る直線に，点 R$(3,\ 3,\ 3)$ から垂線 RH を下ろす。このとき，RH の長さは $\boxed{（お）}$ であり，三角形 PQR の面積は $\boxed{（か）}$ である。

なお，（お），（か）を導く過程を，解答用紙の所定の欄に書きなさい。

物理

(80 分)

以下の問題 $\boxed{1}$ ～ $\boxed{4}$ において，文章中の $\boxed{(ア)}$ などにあてはまる最も適当なものを指定の**解答群**の中から選び，その番号を**解答用マークシート**の指定欄にマークしなさい。ただし，たとえば $\boxed{(ア)}$ は，すでに文章中にある $\boxed{(ア)}$ を表す。

$\boxed{1}$ （25 点）

(1) 図 1-1 のように，水平面から傾き θ〔rad〕$\left(0 < \theta < \dfrac{\pi}{2}\right)$ の角度をなすなめらかな斜面をもつ台が水平面に固定されている。時刻 $t = 0$ に，大きさの無視できる質量 m〔kg〕の小球を，斜面から鉛直上方に高さ h〔m〕の点から静かに自由落下させた。斜面と小球の反発係数を $e(0 < e < 1)$，重力加速度の大きさを g〔m/s^2〕とする。

小球が最初に斜面と衝突する点を A_1，2 回目に衝突する点を A_2，3 回目に衝突する点を A_3 とし，小球が各点に達する時刻をそれぞれ $t = t_1$〔s〕，$t = t_2$〔s〕，$t = t_3$〔s〕とする。このとき，$t_1 = \boxed{(ア)} \sqrt{\dfrac{2h}{g}}$，$t_2 - t_1 = \boxed{(イ)} \sqrt{\dfrac{2h}{g}}$，$t_3 - t_2 = \boxed{(ウ)} \sqrt{\dfrac{2h}{g}}$ と表される。また，線分 A_1A_2 の長さは $4h\sin\theta \boxed{(エ)}$〔m〕，A_2A_3 の長さは $4h\sin\theta \boxed{(オ)}$〔m〕である。

その後，小球は斜面と衝突を繰り返すたびに斜面からはねる高さが小さくなり，水平面に達する前に斜面からはねなくなった。時刻 $t = T$〔s〕以降，小球が斜面からはねなくなったとすると，$T = \boxed{(カ)} \sqrt{\dfrac{2h}{g}}$ である。

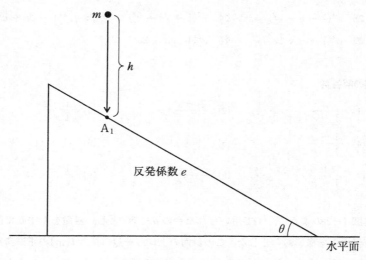

図 1 − 1

㋐の解答群

(1) $0.5e$　　　(2) e　　　(3) 1　　　(4) 2

(5) 3　　　(6) 4　　　(7) 5

㋑, ㋒の解答群

(11) $\dfrac{1}{3}e$　　　(12) $\dfrac{1}{2}e$　　　(13) e　　　(14) $2e$

(15) $3e$　　　(16) $4e$　　　(17) $5e$　　　(18) $6e$

(19) $\dfrac{1}{3}e^2$　　　(20) $\dfrac{1}{2}e^2$　　　(21) e^2　　　(22) $2e^2$

(23) $3e^2$　　　(24) $4e^2$　　　(25) $5e^2$　　　(26) $6e^2$

㋓, ㋔の解答群

(11) 1　　　　　　(12) e　　　　　　(13) $(1+e)$

(14) $(1-e)$　　　　(15) e^2　　　　　(16) $(1+e^2)$

(17) $(1-e^2)$　　　(18) $e(1+e)$　　　(19) $e(1-e)$

(20) $e^2(1+e)$　　　(21) $e^2(1-e)$　　　(22) $e^2(1+e+e^2)$

⒀ $e^2(1 - e + e^2)$　　　　⒁ $e^2(1 + 2e + e^2)$　　　　⒂ $e^2(1 - 2e + e^2)$

⒃ $e^2(1 + e + 2e^2)$　　　　⒄ $e^2(1 - e + 2e^2)$

㈎の解答群

(1) $\dfrac{e}{1-e}$　　　　　　(2) $\dfrac{1-e}{e}$　　　　　　(3) $\dfrac{1-e}{1+e}$

(4) $\dfrac{1+e}{1-e}$　　　　　　(5) $(1-e)$　　　　　　　(6) $(1+e)$

(7) $\dfrac{1}{1-e}$　　　　　　(8) $\dfrac{1}{1+e}$　　　　　　(9) $\dfrac{1}{e}$

⑵ **図1-2** のように，⑴で用いられた台の θ を 30° とし，斜面をやすりで削って表面を一様にあらくした。この斜面の上に，一辺の長さ l〔m〕の正三角形の底面をもつ密度が均一な質量 M〔kg〕の正三角柱を，底面が斜面に沿う向きに平行となるようにおいた。**図1-2** の正三角形 PQR は正三角柱の底面に平行で重心を通る断面を表す。斜面に沿って上向きを正と定め，斜面および正三角柱の底面に平行で正の向きに，大きさ F〔N〕の力を点 P に加えた。斜面と正三角柱の間の静止摩擦係数を μ とする。

　$F = F_0$〔N〕のとき，正三角柱は静止したままであった。正三角柱にはたらく重力の斜面に平行な成分の大きさが F_0 よりも小さいとき，正三角柱にはたらく静止摩擦力の大きさは　　㈭　　〔N〕と表せる。斜面から正三角柱にはたらく垂直抗力による Q 点のまわりの力のモーメントを K〔N·m〕とする。反時計回りの力のモーメントを正とすれば，Q 点のまわりの力のモーメントのつり合いの式は　　㈮　　と表せる。

　次に，F を F_0 から徐々に大きくしていくと，F が F_1〔N〕$(F_1 > F_0)$ を超えたとき，正三角柱は斜面を滑ることなく Q 点を中心に傾きはじめた。このとき，μ の値は　　㈯　　より大きい。

　続いて，F を変化させながら，Q 点のまわりに正三角柱をゆっくりと，さらに大きく傾かせ，Q 点を中心に回転させていった。頂点 P がある点に達した瞬間，正三角柱をゆっくりと回転させ続けるのに必要な F は 0 となった。この点を S とすると，正三角柱が傾き始めてから，頂点 P が点 S に達するまでの間に正三角柱になされた仕事は　　㈰　　lMg〔J〕である。

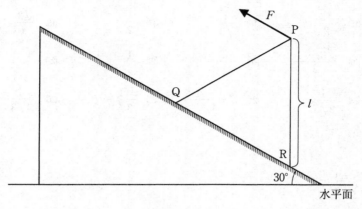

図 1 − 2

㈭の解答群

(1) $F_0 + \dfrac{Mg}{2}$ 　　(2) $-F_0 + \dfrac{Mg}{2}$ 　　(3) $F_0 - \dfrac{Mg}{2}$

(4) $-F_0 - \dfrac{Mg}{2}$ 　　(5) $F_0 + \dfrac{\sqrt{3}\,Mg}{2}$ 　　(6) $-F_0 + \dfrac{\sqrt{3}\,Mg}{2}$

(7) $F_0 - \dfrac{\sqrt{3}\,Mg}{2}$ 　　(8) $-F_0 - \dfrac{\sqrt{3}\,Mg}{2}$

㈱の解答群

(1) $K + \dfrac{\sqrt{3}}{2}lF_0 = Mg\dfrac{l}{\sqrt{3}}$ 　　(2) $K + \dfrac{1}{\sqrt{3}}lF_0 = Mg\dfrac{l}{\sqrt{3}}$

(3) $K + \dfrac{1}{2\sqrt{3}}lF_0 = Mg\dfrac{l}{\sqrt{3}}$ 　　(4) $K + lF_0 = Mg\dfrac{l}{\sqrt{3}}$

(5) $K + \dfrac{\sqrt{3}}{2}lF_0 = Mg\dfrac{l}{2\sqrt{3}}$ 　　(6) $K + \dfrac{1}{\sqrt{3}}lF_0 = Mg\dfrac{l}{2\sqrt{3}}$

(7) $K + \dfrac{1}{2\sqrt{3}}lF_0 = Mg\dfrac{l}{2\sqrt{3}}$ 　　(8) $K + lF_0 = Mg\dfrac{l}{2\sqrt{3}}$

㈲, ㈹の解答群

(11) $2\sqrt{3}$ 　　　(12) 2 　　　(13) $\sqrt{3}$ 　　　(14) 1

(15) $\dfrac{\sqrt{3}}{2}$ (16) $\dfrac{1}{\sqrt{3}}$ (17) $\dfrac{1}{2}$ (18) $\dfrac{\sqrt{3}}{4}$

(19) $\dfrac{\sqrt{3}-1}{2}$ (20) $\dfrac{2}{3\sqrt{3}}$ (21) $\dfrac{1}{3}$ (22) $\dfrac{1}{4}$

(23) $\dfrac{1}{2\sqrt{3}}$ (24) $\dfrac{\sqrt{3}-1}{4}$ (25) $\dfrac{1}{3\sqrt{3}}$ (26) $\dfrac{1}{4\sqrt{3}}$

2 (25 点)

なめらかに動くピストン付きのシリンダーに閉じこめられた単原子分子理想気体の状態について考える。シリンダーは断熱材でできていて，長さは $2L$〔m〕で断面積は S〔m^2〕である。ピストンは，面積 S で厚さが無視できる断熱材でできている。気体定数を R〔J/(mol·K)〕，気体の比熱比を γ とする。

(1) **図 2-1** のように，シリンダーはピストンによって 2 つの空間に仕切られている。シリンダーの左側の空間 A の壁に体積が無視できる熱交換器が設置されていて，空間 A に熱量を出し入れすることができる。シリンダーの右側の空間 B には，体積が無視できるばねがピストンとシリンダーの右の壁に固定されている。ばねの自然長を L，ばね定数を k〔N/m〕とする。空間 A に単原子分子理想気体 1 mol を封じ込め，空間 B を真空にしたところ，ピストンは左の壁から距離 $\dfrac{5}{4}L$ の位置にあった（状態 0）。状態 0 における気体の圧力を p_0〔Pa〕，気体の温度を T_0〔K〕とすると，p_0 は 〔ア〕 〔Pa〕であり，T_0 は 〔イ〕 〔K〕である。

　熱交換器を用いて空間 A の気体にゆっくりと熱量を与えたところ，ピストンはゆっくり移動した。熱量を与えるのをやめると，ピストンは左の壁から距離 $\dfrac{3}{2}L$ の位置で停止した（状態 1）。状態 1 における気体の圧力を p_1〔Pa〕，気体の温度を T_1〔K〕とすると，p_1 は 〔ウ〕 p_0〔Pa〕であり，T_1 は 〔エ〕 T_0〔K〕である。空間 A の気体がした仕事は 〔オ〕 〔J〕であり，気体の内部エネルギーの増加は 〔カ〕 〔J〕であるので，熱交換器から気体に与えた熱量は 〔キ〕 〔J〕である。

シリンダー

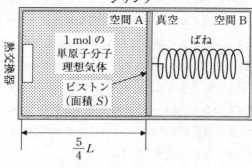

図 2−1

(ア)の解答群

(1) $\dfrac{S}{4kL}$ (2) $\dfrac{kL}{4S}$ (3) $\dfrac{S}{kL}$

(4) $\dfrac{kL}{S}$ (5) $\dfrac{5}{4}\dfrac{S}{kL}$ (6) $\dfrac{5}{4}\dfrac{kL}{S}$

(イ)の解答群

(1) $\dfrac{5}{16}\dfrac{kL^2}{R}$ (2) $\dfrac{5}{16}\dfrac{S^2}{kR}$ (3) $\dfrac{5}{4}\dfrac{kL^2}{R}$

(4) $\dfrac{5}{4}\dfrac{S^2}{kR}$ (5) $\dfrac{25}{16}\dfrac{kL^2}{R}$ (6) $\dfrac{25}{16}\dfrac{S^2}{kR}$

(ウ), (エ)の解答群

(1) $\dfrac{3}{16}$ (2) $\dfrac{5}{16}$ (3) $\dfrac{3}{8}$ (4) $\dfrac{3}{4}$

(5) $\dfrac{5}{4}$ (6) 2 (7) $\dfrac{12}{5}$ (8) 4

(オ), (カ), (キ)の解答群

(1) $\dfrac{3}{32}kL^2$ (2) kL (3) $\dfrac{3}{25}kL^2$ (4) $\dfrac{5}{16}kL^2$

(5) $\dfrac{3}{25}k^2L$ (6) $\dfrac{21}{32}kL^2$ (7) $\dfrac{5}{16}k^2L$ (8) $\dfrac{3}{4}kL^2$

⑵　熱交換器を用いて空間 A の気体からゆっくりと熱量を取り去り，状態 0 に戻した。**図 2-2**のようにピストンの静止位置を原点 O として x 軸を取り，空間 B 側からピストンを左方に静かに $h(>0)$ だけ押して停止させた。空間 A の気体は断熱変化をしているのでポアソンの法則が成り立ち，位置 h における気体の圧力を p_h〔Pa〕とすると，$p_h = \boxed{\quad(ク)\quad} p_0$〔Pa〕と書ける。$h$ が L に比べてじゅうぶん小さく，h の一次の項まで考慮すると，$p_h \fallingdotseq \boxed{\quad(ケ)\quad} p_0$〔Pa〕と近似できる。必要があれば，$|y|$ が 1 よりじゅうぶん小さいときに成り立つ近似式 $(1+y)^a \fallingdotseq 1 + \alpha y$ を用いよ。

　　ピストンを放した後のピストンの運動について考える。0 と h の間の任意の位置 $x(0 \leqq x \leqq h)$ において，ピストンにはたらく力を $F(x)$〔N〕とおくと，$F(x) \fallingdotseq \boxed{\quad(コ)\quad} x$〔N〕と書ける。この結果から，ピストンは原点 O を中心として単振動をすると考えてよい。ピストンの質量を m〔kg〕とすると，ピストンの振動の周期は $\boxed{\quad(サ)\quad}$〔s〕となる。なお，振動はじゅうぶんゆっくりであり，シリンダー内に圧力の分布や温度の分布は生じないものとする。

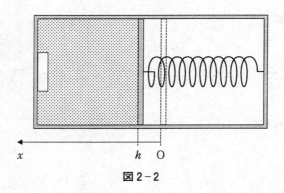

x　　　　　　　　　h　O

図 2-2

⑷**の解答群**

(1) $\left(\dfrac{\frac{5}{4}L}{\frac{5}{4}L + h} \right)^{\gamma}$ 　　　　(2) $\left(\dfrac{\frac{3}{2}L}{\frac{3}{2}L + h} \right)^{\gamma}$ 　　　　(3) $\left(\dfrac{L}{L - h} \right)^{\gamma}$

(4) $\left(\dfrac{\dfrac{5}{4}L}{\dfrac{5}{4}L-h}\right)^{\gamma}$ 　　　　(5) $\left(\dfrac{\dfrac{3}{2}L}{\dfrac{3}{2}L-h}\right)^{\gamma}$

㈜の解答群

(1) $\left(1+\dfrac{2\gamma}{3L}h\right)$ 　　　(2) $\left(1+\dfrac{4\gamma}{5L}h\right)$ 　　　(3) $\left(1+\dfrac{\gamma}{L}h\right)$

(4) $\left(1-\dfrac{4\gamma}{5L}h\right)$ 　　　(5) $\left(1-\dfrac{2\gamma}{3L}h\right)$

㈡の解答群

(1) $-\dfrac{4\gamma}{5L}p_0S$ 　　(2) $-\dfrac{2\gamma}{3L}p_0S$ 　　(3) $-k$

(4) $-\left(k+\dfrac{4\gamma}{5L}p_0S\right)$ 　　(5) $-\left(k+\dfrac{2\gamma}{3L}p_0S\right)$

㈹の解答群

(1) $2\pi\sqrt{\dfrac{m}{k}}$ 　(2) $2\pi\sqrt{\dfrac{m}{k+\dfrac{4\gamma}{5L}p_0S}}$ 　(3) $2\pi\sqrt{\dfrac{m}{k+\dfrac{2\gamma}{3L}p_0S}}$

(4) $2\pi\sqrt{\dfrac{m}{\dfrac{4\gamma}{5L}p_0S}}$ 　(5) $2\pi\sqrt{\dfrac{m}{\dfrac{2\gamma}{3L}p_0S}}$

3　(32 点)

(1)　**図 3-1** のように，距離 l〔m〕だけ離して平行にしかれた，2 組のじゅうぶんに長い導体のレール A，B が，鉛直上向きで一様な磁束密度の大きさ B〔T〕の磁場中におかれている。レール A(X-Y，X′-Y′) は水平に固定されている。レール B(X-Z，X′-Z′) はレール A と X，X′ 点で接続され，水平面に対して角度 30° で固定されている。X，X′ 点の間には，スイッチ S を介して内部抵抗を無視できる起電力 E〔V〕の電池が接続されている。レール A の上には質量 m_a〔kg〕，レール間の抵抗値 R_a〔Ω〕の細い金属棒 a が，レール A に垂直におかれている。レール B の上には質量 m_b〔kg〕，レール間の抵抗値 R_b〔Ω〕の細い金属棒 b が，レール B に垂直におかれ，金属棒 b の中央には重さの無視できる糸で質量 M〔kg〕のおもりがつるされている。金属棒 a，b はそれぞれレール A，B に沿って垂直を保ちながらなめらかに運動できる。はじめ，金属棒 a，b は静止させてある。R_a，R_b 以外の電気抵抗，電流により生じる磁場，金属棒 a，b とレール A，B から構成される回路の自己インダクタンスおよび相互インダクタンス，空気抵抗の影響は無視できる。重力加速度の大きさを g〔m/s²〕とする。

　　スイッチ S を開けたまま，金属棒 a を右方向に一定の速さ v_0〔m/s〕で動かし，同時に金属棒 b を静かにはなして自由に動けるようにすると，金属棒 b とおもりは静止したままであった。金属棒 a の長さ l の部分に生じる誘導起電力の大きさは　　(ア)　　〔V〕である。回路に流れる電流の大きさは　　(イ)　　〔A〕である。金属棒 b につるしたおもりの質量 M は $\left(\boxed{} - m_b \right)$〔kg〕である。次に，金属棒 b につるしたおもりをはずして同じ操作を行ったところ，金属棒 b は上方向にすべりだし，やがて一定の速さとなった。その速さは　　(エ)　　〔m/s〕である。

　　次に，金属棒 a とおもりをはずした金属棒 b を静止させたのち，スイッチ S を閉じ，同時に金属棒 a と b を静かにはなして自由に動けるようにした。しばらくすると，金属棒 a は一定の速さで右方向に動き，金属棒 b は一定の速さで上方向に動いた。そのとき，金属棒 a の速さは　　(オ)　　〔m/s〕，金属棒

b の速さは ⎣(カ)⎦ 〔m/s〕，電池のする仕事率は ⎣(キ)⎦ 〔W〕である。電池のした仕事はジュール熱と金属棒 b の位置エネルギーに変換された。金属棒 b の位置エネルギーの単位時間あたりの増加量は ⎣(ク)⎦ 〔W〕である。

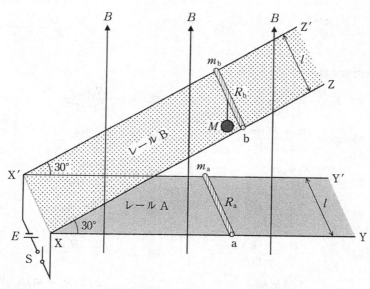

図 3 − 1

(ア)の解答群

(1) Bv_0

(2) $\dfrac{Bv_0}{l}$

(3) Blv_0

(イ)の解答群

(1) $\dfrac{Bv_0}{R_a l}$

(2) $\dfrac{Bv_0}{R_b l}$

(3) $\dfrac{Bv_0}{(R_a + R_b)l}$

(4) $\dfrac{Blv_0}{R_a}$

(5) $\dfrac{Blv_0}{R_b}$

(6) $\dfrac{Blv_0}{R_a + R_b}$

(7) $Blv_0 R_a$

(8) $Blv_0 R_b$

(9) $Blv_0(R_a + R_b)$

㈢の解答群

(1) $\dfrac{\sqrt{3}\,(Bl)^2 v_0}{R_a g}$　　　　(2) $\dfrac{\sqrt{3}\,(Bl)^2 v_0}{R_b g}$　　　　(3) $\dfrac{\sqrt{3}\,(Bl)^2 v_0}{(R_a + R_b)g}$

(4) $\dfrac{(Bl)^2 v_0}{\sqrt{3}\,R_a g}$　　　　(5) $\dfrac{(Bl)^2 v_0}{\sqrt{3}\,R_b g}$　　　　(6) $\dfrac{(Bl)^2 v_0}{\sqrt{3}\,(R_a + R_b)g}$

(7) $\dfrac{(Bl)^2 v_0}{R_a g}$　　　　(8) $\dfrac{(Bl)^2 v_0}{R_b g}$　　　　(9) $\dfrac{(Bl)^2 v_0}{(R_a + R_b)g}$

㈣の解答群

(11) $v_0 - \dfrac{R_a m_b g}{\sqrt{3}\,(Bl)^2}$　　　　(12) $v_0 - \dfrac{R_b m_b g}{\sqrt{3}\,(Bl)^2}$

(13) $v_0 - \dfrac{(R_a + R_b)\,m_b g}{\sqrt{3}\,(Bl)^2}$　　　　(14) $v_0 - \dfrac{R_a m_b g}{(Bl)^2}$

(15) $v_0 - \dfrac{R_b m_b g}{(Bl)^2}$　　　　(16) $v_0 - \dfrac{(R_a + R_b)\,m_b g}{(Bl)^2}$

(17) $\dfrac{2v_0}{\sqrt{3}} - \dfrac{2R_a m_b g}{3(Bl)^2}$　　　　(18) $\dfrac{2v_0}{\sqrt{3}} - \dfrac{2R_b m_b g}{3(Bl)^2}$

(19) $\dfrac{2v_0}{\sqrt{3}} - \dfrac{2(R_a + R_b)\,m_b g}{3(Bl)^2}$　　　　(20) $2v_0 - \dfrac{2\sqrt{3}\,R_a m_b g}{(Bl)^2}$

(21) $2v_0 - \dfrac{2\sqrt{3}\,R_b m_b g}{(Bl)^2}$　　　　(22) $2v_0 - \dfrac{2\sqrt{3}\,(R_a + R_b)\,m_b g}{(Bl)^2}$

㈤, ㈥の解答群

(11) $\dfrac{E}{B}$　　　　(12) $\dfrac{El}{B}$

(13) $\dfrac{E}{Bl}$　　　　(14) $\dfrac{2E}{Bl} - \dfrac{2\sqrt{3}\,R_a m_b g}{(Bl)^2}$

(15) $\dfrac{2E}{Bl} - \dfrac{2\sqrt{3}\,R_b m_b g}{(Bl)^2}$　　　　(16) $\dfrac{2E}{Bl} - \dfrac{2\sqrt{3}\,(R_a + R_b)\,m_b g}{(Bl)^2}$

(17) $\dfrac{E}{Bl} - \dfrac{R_a m_b g}{\sqrt{3}\,(Bl)^2}$　　　　(18) $\dfrac{E}{Bl} - \dfrac{R_b m_b g}{\sqrt{3}\,(Bl)^2}$

(19) $\dfrac{E}{Bl} - \dfrac{(R_a + R_b)\,m_b g}{\sqrt{3}\,(Bl)^2}$　　　　(20) $\dfrac{E}{Bl} - \dfrac{R_a m_b g}{(Bl)^2}$

(21) $\dfrac{E}{Bl} - \dfrac{R_b m_b g}{(Bl)^2}$　　　　(22) $\dfrac{E}{Bl} - \dfrac{(R_a + R_b)\,m_b g}{(Bl)^2}$

(23) $\dfrac{2E}{\sqrt{3}\,Bl} - \dfrac{2R_a m_b g}{3(Bl)^2}$　　　　(24) $\dfrac{2E}{\sqrt{3}\,Bl} - \dfrac{2R_b m_b g}{3(Bl)^2}$

(25) $\dfrac{2E}{\sqrt{3}\,Bl} - \dfrac{2(R_a + R_b)m_b g}{3(Bl)^2}$

(キ), (ク)の解答群

(11) $\dfrac{Em_b g}{\sqrt{3}\,Bl}$　　　　(12) $\dfrac{\sqrt{3}\,Em_b g}{Bl}$

(13) $\dfrac{Em_b g}{Bl}$　　　　(14) $\dfrac{Em_b g}{\sqrt{3}\,Bl} - \dfrac{R_a(m_b g)^2}{3(Bl)^2}$

(15) $\dfrac{Em_b g}{\sqrt{3}\,Bl} - \dfrac{R_b(m_b g)^2}{3(Bl)^2}$　　　　(16) $\dfrac{Em_b g}{\sqrt{3}\,Bl} - \dfrac{(R_a + R_b)(m_b g)^2}{3(Bl)^2}$

(17) $\dfrac{\sqrt{3}\,Em_b g}{Bl} - \dfrac{3R_a(m_b g)^2}{(Bl)^2}$　　　　(18) $\dfrac{\sqrt{3}\,Em_b g}{Bl} - \dfrac{3R_b(m_b g)^2}{(Bl)^2}$

(19) $\dfrac{\sqrt{3}\,Em_b g}{Bl} - \dfrac{3(R_a + R_b)(m_b g)^2}{(Bl)^2}$　　　　(20) $\dfrac{Em_b g}{Bl} - \dfrac{R_a(m_b g)^2}{(Bl)^2}$

(21) $\dfrac{Em_b g}{Bl} - \dfrac{R_b(m_b g)^2}{(Bl)^2}$　　　　(22) $\dfrac{Em_b g}{Bl} - \dfrac{(R_a + R_b)(m_b g)^2}{(Bl)^2}$

(2) **図 3-2** のように，1 個の電池 E，3 個のスイッチ S_1, S_2, S_3，1 個の抵抗 R，3 個のコンデンサー C_1, C_2, C_3，1 個のコイル L からなる回路がある。電池 E の起電力は E〔V〕，R の抵抗は R〔Ω〕，C_1 の電気容量は $\dfrac{1}{4}C$〔F〕，C_2 の電気容量は $\dfrac{1}{2}C$〔F〕，C_3 の電気容量は $\dfrac{1}{6}C$〔F〕，L の自己インダクタンスは L〔H〕である。電池 E の内部抵抗と，コイル L および導線の電気抵抗は無視できる。スイッチ S_1, S_2, S_3 は開いており，どのコンデンサーにも電荷はたくわえられていない。これを初期状態とする。

(a) 初期状態からスイッチ S_1 を閉じた。スイッチ S_1 を閉じた直後に抵抗 R に流れる電流は　$\boxed{\text{(ケ)}}$　〔A〕である。じゅうぶんに時間が経過したとき，コンデンサー C_1 の両端の電位差は，$\boxed{\text{(コ)}}$　〔V〕であり，たくわえられる静電エネルギーは，$\boxed{\text{(サ)}}$　〔J〕である。

(b) 次に，スイッチ S_1 を開いた後，スイッチ S_2 を閉じた。じゅうぶんに時間
が経過したとき，コンデンサー C_2 の電極間の電位差は　$\boxed{（シ）}$　〔V〕であ
る。

(c) 次に，スイッチ S_2 を開いて，時刻 $t = 0$ でスイッチ S_3 を閉じた。コイル
L の両端の電位差 V_L は，点 a の電位が点 b の電位より高い場合を正，コイ
ル L に流れる電流 i_L は，**図 3-2** に示す矢印の向きを正とする。V_L は，
図 3-3 のような正弦波であった。はじめて V_L が 0 になった時刻を t_1〔s〕と
する。時刻 t_1 において，コンデンサー C_2 の電極間の電位差は　$\boxed{（ス）}$
〔V〕，コンデンサー C_3 の電極間の電位差は　$\boxed{（セ）}$　〔V〕，i_L は　$\boxed{（ソ）}$
〔A〕である。

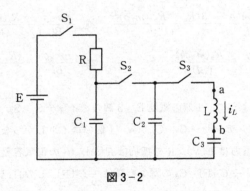

図 3-2

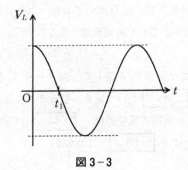

図 3-3

(ケ)の解答群

(1) 0　　(2) $\dfrac{E}{R}$　　(3) $\dfrac{2E}{R}$　　(4) $\dfrac{4E}{R}$　　(5) $\dfrac{E}{2R}$　　(6) $\dfrac{E}{4R}$

(コ)の解答群

(1) 0　　(2) $\dfrac{E}{2}$　　(3) $\dfrac{E}{4}$　　(4) $\dfrac{E}{5}$　　(5) E　　(6) $2E$

(サ)の解答群

(1) $\dfrac{CE^2}{2}$　　(2) $\dfrac{CE^2}{4}$　　(3) $\dfrac{CE^2}{8}$　　(4) $\dfrac{CE^2}{32}$　　(5) $\dfrac{CE^2}{128}$　　(6) CE^2

(シ)の解答群

(1) $\dfrac{E}{2}$　　(2) $\dfrac{E}{3}$　　(3) $\dfrac{2E}{3}$　　(4) $\dfrac{E}{\sqrt{3}}$　　(5) $\dfrac{2E}{9}$　　(6) E

(ス), (セ)の解答群

(1) $\dfrac{E}{2}$　　(2) $\dfrac{E}{3}$　　(3) $\dfrac{E}{4}$　　(4) $\dfrac{3E}{4}$　　(5) $\dfrac{\sqrt{3}\,E}{6}$　　(6) $\dfrac{E}{12}$

(ソ)の解答群

(1) $\dfrac{E}{3}\sqrt{\dfrac{2C}{L}}$　　　　(2) $\dfrac{E}{3}\sqrt{\dfrac{C}{2L}}$　　　　(3) $\dfrac{E}{4}\sqrt{\dfrac{C}{2L}}$

(4) $\dfrac{E}{4}\sqrt{\dfrac{2C}{3L}}$　　　　(5) $\dfrac{E}{6}\sqrt{\dfrac{C}{2L}}$　　　　(6) $E\sqrt{\dfrac{C}{2L}}$

4　(18 点)

　X 線の発生装置(X 線管)には，真空に近いガラス管内に陰極と陽極の 2 つの
金属電極が封入されている。電流による発熱によって陰極から初速度ゼロで放出
した電子が，陰極・陽極間の高電圧で加速され陽極の金属に衝突し，陽極から
X 線が発生する。図 4−1 はそのとき得られる X 線の波長と強度の関係の概略図
で，連続 X 線と呼ばれるなだらかな部分と，特性 X 線と呼ばれる鋭いピークが
見られる。電子の質量を m 〔kg〕，その電荷を $-e$ 〔C〕$(e > 0)$，プランク定数を
h 〔J·s〕，真空中の光速を c 〔m/s〕とする。

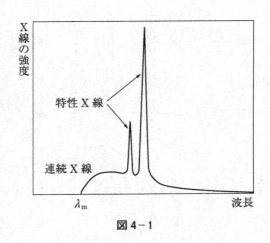

図 4−1

(1)　衝突した電子のエネルギーがすべて X 線のエネルギーに変わるとき連続
　　 X 線は最短波長 λ_m 〔m〕を示す。電子の加速電圧を V 〔V〕とすると

$$eV = \boxed{\quad (ア) \quad}\ \text{〔J〕が成り立つ。}$$

$V = 3.0 \times 10^3\,\text{V}$ のとき，$m = 9.1 \times 10^{-31}\,\text{kg}$,
$e = 1.6 \times 10^{-19}\,\text{C}$, $h = 6.6 \times 10^{-34}\,\text{J·s}$, $c = 3.0 \times 10^8\,\text{m/s}$ のなかから必要
な数値を用いると，最短波長は

$$\lambda_m = \boxed{\ (イ)\ }\ .\ \boxed{\ (ウ)\ } \times 10^{\boxed{(エ)}\ \boxed{(オ)}\ \boxed{(カ)}}\ \text{m}$$

　　　　　　　　　　 ↑小数点　　　　　　　　 ↑正負の符号

となる。ただし，小数点第二位を四捨五入せよ。指数 (オ) (カ) の値が一桁となる場合は (オ) の欄にゼロをマークせよ。また，指数の値がゼロになる場合は (オ) (カ) の欄にゼロをマークするとともに (エ) の欄に＋をマークせよ。

(2) 図4-2のように，X 線管から発生した連続 X 線を原子層の間隔が d〔m〕の結晶に角度30°で入射させた。同じ角度で反射された X 線の強度を測定したところ，加速電圧が(1)で用いた $V = 3.0 \times 10^3$ V のときは連続 X 線のどの波長でも反射 X 線の強め合いが観測されなかった。そこで加速電圧を徐々に増加させていったところ，$V = 4.5 \times 10^3$ V のとき初めて強め合いが観測された。この結晶の原子層の間隔 d は，加速電圧が $V = 3.0 \times 10^3$ V のときの最短波長 λ_m を用いると $d =$ (キ) λ_m〔m〕である。 (キ) にあてはまる最も近い数値を**解答群**から選びなさい。

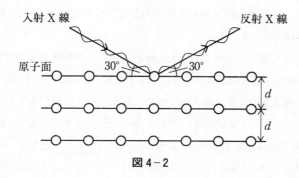

入射 X 線　　　　　　　　　反射 X 線

原子面　　　30°　　　30°

d

d

図 4-2

(ア)の解答群

(1) $c\lambda_\mathrm{m}$　　　(2) $h\lambda_\mathrm{m}$　　　(3) $hc\lambda_\mathrm{m}$　　　(4) $\dfrac{h}{\lambda_\mathrm{m}}$　　　(5) $\dfrac{h}{c\lambda_\mathrm{m}}$

(6) $\dfrac{hc}{\lambda_\mathrm{m}}$　　　(7) $\dfrac{h\lambda_\mathrm{m}}{c}$　　　(8) $\dfrac{c}{\lambda_\mathrm{m}}$　　　(9) $\dfrac{\lambda_\mathrm{m}}{c}$

(イ), (ウ), (オ), (カ)の解答群

(0) 0　　　(1) 1　　　(2) 2　　　(3) 3　　　(4) 4

(5)　5　　　　　(6)　6　　　　　(7)　7　　　　　(8)　8　　　　　(9)　9

(エ)の解答群

(+)　＋　　　　　(−)　−

(キ)の解答群

(1)　0.050　　　(2)　0.058　　　(3)　0.067　　　(4)　0.50　　　(5)　0.58

(6)　0.67　　　(7)　5.0　　　(8)　5.8　　　(9)　6.7

(3)　X 線管から発生した波長 λ〔m〕の特性 X 線を入射 X 線として物質にあて
て，そこから散乱される X 線（散乱 X 線）を調べたところ，散乱 X 線の波長は
入射 X 線の波長とは異なっていた。入射 X 線が光子として，物質内の静止し
ている電子と弾性衝突したとすると散乱 X 線の波長 λ'〔m〕の値を説明でき
る。そこで，図 4−3 のように入射 X 線の垂直方向に X 線が散乱された場合を
考えよう。電子は入射 X 線の進行方向となす角 θ〔rad〕の方向に速さ v〔m/s〕
ではね飛ばされたとする。

　波長 λ の X 線の運動量は $\dfrac{h}{\lambda}$〔kg·m/s〕である。弾性衝突なので衝突の前後
でエネルギーと運動量が保存される。エネルギー保存の式と運動量保存の式か
ら電子の速さ v および角度 θ を消去したあと，入射 X 線と散乱 X 線の波長の
差が小さいとしたとき成り立つ関係式 $\dfrac{\lambda'}{\lambda} + \dfrac{\lambda}{\lambda'} \fallingdotseq 2$ を用いると，散乱 X 線と
入射 X 線の波長の差 $\Delta\lambda = \lambda' - \lambda$〔m〕は $\Delta\lambda = \boxed{\quad (ク) \quad}$ となる。特性 X 線の
波長 λ が $\alpha \times 10^{-11}$ m$(1 < \alpha < 10)$のとき，(1)で与えられた数値を用いると入
射 X 線の波長 λ に対する波長の差 $\Delta\lambda$ の比は

$$\frac{\Delta\lambda}{\lambda} = \underset{\text{正負の符号}}{\boxed{(ケ)}} \quad \boxed{(コ)} \; . \; \underset{\text{小数点}}{\boxed{(サ)}} \quad \boxed{(シ)} \times \frac{1}{\alpha}$$

となる。ただし，小数点第三位を四捨五入せよ。比の値がゼロになる場合は
$\boxed{\quad (ケ) \quad}$ の欄に＋をマークせよ。

　電子の速さ v はエネルギー保存の式から計算できる。$\left|\dfrac{\Delta\lambda}{\lambda}\right|$ が小さいとき，

$\dfrac{\Delta\lambda}{\lambda}$ の 2 次以上の項を無視すると成り立つ関係式 $\dfrac{\Delta\lambda}{\lambda\lambda'} \fallingdotseq \dfrac{\Delta\lambda}{\lambda^2}$ と

$\Delta\lambda =$ ［　(ク)　］ を用いると $v =$ ［　(ス)　］〔m/s〕となる。

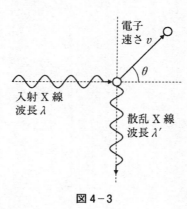

図 4－3

(ク)の解答群

(1)　0

(2)　$-\dfrac{2h}{mc}$

(3)　$-\dfrac{h}{mc}$

(4)　$\dfrac{h}{mc}$

(5)　$\dfrac{2h}{mc}$

(6)　$-\dfrac{2hc}{m}$

(7)　$-\dfrac{hc}{m}$

(8)　$\dfrac{hc}{m}$

(9)　$\dfrac{2hc}{m}$

(ケ)の解答群

(+)　+　　　　(−)　−

(コ), (サ), (シ)の解答群

(0)　0　　　(1)　1　　　(2)　2　　　(3)　3　　　(4)　4

(5)　5　　　(6)　6　　　(7)　7　　　(8)　8　　　(9)　9

(ス)の解答群

(1)　$\dfrac{h}{mc}$

(2)　$\dfrac{\sqrt{2}\,h}{mc}$

(3)　$\dfrac{2h}{mc}$

(4) $\dfrac{h}{m\lambda}$ (5) $\dfrac{\sqrt{2}\,h}{m\lambda}$ (6) $\dfrac{2h}{m\lambda}$

(7) $\dfrac{h}{c\lambda}$ (8) $\dfrac{\sqrt{2}\,h}{c\lambda}$ (9) $\dfrac{2h}{c\lambda}$

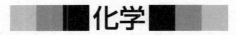

化学

（80 分）

〔注　意〕

(1)　問題の中で特に指定のない限り，計算に必要な場合は，次の値を用いなさい。

元素記号	H	C	O	Na	Cl	Ca
原 子 量	1.00	12.0	16.0	23.0	35.5	40.1

アボガドロ定数：6.02×10^{23}/mol

気　体　定　数：8.31×10^3 Pa·L/(K·mol) $= 8.31$ J/(K·mol)

(2)　問題の中で特に指定のない限り，気体は理想気体として扱いなさい。

(3)　数値で解答する場合は，問題の中で特に指定のない限り，解答の有効数字が 2 ケタになるように計算し，問題の中で指定された形式で解答用マークシートの適切な数字または正負の符号をマークしなさい。ただし，解答の指数部分が 0 の場合には ＋0 とマークしなさい。

(4)　問題によって答え方が違います。問題を十分に注意して読みなさい。

(5)　計算にはこの問題冊子の余白部分または下書き用紙を利用しなさい。

1　次の文章を読み，以下の設問(1)，(2)に答えなさい。　　　(17 点)

　液体中で化学反応が起こるためには，反応する分子(粒子)が互いに衝突することが必要である。したがって，体積一定の溶液内に存在する分子が反応するときには，濃度が　(ア)　，反応する分子の数が多いほど単位時間あたりの衝突回数が増加し，反応速度が　(イ)　なる。化学反応が進むためには，分子が互いに衝突し，遷移状態と呼ばれる高エネルギー状態になる必要がある。この状態になるために必要な最小のエネルギーを　(ウ)　という。一般に，他の条件が一定ならば温度が高くなると，反応に必要なエネルギーを持つ分子の割合が増加するため，反応速度は　(エ)　なる。

　電解質を水に溶かすと電離してイオンを生じ，電離していないもとの化合物と平衡状態になる。このような電離による平衡を電離平衡という。純粋な水もわずかながら電離して，①式のような電離平衡になっている。

$$\mathrm{H_2O} \rightleftarrows \mathrm{H^+} + \mathrm{OH^-} \qquad ①$$

　電離のときの平衡定数を電離定数といい，温度が変化しなければ一定である。水の電離定数を K〔mol/L〕とすると②式が得られる。

$$K = \frac{[\mathrm{H^+}][\mathrm{OH^-}]}{[\mathrm{H_2O}]} \qquad ②$$

　ここで，水の密度を $1.00\,\mathrm{g/cm^3}$ とすると，電離前の水のモル濃度$[\mathrm{H_2O}]$は　A　であり，$[\mathrm{H^+}]$や$[\mathrm{OH^-}]$と比べて非常に大きいため一定とみなしてよい。したがって，②式は③式のように書くことができる。

$$[\mathrm{H^+}][\mathrm{OH^-}] = K[\mathrm{H_2O}] = K_\mathrm{w} \qquad ③$$

　この K_w〔$(\mathrm{mol/L})^2$〕を水の　(オ)　といい，温度が変わらなければ常に一定の値を示す。例えば 25 ℃ では　B　となる。水が電離する反応は　(カ)

反応である。したがって，温度が上昇すると平衡が　(キ)　。このため，40℃の純粋な水の pH は　(ク)　。

　25℃の水中に次の化学構造を持つ分子はよく溶ける。

$$H_2N-CH_2-COOH$$

　この分子の化学構造のうち，カルボキシ基は酢酸と同様に　(ケ)　の性質を，アミノ基はアンモニアと同様に　(コ)　の性質を示す。この分子は水に溶けると，次の化学構造で示されるようなカルボキシ基とアミノ基がどちらもイオンのような状態となる。このように，正・負の電荷を合わせもったイオンを　(サ)　イオンという。

$$H_3N^+-CH_2-COO^-$$

(1)　文章中の　(ア)　〜　(サ)　にあてはまる最も適切な語を**解答群**より選び，その番号を**解答用マークシート**の指定された欄にマークしなさい。ただし，同じ番号を何度使用してもよい。

解答群

11　大きく	12　小さく	13　衝突エネルギー
14　溶解度積	15　イオン積	16　反発エネルギー
17　結合エネルギー	18　運動エネルギー	19　活性化エネルギー
20　発熱	21　吸熱	22　移動しない
23　右に移動する	24　左に移動する	25　7よりも小さい
26　7である	27　7よりも大きい	28　弱酸
29　強塩基	30　弱塩基	31　強酸
32　コロイド	33　双性	34　水和
35　中和	36　金属性	37　非金属性

(2) 文章中の A および B を求めなさい。数値は四捨五入し，指定された桁まで記しなさい。ただし，必要のない桁には 0 をマークしなさい。また，解答の指数部分が 0 の場合には ＋00 をマークしなさい。

$$A = \boxed{a} \, . \, \boxed{b} \times 10^{\boxed{p}\,\boxed{c}\,\boxed{d}} \; \text{[mol/L]}$$

小数点　　正負の符号　一の位
　　　　　　　　十の位

$$B = \boxed{a} \, . \, \boxed{b} \times 10^{\boxed{p}\,\boxed{c}\,\boxed{d}} \; \text{[(mol/L)}^2\text{]}$$

小数点　　正負の符号　一の位
　　　　　　　　十の位

2 次の文章を読み，以下の設問(1)，(2)に答えなさい。なお，気体定数は 8.31×10^3〔Pa·L/(K·mol)〕とする。 (15 点)

体積 100 mL 中に 3.51 g の塩化ナトリウムを含む塩化ナトリウム水溶液①のモル濃度は A であり，この水溶液の 27 ℃ における浸透圧は B である。

塩化ナトリウム水溶液①と同じ浸透圧の塩化カルシウム水溶液のモル濃度は C であり，この水溶液 200 mL を調製するためには D の塩化カルシウムが必要となる。

塩化ナトリウム 1.76 g を含む水溶液 100mL と 1 種類のペプチド 8.00 g を含む水溶液 100mL を混合すると，27 ℃ における浸透圧が 800×10^3 Pa であった。このペプチドの分子量は約 (ア) であると推定される。

(1) 文章中の A ～ D を求めなさい。数値は四捨五入し，指定さ

れた桁まで記しなさい。ただし，必要のない桁には **0** をマークしなさい。また，解答の指数部分が 0 の場合には **＋0** をマークしなさい。なお，水およびすべての水溶液の密度は $1.00\,\text{g/cm}^3$ とし，水溶液は十分に希薄であり，塩化ナトリウムおよび塩化カルシウムの電離度は 1.00 とする。

$$\boxed{\text{A}} = \boxed{a}\,\underset{\text{小数点}}{.}\,\boxed{b} \times 10^{\underset{\text{正負の符号}}{\boxed{p}}\,\boxed{c}}\ (\text{mol/L})$$

$$\boxed{\text{B}} = \boxed{a}\,\underset{\text{小数点}}{.}\,\boxed{b} \times 10^{\underset{\text{正負の符号}}{\boxed{p}}\,\boxed{c}}\ (\text{Pa})$$

$$\boxed{\text{C}} = \boxed{a}\,\underset{\text{小数点}}{.}\,\boxed{b} \times 10^{\underset{\text{正負の符号}}{\boxed{p}}\,\boxed{c}}\ (\text{mol/L})$$

$$\boxed{\text{D}} = \boxed{a}\,\underset{\text{小数点}}{.}\,\boxed{b} \times 10^{\underset{\text{正負の符号}}{\boxed{p}}\,\boxed{c}}\ (\text{g})$$

⑵ 文章中の $\boxed{\ (\mathcal{ア})\ }$ に最も近い数値を**解答群**より選び，その番号を**解答用マークシート**の指定された欄にマークしなさい。ただし，水およびすべての水溶液の密度を $1.00\,\text{g/cm}^3$，塩化ナトリウムおよび塩化カルシウムの電離度を 1.00 とする。また，ペプチドは電離せず，塩化ナトリウムとペプチドは相互作用しないものとする。

解答群

11　200	12　500	13　1000	14　2000	15　4000
16　8000	17　10000	18　20000	19　40000	20　80000

3　以下の設問(1)〜(5)のそれぞれの文章において，正しいものをすべて選び，その
　　番号の和を**解答用マークシートの指定された欄にマーク**しなさい。十の位が必要
　　ない場合には**0をマーク**しなさい。また，適切なものがない場合は十の位，一の
　　位の両方に**0をマーク**しなさい。　　　　　　　　　　　　　　　　　(15 点)

(1)

　　1　黒鉛は網目状の平面構造が層状に重なった構造をもつ。

　　2　フラーレンは，サッカーボール形などの球状の構造をもつ。

　　4　黒鉛は絶縁体であるため，電極として利用できない。

　　8　ダイヤモンドは絶縁体である。

　　16　炭素は，周期表の 15 族に属している。

(2)

　　1　鉛蓄電池では，酸化鉛 PbO_2 に比べて還元されやすい Pb が負極となる。

　　2　水素と酸素の反応を利用した電池を燃料電池という。

　　4　アルカリマンガン乾電池は，電解質として硫酸 H_2SO_4 を用いている。ま
　　　た，起電力は 1.5 V である。

　　8　空気電池(空気亜鉛電池)は二次電池に分類される実用電池である。

　　16　一般的なニッケル-水素電池は，水酸化カリウム KOH 水溶液を電解質と
　　　して利用している。

(3)

　　1　Li，Na，K の単体は，いずれも水と反応して水酸化物になる。

　　2　Ca，Sr，Ba，Mg の金属元素の酸化物は，いずれも酸と反応して塩を生
　　　成する。

　　4　Rb，Cs，Ba，Mg の金属元素は，炎色反応において，それぞれの元素に
　　　特有な色を示す。

　　8　Mg，Ca，Ba の単体の水に対する反応性は，Mg ＞ Ca ＞ Ba の順に小さ
　　　くなる。

16　3〜13 族の元素を遷移元素といい，錯イオンをつくるものが多い。

(4)

  1　ガラスの構造は，アモルファスであり，加熱すると徐々に硬くなる。

  2　石英ガラスの主成分は，SiO_2 以外に Na_2O と CaO を含む。

  4　セラミックスは，さびない，やわらかいといった長所をもつ。

  8　陶磁器の種類には，土器・陶器・磁器があり，それぞれ原料や焼成温度が異なる。

16　ソーダ石灰ガラスは，高い耐熱性と紫外線透過性をもつ。

(5)

  1　単体のチタンは軽くて硬く，表面に酸化被膜を形成するため耐食性に優れている。

  2　コバルトの酸化物である酸化コバルト(II)CoO は，乾燥剤として利用されている。

  4　単体の水銀は，多くの金属と合金をつくり，これらはアマルガムとよばれる。

  8　ニッケルのイオン化傾向は，鉄のイオン化傾向よりもやや大きい。

16　ハロゲン化銀は，光によって分解し，銀を析出する。

4 次の**表1**の合金 A ～ G について，以下の設問(1)～(3)に答えなさい。（20点）

表1

合金の名称	おもな成分金属	特徴	おもな用途
合金A	(ア), Cu, Mg	軽くて丈夫であり，加工性がよい。	航空機の機体，鉄道車両
無鉛はんだ	(イ), Ag, Cu	融点が適度に低い。	金属の接合
合金B	Ti, Ni	加熱によりもとの形にもどる。	温度センサー，生活用品
チタン合金	Ti, (ア), Zn	比較的軽量で，強度があり，耐食性も優れている。	航空機のエンジン，スポーツ用品
合金C	(ウ), Cr, Ni	さびにくい。	台所用品，工具
合金D	Cu, (イ)	鋳物にしやすく，耐食性がある。	銅像
合金E	Cu, Zn	耐食性があり，加工性がよい。	5円硬貨，楽器
合金F	Ni, Cr	電気抵抗が適度に大きい。	電熱線
合金G	Nb, Ti	強力な電磁石に用いられる。	リニアモーターカー，医療機器(MRI)

(1) **表1**の合金 A ～ G として最も適切な語句を**解答群**より選び，その番号を**解答用マークシート**の指定された欄にマークしなさい。

解答群

1　黄銅(真ちゅう)	2　ニクロム	3　ジュラルミン
4　白銅	5　ステンレス鋼	6　形状記憶合金
7　青銅(ブロンズ)	8　超電導合金	

(2)　表 1 のおもな成分金属について　(ア)　～　(ウ)　にあてはまる最も適切な語句を**解答群**より選び，その番号を**解答用マークシート**の指定された欄にマークしなさい。ただし，各合金のおもな成分金属にすでに記載されている金属を繰り返し用いてはならない。

解答群

11　Mg	12　Al	13　Ti	14　Cr	15　Fe
16　Ni	17　Cu	18　Zn	19　Ge	20　Ag
21　Sn	22　Ba	23　Ta	24　W	25　Pt

(3)　表 1 のおもな成分金属にある Cu，Zn，Ag について，以下の　(エ)　～　(カ)　にあてはまる語句の組み合わせとして最も適切なものを次の 1 ～ 8 より選び，その番号を**解答用マークシート**の指定された欄にマークしなさい。

単体の Cu は希硝酸と反応して無色の　(エ)　を発生し，単体の Zn は希硫酸と反応して　(オ)　を発生する。また，単体の Ag は硫化水素と反応して　(カ)　の硫化銀になる。

	(エ)	(オ)	(カ)
1	一酸化窒素	酸素	赤色
2	一酸化窒素	酸素	黒色
3	二酸化窒素	酸素	赤色
4	二酸化窒素	酸素	黒色
5	一酸化窒素	水素	赤色
6	一酸化窒素	水素	黒色
7	二酸化窒素	水素	赤色
8	二酸化窒素	水素	黒色

5　以下の設問(1)～(3)に答えなさい。　　　　　　　　　　　　（18 点）

(1)　次の文章を読み，　x　と　y　を 1 桁の整数として求め，**解答用マークシート**の指定された欄にマークしなさい。

　　以下の示性式 $C_xH_{2x+1}COOC_yH_{2y+1}$ で表されるエステル 1.00 mol を加水分解した。その結果，エステルはすべて消費され，2 種類の有機化合物がそれぞれ 88.0 g 生じた。

$$C_{\boxed{x}}H_{2\boxed{x}+1}COOC_{\boxed{y}}H_{2\boxed{y}+1}$$

(2)　次の文章を読み，　(ア)　～　(ウ)　にあてはまる語句として最も適切なものを**解答群**より選び，その番号を**解答用マークシート**の指定された欄にマークしなさい。

　　油脂に水酸化ナトリウム水溶液を加えて加熱すると，けん化が進行し，　(ア)　と，　(イ)　のナトリウム塩を生じる。　(イ)　のナトリウム塩はセッケンとして広く用いられ，水溶液中では　(ウ)　性を示す。

解答群

11 グルコース	12 脂肪酸	13 アミノ酸	14 弱酸
15 デンプン	16 ペプチド	17 ケラチン	18 強酸
19 強塩基	20 アミロース	21 弱塩基	22 セルロース

23 グリセリン(1, 2, 3-プロパントリオール)

(3) 次の文章を読み,以下の設問(a),(b)に答えなさい。

化合物 A,化合物 B,化合物 C は分子式 $C_6H_{12}O_2$ で表されるエステルである。

化合物 A を加水分解したところ,化合物 D と第一級アルコール E を生成した。化合物 D にアンモニア性硝酸銀水溶液を加えて加熱すると,壁面に鏡のような銀が析出した。

化合物 B を加水分解したところ,化合物 F と化合物 G を生成した。化合物 F の構造中にはメチル基が2つ含まれる。化合物 G は糖やデンプンのアルコール発酵で得られ,酒類にも含まれる無色の液体である。化合物 G を酸化するとカルボン酸 H を合成できる。

化合物 C は不斉炭素原子をもつ。化合物 C を加水分解したところ,化合物 I とアルコール J を生成した。化合物 I は,化合物 D,化合物 F,化合物 H とは異なる構造である。

(a) 化合物 D,化合物 F,化合物 H,化合物 I の示性式 ⬚ (ア) ～ ⬚ (エ) として適切なものを**解答群**より選び,その番号を**解答用マーク**シートの指定された欄にマークしなさい。

化合物 D ⬚ (ア)

化合物 F ⬚ (イ)

化合物 H ⬚ (ウ)

化合物 I ⬚ (エ)

解答群

1　HCOOH	2　CH_3COOH
3　CH_3CH_2COOH	4　$CH_3CH_2CH_2COOH$
5　$CH_3CH(CH_3)COOH$	6　$CH_3CH_2CH_2CH_2COOH$
7　$CH_3CH(CH_3)CH_2COOH$	8　$CH_3CH_2CH(CH_3)COOH$
9　$(CH_3)_3CCOOH$	

⒝　第一級アルコール E として何種類の構造異性体が考えられるか，その数を**解答用マークシートの指定された欄にマーク**しなさい。ただし，十の位が必要ない場合には **0** をマークしなさい。なお，シス-トランス異性体（幾何異性体）や鏡像異性体は区別しないものとする。

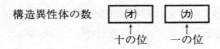

構造異性体の数　　㋔　　　　㋕
　　　　　　　　十の位　　一の位

6　次の文章を読み，以下の設問⑴〜⑷に答えなさい。　　　　　　　　（15 点）

化合物 A は，工業的にはクメン法によって芳香族化合物 B から合成される。クメン法において化合物 A とともに生じるケトンは，アルコール C を酸化することでも合成できる。

化合物 D は特有のにおいをもつ，室温で淡黄色の液体の分子である。化合物 D はベンゼンに濃硝酸と濃硫酸の混合物（混酸）を作用させることで合成される。化合物 D の　　㋐　　反応によって化合物 E が得られる。例えば，化合物 D に対してスズ（または鉄）と塩酸を作用させた後，塩基を加えると化合物 E を合成できる。

化合物 F は，室温で固体の分子であり，医薬品や合成樹脂の原料などとして用いられる。化合物 F は，トルエンの　　㋑　　反応によって合成される。例えば，トルエンを過マンガン酸カリウムと反応させた後，酸を加えると，化合物

F が得られる。

　化合物 A，化合物 D，化合物 E，化合物 F の混合物をジエチルエーテルに溶かした後，希塩酸を加え，水層①とジエチルエーテル層②に分離した。水層①を取り出し，水酸化ナトリウム水溶液を加えて塩基性にしたところ，　(a)　である　(ウ)　を生じた。このとき，ジエチルエーテル層②に　(ウ)　は残存しなかった。ジエチルエーテル層②を取り出し，炭酸水素ナトリウム水溶液を加えたところ，水層③とジエチルエーテル層④に分離した。水層③を取り出し，希塩酸を加えて酸性にしたところ，　(b)　である　(エ)　を生じた。このとき，ジエチルエーテル層④に　(エ)　は残存しなかった。ジエチルエーテル層④を取り出し，水酸化ナトリウム水溶液を加えたところ，水層⑤とジエチルエーテル層⑥に分離した。水層⑤を取り出し，希塩酸を加えて酸性にしたところ，　(c)　である　(オ)　を生じた。このとき，ジエチルエーテル層⑥に　(オ)　は残存しなかった。ジエチルエーテル層⑥を濃縮したところ，　(カ)　が得られた。

(1)　化合物 A ～ F の示性式として最も適切なものを**解答群**より選び，その番号を**解答用マークシート**の指定された欄にマークしなさい。

　解答群

11　$C_6H_5CH_3$	12　$C_6H_5C(CH_3)_3$	13　$C_6H_5CH(CH_3)_2$
14　C_6H_5OH	15　C_6H_5COOH	16　$C_6H_5COCH_3$
17　$C_6H_5SO_3H$	18　C_6H_5Cl	19　$C_6H_5NO_2$
20　$C_6H_5NH_2$	21　$HCOOH$	22　CH_3COOH
23　CH_3CH_2OH	24　CH_3COCH_3	25　$CH_3CH(OH)CH_3$

(2)　文章中の　(ア)　と　(イ)　にそれぞれあてはまる語句として最も適切なものを**解答群**より選び，その番号を**解答用マークシート**の指定された欄にマークしなさい。

解答群

1 加水分解	2 酸化	3 還元
4 エステル化	5 付加	6 縮合
7 付加重合	8 臭素化	9 ヨードホルム

(3) 文章中の　(ウ)　～　(カ)　にあてはまる語句として最も適切なものを**解答群**より選び，その番号を**解答用マークシート**の指定された欄にマークしなさい。

解答群

1 化合物 A	2 化合物 D	3 化合物 E	4 化合物 F

(4) 水層①，③，⑤で水に溶けた塩を，それぞれの操作でもとの有機化合物にもどせる理由を示す語句として，文章中の　(a)　～　(c)　にあてはまる最も適切なものを**解答群**より選び，その番号を**解答用マークシート**の指定された欄にマークしなさい。ただし，同じ番号を何度使用してもよい。

解答群

1 NaOH よりも強い塩基
2 NaOH よりも弱い塩基
3 HCl よりも強い酸
4 HCl よりも弱い酸
5 $NaHCO_3$ よりも強い塩基
6 $NaHCO_3$ よりも弱い塩基

生物

（80 分）

1 遺伝子の転写と翻訳に関する以下の設問に答えなさい。　　　　（33 点）

(1) セントラルドグマに関する以下の文章を読み，(A)～(C)の設問に答えなさい。

　　　DNA の遺伝情報はまず mRNA 前駆体に転写される。RNA は DNA と同じ_(i)く　 (ア) 　がが鎖状につながった高分子化合物である。RNA の糖は 　(イ) 　で，塩基は 　(ウ) 　のかわりにウラシルである点が DNA とは異なる。真核_(ii)生物では，mRNA 前駆体の 　(a) 　′ 末端にキャップ構造が， 　(b) 　′末端にテール（尾部）が付加され，スプライシングによって mRNA ができる。_(iii)その後，リボソームに mRNA が結合し，mRNA 上のコドンと tRNA 上のアンチコドンが DNA 二重らせんの塩基対と同様に 　(エ) 　結合によって安定化される。一方，tRNA によって運搬された一つ一つのアミノ酸が 　(オ) 　結合によって連結されタンパク質が合成される。

(A) 文章中の 　(a) 　と 　(b) 　にあてはまる 0 から 9 までの数字を**解答用マークシートの指定された欄にマーク**しなさい。また， 　(ア) 　～ 　(オ) 　にあてはまる最も適切な語句を**解答群 A** から選び，その番号を**解答用マークシートの指定された欄にマーク**しなさい。

解答群 A

　　⓪　ペプチド　　　　①　ヌクレオチド　　　②　デオキシリボース

　　③　グルコース　　　④　リボース　　　　　⑤　シトシン

　　⑥　チミン　　　　　⑦　アデニン　　　　　⑧　グアニン

　　⑨　ジスルフィド　　⑩　水　素

(B)　下線部(ⅰ)に示す DNA の遺伝情報に関して述べた以下の(a)〜(e)の記述のうち，内容的に正しいものは①を，誤りを含むものは②を選び，**解答用マークシート**の指定された欄にマークしなさい。

(a)　DNA の二重らせんは 2 本の鎖が互いに同じ向きであるため，半保存的複製が可能である。

(b)　DNA の複製において，リーディング鎖では 5′ から 3′ 方向に，ラギング鎖では 3′ から 5′ 方向に DNA ポリメラーゼが進みながら，複製開始点より新生鎖の伸長が行われる。

(c)　DNA の 2 本鎖は DNA リガーゼによってほどかれ，DNA ヘリカーゼによってつながれる。

(d)　真核生物の染色体は線状の DNA から形成され，その中には中心体とよばれる部分が存在する。

(e)　ゲノム上の遺伝子は，DNA 2 本鎖のどちらの鎖に遺伝子があるか，遺伝子ごとに異なる。

(C)　下線部(ⅱ)の転写，下線部(ⅲ)のスプライシング，および mRNA の成熟に関して述べた以下の(a)〜(d)の記述のうち，内容的に正しいものは①を，誤りを含むものは②を選び，**解答用マークシート**の指定された欄にマークしなさい。

(a)　スプライシングの過程では，mRNA 前駆体のエキソン部分が除去され，隣り合うイントロンが連結される。

(b)　真核生物の mRNA では，転写された際には存在しなかったグアニンヌクレオチドが 5′ 末端に，アデニンヌクレオチドが 3′ 末端に付加される。

(c)　同じ mRNA 前駆体から異なる種類の mRNA が形成される場合がある。

(d)　真核生物では，転写は核内で行われ，スプライシングは細胞質で行われる。

(2)　ヘモグロビンの転写と翻訳に関する以下の文章を読み，(A)〜(E)の設問に答えなさい。

　図1は，ヒト 11 番染色体上にあるヘモグロビン β 鎖 *HBB* 遺伝子を含む領域の塩基配列である。DNA より mRNA 前駆体が転写され，スプライシングを経て mRNA となる。mRNA 前駆体として転写される部分を下線で示している。また，最終的にアミノ酸配列として翻訳される部分を大文字で，それ以外の部分を小文字で表している。なお，開始コドンと終止コドンを四角で囲む。

5′-tagtaaaatattcgaaataatttaaatacatca<u>ttgcaatgaaaataaatgtttttta</u>
<u>ttaggcagaatccagatgctcaaggcccttcataatatcccccagtttagtagttggactta</u>
<u>gggaacaaaggaacctttaatagaaattggacagcaagaaagcgagc</u>TTAGTGATACTTGTG
<u>GGCCAGGGCATTAGCCACACCAGCCACCACTTTCTGATAGGCAGCCTGCACTGGTGGGGTGA</u>
<u>ATTCTTTGCCAAAGTGATGGGCCAGCACACAGACCAGCACGTTGCCCAGGAGctgtgggagg</u>
<u>aagataagaggtatgaacatgattagcaaaagggcctagcttggactcagaataatccagcc</u>
　　　　　　～754 塩基数の連続した小文字を省略～
<u>acatcaagggtcccatagactcacCCTGAAGTTCTCAGGATCCACGTGCAGCTTGTCACAGT</u>
　　　　　　～140 塩基数の連続した大文字を省略～
<u>AAGGACTCAAAGAACCTCTGGGTCCAAGGGTAGACCACCAGCAGCctaagggtgggaaaata</u>
<u>gaccaataggcagagagagtcagtgcctatcagaaacccaagagtcttctctgtctccacat</u>
<u>gcccagtttctattggtctccttaaacctgtcttgtaaccttgataccaacCTGCCCAGGGC</u>
<u>CTCACCACCAACTTCATCCACGTTCACCTTGCCCCACAGGGCAGTAACGGCAGACTTCTCCT</u>
<u>CAGGAGTCAGGTGCAC</u>CATggtgtctgtttgaggttgctagtgaacacagttgtgtcagaag
caaatgtaagcaatagatggctctgccctgacttttatgcccagccctggctcctgccc-3′

図 1　ヒトヘモグロビン β 鎖 *HBB* 遺伝子領域の塩基配列

(A) *HBB* 遺伝子の転写に関して，以下の (a) と (b) にあてはまる 0 から 9 までの数字を**解答用マークシート**の指定された欄にマークしなさい。

　HBB 遺伝子の mRNA 前駆体は，(a) 個のイントロンと (b) 個のエキソンより構成される。

(B) ヘモグロビン β 鎖の全長ポリペプチドに対応する開始コドンから終止コドンまでの DNA 断片を PCR 法により増幅するために必要な操作を以下の文に示した。文中の空欄に最も適したプライマーの配列および語句を解答群から選び，その番号を**解答用マークシート**の指定された欄にマークしなさい。

| (a) | と | (b) | は**解答群B**より， | (ア) | は**解答群C**より選ぶこと。

開始コドンを含む │ (a) │ と終止コドンを含む │ (b) │ の2つのプライマーを用い， │ (ア) │ を鋳型として PCR 反応を行う。

解答群B

⓪ 5′-TTAGTGATACTTGTGGGCCAG-3′

① 5′-GACCGGGTGTTCATAGTGATT-3′

② 5′-AATCACTATGAACACCCGGTC-3′

③ 5′-CTGGCCCACAAGTATCACTAA-3′

④ 5′-GAGTCCTCAGTCCACGTGGTA-3′

⑤ 5′-ATGGTGCACCTGACTCCTGAG-3′

⑥ 5′-CTCAGGAGTCAGGTGCACCAT-3′

⑦ 5′-TACCACGTGGACTGAGGACTC-3′

解答群C

⓪ ヒトのゲノム DNA

① ヒトの *HBB* 遺伝子の mRNA 前駆体

② ヒトの *HBB* 遺伝子の mRNA

③ ヒトの *HBB* 遺伝子の mRNA 前駆体から逆転写した DNA

④ ヒトの *HBB* 遺伝子の mRNA から逆転写した DNA

1番目の塩基		2番目の塩基 U	2番目の塩基 C	2番目の塩基 A	2番目の塩基 G	3番目の塩基
U		UUU / UUC フェニルアラニン(F)	UCU / UCC / UCA / UCG セリン(S)	UAU / UAC チロシン(Y)	UGU / UGC システイン(C)	U / C
U		UUA / UUG ロイシン(L)		UAA / UAG 終止	UGA 終止 / UGG トリプトファン(W)	A / G
C		CUU / CUC / CUA / CUG ロイシン(L)	CCU / CCC / CCA / CCG プロリン(P)	CAU / CAC ヒスチジン(H) / CAA / CAG グルタミン(Q)	CGU / CGC / CGA / CGG アルギニン(R)	U / C / A / G
A		AUU / AUC / AUA イソロイシン(I) / AUG 開始 メチオニン(M)	ACU / ACC / ACA / ACG トレオニン(T)	AAU / AAC アスパラギン(N) / AAA / AAG リシン(K)	AGU / AGC セリン(S) / AGA / AGG アルギニン(R)	U / C / A / G
G		GUU / GUC / GUA / GUG バリン(V)	GCU / GCC / GCA / GCG アラニン(A)	GAU / GAC アスパラギン酸(D) / GAA / GAG グルタミン酸(E)	GGU / GGC / GGA / GGG グリシン(G)	U / C / A / G

図 2　遺伝暗号表

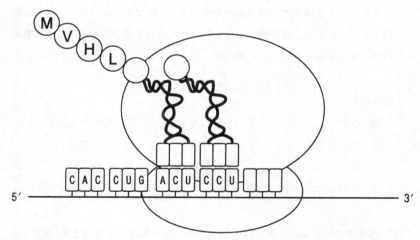

図 3　リボソームによるヘモグロビン β 鎖 mRNA の翻訳開始直後の様子

(C)　mRNA は，リボソームで**図 2** に示す遺伝暗号表に従い翻訳される。**図 3** はリボソームによるヘモグロビン β 鎖 mRNA の翻訳開始直後の様子を模式的に示している。

開始メチオニンコドンから数えて 5 番目と 6 番目のコドンに対応するアンチコドンの配列を 5′ から 3′ の方向に，**解答用紙**の指定された欄に記入しなさい。また，対応するアミノ酸を図 2 の遺伝暗号表に記載されているアルファベット 1 文字表記で，**解答用紙**の指定された欄に記入しなさい。

　　　5 番目のアンチコドンの配列は ☐☐☐☐☐ で，対応するアミノ酸は ☐☐☐ である。

　　　6 番目のアンチコドンの配列は ☐☐☐☐☐ で，対応するアミノ酸は ☐☐☐ である。

(D)　ヘモグロビン β 鎖は翻訳後，最初のメチオニンが切り離されて最終的な形となる。最終的なヘモグロビン β 鎖タンパク質のアミノ末端より 6 番目のアミノ酸はグルタミン酸で，鎌状赤血球貧血症患者では対応するアミノ酸がバリンへと置換されている。この置換は一塩基の変異によって生じることが知られている。鎌状赤血球貧血症患者の *HBB* 遺伝子ではどのような塩基置換が生じているか。**解答群 D** より正しい組み合わせを選び，その番号を**解答用マークシート**の指定された欄にマークしなさい。

解答群 D

⓪ G から C	① G から A	② G から T
③ G から U	④ A から G	⑤ T から A
⑥ U から A	⑦ A から C	⑧ C から G
⑨ C から T	⑩ C から A	

(E)　ヘモグロビンは，2 種類のポリペプチド鎖（α 鎖 2 本と β 鎖 2 本）が集まって四次構造を形成している。ヒトでは，第 16 番染色体上の異なる遺伝子座に 4 つの異なる α 鎖遺伝子（ここでは α_1，α_2，α_3，α_4 と表す）が，第 11 番染色体上の異なる遺伝子座に 5 つの異なる β 鎖遺伝子（ここでは β_1，β_2，β_3，β_4，β_5 と表す）が存在し，α 鎖と β 鎖の遺伝子発現の組み合わせによって性質の異なるヘモグロビン四次構造が形成される。たとえば，ある赤血球細胞

で α_1 と α_2 と β_1 が同時に発現している場合，四次構造中での各ポリペプチド鎖の並び方を考慮しないものとすると，ヘモグロビン四次構造は3種類（$\alpha_1\alpha_1\beta_1\beta_1$, $\alpha_2\alpha_2\beta_1\beta_1$, $\alpha_1\alpha_2\beta_1\beta_1$）形成される。赤血球細胞中で同時にすべてのヘモグロビン遺伝子（4つの異なる α 鎖遺伝子と5つの異なる β 鎖遺伝子）が発現すると仮定した場合，形成されるヘモグロビン四次構造は何通り考えられるか。　(ア)　～　(エ)　にあてはまる0から9までの数字を**解答用マークシートの指定された欄にマークしなさい**。なお，四次構造中の各ポリペプチドの並び方は考慮しないものとして計算し，その数が三桁の場合は1000の位に0を，二桁の場合は1000の位と100の位に0を，一桁の場合は1000の位と100の位と10の位に0をマークしなさい。

1000 の位	100 の位	10 の位	1 の位	
(ア)	(イ)	(ウ)	(エ)	通り

2　代謝に関する以下の設問に答えなさい。　　　　　　　　　　　　（34 点）

　生物は炭水化物，脂肪やタンパク質などの有機物を分解する。その過程で放出されるエネルギーが ATP の合成に用いられ，合成された ATP は生命活動の維持に必要な生体内の反応に利用される。代表的な炭水化物であるグルコースが分解される解糖系では，複数の酵素反応を経てピルビン酸が生成される。この過程では ATP の消費と合成が起こる。酸素の供給が十分な環境では，ピルビン酸はピルビン酸デヒドロゲナーゼによりアセチル CoA に変換され，さらにクエン酸回路などを経由して最終的にはグルコースを構成する炭素原子がすべて　(ア)　に変換される。このとき，グルコース1分子からは　(a)　分子の　(ア)　が生じるとともに，グルコース1分子あたり　(b)　分子の酸素が消費されることで，呼吸の過程全体では差し引きで　(c)　分子の　(イ)　が生成される。

　いくつかの微生物では酸素の供給が限られている環境中において，解糖系によ

り生成されたピルビン酸は，異なる反応経路により代謝を受けることが知られている。乳酸菌ではピルビン酸は乳酸に変換され，酵母ではエタノールに変換される。このように酸素を必要とせず炭水化物を分解する過程をまとめて　(ウ)　と呼ぶ。乳酸への変換反応では，ピルビン酸が還元されて乳酸が生じる。一方，エタノールへの変換反応では，ピルビン酸が脱炭酸酵素により　(エ)　と　(オ)　に分解されたのち，　(オ)　が還元反応によりエタノールに変換される。いずれの経路でも基質の還元反応に伴って　(カ)　が酸化され　(キ)　が生成するが，生成した　(キ)　は解糖系の反応を継続するためにつかわれる。

(1)　文章中の　(ア)　〜　(キ)　にあてはまる最も適切な語句を**解答群Ａ**から選び，その番号を**解答用マークシート**の指定された欄にマークしなさい。なお，同じ番号を繰り返し選んでもよい。また，　(a)　〜　(c)　にあてはまる**0**から**9**までの数字を**解答用マークシート**の指定された欄にマークしなさい。なお，同じ数字を繰り返し選んでもよい。

解答群Ａ

⑩　発　酵	⑪　解　糖	⑫　窒素同化
⑬　一酸化炭素	⑭　二酸化炭素	⑮　過酸化水素
⑯　水	⑰　クエン酸	⑱　コハク酸
⑲　オキサロ酢酸	⑩　アセトアルデヒド	⑪　酢　酸
⑫　メタノール	⑬　リン酸	⑭　NADH
⑮　NAD$^+$	⑯　NADPH	⑰　NADP$^+$
⑱　FADH$_2$	⑲　FAD	

実験 1：ある種の酵母をグルコースを含む液体培地で培養すると，培地中のグルコースが完全に消費されるまで酵母は増殖を続けることができる。この酵母をグルコースを含む液体培地で**酸素の供給を完全に遮断した条件**で 4 日間培養し，その間 0.5 日ごとに培養液に含まれるエタノールの濃度を測定したところ，**図 1 (a)** に示す結果となった。同時に，酵母の細胞数を測定

したところ，**図 1 (b)**に示す結果となった。

(2)　**実験 1** に関する以下の記述(a)～(d)について，内容的に正しいものは①を，誤りを含むものは②を選び，**解答用マークシート**の指定された欄にマークしなさい。なお，培地中のグルコースは ATP 合成にのみ用いられ，培養開始時の酵母の細胞数を 1 としたときの相対値として細胞数が 1 増加するのに必要な ATP 量は培養中一定であり，培養条件によっても変わらないものとする。また，実験過程で生じた ATP 以外の生産物は酵母の増殖に影響しないものとする。

(a)　培養液中のグルコースは培養 3 日目に完全に消費されたと考えられる。

(b)　培養液中のグルコース量を 0.5 日ごとに測定すると，培養 3 日目まで一定の速度で減少したと考えられる。

(c)　酵母 1 細胞あたりのエタノール生成量は培養 3 日目まではほぼ一定であり，それ以降は生成が停止したと考えられる。

(d)　酵母の細胞分裂に要する時間は実験開始時～培養 1 日目の方が培養 2 日目～ 3 日目よりも約 2 倍長かったと考えられる。

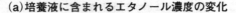

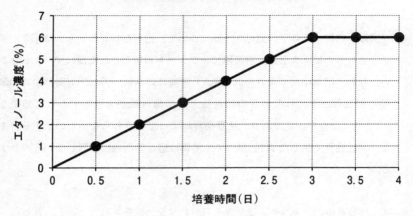

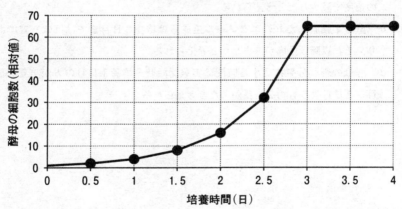

図 1　酵母の培養液に含まれるエタノール濃度の変化(a)，および酵母の細胞
　　　数の変化(b)。グラフの縦軸は(a)ではエタノール濃度を％で表し，(b)で
　　　は実験開始時の酵母の細胞数を 1 としたときの培養液中の細胞数を相対値
　　　で表している。いずれのグラフも横軸は培養日数を表している。

実験 2：実験 1 の実験開始時と同一の種類・細胞数の酵母を，実験 1 で用いたも
　　　のと同じ液体培地を用いて酸素が十分に利用できる条件で 4 日間培養し，
　　　その間 0.5 日ごとにエタノールの濃度を測定したところ，エタノールはい

ずれの培養時間においても全く検出されなかった。一方，酵母の細胞数を測定したところ，実験を開始してから 0.5 日後には，実験開始時の酵母の細胞数を 1 としたときの相対値として，32 に達した。さらに培養を継続したところ，1 日後まで増殖は継続し，その間の倍加時間（細胞数が 2 倍になるのに要する時間）に変化はなかった。さらに培養を継続したが，それ以降は増殖が停止し，実験終了時まで細胞数に変化は見られなかった。また，培地中のグルコースの濃度を測定したところ，実験を開始してから 1 日後には完全に消失し，実験終了時まで再び検出されることはなかった。

(3)　**実験 1** および**実験 2** に関する以下の記述(a)〜(d)について，内容的に正しいものは①を，誤りを含むものは②を選び，**解答用マークシート**の指定された欄にマークしなさい。なお，培地中のグルコースは ATP 合成にのみ用いられ，培養開始時の酵母の細胞数を 1 としたときの相対値として細胞数が 1 増加するのに必要な ATP 量は培養中一定であり，培養条件によっても変わらないものとする。また，実験の過程で生じた ATP 以外の生産物は酵母の増殖に影響しないものとする。

(a)　**実験 1** の実験条件よりも**実験 2** の方が合成された ATP 量は多い。

(b)　**実験 1** で合成された ATP はミトコンドリアで生じたものである。

(c)　**実験 1** と**実験 2** では，いずれも気体が発生し，実験終了時までに発生した量は**実験 1** の方が多かった。

(d)　**実験 1** および**実験 2** における酵母でおきた代謝は，いずれもヒトの筋肉の細胞でも観察されることがある。

実験 3：**実験 1** の実験開始時と同一の種類・細胞数の酵母を，**実験 1** で用いたものと同じ液体培地を用いて**酸素の供給が限られた条件**で 4 日間培養したところ，培地中のエタノール濃度は 1.5 ％ に達した。また，実験終了時の培地に含まれるグルコースは完全に消失していた。

⑷　**実験1〜実験3**に関する以下の記述について，文章中の $\boxed{\text{(ア)}}$ 〜 $\boxed{\text{(オ)}}$ にあてはまる最も適切な数値を**解答群B**から，$\boxed{\text{(a)}}$ と $\boxed{\text{(b)}}$ にあてはまる最も適切な数値を**解答群C**から選び，その番号を**解答用マークシート**の指定された欄にマークしなさい。なお，培地中のグルコースはATP合成にのみ用いられ，培養開始時の酵母の細胞数を1としたときの相対値として細胞数が1増加するのに必要なATP量は培養中一定であり，培養条件によっても変わらないものとする。また，実験の過程で生じたATP以外の生産物は酵母の増殖に影響しないものとする。なお，同じ番号を繰り返し選んでもよい。

　　実験1における実験終了時のエタノール濃度は図1に示すとおりであったのに対し，**実験3**では1.5％であった。このことは，**実験3**では実験開始時に培地中に含まれていたグルコースのうち $\boxed{\text{(ア)}}$ ％が呼吸に用いられたことを示している。**実験2**ではエタノールが生成されなかったことから，酸素の供給が十分な条件下で酵母を培養すると，グルコースはすべて呼吸による代謝を受けてATP合成に用いられることがわかる。

　　グルコースがエタノールに変換される反応では，合成されるATPはグルコース1分子あたり $\boxed{\text{(イ)}}$ 分子である。ここで**実験1**において，用いられた培地に含まれるグルコースがすべてエタノールに変換されたときに生成した差し引きのATP量を「 $\boxed{\text{(イ)}}$ 単位」と表すと，酵母の細胞数は実験開始時を1としたときの相対値として実験終了時には約 $\boxed{\text{(ウ)}}$ となったことから，用いた培地のグルコースから合成されるATP1単位あたり増加できる酵母の細胞数は，培養開始時の細胞数を1としたときの相対値として約 $\boxed{\text{(エ)}}$ であると推定できる。

　　同様に，グルコースがエタノールに全く変換されない**実験2**の培養条件では，酵母の細胞数は実験開始時を1としたときの相対値として実験終了時には約 $\boxed{\text{(a)}}$ となったことから，用いた培地のグルコースから合成されるATPはグルコース1分子あたり約 $\boxed{\text{(オ)}}$ 分子であると推定できる。以上のことから，**実験3**の実験終了時点の酵母の細胞数は実験開始時を1としたと

きの相対値として約　　(b)　　に達したものと考えられる。

解答群 B

⓪　0　　　　　　　①　1　　　　　　　②　2　　　　　　　③　4

④　22　　　　　　⑤　32　　　　　　⑥　64　　　　　　⑦　75

⑧　83　　　　　　⑨　88　　　　　　⑩　100

解答群 C

⓪　100　　　　　①　200　　　　　②　300　　　　　③　400

④　500　　　　　⑤　600　　　　　⑥　700　　　　　⑦　800

⑧　900　　　　　⑨　1000　　　　⑩　2000

実験4：ある種の乳酸菌を**実験1〜3**で用いたものと同じ液体培地で**酸素が十分
　　　　に利用できる条件**で4日間培養したところ，実験を開始してから0.5日後
　　　　には，実験開始時の乳酸菌の細胞数を1としたときの相対値として，4に
　　　　達した。その時点で液体培地にピルビン酸デヒドロゲナーゼによる反応を
　　　　阻害する物質（**呼吸阻害剤 X**）を加えて培養を継続したところ，それまでと
　　　　同じ倍加時間（細胞数が2倍になるのに要する時間）で実験を開始してから
　　　　3日後まで増殖が継続したが，それ以降は細胞数に変化は見られなかった。
　　　　また，培地中のグルコースの濃度を測定したところ，実験を開始してから
　　　　3日後には完全に消失し，実験終了時まで再び検出されることはなかった。
　　　　さらに，実験開始から実験終了時まで気体の発生は全く起こらなかった。

(5)　**実験4**から導かれる結論として最も適切なものを**解答群D**から選び，その番
　　　号を**解答用マークシート**の指定された欄にマークしなさい。なお，培地中のグ
　　　ルコースはATP合成にのみ用いられ，培養開始時の乳酸菌の細胞数を1とし
　　　たときの相対値として細胞数が1増加するのに必要なATP量は培養中一定で
　　　あり，培養条件によっても変わらないものとする。また，実験の過程で生じた
　　　ATP以外の生産物は乳酸菌の増殖に影響しないものとする。

解答群D

- ⓪ 乳酸菌は呼吸のみによって増殖した。
- ① 乳酸菌は酸素非依存的な代謝のみによって増殖した。
- ② 乳酸菌は呼吸と酸素非依存的な代謝によって増殖した。

(6) **実験4**の結果から，乳酸菌の細胞数の変化を示すグラフを，**解答用紙**の該当する解答欄の中に描きなさい。グラフは培養開始後 0.5 日目の指定された点（●）から 4 日目までの連続した線で描くこと。なお，解答用紙には縦軸の数値が異なる三つの解答欄（Ⅰ）～（Ⅲ）が用意されているが，実験開始時の乳酸菌の細胞数を 1 としたときの相対値としたときの細胞数の最大値が 700 を超える場合は（Ⅰ）を，70 を超え 700 以下の場合は（Ⅱ）を，70 以下の場合は（Ⅲ）を選んで番号を○で囲み，そのグラフに描きなさい。

〔解答欄〕

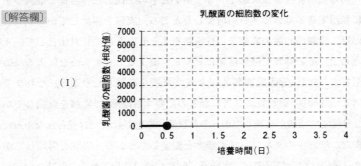

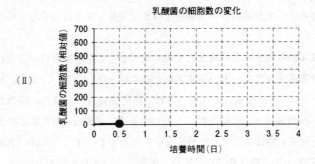

乳酸菌の細胞数の変化

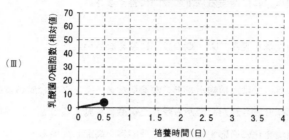

（Ⅲ）

(7)　**実験 1** の実験開始時と同一の種類・細胞数の酵母を，**実験 1** で用いたものと同じ液体培地を用いて**酸素が十分に利用できる条件**で 0.5 日間培養し，その時点で液体培地に**呼吸阻害剤 X** を加えてグルコースが完全に消費されるまで培養を継続した場合，酵母の最終的な細胞数は実験開始時の細胞数を 1 としたときの相対値としてどのくらいになると推定されるか。最も近い数値を**解答群 E** から選び，その番号を**解答用マークシート**の指定された欄にマークしなさい。なお，培地中のグルコースは ATP 合成にのみ用いられ，実験開始後の 0.5 日間に合成された ATP はそれまでの細胞増殖にすべて使われたものとする。また，培地中のグルコースは ATP 合成にのみ用いられ，培養開始時の酵母の細胞数を 1 としたときの相対値として細胞数が 1 増加するのに必要な ATP 量は培養中一定であり，培養条件によっても変わらないものとする。さらに，実験の過程で生じた ATP 以外の生産物は酵母の増殖に影響しないものとする。

解答群 E

⓪　35　　　　　①　45　　　　　②　55　　　　　③　65

④　75　　　　　⑤　85　　　　　⑥　95　　　　　⑦　125

⑧　245　　　　⑨　355　　　　⑩　465

3 　植物の環境応答に関する以下の設問に答えなさい。　　　　　　　　（33 点）

⑴　以下の文章を読み，(A)〜(C)の設問に答えなさい。

　　植物の体内では，植物ホルモンが適切なタイミングで合成および蓄積するだ
けでなく，合成された組織から離れた組織に移動することで，個体の成長や，
様々な環境変化に適応するための生理応答を調節している。

　　植物の茎の先端の芽である頂芽では，植物ホルモンの一つであるオーキシン
が合成される。一方，植物ホルモンのサイトカイニンは，頂芽の下方で側枝を
つくる側芽の成長を促す。オーキシンは側芽の伸長を抑制し，頂芽の成長を促
す。この現象を　(ア)　と呼ぶ。
　　　　　　(i)

　　一方，オーキシンとサイトカイニンを適切な濃度で利用することで，植物細
胞の　(イ)　を人為的に操作することができる。植物の個体から組織片を取
り出し，栄養分を与えて無菌的に生かし続けることを　(ウ)　という。その
場合に，適切な固形培地上で培養を行うと，それまでとは異なる細胞状態に変
化して増殖し，　(エ)　と呼ばれる不定形の細胞塊が形成される。その後，
　　　　　　　　　　　　　　　　　　　　　　　　　　　　　　　　　(ii)
　(エ)　を適切な条件の固形培地へ移しかえることで，植物個体を再生させ
ることが可能である。

(A)　文章中の　(ア)　〜　(エ)　にあてはまる最も適切な語句を**解答群A**
　から選び，その番号を**解答用マークシート**の指定された欄にマークしなさ
　い。

　解答群A
　　⓪　胚性幹細胞　　①　花　芽　　②　栄養成長　　③　分　化
　　④　共同繁殖　　　⑤　複　製　　⑥　頂芽優勢　　⑦　カルス
　　⑧　組織培養　　　⑨　受　粉

(B)　下線部(i)の現象に関して述べた以下の(a)〜(d)の記述のうち，内容的に正しいものは①を，誤りを含むものは②を選び，**解答用マークシート**の指定された欄にマークしなさい。

(a)　頂芽で生産されたオーキシンは下方に移動して，側芽に蓄積する。

(b)　頂芽から移動したオーキシンは，サイトカイニンの合成を抑制する。

(c)　頂芽を切除せず側芽にサイトカイニンを与えても，側芽は成長しない。

(d)　頂芽を切除すると，側芽が成長を始める。

(C)　下線部(ii)の処理において，固形培地中のオーキシンとサイトカイニンの含有量を変化させた場合の　　エ　　の変化に関する記述のうち，最も適切なものを**解答群B**から選び，その番号を**解答用マークシート**の指定された欄にマークしなさい。

解答群B

⓪　サイトカイニンよりもオーキシンの濃度比が高い固形培地に移しかえると，根の形成が促進する。

①　サイトカイニンよりもオーキシンの濃度比が高い固形培地に移しかえると，芽の形成が促進する。

②　サイトカイニンのみが含まれる固形培地に移しかえると，根の形成が促進する。

③　オーキシンのみが含まれる固形培地に移しかえると，芽の形成が促進する。

(2)　以下の文章を読み，(A)〜(F)の設問に答えなさい。

　　多くの植物にとって，日長は花芽形成を調節する重要な環境要因である。日長と花芽形成の関係は植物の種類によって異なり，日長の長さに対する花芽形成の応答の違いに応じて，短日植物，長日植物，中性植物に大別される。このように生物が日長に対して反応する性質を光周性と呼び，花芽形成は，植物に

おける代表的な光周性の現象である。また，植物の花芽形成を促進する花成ホルモンとして<u>フロリゲン</u>が知られている。フロリゲン遺伝子は適切な日長条件
(ii)
に応じて，葉で転写量が増加し，その後タンパク質に翻訳されたのち，師管を通って茎頂分裂組織に移動して花芽形成を誘導する。

(A) 下線部(i)に関して述べた以下の(a)〜(d)の記述のうち，内容的に正しいものは①を，誤りを含むものは②を選び，**解答用マークシート**の指定された欄にマークしなさい。

(a) 花芽形成における日長の情報は，連続した明期の長さが重要である。

(b) 明期の長さと暗期の長さが等しいときに花芽形成が促進する植物を，中性植物と呼ぶ。

(c) 長日植物は，連続した暗期が一定の時間よりも短い条件で花芽形成が促進される植物である。

(d) 連続した暗期が一定の時間よりも長い短日条件において，暗期の途中で遠赤色光を短時間照射すると，短日植物は花芽を形成しない。

(B) 長日植物に分類される植物の組み合わせについて，最も適切なものを**解答群C**から選び，その番号を**解答用マークシート**の指定された欄にマークしなさい。

解答群C

⓪ ダイコン，ダイズ，タンポポ

① コムギ，アブラナ，ホウレンソウ

② トマト，トウモロコシ，エンドウ

③ アサガオ，カーネーション，オナモミ

(C) 下線部(ii)のフロリゲンに関して，シロイヌナズナでは FLOWERING LOCUS T(FT)がフロリゲンの正体として知られている。また，*FT* 遺伝子の転写量を調節する転写調節因子として CONSTANS(CO)が知られている。

図1は白色光（自然光）を用いた長日条件または短日条件における *CO* 遺伝子のmRNAの量，COタンパク質の蓄積量，*FT* 遺伝子のmRNAの量の変化を表したグラフである。横軸は24時間の時刻を示し，白色の時刻帯は明期，灰色の時刻帯は暗期を示す。

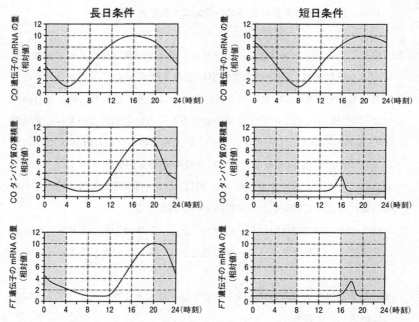

図1 長日条件または短日条件におけるシロイヌナズナの *CO* 遺伝子の mRNA の量，CO タンパク質の蓄積量，*FT* 遺伝子の mRNA の量の変化

以下の(a)〜(d)の記述は，**図1**に示す各遺伝子の mRNA の量またはタンパク質の蓄積量の変化にもとづいた考察である。内容的に正しいものは①を，誤りを含むものは②を選び，**解答用マークシート**の指定された欄にマークしなさい。

(a) 長日条件での *CO* 遺伝子の mRNA の量は，明期開始の時刻で最も少なくなり，暗期開始の約4時間前に最も多くなる。

⒝　*CO* 遺伝子の mRNA の量が，最も少ない時刻から最も多くなる時刻までに要する時間は，長日条件と短日条件で異なる。

⒞　長日条件では *CO* 遺伝子の mRNA の量が最も多くなった時刻から約 4 時間後に，CO タンパク質の蓄積量が最も多くなる。

⒟　長日条件と短日条件の両方において，*FT* 遺伝子の mRNA の量の最大値は，CO タンパク質の蓄積量の最大値と同じ相対値を示す。

⒟　図 1 に示す CO タンパク質の蓄積量は，様々な光受容体によって制御されている。暗期では，タンパク質分解に関わる酵素 X が CO タンパク質の分解を促進するため，CO タンパク質の蓄積量は迅速に減少し，特に長日条件では明期開始から約 2 時間後に最小となる。一方，明期においては，光受容体の一つであるクリプトクロム（CRY）が光を受容した後に酵素 X に結合することで，酵素 X による CO タンパク質の分解を抑制する。また，フィトクロムの一つであるフィトクロム B（PHYB）は，明期開始の約 2 時間後から 4 時間にわたって CO タンパク質の分解を促進する。

　　以下の⒜〜⒟の記述のうち，内容的に正しいものは①を，誤りを含むものは②を選び，**解答用マークシート**の指定された欄にマークしなさい。

⒜　光受容体のフィトクロムは赤色光や遠赤色光を受容し，クリプトクロムは緑色光を受容する。

⒝　フィトクロムには Pfr 型と Pr 型が存在し，赤色光を吸収した Pfr 型は Pr 型に分子構造が変化する。

⒞　暗期では，PHYB と酵素 X によって CO タンパク質の分解が促進される。

⒟　フィトクロムは，細胞質で光刺激を受け取った後，核内に移動する。

⒠　図 1 の短日条件で育てたシロイヌナズナを図 1 の長日条件に移し，7 日後の *CO* 遺伝子の mRNA の量，CO タンパク質の蓄積量，*FT* 遺伝子の mRNA の量を調べた結果，長日条件で育てたシロイヌナズナにおける各遺伝子の mRNA の量およびタンパク質の蓄積量の変化と一致していた。続いて，図 1

の短日条件で育てたシロイヌナズナを**青色光を用いた長日条件**に移した。このときの明期と暗期の時刻帯を下図のように設定した。横軸は 24 時間の時刻を示し，白色の時刻帯は明期，灰色の時刻帯は暗期を示す。7 日後の CO タンパク質の蓄積量の変化を示すグラフを，**解答用紙**の該当する解答欄に記入しなさい。青色光を用いた長日条件において *CO* 遺伝子の mRNA の量は変化せず，CO タンパク質の最大蓄積量を 10 とし，最小蓄積量を 1 とする。なお，グラフは**図 1** を参照し，連続した線で記入すること。

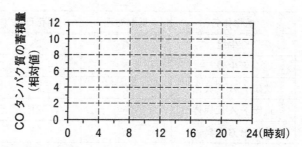

〔解答欄は上の図と同じ〕

(F) *FT* 遺伝子の転写量による花芽形成の促進には，日長だけでなく温度変化も影響することが知られている。シロイヌナズナの野生型植物体(野生型)の種子を吸水させ，4℃ に 4 日間静置(低温処理)したのち土に播種し，適切な日長条件で生育させると，発芽後 28 日目に花芽形成を示した。一方，野生型の種子を吸水させ，低温処理を行わず土に播種すると，発芽後 35 日目に花芽形成を示した。このとき低温処理を行った野生型，および低温処理を行わなかった野生型から，発芽後 14 日目に RNA を抽出し，*FT* 遺伝子のmRNA の量を測定した。その結果，低温処理を行った野生型では，低温処理を行わなかった野生型よりも *FT* 遺伝子の mRNA の量が多くなっていた。

次に *FT* 遺伝子の転写を調節する転写調節因子を探索し，遺伝子 *A* を同定した。遺伝子 *A* が欠損した植物体(遺伝子 *A* 変異体)について発芽後の花芽形成に必要な日数を測定した結果，低温処理の有無にかかわらず，発芽後 21 日目に花芽形成を示した。

　さらに遺伝子 A の転写を調節する遺伝子を探索し，遺伝子 B を同定した。遺伝子 B が欠損した植物体（遺伝子 B 変異体）の種子を吸水させ，低温処理を行ったのち土に播種すると，発芽後 35 日目に花芽形成を示した。低温処理を行った遺伝子 B 変異体，および低温処理を行った野生型から，発芽後 14 日目に RNA を抽出し遺伝子 A の mRNA の量を測定した。その結果，遺伝子 B 変異体では野生型よりも遺伝子 A の mRNA の量が多くなっていた。

　各植物体に対する低温処理の有無と開花日数の関係を**表 1** にまとめた。

植物体名	低温処理	開花日数
野生型	有	28
野生型	無	35
遺伝子 A 変異体	有	21
遺伝子 A 変異体	無	21
遺伝子 B 変異体	有	35

表 1　各植物体に対する低温処理の有無と開花日数の関係

　遺伝子 A と FT 遺伝子に関する考察について述べた以下の(a)〜(d)の記述のうち，内容的に正しいものは①を，誤りを含むものは②を選び，**解答用マークシート**の指定された欄にマークしなさい。なお，遺伝子 A の転写を調節する遺伝子は遺伝子 B のみとし，発芽後 14 日目に測定した FT 遺伝子の mRNA の量が花芽形成に要する日数を決定するものとする。

(a)　遺伝子 A 変異体では，発芽後 14 日目における FT 遺伝子の mRNA の量が最も少ない。

(b)　低温処理を行った野生型では，発芽後 14 日目における遺伝子 A の mRNA の量が，低温処理を行わなかった野生型よりも少ない。

(c)　低温処理を行わなかった野生型では，発芽後 14 日目における FT 遺伝子の mRNA の量が，低温処理を行った遺伝子 B 変異体よりも多い。

(d)　発芽後 14 日目における遺伝子 A の mRNA の量は，花芽形成に必要な日数が少ない植物体の方が，その日数が多い植物体よりも多い。

解答編

英語

解答編

[1] **解答** (1)—4 (2)—3 (3)—1 (4)2nd：1 5th：4
(5)—2 (6)—3 (7)—4 (8)—1 (9)2nd：1 5th：4
(10)1－T 2－F 3－F 4－T 5－F

◆全 訳◆

≪歩きやすい都市≫

世界中の都市が「歩きやすい」方向へ向かっている。人口が都市に集中するにつれて，歩くことを奨励することのメリットが明らかになってきている。都会の環境を快適なものにし，安全性を高め，汚染を減らすべきことは言うまでもないが，都市を歩きやすい場所に変えれば，交通の混雑を緩和し，人々の健康を改善することにもつながる。

車社会に合わせて建設された都市では，特にこのことが重要な課題になる。そこで，どんな特徴を打ち出せば歩行者にとって魅力的な街になり，歩く距離や頻度を高めることに役立つかについて多くの調査研究がなされてきた。街区の大きさなのか，舗装の質なのか，樹木や通りの装飾なのか，あるいは車の進入を禁止する区域を作るような構想なのか，などが討議されてきた。

都市設計者や研究者たちは，どうすれば都市空間が歩行者にとって魅力的なものになるかを解明しようと努力しているが，彼らがしばしば見落としていることは，いつどこへ行くかを人間が決定する場合には，その判断は，環境の物理的な性質だけによって決まるものではないということである。実は，最近の研究によると，こういう選択は，他人から強く影響を受けるということがわかってきている。

人間が友達のグループから高度の影響を受けるということについては，

すでにたくさんの証拠が出ている。1970 年代には，マーク＝グラノヴェッターというアメリカの社会学者が，噂を拡散したり，新しいテクノロジーを取り入れたり，職探しをしたりする場合は，すべてその人の社会的ネットワークから影響を受けていると示唆した。

　歩くことに関しても，社会的な面があるという明白な証拠がある。たとえば，子供が学校へ行く際には，一緒に行ってくれる兄弟姉妹や友人がいる場合には歩いて行くことが多くなる。歩いて行くかどうかを選択する際には，性別，階級，職場までの距離などがすべて影響を与える。余暇に街を歩く場合には，友達と一緒の方を好ましいと思うものだ。

　そればかりではなく，我々の新しい調査研究では，歩くときに選ぶルートが，他人からどれほど影響を受けるかにも注目した。この現象を我々は「社会的な経路決定」と呼んでいる。社会的な経路決定の一番明白な例は，複数の人が一緒に歩いて目的地を目指している場合に見られると言えるかも知れない。彼らは，どこへ行くか計画を立て，途中にある目印になりそうなものを確認し，経路の選択について議論をする。

　一緒に目的地を目指す場合，一人の人が皆を引き連れて行き，他の人々はそれについて行くことがあろう。皆を引き連れて行く人は，ツアーのガイドである場合もあれば，自分が自分の家へ友達を連れて行く場合もあろう。いずれも，どこへ行くかの決定について，直接的意図的に他人に影響を受けるのだから，「強い」社会的な経路決定の例である。

　社会的な経路決定は歩行者が他人からヒントを得て起こることもあり，それにより行路の選択が影響を受ける。歩行者が他の歩行者を見て，同じ目的地に向かっていると信じた場合には——たとえば，駅から，フットボールの試合が行われているスタジアムへ向かっている同じチームのサポーターの後をついて行くような場合だが——その人はただ流れに身を任せているのである。

　同様に，人々がビルとビルの合間を移動している場合には，自分が気付かなかった近道があるのかも知れない。こういったものは，いわゆる「弱い」社会的な経路決定の例である。

　タイミングも重要である。たとえば，出かける前や歩いている際に，指図や案内があることもあろう。それは，過去の他人の動きが「社会的な痕跡」を残しているのだということもできよう。社会的な痕跡は，歩行者に，

どこへ行くべきかを間接的に教えてくれることがある。芝生の上の足で踏みつけられた痕跡が，公園を突っ切る近道のヒントを与えてくれるようなものだ。

　もちろん，人間は，歩いて行く行程で，さまざまなタイプの社会的な経路決定をしながら進んで行く。スマートフォンのアプリもまた社会的な方法で使われることがある。そういうアプリは一般的に，利用している歩行者を一人だけしか想定していないのだが，実は，複数の人が同時に機器を利用している場合もまれではない。使い回しをしたり，受けた指示について議論したり，どこへ行くかについて一緒に決定をしたりする。

　歩きやすい都市を作るためには，もちろん，都市計画を立てる設計者やリーダーたちが，どんなタイプの物理的特徴を備えれば，人々がもっと歩きたい気持ちになるかを理解していることが重要である。しかし，社会的な相互作用が，いつどこを歩くかの選択にどのように影響を与えるかを認識すれば，リーダーたちは，皆の行動をずっと現実的に理解できるようになり，また移動手段として歩くことを奨励しやすくなる立場に立てるだろう。

　他人が経路決定にどのような影響を及ぼすかを理解すればまた，多くの素晴らしい技術革新への道も開けてきて，街の中を動き回るのがもっと楽になるだろう。社会的な痕跡は，デジタルのアプリや物理的な目印などで表される。標識はダイナミックで，オンラインの推薦システムのように機能的なものにさえなるだろう。たとえば，混雑する時間帯でもそれほど混雑していない経路を知らせることによって。地図や標識やアプリのような経路決定の補助手段は，個人でもグループでも使えるようにテストされる。

　人々がどこを歩くかを左右するようになる社会的な影響に対してもっと敏感になれば，都市設計者やリーダーたちは，人々が都市を利用する方法について，貴重な情報を得られることになるだろう。そうなれば，何をどこに建設するかについても，もっと賢明な判断を下せるようになるだろう。

■■■■■ ◀解　説▶ ■■■■■

⑴「都市の歩きやすさを改善することは，都会の環境を（　A　）（　B　）かつ（　C　）にするばかりでなく，また，交通渋滞を緩和し，公衆の健康を改善することにつながる」　A，B，Cのすべてが好ましい結果を招くということになる。4が「(A)より快適に(B)より安全に(C)より汚染を

少なく」すると言っているから，これが正解。

(2) car-free zones は「車の進入禁止区域」だから，3．「車が許されない区域」が正解。なお，名詞の後に-free の付いた単語は，「～がない」「～から自由な」の意味になる。(例) duty-free＝tax-free「無税の」 smoke-free「無煙の，禁煙の」

(3) strive to *do*「～しようと努力する」なので，選択肢の中では 1 attempt to *do*「～しようと試みる」が近い意味である。

(4) (Gender, class, and the distance to work all affect) whether a person chooses to walk (.) とする。「性別，階級，職場への距離」が主語（主部）であり，それらがすべて～に影響を与えるというつながり。whether 以下が affect の目的語で，「人が歩くことを選ぶかどうか」。2 番目に来る単語は a，5 番目に来る単語は to なので，正解は 1，4 である。

(5) go with the flow は「流れと一緒に進む」ということから転じて，「世の中の流れに合わせる」になる。2．「他の人々がしていることをする」が正解。

(6) It can even be that SV. は「S が V することさえありうる」の意味。It may be that SV.「S が V するかも知れない」と似た構文である。「過去の他人の動きが『社会的痕跡』を残すことさえありうる」となるので，3．that が正解。

(7) like の前までが，「社会的な痕跡は，歩行者にどこへ行くべきかを間接的に教えてくれることがある」であり，その後に「公園の芝生を横切る～な痕跡が，近道のヒントを与えてくれるようなものだ」とつながる。多くの人が通ることで芝がはげて道ができていることを言っていると考えられる。4．worn が「（服などが）擦り切れた」の意味になる。

(8) 空所直後から mind の後のカンマまでが，「それら（そういうアプリ）は，利用している歩行者を一人だけしか想定していない」。その後は，「実は，複数の人が同時に機器を利用している場合もまれではない」なので，逆接の意味になっている。「想定していないが，実は…」とつなげたい。1．Although（＝Though）「～ではあるが」が正解。

(9) 空所を含む文の主語は acknowledging how … where to walk「社会的な相互作用が，人々がいつどこを歩くかの選択にどのように影響を与えるかを認識すること」であり，動詞が would give と put であることをまず

おさえる。put them の them は leaders を指していて，put them in a position to *do*「彼ら（リーダーたち）を〜する立場に置く」であり，その後，「移動する手段として，歩くことを奨励する（よりよい立場）」とつながる。as a means of 〜「〜する手段（方法）として」 get around「動き回る」 2番目に来る単語は a，5番目に来る単語は getting なので，正解は 1，4 である。

⑽ 1.「都市の設計担当者は，人が経路を選択する際には，環境の物理的な質以外の要素からも影響を受けるという事実に気が付かないことが多い」 第 3 段第 1 文（While planners and …）の後半で「彼らがしばしば見落としていることは，いつどこへ行くかを人間が決定する場合には，その判断は，環境の物理的な性質だけによって決まるものではないということである」と言っている。本文の内容に一致するので T である。

2.「1970 年代初頭に，マーク=グラノヴェッターは，新しい技術が採用されると，人々の歩くという決断も影響を受ける，と示唆した」 第 4 段第 2 文（As early as …）で，「すでに 1970 年代に，マーク=グラノヴェッターというアメリカの社会学者が，噂を拡散したり，新しいテクノロジーを取り入れたり，職探しをしたりする場合は，すべてその人の社会的ネットワークから影響を受けていると示唆した」と言っているが，本文のこの文は，「新しい技術が社会的ネットワークから」影響を受けると言っているのであり，「技術が採用されると歩くという決断も影響を受ける」というのとは違っている。F である。

3.「ガイド付きのツアーで都市を歩くことが『弱い』社会的な経路決定の事例であるのは，どこへ行くかを参加者が通常は決めないからである」第 7 段第 2 文（Both of these …）で「（ツアーの場合などは）どこへ行くかの決定を，直接的意図的に他人にしてもらうのだから，『強い』社会的な経路決定の例である」と言っている。『弱い』のではなく『強い』のであるから，F である。

4.「行き先を一緒に決めようと相談している場合，機器を一緒に使うこともまれではない」 第 11 段第 3 文（設問 8 の空欄のあるところから始まる）で「そういうアプリは，利用している歩行者を一人だけしか想定していないのだが，実は，複数の人が同時に機器を利用している場合もまれではない。使い回しをしたり，受けた指示について議論したり，どこへ行く

かについて一緒に決定をしたりする」と言っているのと一致するので，T
である。

5．「他の人々の過去の動きによって残された社会的な痕跡が，デジタル
のアプリで示されるのは非現実的と考えられている」　第13段第2文
（Social trails could …）で，社会的な痕跡は，デジタルのアプリや物理
的な目印などで表されると言っている。非現実的ではないので，Fである。

2 解答

(1)— 3　(2)— 3　(3)— 2　(4)— 4　(5)— 2　(6)— 4
(7)— 1　(8)— 1　(9)— 2

(10) 1 － T　　2 － T　　3 － F　　4 － F　　5 － F

━━━━━━━━━◆全　訳◆━━━━━━━━━

≪蚊に刺されるのを防ぐ素材をテストする≫

蚊に刺されるのは不快だというだけではない。重大な結果をもたらすこ
ともあるのだ。刺された場合に，人間が死んだり病気になったりするとい
う点では，蚊が一番ひどい。人間は蚊から身を護るために頻繁に化学物質
を使う。しかし，こういう化学物質は，好ましからざる副作用を伴うこと
がある。人体に対しても，環境に対しても。刺されないようにするために
は，長袖の服を着るのが賢明である。ところが，蚊は，六本の極めて細い
針からできた，刺すための精巧な装置を持っており，皮膚ばかりでなく衣
類まで通して刺すことができるようになっている。

我々の調査班は，毒性のないナノ材料を衣類に添加して，蚊の針が通ら
ないようにすることができないかと研究してきた。有力な候補の一つがグ
ラフェンであるように思われた。これは炭素から作った非常に薄いシート
状の素材で，すでに様々な用途のために，衣類に用いられている。我々は，
人体と生きている蚊を使って，二，三の実験を行った。この素材が蚊に刺
されることの予防のために実験されたのはこれが初めてのことだった。

実験のために，管理体制の下でネッタイシマカに刺されることに同意し
たボランティアを募った。ボランティアたちは一回につき5分の間，約
100匹の蚊に腕や手を差し出した。実験は三つの条件下で行われた。(i)素
肌の場合，(ii)チーズクロスで皮膚を覆った場合，(iii)薄いグラフェンで皮膚
を覆い，さらにチーズクロスで覆った場合，である。我々はビデオカメラ
で，蚊の行動を記録し調査した。蚊が皮膚に着地するか，どのくらい長く

皮膚の上に留まるか，血を吸い始めるかなどを調べるためだった。我々はまた，ボランティアの皮膚にその後生じた腫れの数に基づいて，すべての条件下で一人一人が何回刺されたかを数えた。

　人体と蚊を使った実験のほかに，我々はまた，蚊の針が物理的にグラフェンの層に穴をあける能力を計測した。蚊の口のパーツがグラフェンを通り抜けるだけの強さを持っているかどうかを調べるためだった。

　この調査からわかった面白いことは，チーズクロスの下に薄いグラフェンの層があると，蚊は人間を刺すことができなくなるということだった。蚊は決してグラフェンを通して人を刺すことがなく，腫れが生じることもなかった。素肌の場合が蚊に刺される回数が一番多く，平均して 16 回だった。その次はチーズクロスだけで皮膚を覆った場合で，約 10 回だった。

　また全般的に，蚊は，グラフェンで覆われた皮膚に着地する回数が少なくなり，皮膚の上に留まっている時間も短くなった。素肌の場合，チーズクロスだけで皮膚を覆った場合は，蚊は平均して 23 回皮膚に着地し，1 〜 2 分の間そこに留まった。それと比較して，グラフェンの層で皮膚を覆った場合には，着地した蚊は平均して 10 匹以下であり，そこに留まっている時間もずっと短かった。

　我々が行った針で刺す力の計測によって，蚊は，乾いたグラフェンの層を貫通して刺すだけの力を持ってはいないということがわかった。

　蚊に刺されることを予防するためには，グラフェンは明らかに効果があった。我々はまた，グラフェンで皮膚を覆った場合には，蚊が着地することがどんなに少なくなるかということに驚いた。このことから，何かほかの事情が働いているのではないかと思われた。蚊が目標の位置を突き止めるために必要な，皮膚から発する化学的信号を，グラフェンが妨害していると考えたらどうだろう。

　この疑問に答えるために，我々は水や汗をグラフェンの層の上に乗せてみた。すると突然，蚊は着地して，その素材を貫通して刺し始めたのだった。このことから二つのことがわかる。第一には，乾いたグラフェンは，必要な化学的信号が蚊に達するのを妨げることによって，蚊を寄せ付けないようにしているということである。第二には，水や汗がグラフェンの層を分解して，蚊が針を刺すことを可能にしているということである。我々は，他の人々が我々の研究を参考にして，濡れたり湿ったりした条件下で

も，蚊が刺すことを妨げるグラフェンで覆った衣類を開発してくれること
を願うものである。

━━━━━━━━◀解　説▶━━━━━━━━

⑴直前で「（蚊に刺されると）重大な結果をもたらすこともある」と言っている。そして，当該箇所の文末は，「蚊に刺されることよりも，より多くの人間を殺したり，病気にしたりする」となっているので，「～なものは他にはない」という No other で始まる比較構文と考えられる。3．Noが正解。全訳では「刺された場合に，人間が死んだり病気になったりするという点では，蚊が一番ひどい」と訳したが，こういう意訳ができることに注意すべきである。

⑵ apparatus「装置，器官」なので，3．equipment「装置，設備」がほぼ同義語。

⑶設問文の To study 以下は，「筆者は，グラフェンを研究するために，なぜ3つの条件を準備したのですか」であり，下線部⑶の「(i)素肌の場合，(ii)チーズクロス（薄くて軽い木綿の布）で皮膚を覆った場合，(iii)薄いグラフェンとチーズクロスで皮膚を覆った場合」のことを言っている。皮膚をどのように覆ったかという条件によって，蚊の刺し方がどう違うかを調べようとしているのであるから，2．「皮膚の異なった状況下での蚊の行動を比較するため」が正解。

⑷「我々はまた，その後生じた腫れ（蚊に刺された痕）の数に基づいて，こういうすべての条件下で各々の～がどれだけ刺されたかを数えた」であるから，各々の被験者のことを言っているのである。4．volunteer「志願者，ボランティア」が正解。

⑸直前では，「素肌の場合，チーズクロスだけで皮膚を覆った場合は，蚊は平均して 23 回皮膚に着地し，1～2分の間そこに留まった」と言っており，直後では，「グラフェンの層で皮膚を覆った場合には，着地した蚊は平均して 10 匹以下であり，そこに留まっている時間もずっと短かった」と言っている。素肌やチーズクロスの場合とグラフェンで皮膚を覆った場合とを比較しているのだから，2．In comparison「比較してみると」が正解である。

⑹「（選択肢のうちの）どの結果が筆者に⑹のような疑問を抱かせることになったのですか」という問いであり，⑹とは「蚊が目標の位置を突き止

めるのに必要な，皮膚から発する化学的信号をグラフェンが妨害している
と考えたらどうだろう」という問いかけである。直前の「グラフェンで皮
膚を覆った場合には，蚊が着地することがどんなに少なくなるかというこ
と（に驚いた）」という部分が，そのような疑問を抱かせる原因になった
のだから，4．「蚊はグラフェンで覆われた肌に思ったほど着地しなかっ
た」が正解。

(7)「第一には，〜は，必要な化学的信号が蚊に達するのを妨げることによ
って，蚊を寄せ付けないようにしているということである」　直前で，水
や汗が付着すると，「蚊は着地して，その素材を貫通して刺し始めた」と
言っているから，1．dry graphene「乾いたグラフェン」が正解である。

(8)前問(7)からもわかるように，第 9 段（To answer this …）全体で，水
や汗がグラフェンを分解してしまうことを述べ，最後に「我々は，他の
人々が我々の研究を参考にして，湿った条件下でも，蚊が刺すことを妨げ
るグラフェンで覆った衣類を開発してくれることを願うものである」と言
っているから，1．「汗がグラフェンにダメージを与えることがあるから，
グラフェンはスポーツウェアには不適切だと考えられる」が正解。

(9)各選択肢の意味は，1．「蚊を捕まえるための特殊な網」，2．「蚊に刺
されるのを防ぐ素材をテストする」，3．「蚊に刺されることの有害な影
響」，4．「蚊に皮膚を刺されたらどうなるか」である。第 2 段（Our
research team …）の冒頭で「我々の調査班は，毒性のないナノ材料（10
億分の 1 メートル単位の物質でできた材料）を衣類に添加して，蚊の針が
通らないようにすることができないかと研究してきた」とあるように，本
文全体が蚊に刺されないようにする素材のテストをしていることについて
述べているのだから，2 が正解である。

(10)1．「実験の前には，蚊に刺されることを予防するために，グラフェン
が役に立つかどうかを調べた人はいなかった」　第 2 段最終文（It was
the first …）に「この素材が蚊に刺されることの予防のために実験された
のはこれが初めてのことだった」とある。「この素材」とはグラフェンを
指しているから，T である。

2．「実験において，蚊の動きはビデオカメラの記録を利用して観察され
た」　第 3 段第 4 文（We recorded and …）の前半で，「我々はビデオカ
メラで，蚊の行動を記録し調査した」と言っているから，T である。

3．「筆者は，グラフェンが濡れた時でも，それを強化する方法を発見した」　最終段（To answer this question, …）では，グラフェンが濡れると蚊に刺されなくなる効果をなくすと述べられており，最終文（We hope that …）で「他の人々が我々の研究を参考にして，濡れたり湿ったりした条件下でも，蚊が刺すことを妨げるグラフェンで覆った衣類を開発してくれることを願う」とあることから，濡れたグラフェンを強化する方法は見つけられていないと判断できる。よってFである。

4．「蚊の数は，皮膚の腫れの数に等しかった」　第 3 段第 2 文（The volunteers exposed …）に，実験に使われる蚊の数は「約 100 匹」とある。そして第 5 段第 2 ～ 4 文（Mosquitoes never bit …）を見ると，グラフェンで覆われた肌は腫れが一つもなし，素肌は平均 16，チーズクロスで覆われた肌は平均 10 の刺された痕があったとあることから，いずれの場合にも蚊の数とは一致していない。したがってFである。

5．「蚊の好みはボランティアの血液型によって変わる」　血液型との関係は本文ではまったく触れられていない。Fである。

3　**解答**　　(1)— 4　(2)— 2　(3)— 1　(4)— 1　(5)— 3　(6)— 4
　　　　　　　　(7)— 4　(8)— 2　(9)— 2　(10)— 3　(11)— 3　(12)— 2
　(13a)— 1　　(13b)— 2

━━━━━━◀解　説▶━━━━━━

(1)「君が彼らを知っていることに驚いている。初めて会ったのはいつだったのか，教えてくれ」　空所のある文の中で，when は名詞節を導き，「いつ彼らに初めて会ったか」という間接疑問文を作っている。間接疑問文は疑問詞のあとが平叙文の語順になるため，1 と 2 は排除される。また，when を用いた疑問文では現在完了形を使わないという決まりがあることから 3 は不適であり，4．you met が正解。

(2)「会社の方針により，トムかプロジェクトのメンバーかが，進展のほどを報告するために，毎週オフィスで社長に会わなければならない」　文には定動詞（述語動詞）がなくてはならず，それは現在か過去の動詞（助動詞を含む）でなければならない。3 は準動詞の having だけしかないので不適。また「～しなければならない」という have to が進行形になるのは，今一時的にそうしなければならないと強調するときなどに限られ，ここで

はあてはまらないので1と4は不適。また，主語が either *A* or *B* の場合，動詞の人称は *B* に合わせる。ここでは主語は members という複数名詞だから，is を使っている4は二重に不適切である。正解は2．have to visit である。

(3)「こういう国々で，貧困の原因になっているものは，主として人口の減少だ」 It is と空所部分を除いてみると完全な文になることから，これは主語を強調した強調構文であると判断できる。1．that が正解。

(4)「人から何かについて『口を閉じていろ』と言われたら，それについて人に知らせるなという意味だ」 keep は「～を…のままにしておく」という意味であり，He kept the door open.「彼はドアを開けたままにしておいた」のような第5文型を作る。第5文型の特徴は，目的語＝補語という関係が考えられることであり，この例文では The door is open. という第2文型が隠れていると言える。「開けたままにしておく」の場合は形容詞 open を使うが，「閉めたままにしておく」の場合は，動詞の過去分詞 closed または shut を使い，The door is closed (shut). が隠れていると考えて，He kept the door closed (shut). とする。1．shut が正解。本問では keep your mouth shut が「口を閉じたままにしておく」。なお，shut は shut-shut-shut と変化するので，2．shutted は不適。

(5)「窓を全部開けておきなさい。教室の換気に気を付ける必要がある」 see to O は「O に注意する，気を付ける」(be careful of) の意味になるが，see to it that SV の形になったときは，「ちゃんと S が V するように気を付ける」という意味になる。なお，この V は文全体が現在の時は，現在形を使う (will などは使わない)。I'll see to it that he comes. (俺がちゃんと彼を来させてやる) などと使う。3．see が正解。

(6)「私が世話している赤ちゃんが助けなしに歩くのを見たとき，私がどんなに興奮したか想像できますか」「知覚動詞」の構文。the baby in my care が名詞句であり，これが saw の目的語になって，I saw him walk. (私は彼が歩くのを見た) の him の代わりに入っている。4．walk が正解。第5文型の補語に動詞の原形が来ているのだから，3人称単数の s を付けてはいけない。

(7)「『補助金』とは，政府や組織が，価格を下げたり，製品の製造コストを下げたりなどするために払う金のことを言うのである」 政府や自治体

が企業に与える奨励金のようなものだとわかる。4．subsidy「補助金」
が正解。

⑻「金を十分に貯めたら，メキシコでスペイン語を習うんだ」「金を貯め
たら」と未来のことを言っているので，4．will save にしたいところだ
が，「時や条件を表す副詞節の中では未来のことも現在で表す（will を使
ってはいけない）」という規則があるので，2．save が正解。

⑼「恐ろしい事故があったと聞いた。どんなふうにして起こったんだね」
come about ≒ happen ≒ take place「（事件などが）起こる」なので，2．
come about が正解。なお，1の bring about は「（事件などを）引き起こ
す」。このように，bring と come は，他動詞・自動詞の対立を作ること
が多い。come to an end「終わる」，bring O to an end「Oを終わらせ
る」もその例。

⑽「数字は，1800 年以来 5 年連続して平均気温が異常な上昇をしている
ことを示している。科学者たちによって行われている現今の分析によると，
地球の気温は産業革命以来上昇し続けている」　最後の air temperatures
以下は，産業革命という過去の一点以来，今に至るまでずっと上昇が続い
ているので，現在完了（継続用法）もしくは現在完了進行形を使う。1と
3が候補になるが，主語が air temperatures という複数名詞なので，主
動詞が has になっている1は排除される。3．have been rising が正解。

⑾「西アフリカの国であるマリでは，インターネット・サービスへのアク
セスは限られているが，特に都市部では，インターネット・カフェの人気
が増しているために，次第に増加している」　空所の後の「インターネッ
ト・カフェの上昇する人気」と，「インターネット・サービスの増加」と
の関係を考えると，人気が上昇していることがサービス増加の理由と考え
るのが妥当。よって3．owing to「～のせいで，～のおかげで」が正解。

⑿「1マイル以上の長さがあるサンフランシスコのゴールデン・ゲート・
ブリッジ（金門橋）は，1937 年の竣工以来，1964 年に至るまで，世界で
一番長い橋と呼ばれてきた。長さの記録では他の橋に追い抜かれてしまっ
ているが，これよりも美しい橋が現れると想像することは困難である」
it's hard 以下は，「これよりも美しい橋が現れると想像することは困難で
ある」だが，文頭の While が Though や Although に近い逆接（～ではあ
るけれども）の意味になるので，括弧部分は「最も美しい橋」と矛盾する

ような記述になるように埋めることになる。surpass が「～をしのぐ，～を越える」の意味なので，「長さの記録においてしのがれて（凌駕されて，追い抜かれて）しまっているけれども」がこの部分の直訳。expand は「拡大する，拡張する」の意味なので不適切であり，１と３は排除される。そして，「しのがれて」と受身の意味であることに注意する。２．has been surpassed が現在完了の受身なので，これが正解。４は現在完了の能動なので不適。

⒀「園芸の魅力はさまざまであり，どんな年齢の人でも味わうことができ，またどんな味わい方をもすることができる。一番初歩的なレベルでは，園芸の経験というものは，一包みの種子がさまざまの華やかな色を作り出すことに子供が感嘆することから始まる。高等なレベルでは，園芸のプロセスの複雑さを理解することもその経験の中に含まれる。変数（不確定要素）がたくさんあるために，自然とチェスをしているようなものだからである」

　（13a）の方は，空所の後の「初歩的なレベルは，一包みの種子がさまざまな色（の花）を作り出すことへの感嘆」という内容および，その次の「高等なレベルでは，園芸のプロセスの複雑さを理解することも含む」という内容から，「園芸をする人がそれぞれのレベルで鑑賞をすることができる」「どんな味わい方もすることができる」ということで，at all levels of appreciation「あらゆるレベルの鑑賞」とするのが妥当であろう。１．appreciation「評価，鑑賞」が正解。２．commodity「商品，日用品」３．concession「譲歩，特許」４．hostility「敵意」

　（13b）の方は，「園芸には複雑な要素があってチェスに似ている」と言っている。２．equivalent を選ぶと，the gardening process which is equivalent to a chess game（チェスのゲームに相当する園芸のプロセス）となって話が通じる。be equivalent to ～「～に相当する，～と同価値である」

4 **解答** a−5　b−1　c−7　d−4　e−2
f−9　g−8

━━━━━━◆全　訳◆━━━━━━

A：「春休み，どうするつもり？　ジェーン」

B：「ほんとはシカゴへ行きたいの。従姉が春にシカゴで結婚するものだから」

A：「素敵ね。でも，シカゴって，ロサンジェルスから遠いわよね！」

B：「そうなの。それに，問題は，飛行機代がとても高いことなの。主な航空会社に電話かけまくったんだけど，どこも高すぎて」

A：「私があなただったら，心のこもったギフトを贈って，結婚式はパスさせてもらうわ。兄弟の結婚式じゃないんだからね」

B：「でも，そうはいかないのよ。従姉と私は一緒に育ったようなもので，ほんとの姉と言ってもいいくらいの仲なの。私の面倒を見てくれたし，一緒に過ごした楽しい思い出ばかりなのよ。うちの親の湖畔の別荘での夏休みは特に楽しかった。結婚式には絶対に行くからねと約束しているの。がっかりさせたくないのよ！」

A：「そういうことなら，行かないわけにはいかないわね。シカゴまで車を運転して行ったら？」

B：「免許証が失効してしまったから運転できないし，ともかく，高速道路ではストレスでどうにもならなくなる。車で行くのは論外ね！」

A：「バスにしようと考えたことはないの？　ここからシカゴまでまっすぐに行けるバスもあるよ」

B：「バスはとっても時間がかかるし，疲れるって聞いてる。でも，一番安い選択肢ではあるね」

A：「そうよ。でも，確かにあんまり快適な旅にはならないわね！　もう一つアイディアはある。大学のウェブサイトで航空券を予約したらどう？　大学生なら20％引きになるよ」

B：「ほんと？　それは素晴らしい！　大学の旅行用ウェブサイトがあるなんてことも知らなかった。でも，それでもやっぱり飛行機は値段が高すぎるよ」

A：「足りない分はレストランのアルバイト代から出すこともできると思うけど。あなたなら，きっとなんとかできるでしょう」

B：「うん，考えてみるね。ありがとう」

■━━━━━◀解　説▶━━━━━■

a．get married to O「Oと結婚する」であるが，目的語がない時は，married で終わって，to は付けない。5．married が正解。

b．cannot afford to *do*「〜する余裕がない」は必須熟語だが，cannot afford it「それの余裕がない」（する余裕がない，買う余裕がない）のように，名詞・代名詞を目的語にすることもできる。ここでは「主な航空会社すべてに電話をかけたけれど」に続く部分だから，I can't afford anything.「どれも払う余裕がない」と言ったのである。1．anything が正解。

c．ここでは，自分と従姉がどれほど仲良く育ったかについて語っているので，「楽しい思い出しかない」と言っているのである。nothing but = only は必須熟語。but は except と同じく「〜を除いて」の意味になる。I have nothing but 1000 yen. と言えば，「1000 円を除いて何も持っていない」という理屈から，「1000 円しか持っていない」になる。このように，理屈を考えると熟語は理解しやすいのである。7．nothing が正解。

d．let 〜 down は〜が物の場合は「下げる，降ろす」だが，〜が人間の場合は「気持ちを下げる」ということから，「がっかりさせる，意気消沈させる」の意味になる。4．let が正解。

e．車を運転できない理由として，「免許証が失効してしまっているから」と言っている。「（免許証などが）失効する」は expire。2．expired が正解。

f．相手の言っていることを肯定して，「確かにあんまり快適じゃないわよね」と言っている。for sure が「確かに」なので，9．sure が正解。

g．work out「成就する，成し遂げる」　そして，work something out と言えば，「何かを成し遂げる」ということから，「（あなたなら）うまくやれるよ」というような場合に使う。8．something が正解。

❖講　評

　2023 年度は 2022 年度より大問が 1 題減って，従来通り大問 4 題の出題に戻った。しかし，長文問題が 2 題もあるので，受験生にとっては相当な負担である。

□1は長文読解問題。人間が歩く経路を決定するときの傾向を分析し，どうすれば歩きやすい都市ができるかを提言している。都市に関する通常の主張とは違う観点から面白い理論を展開している。受験英語の論文によく見られる型通りの文章ではないだけに，自分の頭で考える習慣ができていないと理解しにくいだろうが，なかなか骨のある内容である。

□2も長文読解問題。これまた「蚊に刺されるのを防ぐ素材をテストする」という面白い題材である。科学論文を論理的に読むことができるかどうかという東京理科大学らしい選抜基準だと言うことができるだろう。いろいろな条件下で結果がどう変わるかを正確に読み取る能力を問う意図があるようにも感じられる。

長文問題2題とも，設問もよくできていて，さまざまな角度から受験生の実力を評価しようとしている。

□3は文法・語彙の空所補充問題。理科系の大学らしく，文法の論理的体系を理解しているかを問う問題が多い。例年，時制・関係詞・文型・語順などの問題が多く，英文法の基本がしっかりわかっていないとなかなか解けない。それだけ良問だということである。

□4は会話文問題。女子学生が従姉の結婚式のためにロサンジェルスからシカゴまで行きたいが，飛行機代が高すぎるためにどうしたらいいだろうと友人に相談している。友人がなかなか適切なアドバイスをしているのが面白い。例年通り，会話文は単語を埋める問題ではあるが，全体の流れがわかっていないと答えられない。単なる会話文というよりは，相当な読解力を要求していると言えるだろう。

数学

（注） 解答は，東京理科大学から提供のあった情報を掲載しています。

1 解答

(1)ア. 2 イウ. 26 エ. 4 (2)オ. 4 カ. 3
(3)キ. 4 ク. 6 (4)ケ. 1 コサ. 47

◀解 説▶

≪2次方程式の解の公式，虚数解，解と係数の関係，複素数の絶対値≫

(1) $k=5$ のとき，与えられた2次方程式は

$$x^2-x+\frac{15}{8}=0 \quad \text{すなわち} \quad 8x^2-8x+15=0$$

となるから，これを解いて

$$x=\frac{4\pm\sqrt{16-120}}{8}=\frac{4\pm\sqrt{104}\,i}{8}$$

$$=\frac{4\pm2\sqrt{26}\,i}{8}=\frac{2\pm\sqrt{26}\,i}{4} \quad \rightarrow\text{ア}\sim\text{エ}$$

(2) $x^2-\sqrt{k-4}\,x-\frac{1}{8}k^2+5=0$ より

$$x=\frac{\sqrt{k-4}\pm\sqrt{k-4+\frac{1}{2}k^2-20}}{2}=\frac{\sqrt{k-4}\pm\sqrt{\frac{1}{2}k^2+k-24}}{2}$$

これが異なる2つの純虚数となるのは

$$k-4=0 \quad \cdots\cdots① \quad \text{かつ} \quad \frac{1}{2}k^2+k-24<0 \quad \cdots\cdots②$$

のときである。

①より $k=4$

これは②を満たす。よって $k=4$ →オ

このとき $x=\pm\dfrac{\sqrt{8+4-24}}{2}=\pm\dfrac{2\sqrt{3}}{2}i=\pm\sqrt{3}\,i$ →カ

(3) この2次方程式が虚数解をもつ実数 k の値の範囲は，②より

$$k^2+2k-48<0$$

$(k+8)(k-6)<0$ ∴ $-8<k<6$

$k≧4$ であるから $4≦k<6$ →キ, ク

(4) $4≦k<6$ のとき 2 次方程式 $x^2-\sqrt{k-4}\,x-\dfrac{1}{8}k^2+5=0$ の 2 解が虚数 $α$,

$β$ だから

$$α+β=\sqrt{k-4}, \quad αβ=-\frac{1}{8}k^2+5 \quad \cdots\cdots③$$

$|α-β|=1$ より $(α-β)\overline{(α-β)}=1$

左辺 $=(α-β)\overline{(α-β)}=(α-β)(\overline{α}-\overline{β})$

$=(α-β)(β-α)$ (∵ $\overline{α}=β$, $\overline{β}=α$)

$=-(α-β)^2=-\{(α+β)^2-4αβ\}$

よって $-\{(α+β)^2-4αβ\}=1$ $\cdots\cdots④$

③を④へ代入して

$$-k+4-\frac{1}{2}k^2+20=1 \qquad \frac{1}{2}k^2+k-23=0$$

$$k^2+2k-46=0 \qquad k=-1\pm\sqrt{47}$$

$4≦k<6$ より $k=-1+\sqrt{47}$ →ケ～サ

2 **解答** (1)ア. 2 イ. 2 ウ. 3

(2)エ. 2 オ. 6 カ. 0 キ. 3 ク. 1 ケ. 4

(3)コ. 2 サ. 6

◀ **解 説** ▶

≪3 次方程式, 方程式の実数解の個数≫

(1) $f(x)=4$ より

$x^3-6x^2+9x-2=0$

$(x-2)(x^2-4x+1)=0$

$x=2, \ 2\pm\sqrt{3}$ →ア～ウ

```
1  -6   9  -2  )2
      2  -8   2
1  -4   1   0
```

(2) $f(x)=x^3-6x^2+9x+2$ より

$f'(x)=3x^2-12x+9$

$=3(x^2-4x+3)$

$=3(x-1)(x-3)$

$f'(x)=0$ となる x の値は $x=1, \ 3$

x	$\cdots$	1	$\cdots$	3	$\cdots$
$f'(x)$	$+$	0	$-$	0	$+$
$f(x)$	↗	6 (極大)	↘	2 (極小)	↗

増減表は上，グラフは右のようになる。
$f(x) = k$ が異なる 2 個の実数解をもつ条
件は曲線 $y = f(x)$ と直線 $y = k$ が異なる
2 個の共有点をもつことであるから

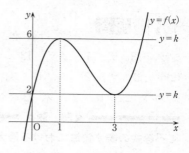

　　　$k = 2$,　6　→エ，オ

$k = 2$ のとき

　　　$x^3 - 6x^2 + 9x + 2 = 2$

　　∴　$x(x-3)^2 = 0$

実数解は　　$x = 0$,　$x = 3$　→カ，キ

$k = 6$ のとき

　　　$x^3 - 6x^2 + 9x + 2 = 6$　　∴　$(x-1)^2(x-4) = 0$

実数解は　　$x = 1$,　$x = 4$　→ク，ケ

(3)　$f(x) = k$ が異なる 3 個の実数解をも
つ条件は曲線 $y = f(x)$ と直線 $y = k$ が異
なる 3 個の共有点をもつことであるから

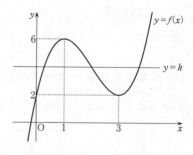

　　　$2 < k < 6$　→コ，サ

3　**解答**　(1)ア. 1　イ. 3　ウエ. 10　オ. 2　カ. 2
キク. 13　ケコ. 13　サ. 3　シ. 3　スセ. 13
ソタ. 13　チ. 1　ツテ. 13

(2)ト. 2　ナ. 2　ニ. 6　ヌ. 7　ネ. 5

(3)ノハ. 22　ヒ. 2　フ. 2　ヘホ. 41　マ. 2

━━━━◀解　説▶━━━━

≪不等式の表す領域における最大・最小≫

(1)　領域 D は右図の網目部分で境界も
含む。

点Pが領域 D 内を動くとき OP が最大
となるのは点Pが右図の P_1 にあるとき
である。

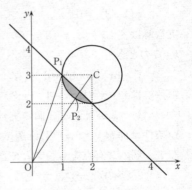

$$P_1(1,\ 3)\quad →ア,\ イ$$

最大値は　　$OP_1 = \sqrt{1+9}$

$$= \sqrt{10}\quad →ウエ$$

OP が最小となるのは点Pが右図の P_2

にあるときである。C$(2,\ 3)$ とおくと直線 OC の方程式は $y = \dfrac{3}{2}x$ である。

$$\begin{cases} y = \dfrac{3}{2}x \\ (x-2)^2 + (y-3)^2 = 1 \end{cases}$$

より

$$(x-2)^2 + \left(\dfrac{3}{2}x - 3\right)^2 = 1 \qquad \dfrac{13}{4}x^2 - 13x + 12 = 0$$

$$13x^2 - 52x + 48 = 0$$

$$x = \dfrac{26 \pm \sqrt{676-624}}{13} = \dfrac{26 \pm 2\sqrt{13}}{13} = 2 \pm \dfrac{2}{13}\sqrt{13}$$

$y = \dfrac{3}{2}x$ へ代入して　　$y = 3 \pm \dfrac{3}{13}\sqrt{13}$　（複号同順）

グラフより　　$P_2\left(2 - \dfrac{2}{13}\sqrt{13},\ 3 - \dfrac{3}{13}\sqrt{13}\right)$　→オ〜タ

最小値は　　$OP_2 = OC - 1$

$$= \sqrt{4+9} - 1 = -1 + \sqrt{13}\quad →チ〜テ$$

(2)　$2x+y=k$ とおくと　　　$y=-2x+k$

直線 $y=-2x+k$ が領域 D を通るとき y 切片 k が最大となるのは右図の P_3 を通るときである。

　　　　$P_3(2, 2)$　→ト，ナ

最大値は　　　$2\times2+2=6$　→ニ

y 切片 k が最小となるのは右図の円と直線の接点 P_4 を通るときである。

$$\frac{|4+3-k|}{\sqrt{4+1}}=1 \text{ より}$$

　　　$|k-7|=\sqrt{5}$　　$k-7=\pm\sqrt{5}$

　　　$\therefore\quad k=7\pm\sqrt{5}$

グラフより P_4 を通るのは $k=7-\sqrt{5}$ のときであり，最小値は

　　　$7-\sqrt{5}$　→ヌ，ネ

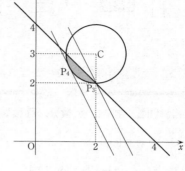

(3)　$x^2+y^2-6x-8y$

　　$=(x-3)^2+(y-4)^2-25$

　　$=\left\{\sqrt{(x-3)^2+(y-4)^2}\right\}^2-25$

より，$E(3, 4)$ とおくとき点 E から領域 D 内を動く点 P までの距離を考える。EP が最大となるのは点 P が右図の直線 CE と円との交点 P_5 にあるときである。

　　　$EP_5=CE+1=\sqrt{1+1}+1=\sqrt{2}+1$

より，最大値は

　　　$(\sqrt{2}+1)^2-25=-22+2\sqrt{2}$　→ノ〜フ

EP が最小となるのは点 P が直線 CE と直線 $x+y=4$ の交点 P_6 にあるときである。

$$EP_6=\frac{|3+4-4|}{\sqrt{1+1}}=\frac{3}{\sqrt{2}}$$

より，最小値は

$$\left(\frac{3}{\sqrt{2}}\right)^2-25=\frac{9}{2}-25=-\frac{41}{2}\quad →へ〜マ$$

$\boxed{4}$ **解答** (1)(あ)$\dfrac{2x}{x^2+e}$ (2)(い)$y=\dfrac{1}{\sqrt{e}}x+\log 2$ (3)(う)$\dfrac{\pi}{4}\sqrt{e}$

(4)(え)$\dfrac{\sqrt{e}}{2}(\pi-3)$

(注) (う)については，途中の過程の記述は省略。

━━━━━━━◀解 説▶━━━━━━━

≪導関数，接線，定積分，面積≫

(1) $f(x)=\log(x^2+e)$ より $f'(x)=\dfrac{(x^2+e)'}{x^2+e}=\dfrac{2x}{x^2+e}$ →(あ)

(2) $f(\sqrt{e})=\log 2e=\log 2+1$

より 接点 $(\sqrt{e},\ \log 2+1)$

$f'(\sqrt{e})=\dfrac{2\sqrt{e}}{2e}=\dfrac{\sqrt{e}}{e}$ であるから接線 l の方程式は

$$y-(\log 2+1)=\dfrac{\sqrt{e}}{e}(x-\sqrt{e})\qquad\therefore\quad y=\dfrac{1}{\sqrt{e}}x+\log 2\quad →(い)$$

(3) $x=\sqrt{e}\tan\theta\left(-\dfrac{\pi}{2}<\theta<\dfrac{\pi}{2}\right)$ とおくと

$$dx=\dfrac{\sqrt{e}}{\cos^2\theta}d\theta\qquad\begin{array}{c|ccc}x&0&\longrightarrow&\sqrt{e}\\\hline\theta&0&\longrightarrow&\dfrac{\pi}{4}\end{array}$$

であるから

$$\int_0^{\sqrt{e}}\dfrac{e}{x^2+e}dx=\int_0^{\frac{\pi}{4}}\dfrac{e}{e(1+\tan^2\theta)}\cdot\dfrac{\sqrt{e}}{\cos^2\theta}d\theta=\int_0^{\frac{\pi}{4}}\dfrac{\sqrt{e}\cos^2\theta}{\cos^2\theta}d\theta$$

$$=\int_0^{\frac{\pi}{4}}\sqrt{e}\,d\theta=\left[\sqrt{e}\,\theta\right]_0^{\frac{\pi}{4}}=\dfrac{\pi}{4}\sqrt{e}\quad →(う)$$

(4) D は右図の網目部分であるから，その面積を S とすると

$$S=\int_0^{\sqrt{e}}\left\{\log(x^2+e)-\dfrac{\sqrt{e}}{e}x-\log 2\right\}dx$$

ここで

$$\int_0^{\sqrt{e}}\log(x^2+e)\,dx$$
$$=\left[x\log(x^2+e)\right]_0^{\sqrt{e}}-\int_0^{\sqrt{e}}x\cdot\dfrac{2x}{x^2+e}dx$$
$$=\sqrt{e}\log 2e-2\int_0^{\sqrt{e}}\dfrac{x^2+e-e}{x^2+e}dx$$

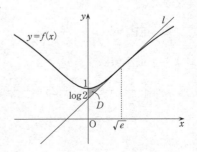

$$= \sqrt{e}\,(\log 2 + 1) - 2\int_0^{\sqrt{e}}\left(1 - \frac{e}{x^2 + e}\right)dx$$

$$= \sqrt{e}\,(\log 2 + 1) - 2\left(\Big[x\Big]_0^{\sqrt{e}} - \frac{\sqrt{e}\,\pi}{4}\right)$$

$$= \sqrt{e}\,(\log 2 + 1) - 2\left(\sqrt{e} - \frac{\sqrt{e}\,\pi}{4}\right)$$

$$= \sqrt{e}\left(\log 2 + 1 - 2 + \frac{\pi}{2}\right) = \sqrt{e}\left(\log 2 - 1 + \frac{\pi}{2}\right)$$

$$\int_0^{\sqrt{e}}\left(-\frac{\sqrt{e}}{e}x - \log 2\right)dx = \left[-\frac{\sqrt{e}}{2e}x^2 - x\log 2\right]_0^{\sqrt{e}}$$

$$= -\frac{\sqrt{e}}{2} - \sqrt{e}\,\log 2 = \sqrt{e}\left(-\frac{1}{2} - \log 2\right)$$

であるから

$$S = \sqrt{e}\left(\log 2 - 1 + \frac{\pi}{2}\right) + \sqrt{e}\left(-\frac{1}{2} - \log 2\right) = \frac{\sqrt{e}}{2}(\pi - 3) \quad \rightarrow(\lambda)$$

5 解答

(1)(あ) E $(1,\ 2,\ 0)$　(い) F $(-3,\ -8,\ -4)$

(う) P $(-1,\ -3,\ -2)$

(2)(え) Q $(9,\ 9,\ -6)$　(3)(お) $\dfrac{3}{65}\sqrt{20865}$　(か) $3\sqrt{321}$

(注)　(お)・(か)については，途中の過程の記述は省略。

◀解　説▶

≪空間ベクトル，線分の交点，4点が同一平面上にある条件，点から直線に下ろした垂線≫

(1)　$\dfrac{1\times(-1) + 2\times 2}{2 + 1} = 1,\ \dfrac{1\times 2 + 2\times 2}{2 + 1} = 2,\ \dfrac{1\times(-2) + 2\times 1}{2 + 1} = 0$ より

　　E $(1,\ 2,\ 0)$　→(あ)

$$\dfrac{-2\times 2 + 5\times(-1)}{5 - 2} = -3,\ \dfrac{-2\times 2 + 5\times(-4)}{5 - 2} = -8,$$

$$\dfrac{-2\times 1 + 5\times(-2)}{5 - 2} = -4\ \text{より}$$

　　F $(-3,\ -8,\ -4)$　→(い)

AP : PC $= s : (1-s)$，EP : PF $= t : (1-t)$ とおくと

　$\overrightarrow{\mathrm{OP}} = (1-s)\overrightarrow{\mathrm{OA}} + s\overrightarrow{\mathrm{OC}}$

　　$= (-1+s,\ 2-2s,\ -2+2s) + (-s,\ -4s,\ -2s)$

$$= (-1,\ 2-6s,\ -2)$$

$$\overrightarrow{OP} = (1-t)\overrightarrow{OE} + t\overrightarrow{OF}$$

$$= (1-t,\ 2-2t,\ 0)$$

$$+ (-3t,\ -8t,\ -4t)$$

$$= (1-4t,\ 2-10t,\ -4t)$$

よって $-1 = 1-4t,$

$$2-6s = 2-10t,\ -2 = -4t$$

これより $t = \dfrac{1}{2},\ s = \dfrac{5}{6}$

ゆえに $P(-1,\ -3,\ -2)$ →(う)

(2) 点Qは3点B，C，Dの定める平面 BCD 上にあるから

$$\overrightarrow{OQ} = x\overrightarrow{OB} + y\overrightarrow{OC} + z\overrightarrow{OD}\quad (x+y+z=1)$$

とかける。

$$(3k,\ 3k,\ -2k) = x(2,\ 2,\ 1) + y(-1,\ -4,\ -2) + z(-1,\ -1,\ 4)$$

$$= (2x-y-z,\ 2x-4y-z,\ x-2y+4z)$$

$$\begin{cases} 2x-y-z = 3k & \cdots\cdots ① \\ 2x-4y-z = 3k & \cdots\cdots ② \\ x-2y+4z = -2k & \cdots\cdots ③ \end{cases}$$

① − ② より

$$3y = 0 \quad \therefore\quad y = 0$$

これを①，③へ代入して

$$\begin{cases} 2x-z = 3k & \cdots\cdots ①' \\ x+4z = -2k & \cdots\cdots ③' \end{cases}$$

①′ × 4 + ③′ より

$$9x = 10k \quad \therefore\quad x = \dfrac{10}{9}k$$

①′ へ代入して

$$\dfrac{20}{9}k - z = 3k \quad \therefore\quad z = -\dfrac{7}{9}k$$

$x = \dfrac{10}{9}k,\ y = 0,\ z = -\dfrac{7}{9}k$ を $x+y+z=1$ へ代入して

$$\dfrac{10}{9}k - \dfrac{7}{9}k = 1$$

$$\frac{1}{3}k = 1 \quad \therefore \quad k = 3$$

よって　　$Q(9, 9, -6)$　→(え)

(3)　3点 P，H，Q は一直線上にあるから

$$\overrightarrow{PH} = l\overrightarrow{PQ} \quad \therefore \quad \overrightarrow{OH} - \overrightarrow{OP} = l\overrightarrow{PQ}$$

ここで

$$\overrightarrow{OH} = \overrightarrow{OP} + l\overrightarrow{PQ}$$
$$= (-1, -3, -2)$$
$$+ l(10, 12, -4)$$
$$= (-1 + 10l, -3 + 12l, -2 - 4l)$$
$$\overrightarrow{RH} = \overrightarrow{OH} - \overrightarrow{OR}$$
$$= (-1 + 10l, -3 + 12l, -2 - 4l) - (3, 3, 3)$$
$$= (-4 + 10l, -6 + 12l, -5 - 4l)$$

$\overrightarrow{RH} \perp \overrightarrow{PQ}$ より

$$\overrightarrow{RH} \cdot \overrightarrow{PQ} = 0$$
$$10(-4 + 10l) + 12(-6 + 12l) - 4(-5 - 4l) = 0$$
$$260l - 92 = 0 \quad \therefore \quad l = \frac{23}{65}$$

ゆえに

$$\overrightarrow{RH} = \left(-4 + \frac{230}{65}, -6 + \frac{276}{65}, -5 - \frac{92}{65}\right) = \left(-\frac{30}{65}, -\frac{114}{65}, -\frac{417}{65}\right)$$
$$= -\frac{3}{65}(10, 38, 139)$$
$$|\overrightarrow{RH}| = \frac{3}{65}\sqrt{100 + 1444 + 19321} = \frac{3}{65}\sqrt{20865} \quad →(お)$$

さらに

$$|\overrightarrow{PQ}| = \sqrt{100 + 144 + 16} = \sqrt{260} = 2\sqrt{65}$$

より

$$\triangle PQR = \frac{1}{2} \times |\overrightarrow{PQ}| \times |\overrightarrow{RH}|$$
$$= \frac{1}{2} \times 2\sqrt{65} \times \frac{3}{65}\sqrt{20865} = 3\sqrt{321} \quad →(か)$$

❖講　評

　2023 年度も例年通り大問 5 題の出題であり，答えのみのマークシート法は 3 題，記述式で答えを記入する（一部解答を導く過程も書く）問題が 2 題であった。⑤の計算量が多かったが，他は基本〜標準問題で，難易度は 2022 年度と同程度である。

　①　2 次方程式の問題。(1)は解の公式を用いるだけである。(2)・(3)は k を含んだまま解の公式で解を求めると同時に解ける。(4)は解と係数の関係を用いるが，複素数の扱いに注意する。

　②　微分法の問題。(1)は 3 次方程式の解を求める問題。因数定理を用いて因数分解して解く。(2)・(3)は 3 次方程式の実数解の個数についての問いで，微分法を用いて $y=f(x)$ のグラフを描き，直線 $y=k$ との共有点の個数を調べる。

　③　図形と方程式の問題。不等式の表す領域における最大・最小がテーマである。(1)原点から領域に属する点 P までの距離の最大値・最小値である。最小値をとるときの P の座標は原点と円の中心を通る直線と円の交点なので，これを求める。(2) $2x+y=k$ とおき，傾き -2 の直線が領域 D を通るときの y 切片 k の最大値・最小値を考える。(3)(2)と同様に $x^2+y^2-6x-8y=l$ とおいて考える方法もあるが $(x-3)^2+(y-4)^2-25=\left\{\sqrt{(x-3)^2+(y-4)^2}\right\}^2-25$ とすれば，点 $(3,\ 4)$ から領域 D に属する点までの距離で解答することもできる。

　④　微・積分法についての問題。(1)・(2)は基本である。(3)の定積分は $x=\sqrt{e}\tan\theta$ とおく形である。(4)(1)の結果を参考にして $y=f(x)$ のグラフの概形を描き，曲線 $y=f(x)$ と l と y 軸で囲まれた図形 D を考える。D の面積を定積分で表し計算していく。$\displaystyle\int_0^e \log(x^2+e)\,dx$ は部分積分法を用いて計算していくと，(3)の結果が使える。これに気付くことがポイントとなる。

　⑤　空間ベクトルの問題。(1) P の座標は $AP:PC=s:(1-s)$，$EP:PF=t:(1-t)$ とおいて $\overrightarrow{OP}$ を 2 通りで書き表して，係数を比較する。(2) 3 点 B，C，D の定める平面上に点 Q がある条件は，$\overrightarrow{OQ}=x\overrightarrow{OB}+y\overrightarrow{OC}+z\overrightarrow{OD}$ $(x+y+z=1)$ とかけることであるから，成分

を代入して x, y, z, k の 3 本の関係式を求め, $x+y+z=1$ と連立させる。(3) 3 点 P, Q, H は一直線上にあるから $\overrightarrow{PH}=l\overrightarrow{PQ}$ となるのでこれより $\overrightarrow{OH}$ の成分を求め, $\overrightarrow{RH}$ を計算する。$\overrightarrow{RH}\cdot\overrightarrow{PQ}=0$ より l の値が求められ, $RH=|\overrightarrow{RH}|$ を計算すればよい。$\triangle PQR$ の面積は底辺が PQ, 高さが RH と考えて求める。

物理

（注） 解答は，東京理科大学から提供のあった情報を掲載しています。

1 解答

(1)(ア)—(3)　(イ)—(14)　(ウ)—(22)　(エ)—(18)　(オ)—(24)　(カ)—(4)

(2)(キ)—(3)　(ク)—(1)　(ケ)—(25)　(コ)—(16)

◀解　説▶

≪斜面上での小球の複数回衝突と正三角柱のつり合い≫

(1)(ア)　自由落下の公式より

$$\frac{1}{2}gt_1{}^2 = h \quad \therefore \quad t_1 = \sqrt{\frac{2h}{g}} \; (s)$$

(イ)　A_1 を原点として斜面に沿って下向きに x 軸，斜面に垂直上向きに y 軸をとる。このとき，重力加速度の x 成分は $g\sin\theta (m/s^2)$，y 成分は $-g\cos\theta (m/s^2)$ となる。

また，A_1 に衝突する直前の小球の速さ $v_0 (m/s)$ は，力学的エネルギー保存則 $\frac{1}{2}mv_0{}^2 = mgh$ より $v_0 = \sqrt{2gh} (m/s)$ であり，衝突直前の速度の x 成分は $v_0\sin\theta (m/s)$，y 成分は $-v_0\cos\theta (m/s)$ と表される。

小球が A_1 に衝突後 A_2 に再び衝突するまでの経過時間 $\Delta t_{12} (s)$ $(=t_2-t_1)$ は，A_1 に衝突直後の小球の速度の y 方向成分 $ev_0\cos\theta$ が A_2 に衝突直前には $-ev_0\cos\theta$ となることから

$$-ev_0\cos\theta = ev_0\cos\theta - g\cos\theta\Delta t_{12}$$

$$\therefore \quad \Delta t_{12} = \frac{2e}{g}v_0 = \frac{2e}{g} \times \sqrt{2gh} = 2e\sqrt{\frac{2h}{g}} \; (s)$$

(ウ)　(イ)と同様に考えて，$\Delta t_{23} (s)$ $(=t_3-t_2)$ は

$$-e^2v_0\cos\theta = e^2v_0\cos\theta - g\cos\theta\Delta t_{23}$$

$$\therefore \quad \Delta t_{23} = \frac{2e^2}{g}v_0 = \frac{2e^2}{g} \times \sqrt{2gh} = 2e^2\sqrt{\frac{2h}{g}} \; (s)$$

(エ)　x 軸方向は重力の x 成分以外の力を受けないので，初速度 $v_0\sin\theta$ (m/s)，加速度 $g\sin\theta (m/s^2)$ の等加速度運動となる。これより

$$A_1 A_2 = v_0 \sin\theta \times \Delta t_{12} + \frac{1}{2} g \sin\theta \times \Delta t_{12}{}^2$$

$$= \sqrt{2gh} \sin\theta \times 2e\sqrt{\frac{2h}{g}} + \frac{1}{2} g \sin\theta \left(2e\sqrt{\frac{2h}{g}} \right)^2$$

$$= 4eh\sin\theta + 4e^2 h\sin\theta = 4h\sin\theta \times e\,(1+e)\ \text{〔m〕}$$

(オ) A_2 での速度の x 成分は等加速度運動の公式に当てはめて

$$v_0 \sin\theta + g\sin\theta \times \Delta t_{12} = \sqrt{2gh}\sin\theta + g\sin\theta \times 2e\sqrt{\frac{2h}{g}}$$

$$= \sqrt{2gh}\sin\theta + 2e\sin\theta\sqrt{2gh}$$

$$= (1+2e)\sqrt{2gh}\sin\theta\ \text{〔m/s〕}$$

これより

$$A_2 A_3 = (1+2e)\sqrt{2gh}\sin\theta \times \Delta t_{23} + \frac{1}{2} g\sin\theta \times \Delta t_{23}{}^2$$

$$= (1+2e)\sqrt{2gh}\sin\theta \times 2e^2\sqrt{\frac{2h}{g}} + \frac{1}{2} g\sin\theta \times \left(2e^2\sqrt{\frac{2h}{g}} \right)^2$$

$$= 4h\,(1+2e)\,e^2\sin\theta + 4he^4\sin\theta$$

$$= 4h\sin\theta \times e^2(1+2e+e^2)\ \text{〔m〕}$$

(カ)　これまでの考察より，n 回目の衝突から $n+1$ 回目の衝突に要する $\Delta t_{n(n+1)}$ は $\Delta t_{n(n+1)} = 2e^n\sqrt{\dfrac{2h}{g}}$ 〔s〕とわかる。$0<e<1$ であるので，無限等比級数の公式より，A_1 からの衝突に要する時間の和は

$$\frac{2e\sqrt{\dfrac{2h}{g}}}{(1-e)} = \frac{2e}{1-e}\sqrt{\frac{2h}{g}}\ \text{〔s〕に収束することがわかる。}$$

求める時刻 T〔s〕は，小球が A_1 に落下する時刻 $\sqrt{\dfrac{2h}{g}}$ を加えて

$$T = \sqrt{\frac{2h}{g}} + \frac{2e}{1-e}\sqrt{\frac{2h}{g}} = \left(\frac{1+e}{1-e} \right)\sqrt{\frac{2h}{g}}\ \text{〔s〕}$$

(2)(キ)　(1)と同様に x, y 方向をとる。求める静止摩擦力を f_0 とする。x 軸方向の力のつり合いの式は

$$Mg\sin 30° - F_0 + f_0 = 0 \qquad \therefore\quad f_0 = F_0 - \frac{Mg}{2}\ \text{〔N〕}$$

(ク)　正三角形 PQR の重心の位置 G は，Q から PR に下ろした垂線上の Q

から $\dfrac{2}{3}$ の位置にある。

よって　　$\mathrm{QG}=\dfrac{2}{3}\times\dfrac{l\sqrt{3}}{2}=\dfrac{l}{\sqrt{3}}$〔m〕

Q点のまわりの力のモーメントのつり合いの式は

$$F_0 l\sin 60°+K-Mg\times\dfrac{l}{\sqrt{3}}=0 \quad \therefore \quad K+\dfrac{\sqrt{3}}{2}lF_0=Mg\dfrac{l}{\sqrt{3}}$$

㈹　このとき，正三角柱に斜面からはたらく垂直抗力はQ点を含む境界面に作用する。これより，㈹で得られた式で，$K=0$，$F_0=F$ として

$$\dfrac{\sqrt{3}}{2}lF=Mg\dfrac{l}{\sqrt{3}} \quad \therefore \quad F=\dfrac{2}{3}Mg$$〔N〕

はたらく摩擦力 f は x 方向の力のつり合いの式より

$$f-F+Mg\sin 30°=0 \quad \therefore \quad f=\dfrac{2}{3}Mg-\dfrac{1}{2}Mg=\dfrac{1}{6}Mg$$〔N〕

また，y 方向の力のつり合いを垂直抗力の大きさを N〔N〕として表すと

$$N-Mg\cos 30°=0 \quad \therefore \quad N=\dfrac{\sqrt{3}}{2}Mg$$

正三角柱が滑らずに傾き始める条件は最大摩擦力の大きさが f より大きいことである。すなわち

$$\mu N>f$$
$$\mu\times\dfrac{\sqrt{3}}{2}Mg>\dfrac{1}{6}Mg \quad \therefore \quad \mu>\dfrac{1}{3\sqrt{3}}$$

㈺　F が0となりその作るモーメントが0となるとき，重力の作るモーメントも0になる。これより，正三角形の重心G点がQ点の真上にくることがわかる。仕事とエネルギーの関係より，この間に正三角柱になされた仕事の分だけ重力による位置エネルギーが増加したから，求める仕事 W〔J〕は

$$W=Mg\times\dfrac{1}{\sqrt{3}}l=\dfrac{1}{\sqrt{3}}Mgl$$〔J〕

② 解答

(1)(ア)—(2)　(イ)—(1)　(ウ)—(6)　(エ)—(7)　(オ)—(1)　(カ)—(6)　(キ)—(8)

(2)(ク)—(4)　(ケ)—(2)　(コ)—(4)　(サ)—(2)

━━━━━ ◀解　説▶ ━━━━━

≪ばねのついた真空部に接した気体の状態変化≫

(1)(ア)　ばねは $\frac{1}{4}L$〔m〕だけ縮んでいる。ピストンに加わる力のつり合いの式は

$$p_0 S = k \times \frac{1}{4}L \qquad \therefore \quad p_0 = \frac{kL}{4S}\,\text{〔Pa〕}$$

(イ)　状態方程式を立てる。

$$p_0 S \frac{5}{4}L = RT_0$$

$$\therefore \quad T_0 = \frac{5SL}{4R}p_0 = \frac{5SL}{4R} \times \frac{kL}{4S} = \frac{5kL^2}{16R}\,\text{〔K〕}$$

(ウ)　ばねは $\frac{1}{2}L$〔m〕縮んでいる。ピストンに加わる力のつり合いの式は

$$p_1 S = k\frac{1}{2}L$$

$$\therefore \quad p_1 = \frac{kL}{2S} = 2 \times \frac{kL}{4S} = 2p_0\,\text{〔Pa〕}$$

(エ)　ボイル・シャルルの法則より

$$\frac{p_0 \times \frac{5}{4}SL}{T_0} = \frac{2p_0 \times \frac{3}{2}SL}{T_1} \qquad \therefore \quad T_1 = \frac{12}{5}T_0\,\text{〔K〕}$$

(オ)　真空への膨張であるから，気体がした仕事 W〔J〕はばねを押し縮めることのみ。ばねはされた仕事を弾性エネルギーとして蓄えるので

$$W = \frac{1}{2}k\left(\frac{1}{2}L\right)^2 - \frac{1}{2}k\left(\frac{1}{4}L\right)^2 = \frac{3}{32}kL^2\,\text{〔J〕}$$

(カ)　単原子分子理想気体の定積モル比熱は $\frac{3}{2}R$〔J/mol·K〕である。これを用いて内部エネルギーの増加 ΔU〔J〕は

$$\Delta U = \frac{3}{2}R\left(\frac{12}{5}T_0 - T_0\right) = \frac{21}{10}RT_0 = \frac{21}{10}R \times \frac{5kL^2}{16R} = \frac{21}{32}kL^2\,\text{〔J〕}$$

(キ)　熱力学第1法則を用いて，気体に与えた熱量 Q〔J〕は

$$Q = \Delta U + W = \frac{21}{32}kL^2 + \frac{3}{32}kL^2 = \frac{24}{32}kL^2 = \frac{3}{4}kL^2\,\text{〔J〕}$$

(2)(ク)　ポアソンの法則に当てはめて

$$p_h\left\{S\left(\frac{5}{4}L-h\right)\right\}^{\gamma}=p_0\left(S\frac{5}{4}L\right)^{\gamma} \qquad \therefore \quad p_h=\left(\frac{\frac{5}{4}L}{\frac{5}{4}L-h}\right)^{\gamma}p_0 \,(\mathrm{Pa})$$

(ケ)　前問の結果に与えられた近似式を当てはめて

$$p_h=\left(\frac{\frac{5}{4}L}{\frac{5}{4}L-h}\right)^{\gamma}p_0=\left(\frac{1}{1-\frac{4h}{5L}}\right)^{\gamma}p_0=\left(1-\frac{4h}{5L}\right)^{-\gamma}p_0 \doteqdot \left(1+\gamma\frac{4h}{5L}\right)p_0 \,(\mathrm{Pa})$$

(コ)　ピストンは弾性力と気体からの力を受ける。

$$F(x)=-k\left(x-\frac{1}{4}L\right)-\left(1+\frac{4\gamma}{5L}x\right)p_0S$$

$$=-kx+\frac{1}{4}kL-p_0S-\frac{4\gamma}{5L}p_0Sx \,(\mathrm{N})$$

ここで，(ア)の考察より $\frac{1}{4}kL=p_0S$ であるから

$$F(x)=-kx-\frac{4\gamma}{5L}p_0Sx=-\left(k+\frac{4\gamma}{5L}p_0S\right)x \,(\mathrm{N})$$

(サ)　単振動の角振動数を $\omega\,(\mathrm{rad/s})$ とすると，$F=-m\omega^2x$ と表現できる。先の結果と比べて

$$m\omega^2=k+\frac{4\gamma}{5L}p_0S \qquad \therefore \quad \omega=\sqrt{\frac{k+\frac{4\gamma}{5L}p_0S}{m}} \,(\mathrm{rad/s})$$

これより振動の周期 $T\,(\mathrm{s})$ は

$$T=\frac{2\pi}{\omega}=2\pi\sqrt{\frac{m}{k+\frac{4\gamma}{5L}p_0S}} \,(\mathrm{s})$$

| 3 | 解答 | (1)(ア)—(3)　(イ)—(6)　(ウ)—(3)　(エ)—(19)　(オ)—(13)　(カ)—(24) (キ)—(11)　(ク)—(15) |

(2)(a)(ケ)—(2)　(コ)—(5)　(サ)—(3)

(b)(シ)—(2)　(c)(ス)—(3)　(セ)—(3)　(ソ)—(5)

■◀解　説▶■

≪磁場中の導体棒の運動，コンデンサーの切り替えと電気振動≫

(1)(ア)　誘導起電力の公式より，生じる誘導起電力 V_0〔V〕は

$$V_0 = v_0 Bl \text{〔V〕}$$

(イ)　金属棒 a と b は直列に接続されていると見なせる。これより，求める電流の大きさ I_0〔A〕は

$$I_0 = \frac{v_0 Bl}{R_a + R_b} \text{〔A〕}$$

(ウ)　金属棒 b には，鉛直下向きに重力 $(M+m_b)g$〔N〕と磁場から水平方向右向きに受ける力 BI_0l〔N〕，レール B に垂直に垂直抗力 N〔N〕がはたらく。これらをレール B に平行な方向とそれに垂直な方向に分けて考える。レール B に平行な方向の力のつり合いの式は

$$(M+m_b)g\sin 30° = BI_0 l\cos 30°$$

(イ)の結果を代入して

$$(M+m_b)g\sin 30° = B\frac{Blv_0}{R_a+R_b}l\cos 30°$$

$$\therefore \quad M = \frac{\sqrt{3}\,(Bl)^2 v_0}{(R_a+R_b)\,g} - m_b \text{〔kg〕}$$

(エ)　求める速さを v_1〔m/s〕とすると，金属棒 b に発生する誘導起電力の大きさは $v_1 Bl\cos 30°$〔V〕となり，その向きは図で奥から手前の方になる。このとき回路に流れる電流 I_1〔A〕は

$$I_1 = \frac{v_0 Bl - v_1 Bl\cos 30°}{R_a + R_b} \text{〔A〕}$$

これにより金属棒 b が磁場から受ける力は $I_1 Bl$〔N〕となる。

レール B に平行な方向について加速度を a として運動方程式を立てると

$$m_b a = I_1 Bl\cos 30° - m_b g\sin 30°$$

一定の速さになったとき $a=0$ であるので

$$I_1 Bl\cos 30° = m_b g\sin 30°$$

これまでの結果を代入して

$$\frac{v_0 Bl - v_1 Bl\dfrac{\sqrt{3}}{2}}{R_a+R_b}Bl\frac{\sqrt{3}}{2} = m_b g\frac{1}{2}$$

これより

$$v_1 = \frac{2v_0}{\sqrt{3}} - \frac{2(R_a + R_b)\,m_b g}{3\,(Bl)^2}\ [\text{m/s}]$$

(オ) 金属棒 a の速度が $v_a[\text{m/s}]$ のとき，生じる誘導起電力は $v_a Bl\,[\text{V}]$ となり奥から手前の向きとなる。これより，金属棒 a に流れる電流 I_a 〔A〕は $I_a = \dfrac{E - v_a Bl}{R_a}\,[\text{A}]$ となる。金属棒 a について加速度を $a_a[\text{m/s}^2]$ として運動方程式を立てると

$$m_a a_a = I_a Bl = \frac{(E - v_a Bl)\,Bl}{R_a}$$

一定の速さのとき，$a_a = 0$ であることより

$$E - v_a Bl = 0 \qquad \therefore \quad v_a = \frac{E}{Bl}\ [\text{m/s}]$$

(カ) これまでの考察と同様に考えて，求める速さを $v_b[\text{m/s}]$ とすると，このとき金属棒 b に流れる電流 I_b〔A〕は

$$I_b = \frac{E - v_b Bl\cos 30°}{R_b}\ [\text{A}]$$

加速度を $a_b[\text{m/s}^2]$ とした運動方程式は

$$m_b a_b = I_b Bl\cos 30° - m_b g\sin 30°$$

$a_b = 0$ として

$$\frac{E - v_b Bl\cos 30°}{R_b}\,Bl\cos 30° = m_b g\sin 30°$$

が成立する。これより

$$v_b = \frac{2E}{\sqrt{3}\,Bl} - \frac{2R_b m_b g}{3\,(Bl)^2}\ [\text{m/s}]$$

(キ) (オ)の考察より $I_a = 0\,[\text{A}]$，また，金属棒 b を流れる電流 I_b〔A〕は(カ)の考察より

$$I_b = \frac{E - \left(\dfrac{2E}{\sqrt{3}\,Bl} - \dfrac{2m_b g R_b}{3\,(Bl)^2}\right)Bl\cos 30°}{R_b}$$

$$= \frac{1}{R_b}\left(E - E + \frac{m_b g R_b}{\sqrt{3}\,Bl}\right) = \frac{m_b g}{\sqrt{3}\,Bl}\ [\text{A}]$$

これより，電池のする仕事率 $P_E[\text{W}]$ は

$$P_E = E I_b = \frac{E m_b g}{\sqrt{3}\,Bl}\ [\text{W}]$$

(ク) 求める位置エネルギーの増加量 P_b〔W〕は

$$P_b = m_b g v_b \sin 30°$$

$$= m_b g \left(\frac{2E}{\sqrt{3} Bl} - \frac{2 m_b g R_b}{3 (Bl)^2} \right) \times \frac{1}{2} = \frac{E m_b g}{\sqrt{3} Bl} - \frac{R_b (m_b g)^2}{3 (Bl)^2} 〔W〕$$

別解 金属棒 b での消費電力 P_R〔W〕は

$$P_R = I_b{}^2 R_b$$

$$= \left(\frac{m_b g}{\sqrt{3} Bl} \right)^2 R_b = \frac{R_b (m_b g)^2}{3 (Bl)^2} 〔W〕$$

ここで, $P_E = P_b + P_R$ が成立するので

$$P_b = P_E - P_R = \frac{E m_b g}{\sqrt{3} Bl} - \frac{R_b (m_b g)^2}{3 (Bl)^2}$$

(2)(a)(ケ) スイッチ S_1 を入れた直後のコンデンサー C_1 の電位差は 0 V で

あるので, 求める電流 I_1〔A〕は　　$I_1 = \dfrac{E}{R}$〔A〕

(コ) じゅうぶんに時間が経過したとき, 充電は完了し流れる電流は 0 A と
なり, 抵抗による電圧降下も 0 V である。よってコンデンサー C_1 の両端
の電位差は E〔V〕となる。

(サ) 求める静電エネルギー U〔J〕は公式より

$$U = \frac{1}{2} \times \frac{1}{4} C \times E^2 = \frac{CE^2}{8} 〔J〕$$

(b)(シ) スイッチ S_1 を開く前にコンデンサー C_1 に蓄えられていた電気量
Q〔C〕は

$$Q = \frac{1}{4} CE 〔C〕$$

スイッチ S_1 を開きスイッチ S_2 を閉じてじゅうぶんに時間が経過すると,
コンデンサー C_1 と C_2 の電位差は等しくなる。求める電位差を V_1〔V〕
とし, 電荷の保存則を用いると

$$\frac{1}{4} C V_1 + \frac{1}{2} C V_1 = \frac{1}{4} CE \quad より \quad V_1 = \frac{E}{3} 〔V〕$$

(c)(ス) $V_L = 0$ となったとき, コンデンサー C_2 と C_3 の端子電圧は等しい。
求める電位差を V_2〔V〕とおいて, 前問と同様に考えて

$$\frac{1}{2} C V_2 + \frac{1}{6} C V_2 = \frac{1}{2} C \frac{E}{3} \quad \therefore \quad V_2 = \frac{E}{4} 〔V〕$$

(セ) (ス)で考察したように C_2 と同じ電位差である。

(ソ) スイッチ S_3 を閉じる前にコンデンサー C_2 が蓄えていた静電エネルギーが保存される。$V_L = 0$ の瞬間はコイルに流れる電流の時間変化が 0 になった瞬間で，コイルに流れる電流が 0 A ではないことに注意して，エネルギー保存則の式を立てると

$$\frac{1}{2} \times \frac{1}{2} C \left(\frac{E}{4}\right)^2 + \frac{1}{2} \times \frac{1}{6} C \left(\frac{E}{4}\right)^2 + \frac{1}{2} L i_L{}^2 = \frac{1}{2} \times \frac{1}{2} C \left(\frac{E}{3}\right)^2$$

より

$$\frac{1}{2} L i_L{}^2 = \frac{1}{36} CE^2 - \frac{1}{64} CE^2 - \frac{1}{192} CE^2 = \frac{1}{144} CE^2$$

$$i_L{}^2 = \frac{CE^2}{72L} \qquad \therefore \quad i_L = \frac{E}{6} \sqrt{\frac{C}{2L}} \; \text{〔A〕}$$

$\boxed{4}$ 解答 (1)(ア)—(6) (イ)—(4) (ウ)—(1) (エ)—(−) (オ)—(1) (カ)—(0)

(2)(キ)—(6)

(3)(ク)—(4) (ケ)—(+) (コ)—(0) (サ)—(2) (シ)—(4) (ス)—(5)

◀解 説▶

≪X線の発生とブラッグの条件，コンプトン効果≫

(1)(ア) 電子が陰極・陽極間で加速されて得たエネルギーがX線光子のエネルギーとなるのであるから

$$eV = \frac{hc}{\lambda_{\mathrm{m}}} \; \text{〔J〕}$$

(イ)〜(カ) (ア)の結果に代入して

$$1.6 \times 10^{-19} \times 3.0 \times 10^3 = 6.6 \times 10^{-34} \times \frac{3.0 \times 10^8}{\lambda_{\mathrm{m}}}$$

$$\therefore \quad \lambda_{\mathrm{m}} = \frac{6.6 \times 10^{-34} \times 3.0 \times 10^8}{1.6 \times 10^{-19} \times 3.0 \times 10^3} = 4.125 \times 10^{-10} \fallingdotseq 4.1 \times 10^{-10} \; \text{〔m〕}$$

(2)(キ) ブラッグの条件に当てはめる。加速電圧を徐々に増加させて初めて強め合いが観測されたのであるから，X線の波長は徐々に短くなっていき，隣接する原子面での反射によるX線の経路差が 1 波長に等しくなったと考えられるので

$$2d \sin 30° = \frac{6.6 \times 10^{-34} \times 3.0 \times 10^8}{1.6 \times 10^{-19} \times 4.5 \times 10^3}$$

$$= \frac{6.6 \times 10^{-34} \times 3.0 \times 10^{8}}{1.6 \times 10^{-19} \times 3.0 \times 10^{3}} \times \frac{3.0 \times 10^{3}}{4.5 \times 10^{3}}$$

$$= \frac{2}{3}\lambda_{\mathrm{m}} = 0.666\lambda_{\mathrm{m}} \fallingdotseq 0.67\lambda_{\mathrm{m}} \, [\mathrm{m}]$$

(3)(ク)　入射 X 線の進行方向を x 軸にとり，散乱 X 線の進行方向下向きを正として y 軸をとる。運動量保存則は

$$x \, \text{方向}: \frac{h}{\lambda} = mv\cos\theta$$

$$y \, \text{方向}: 0 = \frac{h}{\lambda'} - mv\sin\theta \qquad \therefore \quad \frac{h}{\lambda'} = mv\sin\theta$$

ともに両辺を 2 乗して辺々を加えると

$$h^{2}\left(\frac{1}{\lambda^{2}} + \frac{1}{\lambda'^{2}}\right) = (mv)^{2}$$

また，エネルギー保存則より

$$\frac{hc}{\lambda} = \frac{hc}{\lambda'} + \frac{1}{2}mv^{2} \qquad \therefore \quad 2mhc\left(\frac{1}{\lambda} - \frac{1}{\lambda'}\right) = (mv)^{2}$$

運動量保存とエネルギー保存から得た式より

$$2mhc\left(\frac{1}{\lambda} - \frac{1}{\lambda'}\right) = h^{2}\left(\frac{1}{\lambda^{2}} + \frac{1}{\lambda'^{2}}\right)$$

両辺に $\lambda\lambda'$ を乗じると

$$2mhc\,(\lambda' - \lambda) = h^{2}\left(\frac{\lambda'}{\lambda} + \frac{\lambda}{\lambda'}\right)$$

与えられた近似式 $\left(\dfrac{\lambda'}{\lambda} + \dfrac{\lambda}{\lambda'}\right) \fallingdotseq 2$ と $\varDelta\lambda = \lambda' - \lambda$ を用いて整理すると

$$\varDelta\lambda = \frac{h}{mc} \, [\mathrm{m}]$$

(ケ)～(シ)　(ク)の結果より

$$\frac{\varDelta\lambda}{\lambda} = \frac{6.6 \times 10^{-34}}{9.1 \times 10^{-31} \times 3.0 \times 10^{8}} \times \frac{1}{\alpha \times 10^{-11}}$$

$$= +0.241 \times \frac{1}{\alpha} \fallingdotseq +0.24 \times \frac{1}{\alpha}$$

(ス)　エネルギー保存則より

$$2mhc\left(\frac{1}{\lambda} - \frac{1}{\lambda'}\right) = (mv)^{2} \qquad \therefore \quad 2mhc\frac{\varDelta\lambda}{\lambda\lambda'} = (mv)^{2}$$

与えられた近似式を用いて

$$2mhc\frac{\Delta\lambda}{\lambda^2}=(mv)^2$$

(ク)の結果を用いて

$$2mhc\frac{h}{mc}\frac{1}{\lambda^2}=(mv)^2 \qquad \frac{2h^2}{\lambda^2}=(mv)^2$$

$$\therefore \quad v=\frac{\sqrt{2}\,h}{m\lambda}\,[\mathrm{m/s}]$$

❖講　評

　ほとんどが典型的な題材で構成されており，特に難問はなかった。2022 年度同様，大問数は 4 題で 2023 年度は数値計算が求められた。2023 年度は例年より小問数が多く，時間内にすべて解答するには例年以上に素早い状況把握力と処理能力が必要である。

　1 (1)斜面上での小球の繰り返し衝突を扱ったもので，座標のとり方が重要である。等比級数を使った解答は最近ではあまり見かけないもので処理の仕方に戸惑ったかもしれない。(2)は斜面上での正三角柱のつり合いを考えるもので，重心の位置さえ押さえておけば難しいものではない。確実に得点しておきたい。

　2 (1)ばねの取り付けられた真空に対する膨張を取り扱ったもので，真空である分取り組み易い問題である。完答を目指したい。(2)気体から受ける力と弾性力による単振動が題材となった。2022 年度に引き続きポアソンの式と近似を扱うことが求められた。

　3 (1)磁場中のレール上を運動する金属棒の運動についての出題で，2 つのレールをどのように電流が流れているのかを正しく考察できれば難しいものではない。(2)はコンデンサーの切り替えと電気振動を題材にしたものである。前半は確実に解答しておきたい。電気振動ではコンデンサーが 2 つあり，$V_L=0$ の状況を正しく考察する必要があった。

　4 (1)X 線の発生，(2)原子面間隔，(3)コンプトン効果を問われたもので，教科書レベルの出題といえるが，数値計算が求められた。丁寧に計算し確実に得点したい。コンプトン効果については式の変形の仕方を知っていないと手も足も出ない。また，散乱された電子の速さを求めるところは目新しい。

化学

（注）　解答は，東京理科大学から提供のあった情報を掲載しています。

$\boxed{1}$ 解答

(1)(ア)—11　(イ)—11　(ウ)—19　(エ)—11　(オ)—15　(カ)—21
(キ)—23　(ク)—25　(ケ)—28　(コ)—30　(サ)—33

(2)A．$5.6 \times 10^{+01}$　B．1.0×10^{-14}

◀解　説▶

≪反応速度を変える条件，水の電離平衡，アミノ酸≫

(1)(ア)　反応する分子の数が多いので濃度は大きい。

(イ)　分子の衝突回数が多いほど反応速度は大きくなる。

(エ)　温度が高くなると活性化エネルギーより大きなエネルギーをもった分子が増加するため，反応速度は大きくなる。

(カ)　水の電離は吸熱反応であり，その逆反応が中和反応である。

$$H_2O \text{（液）} = H^+ aq + OH^- aq - 56.5 \text{〔kJ〕}$$

(キ)　ルシャトリエの原理により吸熱反応つまり正反応が進む方へ平衡が傾く。

(ク)　40℃では水がより電離するため $[H^+]$ は大きくなり，pH は 7 より小さくなる。

(2)A．密度が 1.00g/cm^3 より，1.00L の質量は $1.00 \times 10^3 \text{g}$ である。よって電離前の水のモル濃度 $[H_2O]$ は

$$\frac{1.00 \times 10^3}{18.0} \div 1.00 = 55.5 \fallingdotseq 5.6 \times 10 \text{〔mol/L〕}$$

$\boxed{2}$ 解答

(1)A．6.0×10^{-1}　B．$3.0 \times 10^{+6}$　C．4.0×10^{-1}
D．$8.9 \times 10^{+0}$

(2)—14

◀解　説▶

≪浸透圧≫

(1)A．塩化ナトリウムの式量は 58.5 なので

$$\frac{3.51}{58.5} \times \frac{1000}{100} = 0.600 \fallingdotseq 6.0 \times 10^{-1}\,[\text{mol/L}]$$

B．塩化ナトリウムは水溶液中で完全に電離するため，溶質の濃度は 2 倍になる。

$$\text{NaCl} \longrightarrow \text{Na}^+ + \text{Cl}^-$$

浸透圧を $\Pi\,[\text{Pa}]$ とすると，ファントホッフの法則より

$$\Pi = 6.00 \times 10^{-1} \times 2 \times 8.31 \times 10^3 \times (273 + 27)$$
$$= 2.99 \times 10^6 \fallingdotseq 3.0 \times 10^6\,[\text{Pa}]$$

C．塩化カルシウムは水溶液中で完全に電離するため，溶質の濃度は 3 倍になる。

$$\text{CaCl}_2 \longrightarrow \text{Ca}^{2+} + 2\text{Cl}^-$$

同じ温度で同じ浸透圧を示す水溶液は濃度が等しいため，塩化カルシウムの水溶液の濃度を $x\,[\text{mol/L}]$ とすると

$$3x = 6.00 \times 10^{-1} \times 2$$
$$x = 4.0 \times 10^{-1}\,[\text{mol/L}]$$

D．塩化カルシウムの式量は 111.1 なので

$$4.00 \times 10^{-1} \times \frac{200}{1000} \times 111.1 = 8.88 \fallingdotseq 8.9\,[\text{g}]$$

(2)　ペプチドの分子量を M とする。ファントホッフの法則より

$$800 \times 10^3 = \left(\frac{1.76}{58.5} \times 2 + \frac{8.00}{M}\right) \times \frac{1000}{200} \times 8.31 \times 10^3 \times 300$$

$$M \fallingdotseq 2000 \quad \cdots\cdots(\text{答})$$

---

③　解答　(1) 11　(2) 18　(3) 03　(4) 08　(5) 21

━━━━━━━◀解　説▶━━━━━━━

≪炭素，実用電池，アルカリ金属・アルカリ土類金属，セラミックス，金属元素≫

(1) 1．正文。黒鉛は隣接する 3 個の炭素原子と共有結合し，正六角形を基本とした平面構造が層状に重なっている。

2．正文。フラーレンは C_{60} や C_{70} などの球状の分子である。

4．誤文。黒鉛は各炭素原子に残った 1 個の価電子が自由に動き，電気を

通す。

8．正文。ダイヤモンドは熱伝導性は大きいが絶縁体である。

16．誤文。炭素は周期表の 14 族に属している。

(2)1．誤文。鉛蓄電池では PbO_2 に比べて酸化されやすい Pb が負極となる。

2．正文。燃料電池では負極で水素が酸化され，正極では酸素が還元される。

4．誤文。アルカリマンガン乾電池の電解液には KOH が用いられており，起電力は 1.5 V である。

8．誤文。亜鉛を負極活物質，酸素を正極活物質とする空気亜鉛電池は充電することができない一次電池である。

16．正文。ニッケル-水素電池は負極に水素吸蔵合金，正極に NiOOH，電解液に KOH を用いた二次電池である。

(3)1．正文。いずれも水と反応すると水素と水酸化物を生じる。

2．正文。いずれも塩基性酸化物であり，酸と反応して塩を生じる。

4．誤文。Mg は炎色反応を示さない。Rb は赤（赤紫），Cs は青（淡青），Ba は黄緑の炎色反応を示す。

8．誤文。Mg は常温の水とは反応しないが，沸騰水とは反応する。Ca，Ba は常温の水と反応し水酸化物を生じる。

16．誤文。3〜11 族の元素を遷移元素という。

(4)1．誤文。ガラスは加熱すると徐々に軟らかくなる。

2．誤文。石英ガラスは SiO_2 のみを主成分とする。他に Na_2O や CaO を含むガラスはソーダ石灰ガラスである。

4．誤文。セラミックスはさびない，硬い，耐熱性があるといった長所をもつ。

8．正文。土器は粘土，陶器は粘土の他にケイ砂や長石が原料として用いられる。

16．誤文。高い耐熱性・紫外線透過性をもつのは石英ガラスである。

(5)1．正文。

2．誤文。酸化コバルト(Ⅱ)は陶磁器やガラスの着色剤として使われている。塩化コバルト(Ⅱ)は水を吸収すると青色か淡赤色へ変化するため，乾燥剤のシリカゲルに混ぜて使われることもある。

4．正文。水銀のアマルガムは歯科用の充填剤として用いられてきた。

8．誤文。ニッケルのイオン化傾向は鉄よりも小さい。

16．正文。ハロゲン化銀に光を当てると，分解して銀の粒子が遊離する。

$$2AgCl \longrightarrow 2Ag + Cl_2$$

$\boxed{4}$ **解答** (1)A－3　B－6　C－5　D－7　E－1　F－2　G－8

(2)(ア)－12　(イ)－21　(ウ)－15

(3)－6

◀解　説▶

≪合金，金属の反応≫

(1)B．加熱によりもとの形に戻ることから形状記憶合金である。

C．ステンレス鋼は混ぜ合わせた Cr の酸化物の被膜が表面を保護するため酸化や腐食が起こりにくくなる。

G．超伝導体は転移温度以下で電気抵抗が0になるため，大電流を流しても熱を発生せず，強い電磁石をつくることができる。

(3)(エ)　銅と希硝酸の反応では無色の NO を生じる。

$$3Cu + 8HNO_3 \longrightarrow 3Cu(NO_3)_2 + 4H_2O + 2NO \uparrow$$

(オ)　亜鉛は希硫酸と反応し H_2 を生じる。

$$Zn + H_2SO_4 \longrightarrow ZnSO_4 + H_2 \uparrow$$

(カ)　銀は硫化水素と反応して黒色の硫化銀を生成する。

$$4Ag + 2H_2S + O_2 \longrightarrow 2Ag_2S + 2H_2O$$

$\boxed{5}$ **解答** (1)x. 3　y. 5

(2)(ア)－23　(イ)－12　(ウ)－21

(3)(a)(ア)－1　(イ)－5　(ウ)－2　(エ)－8　(b)(オ)－0　(カ)－4

◀解　説▶

≪油脂，エステルの構造決定≫

(1)　示性式よりエステル結合を1つもつので，1.00 mol のエステルから 1.00 mol のカルボン酸とアルコールを生じる。

$$C_xH_{2x+1}COOC_yH_{2y+1} + H_2O \longrightarrow C_xH_{2x+1}COOH + C_yH_{2y+1}OH$$

よって，生じるカルボン酸とアルコールの分子量がそれぞれ 88.0 なので

$$12.0 \times x + 1.00 \times (2x+1) + 45.0 = 88.0 \quad \therefore \quad x = 3$$
$$12.0 \times y + 1.00 \times (2y+1) + 17.0 = 88.0 \quad \therefore \quad y = 5$$

(2) 油脂に水酸化ナトリウム水溶液を加えてけん化するとグリセリンと脂肪酸（カルボン酸）のナトリウム塩を生じる。カルボン酸のナトリウム塩は弱酸と強塩基の塩であるため水溶液中で加水分解し，塩基性を示す。

$$R-COO^- + H_2O \rightleftharpoons R-COOH + OH^-$$

(3) $C_6H_{12}O_2$ は分子式からエステル結合を 1 つもつ。

(a)(ア) **A** の加水分解により生じた **E** がアルコールであることから，**D** はカルボン酸であり，銀鏡反応を示すことからギ酸 HCOOH とわかる。

(イ) **B** の加水分解により生じた **G** は酒類に含まれることからエタノール C_2H_5OH である。したがって，**F** はカルボン酸であり C_3H_7COOH で表される。

F として $CH_3CH_2CH_2COOH$ と $CH_3CH(CH_3)COOH$ が考えられるが，メチル基を 2 つもつことから $CH_3CH(CH_3)COOH$ である。

(ウ) 化合物 **H** は化合物 **G**：C_2H_5OH を酸化して得られるカルボン酸なので酢酸 CH_3COOH である。

(エ) 化合物 **I** は **D**，**H** とは異なる構造をもつことから炭素数は 3 以上のカルボン酸である。加水分解によって炭素数 3 以上のカルボン酸が得られる $C_6H_{12}O_2$ のエステルのうち，不斉炭素原子をもつのは $CH_3CH_2C^*H(CH_3)COOCH_3$ のみである。よって，化合物 **I** は $CH_3CH_2CH(CH_3)COOH$，アルコール **J** はメタノール CH_3OH である。

(b) $C_5H_{11}OH$ で表される第一級アルコールは次の 4 つである。

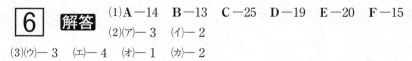

$$CH_3-CH_2-CH_2-CH_2-CH_2-OH \qquad CH_3-CH_2-\overset{\displaystyle CH_3}{\underset{\displaystyle |}{CH}}-CH_2-OH$$

$$CH_3-\overset{\displaystyle CH_3}{\underset{\displaystyle |}{CH}}-CH_2-CH_2-OH \qquad CH_3-\overset{\displaystyle CH_3}{\underset{\displaystyle |}{\underset{\displaystyle |}{\underset{\displaystyle CH_3}{C}}}}-CH_2-OH$$

---

6 **解答** (1) **A**—14　**B**—13　**C**—25　**D**—19　**E**—20　**F**—15

(2)(ア)— 3　(イ)— 2

(3)(ウ)— 3　(エ)— 4　(オ)— 1　(カ)— 2

(4)(a)— 2　(b)— 4　(c)— 4

■■■■ ◀解　説▶ ■■■■

≪芳香族化合物の製法，芳香族化合物の分離≫

(1) クメン法はフェノールの工業的製法である。

$$CH_3CHCH_3 \ (\text{クメン（化合物 B）}) \xrightarrow[\text{酸化}]{O_2} CH_3C(O-OH)CH_3 \ (\text{クメンヒドロペルオキシド}) \xrightarrow[\text{分解}]{H_2SO_4} OH \ (\text{フェノール（化合物 A）}) + CH_3COCH_3 \ (\text{アセトン})$$

ともに生じるアセトンは第二級アルコールである 2-プロパノール $CH_3CH(OH)CH_3$（化合物 C）を酸化することでも得られる。

ベンゼンに混酸を作用させることでニトロベンゼン $C_6H_5NO_2$（化合物 D）が得られる。

$$\text{ベンゼン} + HNO_3 \xrightarrow{\text{濃硫酸}} \text{ニトロベンゼン（}NO_2\text{）} + H_2O$$

ニトロベンゼンをスズと塩酸で還元するとアニリン塩酸塩 $C_6H_5NH_3Cl$ が得られる。

$$2\,\text{（}NO_2\text{）} + 3Sn + 14HCl \longrightarrow 2\,\text{（}NH_3Cl\text{）} + 3SnCl_4 + 4H_2O$$

強塩基を加えるとアニリン $C_6H_5NH_2$（化合物 E）が遊離する。

トルエンを過マンガン酸カリウムで酸化すると安息香酸カリウムを生じ，強酸を加えると安息香酸 C_6H_5COOH（化合物 F）が遊離する。

$$\text{（}CH_3\text{）} \xrightarrow{KMnO_4} \text{（}COOK\text{）} \xrightarrow{H^+} \text{（}COOH\text{）}$$

(2)(ア)　ニトロベンゼン（化合物 D）からアニリン（化合物 E）を得る反応は還元反応である。N の酸化数が，+3 から −3 へ減少する。

(イ)　トルエンから安息香酸（化合物 F）を得る反応は酸化反応である。−CH₃ から −COOH に変化するとき，C の酸化数が −3 から +3 へ増加する。

(3)　分離の操作を次の図に示す。

（4）　水層に溶解した弱酸（弱塩基）の塩に，強酸（強塩基）を加えるともとの弱酸（弱塩基）が遊離する。

（a）　NaOH により遊離したことから，$C_6H_5NH_2$ は NaOH より弱い塩基である。

（b）・（c）　HCl により遊離したことから，C_6H_5COOH，C_6H_5OH ともに HCl より弱い酸である。

❖講　評

　2023 年度は煩雑な計算問題が減少し，大きく易化した。

　□1　基本的な知識が問われた。水のイオン積を水の濃度から導出した経験がないと，水の濃度の意味が取りづらかったかもしれない。また，水の電離が発熱か吸熱かを覚えていることが求められた。

　□2　浸透圧に関する基本問題。溶質の電離を考慮することを忘れずに，やや煩雑な計算であるが正確に解きたい。

　□3　無機の基本的な知識が問われた。しかし，中にはニッケル–水素電池の電解液やソーダ石灰ガラスの耐熱性，酸化コバルト（Ⅱ）の利用など見慣れないものも含まれていたため，細かな知識も求められた。

　□4　合金に関する基本問題。形状記憶合金や超電導合金などは問題文

から十分に読み取ることができた。

⑤　エステルの構造決定に関する標準問題。(1)は問題をよく読み 1 mol である点に気づきたい。(3)は構造異性体の数が多いのですべて書き出さずに条件から絞っていきたい。

⑥　芳香族化合物の合成と分離に関する基本問題。芳香族化合物の反応について，反応物と生成物をただ覚えるのではなく，その反応で酸化や還元，弱酸遊離など何が起こっているかを正確に理解している必要があった。

生物

1 解答

(1)(A)(a) 5　(b) 3

(ア)—①　(イ)—④　(ウ)—⑥　(エ)—⑩　(オ)—⓪

(B)(a)—②　(b)—②　(c)—②　(d)—②　(e)—①

(C)(a)—②　(b)—①　(c)—①　(d)—②

(2)(A)(a) 2　(b) 3

(B)(a)—⑤　(b)—⓪　(ア)—④

(C) 5 番目のアンチコドンの配列：AGU　対応するアミノ酸：T

　 6 番目のアンチコドンの配列：AGG　対応するアミノ酸：P

(D)—⑤

(E)(ア)(イ)(ウ)(エ) 0150

◀解　説▶

≪遺伝子の転写と翻訳，ヘモグロビンの四次構造の多様性≫

(1)(A)(a)・(b)　真核生物において，mRNA 前駆体が成熟 mRNA になる過程で RNA 分子にほどこされる加工（プロセシング）には，スプライシングの他に，5′ 末端へのキャップ構造の付加（キャッピング）と，3′ 末端のポリアデニル化（ポリ A テールの付加）がある。mRNA の翻訳は 5′→3′ の向きに行われる（問題文の図 3 からもわかる）ので，mRNA 分子では 5′ 側が上流，3′ 側が下流となる。この向きで頭（先頭）に付くのが「キャップ」で最後尾に付くのが「テール」と考えれば解答できる。

(B)(a)　誤文。2 本鎖 DNA は，一方の鎖が 5′→3′ の向きならば，その相補鎖は 3′→5′ の向きというように，互いに逆の向きで対合している。

(b)　誤文。DNA ポリメラーゼは，リーディング鎖，ラギング鎖を問わず，新生鎖を 5′→3′ の向きに伸長して（鋳型鎖上を 3′ から 5′ の向きに進んで）複製を行う。なお，リーディング鎖とラギング鎖の違いは，DNA ポリメラーゼの進行方向と，DNA ヘリカーゼにより 2 本鎖の開裂が進む向きが，同じか逆かという点である。

(c)　誤文。「ヘリカーゼ」と「リガーゼ」を入れ替えると正文となる。

(d)　誤文。中心体は細胞小器官の 1 つであり，染色体の部分構造ではない。なお，真核生物の線状の染色体の中にはセントロメアと呼ばれる領域が存在し，分裂に伴い染色体が凝縮するときは，ここに多くのタンパク質が結合して「動原体」となる。

(e)　正文。DNA の 2 本鎖のどちらの鎖が転写されるかは遺伝子ごとに異なる。

(C)(a)　誤文。文中の「エキソン」と「イントロン」を入れ替えると正文となる。

(b)　正文。文章中の空欄(a)の直後にある「キャップ構造」は，mRNA 前駆体の 5′ 末端に付加され，その構造は主に 1 つのグアニンヌクレオチドからなる。一方，3′ 末端には多数のアデニンヌクレオチドが付加される（(A)〔解説〕参照）。

(c)　正文。「選択的スプライシング」によって，同じ mRNA 前駆体から複数の異なる mRNA が形成される場合がある。

(d)　誤文。転写，スプライシングともに核内で行われる。

(2)(B)(a)・(b)　一般に，ある遺伝子の塩基配列を示すときは，指定するアミノ酸に読みかえやすいよう，センス鎖の配列で示すことが多い。しかし本問では，図 1 および図 2 より，図 1 の四角で囲まれた CAT と TTA を左右逆に読んだものが，それぞれ開始メチオニンコドン（AUG）と終止コドンの 1 つ（UAA）に相補的な配列となっている。つまり，図 1 はアンチセンス鎖（転写の直接の鋳型鎖）の配列であり，図 1 の表示を逆行して 3′ 側から 5′ 側へと転写される点に注意すること。DNA の複製も転写と同じく鋳型鎖上を 3′ 側から 5′ 側へと進められるので，アンチセンス鎖を鋳型にした複製には，開始コドンに対応する 5′—CAT—3′ に相補的な 3′—GTA—5′ を先頭にしたプライマーを使えばよい。これを左右逆に表示した 5′—ATG…—3′ で始まる⑤が，(a)の正解となる。一方，センス鎖側の複製には，アンチセンス鎖の終止コドンを含む 5′ 末端側と全く同じ断片をプライマーとすればよいので，⓪が(b)の正解となる。

(ア)　PCR 法は DNA 断片を増幅する方法なので，まず選択肢の①，②が正解の候補から外れる。残った⓪，③，④のうち「ヘモグロビン β 鎖の全長ポリペプチドに対応する」塩基配列のみをもつのは，イントロンの配

列を含まない④である。

(C)　開始メチオニンコドンとその下流の少しの領域を，鎖の向きに注意しながら（図 3 とは左右逆向きに）書き出すと，次のようになる。

アンチコドン　　　　　　5′ − A G G A G U　 − 3′

　mRNA　3′ − G│G A G│U C C│U C A│G　…　　− 5′

DNA（図 1）　5′ − C│C T C│A G G│A G T│C A G│G T G│C A C│ CAT │ − 3′

アミノ酸の番号　　　　　 7　　 6　　 5　　 4　　 3　　 2　　 1

←── 転写の向き

5 番目と 6 番目に対応するアンチコドンはそれぞれ，5′ から 3′ の方向で示すと，AGU と AGG である。mRNA の塩基配列は 5′ から 3′ の方向で示されることに注意すると，5 番目と 6 番目に対応するコドンはそれぞれ ACU と CCU なので，図 2 から，それぞれトレオニン(T)とプロリン(P)に対応するとわかる。

(D)　前問(C)の〔解説〕の図を利用する。ヘモグロビン β 鎖のメチオニンが切り離された後の 6 番目のアミノ酸は，(C)の 7 番目のコドン GAG に対応する。このうち 1 塩基の置換でグルタミン酸→バリンの置換がおこったことと図 2 から，コドンの 2 塩基目に A→U の変異がおこったとわかる。これは遺伝子の DNA 上で T→A の塩基置換が生じたことを意味する。

(E)　α 鎖は 4 つの異なるポリペプチド鎖から 2 つを，β 鎖は 5 つの異なるポリペプチド鎖から 2 つを選ぶ重複組み合わせの数だけ選び方があり，さらにそれらどうしの組み合わせとなるので

$$_4H_2 \times {}_5H_2 = {}_{4+2-1}C_2 \times {}_{5+2-1}C_2 = {}_5C_2 \times {}_6C_2$$

$$= 10 \times 15 = 150 \text{ 通り}$$

別解　2 本の α 鎖の選び方は，鎖の番号だけで示すと

(1, 1)　(2, 2)　(3, 3)　(4, 4)

(1, 2)　(2, 3)　(3, 4)

(1, 3)　(2, 4)

(1, 4)

の 10 通り。

同様に β 鎖は

(1, 1)　(2, 2)　(3, 3)　(4, 4)　(5, 5)

(1, 2)　(2, 3)　(3, 4)　(4, 5)

$$(1,\ 3)\quad (2,\ 4)\quad (3,\ 5)$$
$$(1,\ 4)\quad (2,\ 5)$$
$$(1,\ 5)$$

の 15 通り。

よってこれらの α 鎖と β 鎖の間の組み合わせは

$$10 \times 15 = 150\ 通り$$

2 解答

(1)(ア)—④　(イ)—⑥　(ウ)—⑩　(エ)—④　(オ)—⑩　(カ)—⑭
(キ)—⑮　(a) 6　(b) 6　(c) 6

(2)(a)—①　(b)—①　(c)—②　(d)—②

(3)(a)—①　(b)—②　(c)—②　(d)—②

(4)(ア)—⑦　(イ)—②　(ウ)—⑥　(エ)—⑤　(オ)—⑤
(a)—⑨　(b)—⑦

(5)—①

(6)(Ⅰ)

乳酸菌の細胞数の変化

(7)—⑥

◀解　説▶

≪呼吸と発酵の代謝過程，酵母および乳酸菌の増殖に与える環境中の酸素の影響≫

(1)(エ)～(キ)　アルコール発酵では，解糖系で生じたピルビン酸はアセトアルデヒドを経てエタノールに変換される。これはやや細かい知識なので，念のためこの知識がなかった場合の解法を示す。空欄(エ)の直前に「脱炭酸酵素」とあるので，(エ)と(オ)のどちらかに「二酸化炭素」が入るが，続く文面から(オ)は「二酸化炭素」でないことが明らかなので，(エ)が「二酸化炭素」となる。グルコースからピルビン酸までの過程（解糖系）を，ATPの生成は省略して化学反応式で表すと

$$C_6H_{12}O_6 + 2NAD^+ \longrightarrow 2C_3H_4O_3 + 2NADH + 2H^+ \quad \cdots\cdots(\text{i})$$

となる。㈹は，この右辺のピルビン酸 $C_3H_4O_3$ が脱炭酸されて生じる物質なので，ここから㈽の二酸化炭素 CO_2 分を差し引くと，C_2H_4O となる。この分子式と，後の「還元反応によりエタノールに変換される」との文章から，㈹はアセトアルデヒド CH_3CHO とわかる。アセトアルデヒド C_2H_4O とエタノール C_2H_6O の分子式を比べると，アセトアルデヒドをエタノールに変換するには水素原子の供与体が必要なことがわかる。一方，(i)式より，解糖系の反応を継続するには NAD^+ が必要なので，アセトアルデヒドからエタノールへの変換に NADH がつかわれ，生成する NAD^+ が解糖系でつかわれると考えると，㈺が NADH，㈼が NAD^+ とわかる。

(2)(a)　正文。実験 1 に，「培地中のグルコースが完全に消費されるまで酵母は増殖を続けることができる」とあり，図 1(b)より，培養 3 日目で増殖が止まっているので，この時点でグルコースが枯渇したと考えられる。

(b)　正文。実験 1 に「液体培地で酸素の供給を完全に遮断した」とあるので，この環境下では酵母は ATP 生成を 100 %アルコール発酵にたよっている。アルコール発酵は

$$C_6H_{12}O_6 \longrightarrow 2C_2H_5OH + 2CO_2$$

で表され，グルコースの減少速度はエタノールの増加速度に比例する。図 1(a)より，培養 3 日目までエタノールは一定の速度で増加しているので正しい。

(c)　誤文。図 1(a)より，酵母群全体としての単位時間当たりのエタノール生成量は培養 3 日目まで一定である。この間，図 1(b)より，細胞数は増え続けているので，酵母 1 細胞あたりのエタノール生成量は減り続けていることになる。

(d)　誤文。図 1(b)で 0.5 日ごとに各プロットの縦軸のおよその値を読んでいくと $1 \rightarrow 2 \rightarrow 4 \rightarrow 8 \rightarrow 16 \rightarrow 32 \rightarrow 64$ と，培養 3 日目までは「0.5 日で倍増」のペースを維持しているので，この間，1 回の細胞分裂に要する時間は 0.5 日で変わらなかったと考えられる。

(3)(a)　正文。(2)・(3)に「細胞数が 1 増加するのに必要な ATP 量は培養中一定」とあるので，合成された ATP の総量は，酵母の最終的な細胞数に比例するといえる。実験 2 では，細胞数の相対値が 0.5 日で $32 = 2^5$ になっているので，倍加時間は 0.1 日である。これに変化がないと，実験 2 で

は 1 日後まで増殖が継続してそれ以降は増殖が停止したとあるので，最終的な細胞数の相対値は $2^{10} = 1024$ となり，実験 1 の 64 より多いので正しい。

(b) 誤文。実験 1 では酵母はアルコール発酵のみによって ATP を合成している。アルコール発酵は細胞質基質のみで行われる。

(c) 誤文。実験 2 ではエタノールが全く生成されていないので，ATP の生成は 100％呼吸によるものである。グルコース 1 mol から，アルコール発酵では 2 mol，呼吸では 6 mol の二酸化炭素がそれぞれ生じる。実験 1・実験 2 ともに，消費されたグルコースの総量は等しいので，実験終了時までに実験 2 の方が多くの気体が発生したはずである。

(d) 誤文。実験 1 のアルコール発酵は，ヒトの筋肉の細胞では行われない。

(4)(ア) 実験 1 では培地中の最終的なエタノール濃度が 6％に達しているのに対し，実験 3 ではその $\frac{1}{4}$ の 1.5％なので，実験 3 でアルコール発酵により消費されたグルコースは全量のうちの 25％と考えられる。残り 75％が呼吸で消費されたことになる。

(イ) (3)(a)の〔解説〕から，合成された ATP の総量は，酵母の最終的な細胞数に比例するので，実験 2 では実験 1 の $\frac{1024}{64} = 16$ 倍（または $\frac{1000}{64} = 15.6 \fallingdotseq 16$ 倍）の量の ATP が合成されたことになる。実験 1 で合成される ATP はグルコース 1 分子あたり 2 分子（(イ)の解答）なので，その 16 倍の 32 分子が正解となる。

(b) 今回の実験に用いた一定量のグルコースをもとに，アルコール発酵では ATP 2 単位から相対値 64 の数の菌体を生じ，呼吸では ATP 32 単位から相対値 1024（約 1000）の数の菌体を生じることがわかった。アルコール発酵と呼吸でそれぞれ，グルコースの 25％と 75％を消費すると

$$64 \times 0.25 + 1024 \times 0.75 = 784$$

の数の菌体を生じると推定されるので，これに最も近い⑦の 800 が正解となる。

他の解法として，合成されるであろう ATP は

$$2 \times 0.25 + 32 \times 0.75 = 24.5 〔単位〕$$

なので，これに㈜の答えをかけて

$$24.5〔単位〕×32〔/単位〕=784$$

として求めることもできる。

⑸　呼吸阻害剤を加えても倍加速度が全く低下しないまま，培地中のグルコースをつかい尽くすまで増殖を続けたことから，乳酸発酵のみでATPを調達し，酸素を利用した呼吸を全く行っていなかったと考えられる。

⑹　細胞数が 0.5 日で 4 倍になり，3 日後までそのペースが変わらないとすると，細胞数の推移は次表のようになる。

培養時間（日）	0.5	1	1.5	2	2.5	3	3以降
細胞数の相対値	4	16	64	256	1024	4096	4096

細胞数の最大値が 700 を超えるので，（Ⅰ）を選んでグラフにこれをプロットし，横軸が 3 まではなめらかな線でつなぎ，横軸が 3 以上では水平な直線とする。図 1(b)にならい，プロット間を直線でつないでもよいだろう。

⑺　ここまでで，酸素が十分に利用できる条件では，培地中のグルコースをもとに細胞数を 1024 まで増やせることがわかっている。また実験 2 より，はじめの 0.5 日間で細胞数は 32 に達する。細胞数が 1 増加するのに必要な ATP 量が一定ならば，32 の細胞数にするのに消費したグルコースは，1024 の細胞数を生み出せる量の $\dfrac{32}{1024}$ となる。つまり，はじめの培地中のグルコースの $\dfrac{992}{1024}$ が残されたままで，呼吸が阻害されアルコール発酵だけで ATP を作る状態に移行する。実験 1 から，この量のグルコースからはあと $64×\dfrac{992}{1024}=62$ の細胞数を生み出すことができるとわかるので，$32+62=94$ よりわずかに多い⑥の 95 が正解となる。

③　解答

(1)(A)(ア)—⑥　(イ)—③　(ウ)—⑧　(エ)—⑦
　　(B)(a)—②　(b)—①　(c)—②　(d)—①
(C)—⓪
(2)(A)(a)—②　(b)—②　(c)—①　(d)—②
(B)—①
(C)(a)—①　(b)—②　(c)—②　(d)—①

(D)(a)—② (b)—② (c)—② (d)—①

(E)

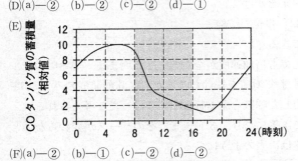

(F)(a)—② (b)—① (c)—② (d)—②

━━━━━━━━━━ ◀解　説▶ ━━━━━━━━━━

≪オーキシンとサイトカイニンの相互作用，花芽形成に及ぼす光条件と種子の低温処理の影響≫

(1)(B)(a)　誤文。オーキシンは茎内を下方へと（茎頂側から基部側へと）極性移動するので，これに逆行して茎→側芽の向きには移動しない。

(b)　正文。頂芽由来のオーキシンは，茎，すなわち側芽のつけね付近におけるサイトカイニンの合成を抑制することで，側芽の成長を抑えている。

(c)　誤文。頂芽由来のオーキシンはサイトカイニンの合成を阻害するが，サイトカイニンが存在した場合にその作用を阻害するわけではないので，頂芽の存在下でもサイトカイニンを与えれば側芽は成長する。

(d)　正文。頂芽を切除すると，頂芽からのオーキシンの供給が途絶えるため，茎でサイトカイニンの合成阻害が解除され，側芽が成長を始める。

(2)(D)(a)　誤文。クリプトクロムは青色光を受容する。

(b)　誤文。フィトクロムの Pfr 型と Pr 型は，フィトクロム分子が吸収する光が遠赤色光（far red）か赤色光（red）かで名称を区別しており，Pfr 型は赤色光ではなく遠赤色光を吸収して Pr 型に変わる。

(c)　誤文。可視光が届かない暗期の間は PHYB は活性化されないと考えられる。さらに，(D)の文中に「PHYB は，明期開始の約 2 時間後から 4 時間にわたって CO タンパク質の分解を促進する」とあるが，これは長日条件，短日条件のいずれにおいても暗期と重ならない時間帯である。

(d)　正文。フィトクロムは細胞質で赤色光を受容し Pfr 型になると，核内に移動し特定の遺伝子の発現を調節する。

(E)　解説の便宜のため，図1の6つのグラフのうち，上段左をⅠ，上段右

をⅡ，中段左をⅢ，中段右をⅣとする。設定された光条件は，図１の長日条件と比較すると，明期・暗期の時間配分は同じまま，明暗周期の位相が12 時間（前へ，と考えても後ろへ，と考えてもどちらでもよい）ずれたものである。まず，ⅠとⅡのグラフを比較すると，位相がずれているだけで，サインカーブ状の全く同じ波形であることがわかる。共通しているのは，明期の始まりとともに最小値から上昇し始め，その 12 時間後にピークに達し下がり始める点である。次に，(E)の 1 文目は，シロイヌナズナは明期の開始が数時間早い光条件に急に移されても，7 日あれば，新しい位相に同調できることを示している。また(E)の最後から 2 文目に「青色光を用いた長日条件において *CO* 遺伝子の mRNA の量は変化せず」とあるので，本問でも，*CO* 遺伝子の mRNA の量については，16 時に最低値の 1 から上昇し始め，4 時にピーク値 10 に達する（Ⅰのグラフを 12 時間分，右または左に平行移動すればよい）と想定する。一般に，ある遺伝子のmRNA 量が変動すると，その翻訳タンパク質の量は，少し遅れて mRNA量の増減に追随すると考えられる。CO タンパク質においても，その「生成量」については，それに近いと思われるが，ⅢとⅣではともに，明期開始後 2 ～ 6 時間の間は CO タンパク質の「蓄積量」は増加していない。これは(D)の問題文より，フィトクロム B（PHYB）により CO タンパク質の分解が促進されるためと推定される（ⅢとⅣのいずれでも，この分解が止まる明期開始 6 時間後にグラフが比較的急な上昇を示すのは，この段階でmRNA 量がある程度増加しているためと考えられる）。しかし本問では，赤色光が照射されずフィトクロムの活性化はおこらない上に，青色光を受容したクリプトクロムが酵素Ｘの作用を阻害するため，CO タンパク質は分解されないと考えられる。よって明期の間は，ⅠとⅢのグラフのピークのずれを参考に，最小蓄積量の 1 から，約 2 時間遅れで mRNA 量を追随するグラフを描けばよい（結果的に，Ⅰのグラフの 4 時から 18 時の部分を，解答欄の 18 時から翌日 8 時の部分に描き写せばよい）だろう。暗期に入ると，クリプトクロムが青色光を受容できなくなるので，酵素Ｘの作用が阻害されず，CO タンパク質の蓄積量はⅢやⅣ同様に迅速に減少すると考えられる。したがってⅢのグラフの暗期開始後を参考に，縦軸 4 の辺りまで比較的急に下降させたあと，明期開始 2 時間後の 18 時に向かって緩やかに下降させればよいだろう。

(F)(a)　誤文。遺伝子 A 変異体は，低温処理を行った野生型よりもさらに早く開花しており，それだけ FT 遺伝子の転写量が多いと考えられる。

(b)　正文。遺伝子 A を欠くと開花が早められる，すなわち，FT 遺伝子の転写量が増えることから，A の遺伝子産物は FT 遺伝子の転写を抑制していると考えられる。低温処理を行った野生型は，低温処理を行わなかった野生型よりも FT 遺伝子の転写量が多いはずなので，遺伝子 A の発現量は少ないと考えられる。

(c)　誤文。低温処理を行わなかった野生型と低温処理を行った遺伝子 B 変異体では開花日数に違いがないため，FT 遺伝子の転写量はほとんど同じ（ほぼ同様に少ない）と考えられる。

(d)　誤文。花芽形成に必要な日数が少ない植物体は，FT 遺伝子の転写量が多いはずなので，FT 遺伝子の発現を抑制する遺伝子 A の転写量は少ないと考えられる。

❖講　評

　2023 年度も大問 3 題で，計算問題を含むマーク式の解答を中心に，一部に描図問題という，例年通りの出題形式であった。リード文に加え，各小問の問題文も長文が多く，しかも注意深い読み取りが必要で，80 分で解答するにはかなり苦労したであろう。

　①　転写と翻訳の関連事項を中心とした遺伝情報の問題。(2)(A)〜(D)は，DNA や RNA の塩基配列の向き（5′→3′ または 3′→5′）に気を配る必要があり，ミスをなくすのにかなりの集中を要する。また最後の(2)(E)は，1 つの細胞内ですべてのヘモグロビン遺伝子が発現するというのは実際にはおこらないことなので，数学の問題ととらえて仮定されている条件を読み取る必要がある。

　②　発酵と呼吸をともに行うことができる微生物の代謝に関する問題である。問題ごとに細かく条件設定がされており，その結果，字数の多い問題文が連続するが，どれも飛ばし読みできない内容のため，持久力が要求される。特に最後の(7)は，読み取りに苦労する。また(6)は，真核細胞の酵母と原核細胞の乳酸菌ではサイズが違うため，他の問題と菌数がかなり違う点に冷静に対処したい。

　③　植物ホルモンと光周性に関する問題。(2)は，先に(D)の文章を読ん

でから図 1 を見るとグラフを解釈しやすい。また最後の(F)も，先に選択肢を見てしまえば，B の遺伝子産物の役割を見破らなくても解答できる。

2023 年度はこのように，設問の後にヒントがあるケースが散見された。しかし試験中にこのことに早く気付くのは実際には難しく，解答のペースを乱され苦労した人もいたのではないだろうか。

//////////////// · memo · ////////////////

問題と解答

■B方式

問題編

▶試験科目・配点

教　科	科　　　　　　目	配　点
外国語	コミュニケーション英語Ⅰ・Ⅱ・Ⅲ，英語表現Ⅰ・Ⅱ	100 点
数　学	数学Ⅰ・Ⅱ・Ⅲ・A・B	100 点
理　科	電子システム工学科：物理基礎・物理 マテリアル創成工学科：「物理基礎・物理」，「化学基礎・化学」から1科目選択 生命システム工学科：「物理基礎・物理」，「化学基礎・化学」，「生物基礎・生物」から1科目選択	100 点

▶備　考

- 英語はリスニングおよびスピーキングを課さない。
- 「数学B」は「数列」「ベクトル」から出題。

■英語■

(60 分)

1 Read the following passage and answer each question.　　　(26 points)

(This mark (*) indicates, see **Notes** after the text.)

When parents ask, "What grade did you get?" there is a common follow-up question: "So who got the highest grade?" The practice of making such social comparisons is (**1** all　**2** corners　**3** in　**4** of　**5** popular　**6** the　**7** world)₍₁₎, research shows. Many educators select and publicly announce the "best student" in a class or school. Adults praise children for outperforming, being better than others. Sports tournaments award (　**2**　) who surpass others. Last year the *Scripps National Spelling Bee awarded winners with $50,000 cash prize and their own trophy — just for being better than others. Most social comparisons are (　**3**　) common in daily life that they are usually *glossed over.

Social comparisons are well-intentioned: we want to make children feel proud and motivate them to achieve. As one writer for the *Novak Djokovic Foundation has noted, "Winning a game or being the best in the class gives children a good feeling about themselves and makes them proud," and it helps "children get motivated to take the next steps to achieve even bigger goals, such as jumping even further." Yet social comparisons can <u>backfire</u>₍₄₎: children can learn to always compare themselves with those around them and become trapped in a vicious cycle of competition.

One well-known strategy to <u>eliminate</u>₍₅₎ social comparisons is to provide children with participation trophies. As the *Dodo in Lewis Carroll's *Alice's Adventures in Wonderland* puts it: "*Everybody* has won, and *all* must have

prizes." Such awards, however, may not abolish social comparisons: (**6**) receiving the same trophy, children are sensitive to even minor differences in performance between themselves and others. High-performing children who receive the same prize as low-performing ones may feel unfairly treated and look down on the latter group. More generally, those who receive unwarranted rewards may come to believe that they are entitled to recognition and admiration. Indeed, <u>lavishing</u> children with praise can, in some cases, cultivate narcissism, research shows.
(7)

How, then, can we make children feel proud of themselves and motivate them without the unwanted side effects? We believe a better approach is to use *temporal comparisons*, that is, encouraging children to compare themselves with their past self rather than with others, such as by assessing how much they have learned or improved themselves. When children compare themselves with their past self, they don't compete with others.

We investigated this approach in a recent study and found it effective. First, we recruited a sample of 583 children from various elementary and secondary schools. To set up the test, we had the children do a reading-and-writing exercise (**8**) to influence the kind of comparisons they would make: social comparisons, temporal comparisons or no comparison at all. For example, in the social-comparison condition, a nine-year-old girl wrote, "I was better than my peers at singing. I can sing and others can't. I find myself really important. I love singing, I keep doing it, and I'm simply the best." By contrast, in the temporal-comparison condition, a 13-year-old girl wrote, "At first, I didn't have many friends. But at some point, I was done with it. So, I started sitting next to random people and they became my best friends. Now that I have that many friends, I feel good and confident."

In the study, we found that children who compared themselves favorably to others or to their past self all felt proud of themselves. Children who compared themselves with others, however, said they wanted to be superior to such people, while those who compared themselves with their past self said they wanted to improve rather than be superior. Temporal comparisons shifted children's goals away from a desire for superiority and toward self-improvement.

What, then, can parents and teachers do with this knowledge? Research suggests several strategies. For one, parents and teachers can praise children's improvement over time to let them know they are making progress and heading in the right direction. Also, teachers can create learning contexts that track children's own progress over time, such as report cards that display their changes in learning and performance. By doing so, adults teach children that outperforming oneself is more important than outperforming others and that even small victories may be celebrated.

Of course, temporal comparisons are not a *panacea; we should never push children to improve themselves relentlessly. <u>The road toward self-improvement is paved with struggles and setbacks</u>. Rather than making (9) children feel bad for those failures, we should encourage them to embrace and learn from them — and thus help youngsters become better than they were before. We need to offer children more opportunities to make temporal comparisons, so they can see how much they have learned and how much they have grown. This strategy should allow them to "jump even further."

(Notes)　**Scripps National Spelling Bee**：a spelling competition

　　　　　gloss over：to avoid talking about something by not dealing with it in detail

　　　　　Novak Djokovic Foundation：a non-profit organization for early childhood education programs

　　　　　dodo：a large extinct flightless bird

　　　　　panacea：a solution or remedy for all difficulties or diseases

(1)　Arrange the words within the brackets (1) to make a correct sentence and mark the 2nd and 5th words on your **Answer Sheet**.

出典追記：The Problem with Telling Children They're Better Than Others, Scientific American on April 7, 2020 by Çisem Gürel, Eddie Brummelman

(2) Choose the most appropriate word for the blank (2) and mark the number on your **Answer Sheet**.

1 determines 2 gives

3 those 4 with

(3) Choose the most appropriate word for the blank (3) and mark the number on your **Answer Sheet**.

1 as 2 in

3 so 4 with

(4) Choose the most appropriate answer which has the closest meaning to the underlined word (4) and mark the number on your **Answer Sheet**.

1 have a favorable effect 2 have an opposite effect

3 remain the same 4 take advantage

(5) Choose the most appropriate word which has the closest meaning to the underlined word (5) and mark the number on your **Answer Sheet**.

1 make 2 nourish

3 perceive 4 remove

(6) Choose the most appropriate word for the blank (6) and mark the number on your **Answer Sheet**.

1 also 2 because

3 despite 4 owing

(7) Choose the most appropriate word which has the closest meaning to the underlined word (7) and mark the number on your **Answer Sheet**.

1 concealing 2 lacking

3 providing 4 scolding

(8) Choose the most appropriate answer for the blank (8) and mark the number on your **Answer Sheet**.

　1　design　　　　　　　　　　　2　designed

　3　designing　　　　　　　　　　4　to design

(9) Choose the most appropriate answer which has the closest meaning to the underlined sentence (9) and mark the number on your **Answer Sheet**.

　1　Self-improvement can be easily accomplished.

　2　Self-improvement is a journey with many difficulties.

　3　We should avoid demanding challenges.

　4　We should enjoy the road to self-improvement.

(10) For each of the following sentences, on your **Answer Sheet**, mark **T** (true) for the statements that agree with the text and mark **F** (false) for the statements that do not agree.

　1　Social comparisons are known as a useful approach to get rid of competition among children.

　2　Low-performing children tend to regard high-performing children with contempt when they both receive the same prize.

　3　Having more opportunities to make social comparisons in early childhood minimizes the undesirable side effects on children.

　4　It is more meaningful for children to challenge themselves rather than attempting to be superior to others.

　5　One suggested strategy for children to feel proud of themselves is based on praise from their parents and teachers by which children become aware of their ongoing progress.

2 Read the following passage and answer each question. (24 points)

(This mark (*) indicates, see **Notes** after the text.)

Isn't human progress truly amazing? Seventeenth-century philosopher Thomas Hobbes described the life of early humans as "solitary, poor, nasty, (1) brutish, and short." We humans have come so far in so little time. It is hard to imagine (1 be 2 daily life 3 like 4 our 5 what 6 would) if (2) we were back in those times.

We can picture early humans (**3 a**) for food, trying to stay warm, protecting their territory, caring for their sick and injured, learning to use tools, and (**3 b**) their dead. It must have been a nearly full-time struggle just to stay alive. (**4**) developments that allowed our early ancestors to dominate their environment were growth of the *frontal lobes of the brain and evolution of the opposable thumb which enabled us to grasp and handle objects. These were instrumental in human race's long progress from cave to (5) castle. The frontal lobes gave us the capabilities of impulse control, judgement, language, memory, motor function, socialization, and problem solving. They are responsible for planning, controlling, and executing behavior. In other words, the frontal lobe gives us all the functions we ascribe to humans.

The opposable thumb allowed us to make and manipulate tools with great *dexterity. If you are tempted to disregard the importance of an opposable (6) thumb, try these tasks: tie your shoelaces, or blow up a balloon and tie it, without using your thumbs.

Another key feature of our long march of progress is the role of a written language. Knowledge exploded when people were able to permanently record (**7**) they had learned and pass it on to the next generation. The oral tradition is very limited and could be somewhat responsible for the differences in the development of civilization between Europe and North America in the time leading up to the 1500s.

What is the future of science and humankind? There is every reason to believe that the steady progression of scientific knowledge and implementation of that information will continue. (　8　) is progress that gives ever more people access to greater comfort, food, clothing, and shelter and to longer life, increased leisure time, and easing of pain. But we must be aware of the limitations of science. "Just because we know more" does not mean we behave any better or treat others in a humane manner. Some people knowingly ingest *carcinogens, take illicit drugs, and drink too much alcohol. Some people are in poverty because they make bad choices, or because of others' self-interested choices. We *know* so much better than we *do*.

(Notes)　**frontal lobe**：either of the two parts at the front of the brain that are connected with behavior, leaning, and personality

　　　　　dexterity：skill in using hands

　　　　　carcinogen：a substance that can cause cancer

(1)　Choose the most appropriate word which has the closest meaning to the underlined word (1) and mark the number on your **Answer Sheet**.

　　1　uncertain　　　　　　　　2　unfamiliar

　　3　unpleasant　　　　　　　　4　unrelated

(2)　Arrange the words within the brackets (2) to make a correct sentence and mark the 2nd and 5th words on your **Answer Sheet**.

(3)　Choose the most appropriate word for each blank (**3 a**) and (**3 b**) and mark the number on your **Answer Sheet**.

　　(**3 a**)

　　1　consuming　　　　　　　　2　placing

　　3　purchasing　　　　　　　　4　searching

（3 b）

1　burying	2　declining
3　engaging	4　praying

(4)　Choose the most appropriate answer for the blank (4) and mark the number on your **Answer Sheet**.

1　A lot of	2　Any
3　Quite a few	4　Two

(5)　Choose the most appropriate word which has the closest meaning to the underlined word (5) and mark the number on your **Answer Sheet**.

1　intellectual	2　reasonable
3　significant	4　trivial

(6)　Choose the most appropriate answer which has the closest meaning to the underlined part (6) and mark the number on your **Answer Sheet**.

1　you are attempting to disrespect

2　you are inclined to dismiss

3　you are reluctant to disapprove

4　you are unwilling to disfavor

(7)　Choose the most appropriate word for the blank (7) and mark the number on your **Answer Sheet**.

1　if	2　for
3　what	4　which

(8)　Choose the most appropriate word for the blank (8) and mark the number on your **Answer Sheet**.

1　Either	2　It
3　Or	4　That

(9)　For each of the following sentences, on your **Answer Sheet**, mark **T** (true) for the statements that agree with the text and mark **F** (false) for the statements that do not agree.

1　The frontal lobes of the brain have equipped us with abilities to manage our actions.

2　Were it not for the opposable thumb, we could easily tie our shoelaces.

3　The oral tradition is the sole factor in the development of modern civilization.

4　It is safe to assume that both the application and the accumulation of scientific knowledge will continue to advance.

5　Possessing greater knowledge does not ensure that we will conduct ourselves in an improved manner.

3　Choose the most appropriate answer for each blank to complete the sentence and mark the number on your **Answer Sheet**.　　　　　　(26 points)

(1)　The members of the Yosakoi club (　　　) tomorrow at 3 p.m.

1　are meeting 　　　　　　2　has met

3　is meeting 　　　　　　4　meets

(2)　Even though I (　　　) on that assignment since last month, it still isn't finished.

1　have been worked 　　　　2　have been working

3　will be working 　　　　4　will work

(3)　We had better (　　　) all of our research sources when we submit our assignments.

1　include 　　　　　　　2　included

　　3　including　　　　　　　　　　　　4　inclusion

(4)　We are planning on taking a trip abroad this summer, but we (　　　) on
　　a destination yet.

　　1　don't decide　　　　　　　　　　2　haven't decided

　　3　isn't decided　　　　　　　　　　4　wouldn't decide

(5)　There are two main (　　　): real-time and on-demand classes.

　　1　type of online classes　　　　　2　type online classes

　　3　types of online classes　　　　　4　types online classes

(6)　I got a (　　　) of accomplishment when I scrambled up the Pyramids.

　　1　fit　　　　　　　　　　　　　　2　moral

　　3　rate　　　　　　　　　　　　　4　sense

(7)　Last night I (　　　) down on the sofa exhausted due to overwork.

　　1　laid　　　　　　　　　　　　　2　lain

　　3　lay　　　　　　　　　　　　　4　lied

(8)　They offered the (　　　) best accommodations during our stay abroad.

　　1　lot　　　　　　　　　　　　　2　more

　　3　much　　　　　　　　　　　　4　very

(9)　I can assure you that he will find a solution in (　　　) course.

　　1　due　　　　　　　　　　　　　2　full

　　3　of　　　　　　　　　　　　　4　own

(10)　It looked to me at first (　　　) it were a fox, but it actually was a wolf.

　　1　as though　　　　　　　　　　2　even though

　　3　not yet　　　　　　　　　　　4　only because

(11)　The new system was made by (　　　　) three currently functioning systems.

1　integrate　　　　　　　　　　2　integrated

3　integrating　　　　　　　　　4　integration

(12)　People who (　　　　) in that apartment often take their children to the park across the street.

1　reside　　　　　　　　　　　2　residence

3　residential　　　　　　　　　4　residents

(13)　I happened to step on my mother's sunglasses and broke them. But I did not do it (　　　　).

1　defensively　　　　　　　　2　definitely

3　deliberately　　　　　　　　4　desperately

4　The following is a conversation between Darren and Amy. Choose the most appropriate word for each blank (**a-g**) from below and mark the number on your **Answer Sheet**; however, you must not use the same word more than once.　　　　　　　　　　　　　　　　　　　　(14 points)

Darren:　Hi Amy, what are you reading?

Amy:　　Hey Darren, I'm just looking over my itinerary for my upcoming trip to Thailand.

Darren:　What a (　**a**　)! I visited Thailand two years ago.

Amy:　　Really? I'd love to hear about your trip.

Darren:　Sure, no problem. I went to Thailand with my best friend for two weeks. We visited Bangkok, Chiang Mai, and Koh Lanta.

Amy:　　How was Bangkok?

Darren:　Well, to be honest, I wasn't so keen on Bangkok. Bangkok is a cosmopolitan city, but it was a little (　**b**　) because there was so much going on!

Amy:　　　That sounds exciting.

Darren:　It was exciting, but it's a bit too big and crowded for my liking.

Amy:　　　How was the food in Bangkok? I hear it's so spicy.

Darren:　The food was amazing! Everything I ate was delicious. Some of it was spicy, but in Bangkok, you can find any type of food you want. The choices were (　**c**　) endless.

Amy:　　　Where did you go after that?

Darren:　From Bangkok, we took the overnight sleeper train up north to Chiang Mai.

Amy:　　　I'm considering going to Chiang Mai. Do you recommend it?

Darren:　Absolutely. Especially if you're (　**d**　) outdoor activities.

Amy:　　　What kind of outdoor activities?

Darren:　Chiang Mai is in the mountains, so we were able to go camping and do some trekking. It was beautiful in a wild and natural way, and being (　**e**　) from the crowds gave me a real feeling of solitude. Also, the people I met there were really kind. The atmosphere was completely different from Bangkok. Right after (　**f**　), we went down south to hit the beaches.

Amy:　　　Did you go to any islands?

Darren:　I sure did. A tiny island called Koh Lanta in the Andaman Sea.

Amy:　　　That sounds great. How were the beaches?

Darren:　The beaches were stunning, and the water was crystal clear. I spent the entire time sunbathing and swimming.

Amy:　　　Wow! It sounds like you had a fabulous vacation in Thailand. I hope my trip will be as great as your trip was.

Darren:　I hope so too, Amy. And don't forget to bring me back a souvenir.

Amy:　　　Ha! Okay, Darren, I (　**g**　).

1　Bangkok	2　Chiang Mai	3　coincidence
4　into	5　isolated	6　overwhelming
7　prefer	8　virtually	9　won't
10　would		

5　Choose the most appropriate answer for each blank to complete the sentence as the definition and mark the number on your **Answer Sheet**.　　(10 points)

(1)　(　　　) is a distinguishing quality or characteristic, typically one belonging to a person.

　　1　A temptation　　　　　　　　2　A trait

　　3　An estimate　　　　　　　　 4　An extract

(2)　(　　　) is the ability to continue or be continued for a long time.

　　1　Liability　　　　　　　　　　2　Possibility

　　3　Sustainability　　　　　　　 4　Visibility

(3)　Sleep (　　　) is a state caused by insufficient quantity or quality of sleep.

　　1　adjustment　　　　　　　　　2　deprivation

　　3　improvement　　　　　　　　4　satisfaction

(4)　(　　　) is a complete change in the appearance or character of something or someone.

　　1　Transformation　　　　　　　2　Transmission

　　3　Transparent　　　　　　　　4　Transport

(5)　(　　　) of interest is a situation in which someone's private interests are opposed to that person's responsibilities to other people.

　　1　Challenge　　　　　　　　　2　Conflict

　　3　Lack　　　　　　　　　　　 4　Likelihood

数学

（100 分）

以下の問題 **1** **2** **3** において，$\boxed{}$ 内のカタカナの 1 文字にあてはまる 0 から 9 までの数字を求めて，**解答用マークシート**の指定された欄にマークしなさい。ただし，分数は既約分数で表しなさい。また，根号内の $\boxed{}$ に対しては，根号の中に現れる正の整数が最小となる形で答えなさい。なお，$\boxed{ア}$ のようなカタカナ 1 文字は 1 桁の数を表し，$\boxed{アイ}$，$\boxed{アイウ}$ のようなカタカナ 2 文字，カタカナ 3 文字は，それぞれ 2 桁，3 桁の数を表すものとします。

1 (16 点)

(1) $(\log_2 3 - \log_8 3)(\log_3 2 + \log_9 2)$ の値は $\boxed{ア}$ である。

(2) 2^{20} は $\boxed{イ}$ 桁の自然数である。$\left(\dfrac{1}{3}\right)^{25}$ を小数で表したとき，小数第 $\boxed{ウエ}$ 位に初めて 0 でない数字が現れる。

ただし，$\log_{10} 2 = 0.3010$，$\log_{10} 3 = 0.4771$ とする。

(3) 不等式 $2\log_a(x-3) > \log_a(3x-5)$ を満たす x の範囲は，

$a > 1$ のとき $x > \boxed{オ}$ であり，

$0 < a < 1$ のとき $\boxed{カ} < x < \boxed{キ}$ である。

2 (16 点)

関数

$$y = \sin^3 x + \cos^3 x + 3\sin x \cos x - 2\sin x - 2\cos x - 1 \ (0 \leqq x < 2\pi)$$

を考える。

(1) $t = \sin x + \cos x$ とおくとき,

$$\sin x \cos x = \frac{t^{\boxed{ア}} - \boxed{イ}}{\boxed{ウ}}, \ \sin^3 x + \cos^3 x = \frac{-t^{\boxed{エ}} + \boxed{オ}\, t}{\boxed{カ}}$$

となるので, y を t の式で表すと,

$$y = -\frac{\boxed{キ}}{\boxed{ク}} t^3 + \frac{\boxed{ケ}}{\boxed{コ}} t^2 - \frac{\boxed{サ}}{\boxed{シ}} t - \frac{\boxed{ス}}{\boxed{セ}}$$

である。

(2) (1) で定めた t のとり得る値の範囲は,

$$-\sqrt{\boxed{ソ}} \leqq t \leqq \sqrt{\boxed{タ}}$$

である。

(3) y のとり得る値の範囲は,

$$-\boxed{チ} - \frac{\boxed{ツ}}{\boxed{テ}}\sqrt{\boxed{ト}} \leqq y \leqq \frac{\boxed{ナ}}{2} + \frac{\boxed{ニ}}{2}\sqrt{\boxed{ヌ}}$$

である。

(4) 異なる 2 つの x の値で $y = 0$ となる。1 つは $x = \pi$ であり, もう 1 つは $x = \dfrac{\boxed{ネ}}{\boxed{ノ}}\pi$ である。

3 (16 点)

複素数平面上で，複素数 $\alpha = -1 + i$ を表す点を A，複素数 $\beta = 7 - 5i$ を表す点を B とする。ここで，i は虚数単位を表す。

(1) 線分 AB を $3:4$ に内分する点を P とし，$1:3$ に外分する点を Q とする。

点 P を表す複素数は $\dfrac{\boxed{アイ}}{\boxed{ウ}} - \dfrac{\boxed{エオ}}{\boxed{カ}} i$ であり，

点 Q を表す複素数は $-\boxed{キ} + \boxed{ク} i$ である。

(2) y を実数とし，複素数 $\gamma = 2 + yi$ を表す点を C とする。$\angle \mathrm{ABC}$ の大きさが $\dfrac{\pi}{6}$ であるとき，

$$y = \dfrac{\boxed{ケコ}}{\boxed{サシ}} \pm \dfrac{\boxed{スセソ}}{\boxed{タチ}} \sqrt{\boxed{ツ}}$$

である。

(3) k を実数とし，α と共役な複素数を $\overline{\alpha}$，β と共役な複素数を $\overline{\beta}$ と表す。z が純虚数であり，等式

$$\overline{\alpha} z^2 + \overline{\beta} z + 4 + ki = 0$$

を満たすとき，k の値は $-\boxed{テ}$，または，$-\boxed{トナ}$ である。

問題 $\boxed{4}$ の解答は解答用紙 $\boxed{4}$ に記入しなさい。

$\boxed{4}$ (26 点)

以下の空欄（**あ**）〜（**き**）について，適切な数または式を解答用紙の所定の欄に記入しなさい。

関数 $f(x)$ を，

$$f(x) = x\,e^{-4x^2+1}$$

と定める。ここで，e は $e = \lim\limits_{k \to 0}(1+k)^{\frac{1}{k}}$ によって定まる実数である。

(1)　$f(1) = \boxed{\text{（あ）}}$ である。

(2)　$f(x)$ を微分すると，

$$f'(x) = \boxed{\qquad\text{（い）}\qquad}$$

となる。

(3)　x が $0 \leqq x \leqq 1$ の範囲を動くとき，$f(x)$ は，$x = \boxed{\text{（う）}}$ のとき最大値 $\boxed{\text{（え）}}$ をとり，$x = \boxed{\text{（お）}}$ のとき最小値 $\boxed{\text{（か）}}$ をとる。

ここで，（**う**），（**え**），（**お**），（**か**）を導く過程を解答用紙の所定の欄に書きなさい。

(4)　座標平面上で，原点 O と点 $(1, f(1))$ の 2 点を通る直線を ℓ とおき，直線 ℓ と曲線 $y = f(x)$ $(x \geqq 0)$ で囲まれた図形を D とおく。このとき D の面積は $\boxed{\qquad\text{（き）}\qquad}$ である。

問題 **5** の解答は解答用紙 **5** に記入しなさい。

5 (26 点)

以下の空欄（**あ**）〜（**く**）について，適切な数または式を解答用紙の所定の欄に記入しなさい。

O を原点とする座標空間の 3 点 A$(2, 1, -2)$, B$(1, 1, 0)$, C$(2, 0, 2)$ について，$\vec{a} = \overrightarrow{OA}$, $\vec{b} = \overrightarrow{OB}$, $\vec{c} = \overrightarrow{OC}$ とする。さらに，

$$\vec{d} = \frac{\vec{a}}{\left|\vec{a}\right|}, \quad \vec{e} = \frac{\vec{b} - \left(\vec{b} \cdot \vec{d}\right)\vec{d}}{\left|\vec{b} - \left(\vec{b} \cdot \vec{d}\right)\vec{d}\right|}, \quad \vec{f} = \frac{\vec{c} - \left(\vec{c} \cdot \vec{d}\right)\vec{d} - \left(\vec{c} \cdot \vec{e}\right)\vec{e}}{\left|\vec{c} - \left(\vec{c} \cdot \vec{d}\right)\vec{d} - \left(\vec{c} \cdot \vec{e}\right)\vec{e}\right|}$$

とおく。ここで，$\left|\vec{a}\right|$ はベクトル $\vec{a}$ の大きさ，$\vec{a} \cdot \vec{b}$ はベクトル $\vec{a}$ と $\vec{b}$ の内積を表す。

(1) $\left|\vec{a}\right| = $ **(あ)** ，$\vec{a} \cdot \vec{b} = $ **(い)** ，$\left(\vec{a} + \vec{b}\right) \cdot \left(\vec{a} - \vec{c}\right) = $ **(う)** である。

(2) $\vec{d}$, $\vec{e}$, $\vec{f}$ を成分で表すと，

$$\vec{d} = \boxed{\text{（え）}}, \quad \vec{e} = \boxed{\text{（お）}}, \quad \vec{f} = \boxed{\text{（か）}}$$

である。

(3) $\vec{g} = (3, 5, -2)$ を $\vec{d}$, $\vec{e}$, $\vec{f}$ を用いて表すと，

$$\vec{g} = \boxed{\text{（き）}}$$

となる。

(4) $\vec{g} = (3, 5, -2)$, $\vec{h} = \sqrt{2}\,\vec{d} + \sqrt{3}\,\vec{e} + \sqrt{5}\,\vec{f}$ とおく。t が実数全体を動くときの $\left|\vec{g} - t\vec{h}\right|$ の最小値は，

$$\boxed{\qquad\qquad（く）\qquad\qquad}$$

である。なお，（く）を導く過程を解答用紙の所定の欄に書きなさい。

物理

（80 分）

　以下の問題 $\boxed{1}$ ～ $\boxed{4}$ において，文章中の $\boxed{（ア）}$ などにあてはまる最も適当なものを指定の**解答群**の中から選び，その番号を**解答用マークシート**の指定欄にマークしなさい。ただし，たとえば $\boxed{（ア）}$ は，すでに文章中にある $\boxed{（ア）}$ を表す。

$\boxed{1}$ （28 点）

(1) 図 1−1 のように，質量 m〔kg〕の人工衛星を地表（地球の表面）から発射して楕円軌道にのせ，地表から高さ h〔m〕の円軌道にのせることを考えよう。地球は半径 R〔m〕，質量が M〔kg〕の一様な球であるとし，点 O は地球の中心であり，静止しているものとする。また，人工衛星の大きさは地球の大きさに比べてじゅうぶんに小さく，無視できるものとする。万有引力定数を G〔N·m²/kg²〕とする。

(a) 図 1−1 のように，人工衛星を点 P から地表の接線方向に発射する。発射直後の速度の大きさを v_P〔m/s〕とする。発射後の人工衛星の軌道は点 O を焦点のひとつとする楕円軌道になる。点 P が点 O からの距離が最も近い点であり，点 A が点 O からの距離が最も遠い点である。人工衛星の点 A での速度の大きさを v_A〔m/s〕とすると，面積速度一定の法則より $\frac{1}{2}Rv_\mathrm{P} = \boxed{（ア）}$ が成り立つ。また，万有引力のもとでは力学的エネルギーが保存する。以上より，$v_\mathrm{P} = \boxed{（イ）}$ 〔m/s〕，$v_\mathrm{A} = \boxed{（ウ）}$ 〔m/s〕である。

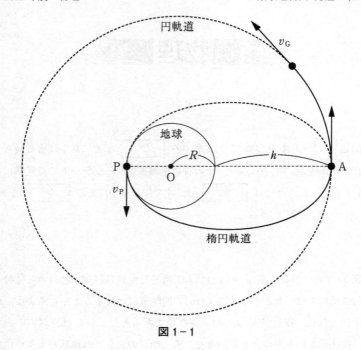

図 1－1

(ア)の解答群

(1) $\dfrac{1}{2} h v_A$

(2) $\dfrac{1}{2} R v_A$

(3) $\dfrac{1}{2}(R + h) v_A$

(4) $\dfrac{1}{2}(2R + h) v_A$

(イ), (ウ)の解答群

(1) $\sqrt{\dfrac{2GM}{R + h}}$

(2) $\sqrt{\dfrac{GM}{R + h}}$

(3) $\sqrt{\dfrac{2GM(R + h)}{R(2R + h)}}$

(4) $\sqrt{\dfrac{2GM(R + h)}{R^2}}$

(5) $\sqrt{\dfrac{2GMR}{(R + h)(2R + h)}}$

(6) $\sqrt{\dfrac{2GM(R + h)}{(2R + h)^2}}$

(7) $\sqrt{\dfrac{2GM(2R + h)}{R(R + h)}}$

(8) $\sqrt{\dfrac{2GMR}{(R + h)^2}}$

(b) 図1-1の点Aにおいて瞬間的に加速し，速度の大きさを v_G〔m/s〕に変化させて，人工衛星を点Oを中心とする半径 $R + h$ の円軌道にのせた。この場合，速度の大きさの比は $\dfrac{v_G}{v_A} = $ 　(エ)　 となる。

周期 T〔s〕で円軌道を回る人工衛星の地表からの高さは $h = $ 　(オ)　〔m〕である。

(エ)の解答群

(1) $\sqrt{1 + 2\dfrac{h}{R}}$ 　　　　(2) $\sqrt{1 + \dfrac{h}{R}}$ 　　　　(3) $\sqrt{1 + \dfrac{h}{2R}}$

(4) $\sqrt{1 + 2\dfrac{R}{h}}$ 　　　　(5) $\sqrt{1 + \dfrac{R}{h}}$ 　　　　(6) $\sqrt{1 + \dfrac{R}{2h}}$

(オ)の解答群

(1) $\left(\dfrac{GMT^2}{4\pi^2}\right)^{\frac{1}{3}} - R$ 　　(2) $\left(\dfrac{GMT^2}{2\pi^2}\right)^{\frac{1}{3}} - R$ 　　(3) $\left(\dfrac{GMT^2}{\pi^2}\right)^{\frac{1}{3}} - R$

(4) $\left(\dfrac{GMT^2}{4\pi^2}\right)^{\frac{1}{3}} - \dfrac{R}{2}$ 　　(5) $\left(\dfrac{GMT^2}{2\pi^2}\right)^{\frac{1}{3}} - \dfrac{R}{2}$ 　　(6) $\left(\dfrac{GMT^2}{\pi^2}\right)^{\frac{1}{3}} - \dfrac{R}{2}$

(2) 図1-2のように鉛直方向にじゅうぶんに長い円筒内に小球A，小球Bがある。小球Bは床に固定されており，小球Aは円筒内を鉛直方向に動くことができる。小球A，小球Bの電荷はともに Q〔C〕$(Q > 0)$ であり，小球間には静電気力がはたらいている。小球Aの質量を m〔kg〕とする。ただし，小球Bの質量は小球Aの質量に比べて無視できるものとする。小球と円筒の間のまさつや空気抵抗などは無視できるものとし，円筒は電場（電界）に影響を与えず，小球の電荷は変化しないものとする。クーロンの法則における比例係数を k〔N·m²/C²〕，重力加速度の大きさを g〔m/s²〕とし，小球Aの運動を考えてみよう。

はじめ小球Aは静電気力と重力がつり合う位置で静止している。この場合，図中の小球Aと小球Bの距離 $h(h > 0)$ は 　(カ)　〔m〕である。このときの小球Aのエネルギー E_0 は，静電気力による位置エネルギーと重力による位置エネルギーの和である。このつり合いの位置を原点Oとして鉛直方向に

y 軸をとる。

次に，小球 A をつり合いの位置から d〔m〕$(0 < d < h)$ だけ押し下げ，静止させる。このときの小球 A のエネルギーを E_1 とする。小球 A のエネルギーは $E_1 - E_0 = mgh$ ┃ (キ) ┃ 〔J〕だけ増加する。この静止させた位置から小球 A を静かに離す。小球 A は上昇し，最高の高さ $y =$ ┃ (ク) ┃〔m〕まで到達する。その後，小球 A は $y =$ ┃ (ク) ┃ と $y = -d$ の間で往復運動を行う。たとえば，$d = \dfrac{h}{2}$ の場合の往復運動の幅は，┃ (ケ) ┃〔m〕となる。

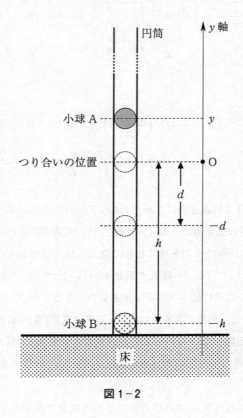

図 1−2

(カ)の解答群

(1) $\sqrt{\dfrac{kQ^2}{mg}}$ (2) $\sqrt{\dfrac{mg}{kQ^2}}$ (3) $\sqrt{\dfrac{mg}{2kQ^2}}$

(4) $\sqrt{\dfrac{2mg}{kQ^2}}$　　　　　　(5) $\sqrt{\dfrac{mg}{kQ^2 - mg}}$

㈔の解答群

(1) $\dfrac{hd}{h+d}$　　　(2) $\dfrac{h-d}{hd}$　　　(3) $\dfrac{d^2}{h(h+d)}$　　　(4) $\dfrac{d^2}{h(h-d)}$

㈗の解答群

(1) $\dfrac{2hd}{h+d}$　　　(2) $\dfrac{hd}{h-d}$　　　(3) $\dfrac{h(2h+d)}{h+d}$　　　(4) $\dfrac{h(2h-d)}{h-d}$

㈘の解答群

(1) $\dfrac{5h}{6}$　　　(2) $\dfrac{3h}{2}$　　　(3) $\dfrac{13h}{6}$　　　(4) $\dfrac{7h}{2}$

2　(22 点)

　空気が上昇するとき，その温度は高度とともに低下する。この割合を，空気が理想気体としてゆっくりと断熱膨張しながら上昇すると仮定して求めてみよう。なお，空気は窒素と酸素からなる気体と考え，重力加速度の大きさを $g\,[\mathrm{m/s^2}]$，気体定数を $R\,[\mathrm{J/(mol \cdot K)}]$ とする。

　図2 に示すように，底面積が $S\,[\mathrm{m^2}]$ の空気の気柱を考え，高度 $z\,[\mathrm{m}]$ の位置に高度差 $\Delta z\,[\mathrm{m}]$ の円筒を考える。高度 z における空気の圧力を $p\,[\mathrm{N/m^2}]$，温度を $T\,[\mathrm{K}]$ とする。高度 z と $z+\Delta z$ 間の圧力差を $\Delta p\,[\mathrm{N/m^2}]$，温度差を $\Delta T\,[\mathrm{K}]$ として，高度 $z+\Delta z$ における圧力を $p+\Delta p$，温度を $T+\Delta T$ とする（Δz, Δp, ΔT は微小量とする）。高度 z における空気の密度を $\rho\,[\mathrm{kg/m^3}]$ とし，ρ は高度差 Δz の範囲内では一定と見なすと，円筒内の空気にはたらく鉛直方向の力のつり合いから，圧力差は $\Delta p = \boxed{\quad (\mathcal{P}) \quad}\,\Delta z$ と表される。空気のモル質量を $M\,[\mathrm{kg/mol}]$ として，1モルの空気に対する状態方程式を用いて ρ を消去すると，圧力差は次式のように書ける。

$$\Delta p = \boxed{\quad (\mathcal{A}) \quad}\,\Delta z \qquad\qquad ①$$

　空気は断熱膨張するのでポアソンの法則が成り立つ。比熱比を γ として，圧力 p と温度 T を用いてポアソンの法則を表現すると

$$\boxed{\text{(ウ)}} = 一定 \qquad ②$$

となる。②式に高度 z と $z + \Delta z$ における圧力と温度を適用すると，関係式 $\boxed{\text{(エ)}}$ を得る。x が 1 よりきわめて小さいときに成り立つ近似式 $(1 + x)^{\alpha} \fallingdotseq 1 + \alpha x$ を用いて，関係式 $\boxed{\text{(エ)}}$ を整理すると

$$\Delta p = \boxed{\text{(オ)}} \ \Delta T \qquad ③$$

が導かれる。ただし，③式を導く過程で，微小量どうしの積は非常に小さいと考えて，$\Delta p \cdot \Delta T$ の項を無視した。

　①式と③式から，ΔT と Δz の比を求めると，

$$\frac{\Delta T}{\Delta z} = \boxed{\text{(カ)}} \ \text{(K/m)}$$

を得る。平均の分子量 M_0 を 28.8，空気の比熱比 γ を 1.40，重力加速度の大きさ g を $9.8\,\text{m/s}^2$，気体定数 R を $8.31\,\text{J/(mol·K)}$ として，$\boxed{\text{(カ)}}$ を見積もると，標高差 1 km につき気温の低下はおよそ $\boxed{\text{(キ)}}$ K である。$\boxed{\text{(キ)}}$ にあてはまる最も近い数値を**解答群**から選びなさい。

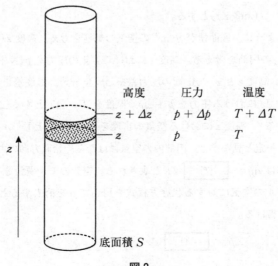

図 2

(ア)の解答群

(1) $-\rho S g$　　　　(2) $-\rho g$　　　　(3) ρg　　　　(4) $\rho S g$

(イ)の解答群

(1) $M\dfrac{p}{RT}$　　　(2) $-MgS\dfrac{p}{RT}$　　　(3) $MS\dfrac{p}{RT}$　　　(4) $-Mg\dfrac{p}{RT}$

(ウ)の解答群

(1) $p^{1-\gamma}T^{\gamma}$　　　(2) $p^{\gamma-1}T$　　　(3) $p^{1+\gamma}T^{-\gamma}$　　　(4) $p^{-1-\gamma}T$

(エ)の解答群

(1) $p^{1-\gamma}T^{\gamma} = (p+\Delta p)^{1-\gamma}(T+\Delta T)^{\gamma}$

(2) $p^{\gamma-1}T = (p+\Delta p)^{\gamma-1}(T+\Delta T)$

(3) $p^{1+\gamma}T^{-\gamma} = (p+\Delta p)^{1+\gamma}(T+\Delta T)^{-\gamma}$

(4) $p^{-1-\gamma}T = (p+\Delta p)^{-1-\gamma}(T+\Delta T)$

(オ)の解答群

(1) $\dfrac{1}{\gamma-1}\dfrac{p}{T}$　　(2) $\dfrac{\gamma+1}{\gamma-1}\dfrac{p}{T}$　　(3) $\dfrac{(\gamma+1)^2}{\gamma-1}\dfrac{p}{T}$　　(4) $\dfrac{\gamma}{\gamma-1}\dfrac{p}{T}$

(カ)の解答群

(1) $-\dfrac{\gamma-1}{\gamma+1}\dfrac{Mg}{R}$　　　　　(2) $-(\gamma-1)\dfrac{Mg}{R}$

(3) $-\dfrac{\gamma-1}{\gamma}\dfrac{Mg}{R}$　　　　　(4) $-\dfrac{\gamma-1}{(\gamma+1)^2}\dfrac{Mg}{R}$

(キ)の解答群

(1) 9.7　　　　(2) 14　　　　(3) 5.7　　　　(4) 2.4

3 （20 点）

　図3のように，紙面に垂直な3本の細いスリット S_1, S_2, S_3 が等間隔 a〔m〕で並んでおり，波長 λ〔m〕の光の平面波を垂直に入射させる。スクリーンはスリットの列に平行で，両者の距離 L〔m〕は a よりじゅうぶん大きい。また，a は λ よりじゅうぶん大きく，図中の角度 θ〔rad〕はじゅうぶん小さいとする。

　スクリーン上で紙面内の点 O から上向きに距離 x〔m〕の位置にある紙面内の点を P とする。$j = 1, 2, 3$ として，距離 $S_j P = L_j$〔m〕とすると，スリット S_j からの時刻 t〔s〕における光波の変位は点 P 上で $y_j = A \sin\left\{2\pi\left(\dfrac{t}{T} - \dfrac{L_j}{\lambda}\right) + \phi_j\right\}$ と表せるとする。ここで，A は波の振幅，T〔s〕は周期，ϕ_j〔rad〕は初期位相である。

　S_2 が閉じており，S_1 と S_3 が開いていて，$\phi_1 = \phi_3 = 0$ の場合を考える。θ はじゅうぶん小さく，$\sin\theta \fallingdotseq \tan\theta$ なので，経路差 $|L_1 - L_3| = \boxed{\quad(ア)\quad}$〔m〕と近似できる。$S_1$ と S_3 からの波の重ね合わせを求めよう。L_2 に対する L_1 と L_3 の経路差を考え，さらに三角関数の公式を用いると，

$y_1 + y_3 = \boxed{\quad(イ)\quad} \sin\left\{2\pi\left(\dfrac{t}{T} - \dfrac{L_2}{\lambda}\right)\right\}$ となる。この合成波の振幅 $\boxed{(イ)}$ の絶対値が最大となる位置は，$n = 0, 1, 2, \cdots$ として，$x = \boxed{\quad(ウ)\quad} n$〔m〕である。

　次に，S_1, S_2, S_3 が全て開いていて，$\phi_1 = \phi_2 = \phi_3 = 0$ の場合を考えよう。$y_1 + y_2 + y_3 = \boxed{\quad(エ)\quad} \sin\left\{2\pi\left(\dfrac{t}{T} - \dfrac{L_2}{\lambda}\right)\right\}$ となる。したがって，合成波の振幅 $\boxed{(エ)}$ が0になる位置のうち，点 O から上向きに数えて3番目の位置は $x = \boxed{\quad(オ)\quad}$〔m〕である。

　さらに，S_1, S_2, S_3 が全て開いていて，位相を変化させることができる透明な膜を用いて，$\phi_1 = \phi_3 = 0$, $\phi_2 = \pi$ rad とした場合を考える。膜による光の反射，吸収は無視できるとすると，$y_1 + y_2 + y_3 = \boxed{\quad(カ)\quad} \sin\left\{2\pi\left(\dfrac{t}{T} - \dfrac{L_2}{\lambda}\right)\right\}$ となる。この場合，合成波の振幅 $\boxed{(カ)}$ が0になる位置のうち，点 O から上向きに数えて3番目の位置は $x = \boxed{\quad(キ)\quad}$〔m〕である。

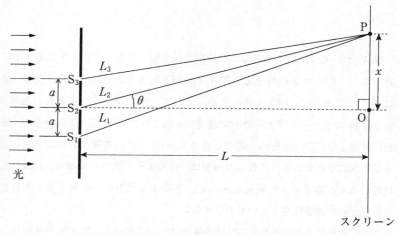

図 3

㋐〜㋖の解答群

(11) $\dfrac{ax}{3L}$　(12) $\dfrac{ax}{2L}$　(13) $\dfrac{ax}{L}$　(14) $\dfrac{2ax}{L}$　(15) $\dfrac{3ax}{L}$　(16) $\dfrac{\lambda L}{6a}$

(17) $\dfrac{\lambda L}{3a}$　(18) $\dfrac{\lambda L}{2a}$　(19) $\dfrac{2\lambda L}{3a}$　(20) $\dfrac{5\lambda L}{6a}$　(21) $\dfrac{\lambda L}{a}$　(22) $\dfrac{7\lambda L}{6a}$

(23) $\dfrac{4\lambda L}{3a}$　(24) $\dfrac{5\lambda L}{3a}$　(25) $\dfrac{2\lambda L}{a}$　(26) $\dfrac{7\lambda L}{3a}$　(27) $\dfrac{8\lambda L}{3a}$　(28) $\dfrac{3\lambda L}{a}$

(29) $A\left\{2\cos\left(2\pi\dfrac{ax}{\lambda L}\right)-1\right\}$　　(30) $2A\cos\left(2\pi\dfrac{ax}{\lambda L}\right)$

(31) $A\left\{2\cos\left(2\pi\dfrac{ax}{\lambda L}\right)+1\right\}$　　(32) $A\left\{2\sin\left(2\pi\dfrac{ax}{\lambda L}\right)-1\right\}$

(33) $2A\sin\left(2\pi\dfrac{ax}{\lambda L}\right)$　　(34) $A\left\{2\sin\left(2\pi\dfrac{ax}{\lambda L}\right)+1\right\}$

(35) $A\left\{\cos\left(\pi\dfrac{ax}{\lambda L}\right)+2\right\}$　　(36) $2A\cos\left(\pi\dfrac{ax}{\lambda L}\right)$

(37) $A\left\{\cos\left(\pi\dfrac{ax}{\lambda L}\right)-2\right\}$　　(38) $A\left\{\sin\left(\pi\dfrac{ax}{\lambda L}\right)+2\right\}$

(39) $2A\sin\left(\pi\dfrac{ax}{\lambda L}\right)$　　(40) $A\left\{\sin\left(\pi\dfrac{ax}{\lambda L}\right)-2\right\}$

4 (30 点)

(1) **図4-1**のように，イオン源から放出された陽イオンが真空中を直進し壁に
達する。その点を原点Oとし，陽イオンの入射方向をz軸とする。壁はz軸
に垂直で壁面内にx軸とy軸をとる。そして，平らな2枚の正方形の極板S
および極板Tをy-z平面に平行に置き，x軸方向に電場（電界）をかける。極
板間距離をd〔m〕，極板の一辺の長さをl〔m〕とする。各極板の辺はy軸もし
くはz軸に平行である。これらの極板は，図のように壁から距離L〔m〕離れた
位置にある。陽イオンの質量をm〔kg〕，電荷をq〔C〕$(q > 0)$とする。重力な
ど外部からの影響は考えないものとする。

　　まず，電場による陽イオンの軌道の変化について調べる。極板Tを接地し，
極板Sに電圧V〔V〕$(V > 0)$をかける。このとき，極板間にのみ電場が一様に
生じ，極板間の外にはもれないものとする。z軸に沿って速度の大きさv_0〔m/s〕
で極板間に進入した陽イオンは，極板に衝突することなく通過し，壁のx軸上
の点に衝突する。この点を点Pとする。このとき，極板間を通過した直後の
速度の大きさは，　　(ア)　　〔m/s〕であり，点Pのx成分は，$x_p =$　　(イ)　　
〔m〕である。

　　次に，比電荷を求めるため，極板間の電圧を維持したまま，極板間にのみ
磁束密度B〔T〕の一様な磁場（磁界）をかける。磁場は極板間の外にはもれない
ものとする。磁場を　　(ウ)　　の向きにかけると，陽イオンはz軸に沿って
直進する。このとき，極板間を通過した直後の陽イオンの速度の大きさは，

　　(エ)　　〔m/s〕である。そして，x_p，V，Bなどを用いると，陽イオンの比
電荷は，$\dfrac{q}{m} =$　　(オ)　　x_p〔C/kg〕となり，速度の大きさv_0を知ることなし
に比電荷を求めることができる。

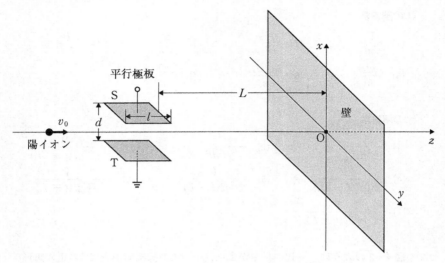

図 4 − 1

⑺の解答群

(1) v_0 (2) $\dfrac{qV}{mv_0}$ (3) $\dfrac{qVd}{mlv_0}$ (4) $\dfrac{qVl}{mdv_0}$

(5) $\sqrt{v_0{}^2 + \left(\dfrac{qV}{mv_0}\right)^2}$ (6) $\sqrt{v_0{}^2 + \left(\dfrac{qVl}{mdv_0}\right)^2}$ (7) $\sqrt{v_0{}^2 + \left(\dfrac{qVd}{mlv_0}\right)^2}$

⑷の解答群

(1) $\dfrac{qVlL}{mdv_0{}^2}$ (2) $-\dfrac{qVl^2}{2mdv_0{}^2}$ (3) $\dfrac{qVl}{mdv_0{}^2}(l - L)$

(4) $-\dfrac{qVl}{mdv_0{}^2}(l + L)$ (5) $-\dfrac{qVl}{mdv_0{}^2}(l - L)$ (6) $\dfrac{qVl}{mdv_0{}^2}\left(\dfrac{l}{2} - L\right)$

(7) $-\dfrac{qVl}{mdv_0{}^2}\left(\dfrac{l}{2} + L\right)$

⑺の解答群

(1) x 軸の正の向き   (2) x 軸の負の向き   (3) y 軸の正の向き

(4) y 軸の負の向き   (5) z 軸の正の向き   (6) z 軸の負の向き

(エ)の解答群

(1) $\dfrac{V}{Bd}$　　　(2) $\dfrac{V}{Bl}$　　　(3) $\dfrac{B}{Vd}$　　　(4) $\dfrac{B}{Vl}$

(5) $\dfrac{qdB}{m}$　　　(6) $\dfrac{qd^2B}{ml}$　　　(7) $\dfrac{qlB}{m}$

(オ)の解答群

(1) $\dfrac{V}{B^2dlL}$　　　(2) $-\dfrac{V}{B^2dl^2}$　　　(3) $-\dfrac{2V}{B^2dl(l+2L)}$

(4) $\dfrac{2V}{B^2dl(l-2L)}$　　　(5) $\dfrac{V}{B^2dl(l-L)}$　　　(6) $-\dfrac{V}{B^2dl(l+L)}$

(7) $-\dfrac{V}{B^2dl(l-L)}$

(2) 図4-2のように，一辺の長さが L〔m〕，一辺の抵抗値が R〔Ω〕の正六角形のコイルが紙面内に置かれている。紙面に対して垂直に裏から表に向けて磁束密度の大きさ B〔T〕の空間的に一様な磁場（磁界）をかける。B〔T〕は図4-3のように時間 t〔s〕とともに変化する。区間①について，コイルを貫く磁束は $\boxed{(カ)}$ 〔Wb〕であり，コイルに流れる電流の大きさは $\boxed{(キ)}$ 〔A〕となる。$t=0$ から $7t_0$〔s〕に至るまでに，コイルに生じるジュール熱は $\boxed{(ク)}$ 〔J〕となる。ただし，コイルを流れる電流が作る磁場は無視できるものとする。

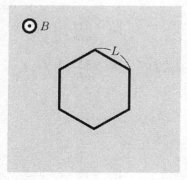

図4-2

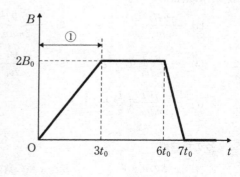

図4-3

㈹の解答群

(1) $3\sqrt{3}\,\dfrac{B_0}{t_0}L^2t$ (2) $\dfrac{9\sqrt{3}}{2}\dfrac{B_0}{t_0}L^2t$ (3) $2\sqrt{3}\,\dfrac{B_0}{t_0}L^2t$

(4) $\dfrac{9\sqrt{3}}{4}\dfrac{B_0}{t_0}L^2t$ (5) $\sqrt{3}\,\dfrac{B_0}{t_0}L^2t$

㈱の解答群

(1) $\dfrac{\sqrt{3}}{6}\dfrac{B_0L^2}{Rt_0}$ (2) $\dfrac{\sqrt{3}}{3}\dfrac{B_0L^2}{Rt_0}$ (3) $\dfrac{\sqrt{3}}{2}\dfrac{B_0L^2}{Rt_0}$

(4) $\dfrac{3\sqrt{3}}{8}\dfrac{B_0L^2}{Rt_0}$ (5) $\dfrac{3}{4}\dfrac{B_0L^2}{Rt_0}$

㈢の解答群

(1) $2\dfrac{B_0{}^2L^4}{Rt_0}$ (2) $6\dfrac{B_0{}^2L^4}{Rt_0}$ (3) $24\dfrac{B_0{}^2L^4}{Rt_0}$

(4) $54\dfrac{B_0{}^2L^4}{Rt_0}$ (5) $\dfrac{81}{2}\dfrac{B_0{}^2L^4}{Rt_0}$ (6) $\dfrac{243}{8}\dfrac{B_0{}^2L^4}{Rt_0}$

(3) 図 4-4 のように，抵抗値 R〔Ω〕の抵抗を 11 個つないだ回路と，起電力 V〔V〕の電池がある。回路の端子を a～j とし，電池の端子を P および Q とする。端子 P を端子 a に，端子 Q を端子 j に取り付けたところ，回路に ㈹ 〔A〕の電流が流れた。次に，端子 P を端子 a に，端子 Q を端子 e に取り付けたところ，端子 c と端子 ㈡ の電位差は 0 V だった。また，端子 P を端子 a に，端子 Q を端子 f に取り付けたところ，端子 c から端子 h へ ㈣ 〔A〕の電流が流れた。

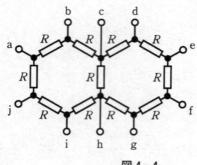
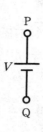

図 4 − 4

(ケ)の解答群

(1) $\dfrac{6}{29}\dfrac{V}{R}$ (2) $\dfrac{35}{29}\dfrac{V}{R}$ (3) $\dfrac{46}{29}\dfrac{V}{R}$

(4) $\dfrac{51}{35}\dfrac{V}{R}$ (5) $\dfrac{44}{35}\dfrac{V}{R}$ (6) $\dfrac{6}{35}\dfrac{V}{R}$

(コ)の解答群

(1) a   (2) b   (3) d

(4) e   (5) f   (6) g

(7) h   (8) i   (9) j

(サ)の解答群

(1) $\dfrac{1}{17}\dfrac{V}{R}$ (2) $\dfrac{2}{17}\dfrac{V}{R}$ (3) $\dfrac{3}{17}\dfrac{V}{R}$

(4) $\dfrac{1}{34}\dfrac{V}{R}$ (5) $\dfrac{3}{34}\dfrac{V}{R}$ (6) $\dfrac{7}{34}\dfrac{V}{R}$

化学

（80 分）

〔注　意〕

(1) 問題の中で特に指定のない限り，計算に必要な場合は，次の値を用いなさい。

元素記号	H	C	O	Na	Cl
原 子 量	1.00	12.0	16.0	23.0	35.5

アボガドロ定数：6.02×10^{23}/mol

気　体　定　数：8.31×10^3 Pa·L/(K·mol) $= 8.31$ J/(K·mol)

(2) 問題の中で特に指定のない限り，気体は理想気体として扱いなさい。

(3) 数値で解答する場合は，問題の中で特に指定のない限り，解答の有効数字が 2 ケタになるように計算し，問題の中で指定された形式で解答用マークシートの適切な数字または正負の符号をマークしなさい。ただし，解答の指数部分が 0 の場合には ＋0 とマークしなさい。

(4) 問題によって答え方が違います。問題を十分に注意して読みなさい。

(5) 計算にはこの問題冊子の余白部分または下書き用紙を利用しなさい。

1　　次の文章を読み，以下の設問(1)〜(5)に答えなさい。　　　　　(16 点)

　　酢酸水溶液の中では，酢酸はその一部が電離して①式のような平衡状態にな
(A)
る。

$$CH_3COOH \rightleftharpoons CH_3COO^- + H^+ \qquad ①$$

　　このとき，酢酸の電離定数 K_a は，酢酸水溶液のモル濃度 c，酢酸の電離度 α
を用いて，

$$K_a = \boxed{\quad (A) \quad}$$

と表される。酢酸は弱酸であるため，酸の濃度がよほど薄くない限り，電離度 α
は 1 に比べて非常に小さく，$1 - \alpha \fallingdotseq 1$ と近似することができる。そのため，α
と H^+ の濃度 $[H^+]$ はそれぞれ，

$$\alpha = \boxed{\quad (B) \quad}$$

$$[H^+] = \boxed{\quad (C) \quad}$$

と表される。
　　一方で，酢酸ナトリウム水溶液の中では，酢酸ナトリウムがほぼ完全に電離
し，②式のように表される。

$$CH_3COONa \longrightarrow CH_3COO^- + Na^+ \qquad ②$$

　　②式で生じる酢酸イオンは，③式のように水と反応するために，酢酸ナトリウ
ム水溶液は $\boxed{\quad (ア) \quad}$ 性を示す。

$$CH_3COO^- + H_2O \rightleftharpoons CH_3COOH + OH^- \qquad ③$$

　このため，<u>酢酸水溶液に酢酸ナトリウムの結晶を加えて完全に溶かした水溶液</u>
<u>(混合水溶液 A)</u>では，①式の平衡は　　(I)　　。
　　　　(B)

　混合水溶液 A に少量の酸を加えると，加えた酸の H^+ が水溶液中に多量に存在する酢酸イオンと結合するため，①式の平衡は　　(Ⅱ)　　。なお，この過程において混合水溶液中の $[H^+]$ はほとんど変化しない。また，混合水溶液 A に少量の塩基を加えると，加えた塩基の OH^- が水溶液中の H^+ と　　(イ)　　反応するために溶液中の H^+ が減少する。そのため，①式の平衡は　　(Ⅲ)　　。

　このように，混合溶液中の pH の値がほとんど変化しない溶液のことを　　(ウ)　　液という。

(1)　文章中の　　(ア)　　～　　(ウ)　　にあてはまる語句として最も適切なものを**解答群**より選び，その番号を**解答用マークシート**の指定された欄にマークしなさい。

解答群

11　溶解	12　加水分解	13　電離平衡
14　電解質	15　緩衝	16　両性
17　酸	18　中	19　塩基
20　中和	21　水和	22　融解

(2)　文章中の　　(A)　　～　　(C)　　にあてはまる数式として最も適切なものを**解答群**より選び，その番号を**解答用マークシート**の指定された欄にマークしなさい。

解答群

11　$\dfrac{\sqrt{c\alpha}}{\alpha - 1}$　　　　12　$\dfrac{\sqrt{c\alpha}}{1 - \alpha}$　　　　13　$\dfrac{c\sqrt{\alpha}}{\alpha - 1}$　　　　14　$\dfrac{c\sqrt{\alpha}}{1 - \alpha}$

15 $\dfrac{c\alpha}{\alpha-1}$ 　　 16 $\dfrac{c\alpha}{1-\alpha}$ 　　 17 $\dfrac{c\alpha^2}{\alpha-1}$ 　　 18 $\dfrac{c\alpha^2}{1-\alpha}$

19 $c\sqrt{K_a}$ 　　 20 $K_a\sqrt{c}$ 　　 21 $c^2\sqrt{K_a}$ 　　 22 $K_a{}^2\sqrt{c}$

23 $\sqrt{cK_a}$ 　　 24 $\sqrt{\dfrac{c}{K_a}}$ 　　 25 $\sqrt{\dfrac{K_a}{c}}$ 　　 26 $\sqrt{\dfrac{\alpha K_a}{c}}$

27 $\sqrt{\dfrac{K_a}{c\alpha}}$ 　　 28 $\sqrt{\dfrac{K_a}{c-1}}$ 　　 29 $\sqrt{\dfrac{K_a}{1-c}}$ 　　 30 $\sqrt{\dfrac{\alpha K_a}{1-c}}$

(3) 文章中の　[(I)]　〜　[(Ⅲ)]　にあてはまる平衡が移動する向きの組み合わせとして最も適切なものを次の 11〜37 より選び，その番号を**解答用マークシート**の指定された欄にマークしなさい。

	（Ⅰ）	（Ⅱ）	（Ⅲ）
11	移動しない	移動しない	移動しない
12	移動しない	移動しない	右に移動する
13	移動しない	右に移動する	右に移動する
14	移動しない	右に移動する	移動しない
15	移動しない	左に移動する	左に移動する
16	移動しない	移動しない	左に移動する
17	移動しない	左に移動する	移動しない
18	移動しない	右に移動する	左に移動する
19	移動しない	左に移動する	右に移動する
20	右に移動する	移動しない	移動しない
21	右に移動する	移動しない	右に移動する
22	右に移動する	右に移動する	右に移動する
23	右に移動する	右に移動する	移動しない
24	右に移動する	左に移動する	左に移動する
25	右に移動する	移動しない	左に移動する
26	右に移動する	左に移動する	移動しない
27	右に移動する	右に移動する	左に移動する
28	右に移動する	左に移動する	右に移動する
29	左に移動する	移動しない	移動しない
30	左に移動する	移動しない	右に移動する
31	左に移動する	右に移動する	右に移動する
32	左に移動する	右に移動する	移動しない
33	左に移動する	左に移動する	左に移動する
34	左に移動する	移動しない	左に移動する
35	左に移動する	左に移動する	移動しない
36	左に移動する	右に移動する	左に移動する
37	左に移動する	左に移動する	右に移動する

(4)　下線部(A)の酢酸水溶液を，25℃ においてモル濃度 0.100 mol/L になるよう
に調製した。この水溶液の pH の値を求めなさい。ただし，$\sqrt{2} = 1.41$，
$\sqrt{3} = 1.73$，$\sqrt{5} = 2.24$，$\log_{10} 1.6 = 0.20$ とする。なお，25℃ における酢酸
の電離定数 K_a を 2.70×10^{-5} mol/L とする。十の位が必要ない場合には，**0** を

マークしなさい。

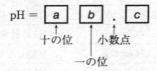

$$\text{pH} = \boxed{a} \;\; \boxed{b} \;.\; \boxed{c}$$

　　　　　　十の位　　　小数点
　　　　　　　　　一の位

(5)　下線部(B)の操作について，25 ℃ において，酢酸の濃度が X mol/L の酢酸水溶液 1.00 L に，酢酸ナトリウムの濃度が Y mol/L になるように酢酸ナトリウムの結晶を溶かすことで混合水溶液を調製した。なお，25 ℃ における酢酸の電離定数 K_a を 2.70×10^{-5} mol/L とする。

(a)　$X = Y = 0.200$ mol/L のとき，この混合水溶液の pH の値を求めなさい。ただし，$\log_{10} 27 = 1.43$ とする。十の位が必要ない場合には，**0** をマークしなさい。

$$\text{pH} = \boxed{a} \;\; \boxed{b} \;.\; \boxed{c}$$

　　　　　　十の位　　　小数点
　　　　　　　　　一の位

(b)　$X = 0.200$ mol/L の酢酸水溶液に，酢酸ナトリウムの結晶を加えて pH 5.0 に調整した際の，酢酸ナトリウムの濃度 Y mol/L を求めなさい。ただし，酢酸ナトリウムの結晶を加えることによる体積変化は無視できるものとする。

$$Y = \boxed{a} \;.\; \boxed{b} \;\times 10^{\boxed{p}\;\boxed{c}} \;\; [\text{mol/L}]$$

　　　　　小数点　　　　　正負の符号

(c)　(a)で調製した混合水溶液 100 mL に，0.300 mol/L の塩酸を 10.0 mL 加えたときの pH の値を求めなさい。ただし，$\log_{10} 3.7 = 0.57$ とする。十の位が必要ない場合には，**0** をマークしなさい。

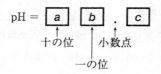

pH = | a | b | . | c |

十の位　　小数点

一の位

2　次の文章を読み，以下の設問(1)～(4)に答えなさい。　　　　(16 点)

以下の**実験 1 ～ 5** を行った。

実験 1　沸騰した純水に少量の塩化鉄(Ⅲ)水溶液を加えたところ，赤褐色の溶液が得られ，この溶液を室温になるまで冷却した(溶液①)。この溶液①に，横から強い光を当てると，光の進路が明るく輝いて見えた。これは，溶液①中に存在する水酸化鉄(Ⅲ)のコロイド粒子が，光を強く散乱するために生じ，この現象を　(ア)　という。なお，すべての水酸化鉄(Ⅲ)はコロイド粒子を形成しているものとする。

実験 2　溶液①をセロハン膜の袋に入れて，純水が入ったビーカーの中に浸すことで，コロイド溶液を分離した。この操作を　(イ)　という。その後，セロハン膜の袋の外側のビーカーの水を 2 本の試験管 A，B にとりわけた。また，セロハン膜の袋の内側のコロイド溶液を 3 本の試験管 C，D，E にとりわけた。

実験 3　試験管 A に硝酸銀水溶液を加えると，白色の沈殿が生じた。また試験管 B にメチルオレンジ水溶液を加えると，赤く呈色した。
(A)　　　　　　　　　　　　　　　　　　　　　　　(B)

実験 4　試験管 C の溶液を U 字管に移し，U 字管の両口から電極を浸して直流電圧をかけると，コロイド粒子は　(ウ)　極側へ移動した。この現象を　(エ)　という。また，試験管 D に塩化ナトリウムを少量加えたところ沈殿が生じた。この現象を　(オ)　といい，このような性質を持つコロイド溶液を(C)　(カ)　という。

　実験 5　試験管 E に純水を加えて希釈し，水酸化鉄（Ⅲ）のモル濃度が
(D)
$5.00 \times 10^{-8}\,\mathrm{mol/L}$ の溶液（溶液②）を調製した。この溶液②を限外顕微鏡（暗視
野顕微鏡）で観察すると，不規則に動いているコロイド粒子が観察された。この
現象を　　(キ)　　という。

(1)　文章中の　　(ア)　　～　　(キ)　　にあてはまる語句として最も適切なものを
　　解答群より選び，その番号を**解答用マークシート**の指定された欄にマークしな
　　さい。

解答群

11　チンダル現象	12　ブラウン運動	13　疎水コロイド
14　親水コロイド	15　保護コロイド	16　凝析
17　塩析	18　透析	19　陽
20　陰	21　吸収	22　吸着
23　電気泳動		

(2)　下線部(A)と(B)で観察された現象の原因となったイオンの組み合わせとして最
　　も適切なものを次の 1 ～ 8 より選び，その番号を**解答用マークシート**の指定さ
　　れた欄にマークしなさい。

	(A)	(B)
1	Fe^{3+}	OH^-
2	OH^-	Fe^{3+}
3	Fe^{3+}	Cl^-
4	Cl^-	Fe^{3+}
5	H^+	Cl^-
6	Cl^-	H^+
7	H^+	OH^-
8	OH^-	H^+

(3)　下線部(C)において，塩化ナトリウムの代わりに他の電解質の水溶液をそれぞれ加えた場合，もっとも沈殿させやすいものを**解答群**より選び，その番号を**解答用マークシート**の指定された欄にマークしなさい。ただし，各電解質のイオンのモル濃度は等しいものとする。

解答群

　　1　塩化カルシウム　　　　　2　塩化アルミニウム

　　3　リン酸ナトリウム　　　　4　硫酸ナトリウム

　　5　硝酸カリウム

(4)　下線部(D)の溶液②の中には，$1.00 \, \text{mm}^3$ あたりに水酸化鉄(Ⅲ)コロイド粒子が 535 個存在していたとする。このとき，すべてのコロイド粒子は水酸化鉄(Ⅲ)のみから構成された球体であり，すべての粒子の直径は等しいとする。また，水酸化鉄(Ⅲ)の式量と密度をそれぞれ 107 と $4.10 \, \text{g/cm}^3$，円周率を 3.14，$\sqrt[3]{0.57} = 0.83$ とする。

　(a)　コロイド粒子 1 個の質量を求めなさい。十の位が必要ない場合には **0** をマークしなさい。

　　　　コロイド粒子 1 個の質量 ＝ $\boxed{a}\,.\,\boxed{b} \times 10^{\boxed{p}\;\boxed{c}\;\boxed{d}}$ 〔g〕

　　　　　　　　　　　　　　小数点　　　　　正負の符号 ┆ 一の位
　　　　　　　　　　　　　　　　　　　　　　　　　　十の位

　(b)　コロイド粒子 1 個の体積を求めなさい。十の位が必要ない場合には **0** をマークしなさい。

　　　　コロイド粒子 1 個の体積 ＝ $\boxed{a}\,.\,\boxed{b} \times 10^{\boxed{p}\;\boxed{c}\;\boxed{d}}$ 〔cm³〕

　　　　　　　　　　　　　　小数点　　　　　正負の符号 ┆ 一の位
　　　　　　　　　　　　　　　　　　　　　　　　　　十の位

(c)　コロイド粒子1個の直径の範囲として最も適切なものを**解答群**より選び，その番号を**解答用マークシート**の指定された欄にマークしなさい。

解答群

11	$1\,nm \leqq 直径 < 100\,nm$	**12**	$100\,nm \leqq 直径 < 200\,nm$
13	$200\,nm \leqq 直径 < 300\,nm$	**14**	$300\,nm \leqq 直径 < 400\,nm$
15	$400\,nm \leqq 直径 < 500\,nm$	**16**	$500\,nm \leqq 直径 < 600\,nm$
17	$600\,nm \leqq 直径 < 700\,nm$	**18**	$700\,nm \leqq 直径 < 800\,nm$
19	$800\,nm \leqq 直径 < 900\,nm$	**20**	$900\,nm \leqq 直径 < 1000\,nm$

3　次の(1)〜(5)のそれぞれの文章において，正しいものをすべて選び，その番号の和を**解答用マークシート**の指定された欄にマークしなさい。十の位が必要ない場合には**0**をマークしなさい。また，適切なものがない場合は十の位，一の位の両方に**0**をマークしなさい。

　　　　　　　　　　　　　　　　　　　　　　　　　　　　　　　　（12 点）

(1)

　1　氷の結晶は，六方最密構造をとり，液体の水から固体の氷になると体積が増える。

　2　ハロゲンの単体のような無極性分子からなる物質の沸点は，分子量が大きいものほど低い。

　4　直鎖状の鎖式飽和炭化水素の沸点は，分子量が大きいものほど低い。

　8　ナトリウムと銀のそれぞれの金属結晶は，同じ充填率を示す。

　16　ダイヤモンドは共有結合の結晶であり，電気伝導性を示す。

(2)

　1　0.100 mol/kg の塩化カルシウム水溶液は，0.100 mol/kg のスクロース水溶液と同じ沸点を示す。

　2　アンモニアを発生させるには，塩化アンモニウムと塩化カルシウムを試験

管内で反応させる。このとき，乾燥剤としてソーダ石灰を用い，下方置換で発生した気体を捕集する。

　　4　酸素に紫外線を当てると，オゾンが生成する。

　　8　フッ化水素と塩化水素では，塩化水素の沸点が高い。

　16　さらし粉は，湿った塩化カルシウムに塩素を通じると得られる。

(3)

　　1　水素化カルシウム中の水素の酸化数は +1 である。

　　2　酸化カルシウムに濃塩酸をしみこませ，これを焼いて粒状にしたものをソーダ石灰という。

　　4　炭酸ナトリウムは炭酸ソーダともよばれ，工業的にはアンモニアソーダ法（ソルベー法）とよばれる方法で製造される。

　　8　フッ化水素は蛍石（フッ化カルシウム）に濃塩酸を加え，加熱して製造される。

　16　炭酸水素ナトリウムや炭酸水素カリウムは白色の固体で，水溶液は弱い酸性を示す。

(4)

　　1　鉛は，常温で希塩酸に溶けやすい。

　　2　工業的には，酸素は液体空気を分留して製造される。

　　4　単体のアルミニウムは，濃硝酸の水溶液と水酸化ナトリウムの水溶液のいずれに対しても，水素を発生して溶ける。

　　8　硫酸マグネシウムと硫酸カリウムの混合水溶液を濃縮すると，正八面体の結晶構造をもつミョウバンが得られる。

　16　アルミニウムとマグネシウムの結晶構造は，それぞれ体心立方格子と六方最密構造である。

(5)

　　1　ジアンミン銀（Ⅰ）イオンは配位子が NH_3，配位数が 1 の錯イオンである。

　　2　ヘキサシアニド鉄（Ⅱ）酸イオンは青色の水溶液で正八面体形の構造をもつ。

　4　臭化銀は光によって分解しやすい性質をもち，写真フィルムの感光剤に利用されている。

　8　硫酸銅（Ⅱ）水溶液に，亜鉛の粒を加えると，単体の銅が析出する。

16　マグネシウムイオン，カルシウムイオン，バリウムイオンのそれぞれが硫酸イオンと反応したときに生じる硫酸塩のうち，水に溶けやすいのは硫酸マグネシウムだけである。

4　次の表1の電池 A ～ H について，以下の設問(1)～(4)に答えなさい。（23 点）

表1

電池の名称	電池の種類	電極		電解質	特徴	主な用途
電池A	一次電池	負極活物質： (ア)		(キ)	一般的な乾電池である。起電力は約 1.5 V を示す。	懐中電灯，リモコン，掛け時計など
		正極活物質： (イ)				
電池B	一次電池	負極活物質：Zn		(ク)	電圧が非常に安定していて温度変化にも強い。	腕時計，電子体温計など
		正極活物質： (ウ)				
電池C	一次電池	負極活物質： (エ)		Li 塩	小型で高電圧である。大電流が得られ寿命が長い。	電卓，炊飯器，カメラなど
		正極活物質：MnO_2				
電池D	化学電池	負極活物質：H_2		固体高分子膜	化石燃料を燃やさずに電気エネルギーを得ることができる。	自動車用，家庭用，病院用，携帯機器など
		正極活物質：O_2				
電池E	二次電池	負極活物質：Pb		(ケ)	大型で重いが，安定した性能をもつ。	自動車など
		正極活物質：PbO_2				
電池F	二次電池	負極活物質：水素吸蔵合金		KOH	放電容量が大きい。一回の充電で長く使える。	電動アシスト自転車，ハイブリッド自動車など
		正極活物質：$NiO(OH)$				
電池G	二次電池	負極活物質： (オ)		KOH	身近な充電式電池の一つ。くり返して使うものに適している。	コードレス電話，電動歯ブラシなど
		正極活物質： (カ)				
電池H	二次電池	負極活物質：C と Li の化合物		Li 塩	小さくて軽く高電圧で寿命も長い。機器類の小型化にも貢献している。	スマートフォン，携帯ゲーム機，電気自動車など
		正極活物質：$LiCoO_2$				

(1)　表1の電池 A 〜 H として最も適切な語句を**解答群**より選び，その番号を解
　　答用マークシートの指定された欄にマークしなさい。

　　解答群
　　　　11　リチウム電池　　　　　　　　12　銀電池(酸化銀電池)
　　　　13　鉛蓄電池　　　　　　　　　　14　ニッケル-水素電池
　　　　15　ボルタ電池　　　　　　　　　16　リチウムイオン電池
　　　　17　ダニエル電池　　　　　　　　18　太陽電池
　　　　19　空気電池　　　　　　　　　　20　燃料電池
　　　　21　ニッケル-カドミウム蓄電池(ニカド電池)
　　　　22　アルカリマンガン乾電池

(2)　表1の電極と電解質について　┃　(ア)　┃　〜　┃　(ケ)　┃　にあてはまる最も適切
　　な語句を**解答群**より選び，その番号を**解答用マークシート**の指定された欄に
　　マークしなさい。なお，同じ語句を繰り返し用いてもよい。

　　解答群
　　　　11　Li　　　　　12　CaH_2　　　13　KOH　　　　14　NiO(OH)
　　　　15　NH_3　　　16　NaCl　　　　17　$ZnCl_2$　　18　Cd
　　　　19　Zn　　　　　20　H_2SO_4　　21　MnO_2　　22　Ag_2O

(3)　電池 D について，以下の　┃　(コ)　┃　〜　┃　(シ)　┃　にあてはまる語句の組み
　　合わせとして最も適切なものを次の 1 〜 8 より選び，その番号を**解答用マーク
　　シート**の指定された欄にマークしなさい。

　　　電池 D の起電力は約 1.2 V で，多数の電池を　┃　(コ)　┃　に接続することによ
　　り，必要な電圧まで高めて使用する。電池 D の正極で外部から供給される酸素
　　は　┃　(サ)　┃　として働いている。また，H^+ は固体高分子膜(電解質)を通り
　　┃　(シ)　┃　に移動する。

	(コ)	(サ)	(シ)
1	直列	酸化剤	負極から正極
2	直列	酸化剤	正極から負極
3	並列	酸化剤	負極から正極
4	並列	酸化剤	正極から負極
5	直列	還元剤	負極から正極
6	直列	還元剤	正極から負極
7	並列	還元剤	負極から正極
8	並列	還元剤	正極から負極

(4) 電池 E について，放電時における負極，正極，電解液の質量変化として最
も適切なグラフの概形を**図1**の①〜⑥より選び，その番号を**解答用マークシー
ト**の指定された欄にマークしなさい。なお，放電中の時間に対する質量変化は
一定とみなす。

負極 = (ス) ，正極 = (セ) ，電解液 = (ソ)

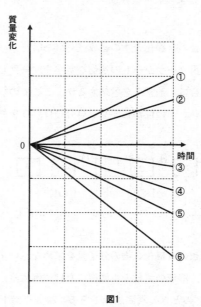

図1

5 次の文章を読み，以下の設問(1)〜(4)に答えなさい。 (16 点)

　炭素，水素，酸素のみからなる，同じ組成式(実験式)と分子量をもつ<u>3 種類の有機化合物の混合物</u> 8.60 mg を完全燃焼させたところ，二酸化炭素 17.6 mg，
(A)
水 5.40 mg を生じた。また，この 3 種類の有機化合物の混合物 17.2 mg を
1.00 g の溶媒 S に完全に溶かし，凝固点を測定したところ，溶媒 S そのものの
凝固点よりも 4.00 K だけ低くなった。この 3 種類の有機化合物の混合物を加水
分解したところ，エタノール(エチルアルコール)の他に，ジカルボン酸 A，ジ
カルボン酸 B，ジカルボン酸 C が得られた。これらのジカルボン酸を臭素水と
反応させると，臭素水の赤褐色が消失し無色になった。ジカルボン酸 A，ジカ
ルボン酸 B，ジカルボン酸 C の分子式は等しく，それぞれ 145 mg に白金触媒の
存在下で H_2 と反応させると，標準状態で 28.0 mL の H_2 が消費された。その結
果，ジカルボン酸 A とジカルボン酸 B は同じジカルボン酸 D になった。ジカル
ボン酸 A はジカルボン酸 B に比べて融点が低く，ジカルボン酸 A を加熱する
と，容易に無水物 E になった。

(1)　下線部(A)の 3 種類の有機化合物の組成式(実験式)を求めなさい。解答は指定
された形式で**解答用マークシートの適切な数字をマーク**しなさい。組成式中の
原子の数が 1 の場合は，通常 1 を省略するが，ここでの解答では，**1 となるよ
うにマーク**しなさい。十の位が必要ない場合には，**0 をマーク**しなさい。

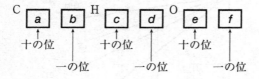

C $\boxed{a}$ $\boxed{b}$ H $\boxed{c}$ $\boxed{d}$ O $\boxed{e}$ $\boxed{f}$
　　十の位　　　　　　十の位　　　　　　十の位
　　　　　一の位　　　　　　一の位　　　　　　一の位

(2)　下線部(A)の 3 種類の有機化合物の分子量を求めなさい。ただし，溶液の凝固
点降下の大きさは，溶液の質量モル濃度にだけ比例する。また，溶液の質量モ
ル濃度が 1 mol/kg のときの凝固点降下をモル凝固点降下といい，溶媒 S のモ
ル凝固点降下は 40.0 K·kg/mol とする。解答は有効数字が 2 ケタとなるよう

に計算し，指定された形式で**解答用マークシート**の適切な数字または正負の符号をマークしなさい。ただし，解答の指数部分が 0 の場合には，**＋0とマーク**しなさい。

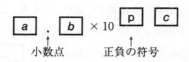

(3)　ジカルボン酸 D の分子式を求めなさい。解答は指定された形式で**解答用マークシート**の適切な数字をマークしなさい。分子式中の原子の数が 1 の場合は，通常 1 を省略するが，ここでの解答では，**1となるように**マークしなさい。十の位が必要ない場合には，**0をマーク**しなさい。

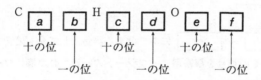

(4)　無水物 E の分子式を求めなさい。解答は指定された形式で**解答用マークシート**の適切な数字をマークしなさい。分子式中の原子の数が 1 の場合は，通常 1 を省略するが，ここでの解答では，**1となるように**マークしなさい。十の位が必要ない場合には，**0をマーク**しなさい。

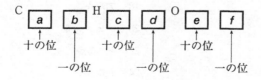

6　次の文章を読み，以下の設問(1)～(3)に答えなさい。　　　　　　　(17 点)

　ベンゼン環とよばれる炭素骨格を含む環式炭化水素は特有の性質を示すので，

[(ア)] として分類される。ベンゼンの水素原子 1 個がメチル基で置換された

化合物が [(イ)]，ベンゼンの水素原子 2 個がメチル基で置換された化合物が

[(ウ)] である。[(イ)] は塗料用のシンナーの主成分で，[(ウ)] は有

機溶剤のほか，プラスチックや合成繊維の原料に用いられる。[(イ)] の側鎖

を酸化して得られるカルボン酸が [(エ)] であり，*o*-[(ウ)]，*p*-[(ウ)]

の側鎖を酸化して得られるジカルボン酸が，それぞれ，[(オ)]，[(カ)]

である。官能基として [(キ)] 基をもつエチレングリコール(1, 2-エタンジ

オール)と，ジカルボン酸の [(カ)] を縮合重合させると，ポリ [(ク)] 系

合成繊維である [(ケ)] が得られる。

(1)　文章中の [(ア)] ～ [(ケ)] にあてはまる語句として最も適切なものを

　解答群より選び，その番号を**解答用マークシート**の指定された欄にマークしな

　さい。ただし，同じ番号を複数回選んでもよいものとする。

　解答群

　　11　鎖式炭化水素　　　　　　　12　低級炭化水素

　　13　高級炭化水素　　　　　　　14　芳香族炭化水素

　　15　脂肪族炭化水素　　　　　　16　飽和炭化水素

　　17　アルカン　　　　　　　　　18　アルキン

　　19　アルケン　　　　　　　　　20　フェノール

　　21　アニリン　　　　　　　　　22　キシレン

　　23　スチレン　　　　　　　　　24　トルエン

　　25　ナフタレン　　　　　　　　26　アジピン酸

　　27　フタル酸　　　　　　　　　28　安息香酸

　　29　ヘキサメチレンジアミン　　30　無水フタル酸

　　31　ブタジエン　　　　　　　　32　ヘキサフルオロケイ酸

33	テレフタル酸	34	メタクリル酸メチル
35	ε-カプロラクタム	36	ナイロン 6
37	ナイロン 66	38	ポリエチレンテレフタラート
39	ポリアクリロニトリル	40	ポリメタクリル酸メチル
41	ベークライト	42	ビニロン
43	ヒドロキシ	44	ホルミル(アルデヒド)
45	カルボキシ	46	ニトロ
47	アミノ	48	スルホ
49	エーテル	50	エステル
51	アミド	52	ヌクレオチド
53	ペプチド	54	ビニル

(2) エチレングリコールと <u>(カ)</u> を用いて縮合重合を行ったとき，平均分子量 9.60×10^5 をもつ <u>(ケ)</u> が得られたとする。この <u>(ケ)</u> 1分子中に含まれる <u>(ク)</u> 結合の数を求めなさい。解答は有効数字が 2 ケタとなるように計算し，指定された形式で**解答用マークシート**の適切な数字または正負の符号をマークしなさい。ただし，解答の指数部分が 0 の場合には，**＋0** とマークしなさい。

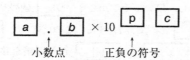

$$\boxed{a} \, . \, \boxed{b} \times 10 \, \boxed{p} \, \boxed{c}$$

小数点　　　　正負の符号

(3) (2)の <u>(ケ)</u> のうち，38.4 g を適切な条件のもとで完全に加水分解し，すべてエチレングリコールと <u>(カ)</u> になったとする。このときに生成した <u>(カ)</u> の質量を求めなさい。解答は有効数字が 2 ケタとなるように計算し，指定された形式で**解答用マークシート**の適切な数字または正負の符号をマークしなさい。ただし，解答の指数部分が 0 の場合には，**＋0** とマークしなさい。

$$\boxed{a} \, . \, \boxed{b} \times 10 \, \boxed{p} \, \boxed{c} \ \text{〔g〕}$$

小数点　　　　正負の符号

生物

（80 分）

1 突然変異と転写に関する以下の設問に答えなさい。　　　　　（32 点）

(1) 文章中の ⟦(ア)⟧ ～ ⟦(キ)⟧ にあてはまる最も適切な語句を**解答群A**から選び，その番号を**解答用マークシート**の指定された欄にマークしなさい。ただし ⟦(ウ)⟧, ⟦(エ)⟧ については，空欄にあてはまる **0** から **9** までの数字を**解答用マークシート**の指定された欄にマークしなさい。同じ記号の空欄には同じ語句が入る。

　　細胞分裂時には，母細胞の DNA から全く同一の DNA が複製され娘細胞に分配される。二重鎖の DNA は複製開始点（複製起点）の近傍で， ⟦(ア)⟧ とよばれる酵素によって二重らせんが巻き戻されて 1 本鎖に変換される。1 本鎖になった鋳型鎖の塩基に，相補的な塩基をもつデオキシリボヌクレオシド三リン酸が ⟦(イ)⟧ の部分で結合し，続いてそこから ⟦(ウ)⟧ 個のリン酸基がとれ，伸長中の新生鎖の ⟦(エ)⟧ ′末端に結合する。この反応は， ⟦(オ)⟧ のはたらきによって起こる。 ⟦(ア)⟧ と ⟦(オ)⟧ が鋳型鎖を移動しながら，この反応は繰り返され，新生鎖が伸長していく。こうして複製された DNA はもとの DNA と全く同じ塩基配列をもち，鋳型鎖と新生鎖の組み合わせでできている。DNA の複製は，複製開始点から両方向に進行する。DNA の形状は真核生物と原核生物では異なっている。真核生物の DNA は， ⟦(カ)⟧ であるが，大腸菌などの原核生物の DNA は， ⟦(キ)⟧ である。

解答群A

　　⓪　ATP 合成酵素　　　①　DNA ポリメラーゼ　　②　DNA リガーゼ

　　③　RNA ポリメラーゼ　　④　DNA ヘリカーゼ　　　⑤　環　状

⑥ 線　状　　　　　⑦ 酸　　　　　　　⑧ 塩　基

⑨ 糖　　　　　　　⑩ リン酸

(2)　癌（がん）細胞の細胞集団の中には，突然変異をもつ細胞が一定の割合で含まれる。突然変異細胞の割合は，突然変異をもつ細胞だけが増殖できる状態にすると，増加する。薬物 X を培地に加えると，DNA 合成反応が即座に停止するために細胞は増殖を停止する。実際，ある実験において，大部分の細胞（野生型細胞とよぶこととする）は 10 μg/mL の薬物 X を含む培地では増殖が阻害されたが，一部の突然変異をもつ細胞（薬物耐性細胞とよぶこととする）は増殖した。

　　野生型細胞と薬物耐性細胞は薬物 X を含まない培地で 16 時間ごとにその細胞数は 2 倍になった。一方，薬物 X を含む培地では，薬物耐性細胞は薬物 X を含まない培地で培養したときと同じ速度で増殖した。

(A)　癌細胞の集団において薬物耐性細胞が占める割合を調べるために，細胞のコロニー形成に関わる実験を行った。10 μg/mL の濃度の薬物 X を含む寒天培地に癌細胞をまいて，2 週間培養することで，1 細胞由来のコロニー（集落，細胞の集団）が形成された。形成されたコロニーの数を調べることで，細胞集団における薬物耐性株の割合を算出した。その結果，処理を行っていない最初の細胞集団には，100 万個あたり 1000 個の割合で薬物耐性細胞が含まれていた。

　　実際の実験においては，高頻度に薬物耐性株をえるために，寒天培地に細胞をまく前に，さまざまな条件で液体培地での培養をおこなうことがある。図 1 に示した実験では，癌細胞の集団を 10 μg/mL の薬物 X を含む液体培地で，あらかじめ 48 時間培養した後に，10 μg/mL の薬物 X を含む寒天培地に細胞をまいた（図 1 参照）。この実験において，細胞 10 万個あたり，生じるコロニー数はいくらか。　 (ア) 　～　 (エ) 　にあてはまる 0 から 9 までの数字を**解答用マークシート**の指定された欄にマークしなさい。三桁の数字の場合は 1000 の位に 0 を，二桁の数字の場合は 1000 の位と 100 の位に 0 を，一桁の数字の場合は 1000 の位と 100 の位と 10 の位に 0 をマークしなさい。なお，有効数字は四桁とし，小数点以下の数字を四捨五入すること。

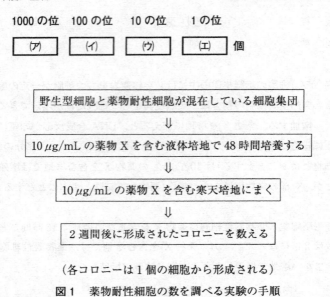

（各コロニーは 1 個の細胞から形成される）

図 1　薬物耐性細胞の数を調べる実験の手順

(B)　DNA に突然変異を起こす化学物質で細胞を処理すると，多くの傷が DNA に入り，細胞の通常の DNA 修復の力では修復しきれなくなり，突然変異が高頻度で起きる。このような化学物質は変異原とよばれる。また，変異原処理中には細胞は増殖せず，得られた結果は毎回同一であることがわかっている。

　癌細胞の集団を，変異原 Y で 24 時間処理したところ，10 % の細胞のみが生存した。変異原 Y を除去した後に，さらに薬物 X を含まない液体培地で培養したところ，24 時間目から，すべての生細胞はもとの速度で増殖を開始した。残りの 90 % の死んだ細胞は，1 週間後まで細胞の形態を維持しており生細胞との区別がつかなかった。

　癌細胞の集団に対して変異原 Y 処理を 24 時間行い，その後，変異原 Y を培地から除去した後に，薬物 X を含まない液体培地で 72 時間培養した。それらの細胞集団を生死の判定は行わずに 1000 個ランダムに選抜し，薬物 X を含まない寒天培地にまいた。細胞 1000 個あたり，生じるコロニー数はいくらか。　(ア)　〜　(エ)　にあてはまる **0** から **9** までの数字を**解答用マークシート**の指定された欄にマークしなさい。三桁の数字の場合は 1000

の位に 0 を，二桁の数字の場合は 1000 の位と 100 の位に 0 を，一桁の数字の場合は 1000 の位と 100 の位と 10 の位に 0 をマークしなさい。なお，有効数字は四桁とし，小数点以下の数字を四捨五入すること。

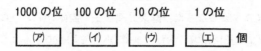

1000 の位 　100 の位 　10 の位 　1 の位
(ア)　(イ)　(ウ)　(エ) 個

(C) 液体培地および寒天培地に加える薬物 X の濃度を 50 μg/mL まで増やすと，すべての細胞が増殖できなくなった。ところが，細胞集団を変異原 Y で 24 時間処理した後に，変異原を除去し，薬物 X を含まない液体培地で 24 時間培養してから 50 μg/mL の薬物 X を含む寒天培地にまいたところ，100 万個あたり，4500 個のコロニーが形成された。

同様に，変異原を除去してから薬物 X を含まない液体培地で 24 時間培養し，さらに 50 μg/mL の薬物 X を含む液体培地で 48 時間培養した。その後，50 μg/mL の薬物 X を含む寒天培地にまいた。まかれた細胞 10 万個あたりに生じるコロニー数はいくらか。 (ア) ～ (エ) にあてはまる 0 から 9 までの数字を**解答用マークシート**の指定された欄にマークしなさい。

なお，変異原 Y 処理により出現した 50 μg/mL の薬物 X 存在下で増殖可能となった薬物耐性細胞は，50 μg/mL の薬物 X を含む培地において，細胞数は 16 時間ごとに 2 倍になった。三桁の数字の場合は 1000 の位に 0 を，二桁の数字の場合は 1000 の位と 100 の位に 0 を，一桁の数字の場合は 1000 の位と 100 の位と 10 の位に 0 をマークしなさい。なお，有効数字は四桁とし，小数点以下の数字を四捨五入すること。

1000 の位 　100 の位 　10 の位 　1 の位
(ア)　(イ)　(ウ)　(エ) 個

(3) (2)で使用した薬物 X は酵素 E のはたらきを阻害することがわかっている。酵素 E のはたらきが阻害されると細胞の DNA 合成反応は速やかに停止する。薬物 X に耐性をもつ細胞がどのような仕組みで出現したかを調べるために，

酵素 E 遺伝子の発現量を逆転写反応と PCR 法を用いて検討することにした。

　図 2 は，酵素 E 遺伝子の mRNA の翻訳開始領域付近と，翻訳終止コドン付近の塩基配列を示している。逆転写酵素を用いて，酵素 E 遺伝子の mRNA に相補的な DNA を合成し，さらに酵素 E 遺伝子を増幅するために，この DNA を鋳型として，PCR をおこなった。酵素 E 遺伝子の開始コドンから，同じ読み枠の終止コドンまでを両末端に含む二重鎖 DNA を増幅できるように 2 つのプライマーを設計しなさい。なお，終止コドンは，UAA，UAG，UGA である。各プライマーは 15 塩基の DNA とし，**解答用紙**の指定された欄に記入すること。

5′-AUGCUGCUCG GGGGAUGCCC CCCGCAGUCC CCGCUCGGGG ～ (600 塩基の配列)
～ ACGAGCCCCA AGGGGCCCUG AGCAGUAAAG GCCACGUAGA-3′

(遺伝子中央の 600 塩基の配列は省略されている。10 塩基ごとにスペースが入っている。)

図 2　酵素 E 遺伝子の mRNA の塩基配列

⑷　酵素 E は細胞の DNA 合成において重要な役割を担っている。酵素 E 遺伝子の転写量を，野生型細胞と薬物耐性細胞とで比較したところ，薬物耐性細胞の方が多かった。そこで，その原因を調べることにした。

　図 3 に示すように，野生型細胞の酵素 E 遺伝子の転写調節領域には，転写調節因子 A，B，C が結合する転写調節領域 a，b，c（以後，領域 a，領域 b，領域 c とよぶこととする）が存在する。領域 a，b，c は，それぞれが独立して機能することがわかっている。各転写調節因子は対応する領域にのみ結合し，酵素 E 遺伝子の発現は**図 3** に示す領域によってのみ制御される。ゲノム編集技術により野生型細胞の転写調節領域を改変し，以下の実験を行った。

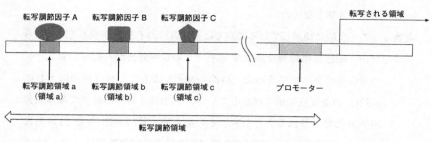

図3　酵素 E 遺伝子の発現制御機構

実験1　野生型細胞において転写調節因子 A は恒常的に発現していた。野生型細胞の転写調節領域に領域 a をもう1つ追加したところ，酵素 E 遺伝子の mRNA の量は，4倍となった。また，転写調節因子 A のタンパク質の量は 10 μg/mL の薬物 X を含む培地で培養しても変化はなかった。

実験2　転写調節領域から領域 b を除去したところ，酵素 E 遺伝子の mRNA の量は野生型細胞と同じであった。転写調節因子 B は野生型細胞では発現していなかった。ところが，野生型細胞に，転写調節因子 B の遺伝子を導入し，強制的に発現すると，酵素 E 遺伝子の発現は全く観察されなくなり，酵素 E タンパク質も検出されなかった。酵素 E 遺伝子の mRNA は，遺伝子導入操作後，転写調節因子 B の発現が最大量に達した時点で完全に消失した。酵素 E タンパク質の量は，その mRNA が完全に消失した時点から時間経過とともに直線的に減り始め，酵素 E の mRNA の量に関わらず mRNA が消失してから1時間後から検出できなくなった。

実験3　転写調節因子 C は正常に増殖している野生型細胞では発現していないが，転写調節因子 C の遺伝子を強制的に発現すると，酵素 E 遺伝子の mRNA の量は野生型の5倍となった。一方で，10 μg/mL の濃度の薬物 X を培地に加えると，野生型細胞では DNA 合成反応が停止し，転写調節因子 C の mRNA の合成が開始した。転写開始後，翻訳反応も速やかに始まり，DNA 合成反応停止後2時間の時点において転写調節因子 C の量は最大となり，このとき，酵素 E 遺伝子の mRNA の量は野

　　　　　生型の 5 倍となった。

　実験 4　この実験に使用している細胞では転写調節因子 B は発現していなかっ
　　　　　たが，細胞に紫外線を照射すると，その 5 時間後から転写調節因子 B
　　　　　の遺伝子の発現が始まった。時間の経過とともに，転写調節因子 B の
　　　　　mRNA の量は直線的に増加していき，照射後 6 時間の時点で転写調節
　　　　　因子 B の発現量は最大となり，その後も同じ量の mRNA が 24 時間に
　　　　　わたって観察された。照射後 6 時間における転写調節因子 B の mRNA
　　　　　の量は，**実験 2** における転写調節因子 B を強制発現した場合と同じに
　　　　　なった。また，転写調節因子 B の量は紫外線照射後 6 時間から合成さ
　　　　　れ始め，照射後 7 時間で最大となり，その後も維持された。転写調節因
　　　　　子の量が最大になった時点で，酵素 E の mRNA は完全に消失した。

　以上の実験をふまえて，以下の記述(a)〜(c)について，内容的に正しいものは
①を，誤りを含むものは②を選び，**解答用マークシート**の指定された欄にマー
クしなさい。

(a)　野生型細胞の転写調節領域において，領域 a を 1 つ加えるとともに領域 c
　　を除去した。この細胞を $10\,\mu g/mL$ の濃度の薬物 X を含む液体培地で 2 時
　　間培養した。この時点における酵素 E 遺伝子の mRNA の量は，薬物 X を
　　含まない液体培地で培養した野生型細胞の 4 倍である。

(b)　野生型細胞の転写調節領域において，領域 b を 1 つ加えた。この細胞を液
　　体培地で培養し，紫外線照射を行ってからさらに 3 時間培養した。この時点
　　における酵素 E 遺伝子の mRNA の量は薬物 X を含まない液体培地で培養し
　　た野生型細胞と同じである。

(c)　野生型細胞に紫外線を照射すると，細胞の DNA 合成は，紫外線照射後 9
　　時間まで停止しない。

(5)　野生型細胞における酵素 E の量を 1 としたときに，領域 a および領域 c を 2
　　つもつ細胞に紫外線を照射したときの，酵素 E のタンパク質量の，紫外線照射
　　後の経時変化を示すグラフを，**解答用紙**の指定された欄に記入しなさい。な
　　お，グラフは連続した線で記入すること。(4)の実験の結果を参照すること。

〔解答欄〕

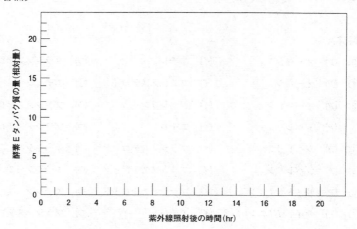

2　植物の成長，環境応答に関する以下の設問に答えなさい。　　　　　（35 点）

(1)　植物の発芽について述べた以下の(a)〜(d)の記述のうち，内容的に正しいもの
は①を，誤りを含むものは②を選び，**解答用マークシート**の指定された欄に
マークしなさい。

(a)　発芽能力のある種子が吸水すると，ジベレリンが合成される。

(b)　ジベレリンは胚に作用して，アミラーゼ遺伝子などの転写を誘導する。

(c)　アミラーゼは胚の中のデンプンを糖（グルコース）に分解する。

(d)　グルコースは胚乳に運ばれ，発芽や成長に必要な物質として利用される。

(2)　茎の成長では，細胞壁のセルロースの合成方向で細胞の成長方向が決まる。
　　 (ア) 　や　 (イ) 　はセルロース繊維を横にそろえることで，茎の縦方向
の伸長を促進する。一方，　 (ウ) 　はセルロース繊維を縦にそろえること
で，茎の肥大成長を促進する。　 (ア) 　〜　 (ウ) 　にあてはまる最も適切
な語句の組み合わせを**解答群A**から選び，その番号を**解答用マークシート**の指

定された欄にマークしなさい。

解答群 A

⓪　(ア) オーキシン　　　　　(イ) エチレン　　　　　(ウ) ブラシノステロイド

①　(ア) オーキシン　　　　　(イ) ブラシノステロイド　(ウ) エチレン

②　(ア) オーキシン　　　　　(イ) ジベレリン　　　　(ウ) ブラシノステロイド

③　(ア) ジベレリン　　　　　(イ) エチレン　　　　　(ウ) ブラシノステロイド

④　(ア) ジベレリン　　　　　(イ) ブラシノステロイド　(ウ) オーキシン

⑤　(ア) ジベレリン　　　　　(イ) ブラシノステロイド　(ウ) エチレン

⑥　(ア) サイトカイニン　　　(イ) ブラシノステロイド　(ウ) エチレン

⑦　(ア) サイトカイニン　　　(イ) エチレン　　　　　(ウ) ブラシノステロイド

⑧　(ア) ブラシノステロイド　(イ) エチレン　　　　　(ウ) サイトカイニン

⑨　(ア) ブラシノステロイド　(イ) エチレン　　　　　(ウ) オーキシン

(3)　気孔の開閉において，青色光受容体であるフォトトロピンは重要なはたらき
を担う。フォトトロピンのはたらきについて述べた以下の(a)〜(c)の記述のう
ち，内容的に正しいものは①を，誤りを含むものは②を選び，**解答用マーク
シート**の指定された欄にマークしなさい。

(a)　フォトトロピンによって青色光が感知されると，孔辺細胞の浸透圧が下が
ることで気孔が開く。

(b)　フォトトロピンによって青色光が感知されると，アブシシン酸が合成され
ることで気孔が開く。

(c)　フォトトロピンによって青色光が感知された幼葉鞘では，オーキシンは光
があたらない陰側に移動し，さらに基部側から先端部に移動する。その結
果，幼葉鞘は光があたった側の方向に屈折する。

(4)　被子植物であるシロイヌナズナにおける花芽から花の形成において，3 種類
の調節遺伝子(A クラス，B クラス，C クラス)が重要な役割を担う。A，B，
C 各クラスの遺伝子は，それぞれ花芽の決まった部位ではたらく。しかし，こ

れらの遺伝子が突然変異によって機能を欠失すると, 花の形成における以下の異常が生じる。

- A クラス遺伝子の機能が欠失すると, がく片（がく）と花弁がない花が形成される。このとき, C クラス遺伝子は本来 A クラス遺伝子がはたらく部位でも転写されるようになる。
- C クラス遺伝子の機能が欠失すると, おしべとめしべがない花が形成される。このとき, A クラス遺伝子は本来 C クラス遺伝子がはたらく部位でも転写されるようになる。
- B クラス遺伝子の機能が欠失すると, 花弁とおしべがない花が形成される。
- B クラス遺伝子は花芽のある部位で局所的に転写されている。遺伝子操作によって, シロイヌナズナの花芽全体で B クラス遺伝子を発現させると, がく片とめしべがない花が形成される。
- A クラス遺伝子もしくは C クラス遺伝子の機能が欠失しても, B クラス遺伝子の転写に影響はない。また, B クラス遺伝子の機能が欠失しても, A クラス遺伝子および C クラス遺伝子の転写に影響はない。

(A) 以下の(a)〜(d)の考察のうち, 内容的に正しいものは①を, 誤りを含むものは②を選び, **解答用マークシート**の指定された欄にマークしなさい。

  (a) 花弁の形成には A クラス遺伝子と B クラス遺伝子の両方が必要である。

  (b) めしべの形成には B クラス遺伝子と C クラス遺伝子の両方が必要である。

  (c) A クラス遺伝子と B クラス遺伝子の両方の機能が欠失すると, めしべだけの花が形成される。

  (d) A クラス遺伝子と C クラス遺伝子はお互いの転写を抑制するようにはたらく。

(B) 遺伝子操作によって, A クラス遺伝子もしくは C クラス遺伝子の機能が欠失した変異株のそれぞれに, 花芽全体で B クラス遺伝子を発現させた。これらの遺伝子組換え株において予測される形質に関して (ア) と (イ) にあてはまる最も適切な語句を**解答群B**から選び, その番号を**解**

答用マークシートの指定された欄にマークしなさい。同じ語句を複数回選択しても構わない。

　　Aクラス遺伝子の機能が欠失した変異株に，花芽全体でBクラス遺伝子を発現させた株では，　　(ア)　　だけの花が形成される。
　　Cクラス遺伝子の機能が欠失した変異株に，花芽全体でBクラス遺伝子を発現させた株では，　　(イ)　　だけの花が形成される。

解答群B

⓪　がく片	①　花　弁	②　おしべ
③　めしべ	④　がく片と花弁	⑤　がく片とおしべ
⑥　がく片とめしべ	⑦　花弁とおしべ	⑧　花弁とめしべ
⑨　おしべとめしべ	⑩　花弁とおしべとめしべ	

(5)　植物は昆虫などによる食害に抵抗するための独自の防御機構を有しており，植物ホルモンであるジャスモン酸が中心的な役割を担う。食害を受けていない植物では，JAZタンパク質が転写調節因子Aと結合し，そのはたらきを抑制している。したがって，転写調節因子Aによって正に制御されるジャスモン酸応答性の防御遺伝子Bの転写は，未食害時は抑制されている。一方，植物が食害を受けると，ジャスモン酸によって活性化される酵素CによってJAZタンパク質が分解され，抑制されていた転写調節因子Aが自由にはたらけるようになる。

(A)　以下の(a)～(d)の考察のうち，内容的に正しいものは①を，誤りを含むものは②を選び，**解答用マークシート**の指定された欄にマークしなさい。ただし，すべての植物(野生株と変異株)において，食害の有無に関わらず転写調節因子Aと酵素Cの量は変わらないものとする。

(a)　食害された野生株では，防御遺伝子Bの転写は促進される。

(b)　JAZタンパク質の機能が欠失した変異株では，防御遺伝子Bの転写は恒常的に抑制される。

(c)　酵素Cの機能が欠失した変異株では，防御遺伝子Bの転写は恒常的に

抑制される。

⒟ JAZ タンパク質と酵素 C の機能の両方が欠失した変異株では，防御遺
伝子 B の転写は恒常的に抑制される。

⒝ 1416 塩基からなる JAZ 遺伝子の mRNA において，タンパク質をコード
する領域は 258 番目の塩基から 1019 番目の塩基である（終止コドンを含む）。
JAZ タンパク質は何個のアミノ酸によってコードされるか。 ⎧(ア)⎫ 〜
⎧(ウ)⎫ にあてはまる 0 から 9 までの数字を**解答用マークシート**の指定さ
れた欄にマークしなさい。二桁の数字の場合は 100 の位に 0 を，一桁の数字
の場合は 100 の位と 10 の位に 0 をマークしなさい。なお，翻訳後にアミノ
酸数の変化はないものとする。

100 の位	10 の位	1 の位	
(ア)	(イ)	(ウ)	個

⒞ 防御遺伝子 B の転写について述べた以下の⒜〜⒟の記述のうち，内容的
に正しいものは①を，誤りを含むものは②を選び，**解答用マークシート**の指
定された欄にマークしなさい。

⒜ RNA ポリメラーゼがプロモーターに結合したことを機に転写は始まる。

⒝ RNA ポリメラーゼはほどけた DNA の鋳型鎖を 5′ → 3′ の方向に移動す
ることで RNA は合成される。

⒞ mRNA 前駆体は核外に運ばれた後，スプライシングによりイントロンの
部分が除かれ，mRNA となる。

⒟ 単一の遺伝子からは 2 種類以上の mRNA が合成されることはない。

⒟ 昆虫などによって食害された植物（野生株）と未食害の植物から RNA を抽
出した。それぞれの RNA から逆転写酵素を用いて cDNA を合成し，PCR
法を用いて防御遺伝子 B の mRNA 量を定量した。ある一定量に達する PCR
のサイクル数は，食害された植物からの cDNA を用いた場合では 15 サイク
ル，未食害の植物からの cDNA を用いた場合では 20 サイクル必要であった。

これらの結果から，防御遺伝子 B の mRNA 量は食害されることで何倍に増加もしくは減少したか。 (ア) ～ (ウ) にあてはまる 0 から 9 までの数字を**解答用マークシート**の指定された欄にマークしなさい。二桁の数字の場合は 100 の位に 0 を，一桁の数字の場合は 100 の位と 10 の位に 0 をマークしなさい。また，「**増加**」の場合には (エ) に①を，「**減少**」の場合には②を選び，**解答用マークシート**の指定された欄にマークしなさい。なお，上記の cDNA を用いた PCR の結果，食害の有無に関わらず転写調節因子 A と酵素 C の mRNA の量は変わらなかった。ただし，mRNA 量が例えば 1/2 となった場合は「2 倍減少した」と解答すること。

100 の位　　10 の位　　1 の位

(ア)　　　(イ)　　　(ウ)　倍　(エ)　した

(E) (D)における野生株に続いて，JAZ タンパク質の機能が欠失した変異株（JAZ 変異株）および酵素 C の機能が欠失した変異株（酵素 C 変異株）を食害させた。それぞれの株から RNA を抽出し，逆転写酵素を用いて cDNA を合成し，(D)と同様に PCR 法を用いて防御遺伝子 B の mRNA 量を定量した。その結果，食害された野生株における防御遺伝子 B の mRNA 量と比較して，JAZ 変異株の mRNA 量は 4 倍，酵素 C 変異株の mRNA 量は 16 倍増加もしくは減少した。それぞれの変異株からの cDNA を用いた PCR において，定量に必要な PCR のサイクル数はいくつであったと推測されるか。 (ア) ～ (エ) にあてはまる 0 から 9 までの数字を**解答用マークシート**の指定された欄にマークしなさい。一桁の数字の場合は 10 の位に 0 をマークしなさい。

10 の位　　1 の位

JAZ 変異株は　(ア)　　(イ)　サイクル

酵素 C 変異株は　(ウ)　　(エ)　サイクル

(6) 植物の防御応答のはたらきに加え，昆虫などの植食者には天敵となる捕食者
が存在するため，植食者の個体群密度は低いレベルに抑えられることがある。
図1は，マメ科植物の葉上におけるハダニ（植食者）の個体数の時間的な変化を
示した結果である。この結果をもとに，ハダニの捕食者であるカブリダニの個
体数の時間的な変化を**解答用紙の該当する解答欄のグラフ**の中に描きなさい。
なお，グラフは2週目の指定された点（●）から50週目までの連続した線で描
くこと。また，カブリダニは葉上で20匹を超えないものとし，ハダニとカブ
リダニはそれぞれ絶滅しない程度に共存するものとする。

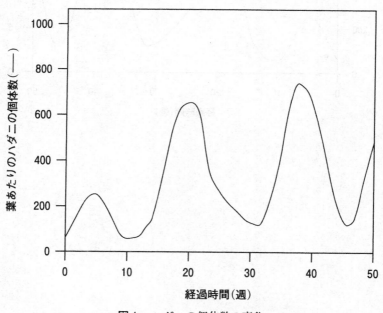

図1　ハダニの個体数の変化

〔解答欄〕

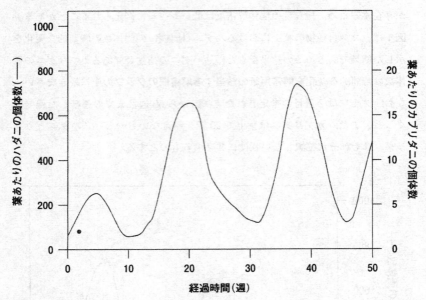

3　動物の発生，生殖に関する以下の設問に答えなさい。　　　　　（33 点）

(1)　精子と卵の形成に関する以下の文章を読み，(A)，(B)の設問に答えなさい。

　　　精子と卵は，共通の細胞である　(ア)　から分化する。未分化生殖腺に
入った　(ア)　はまず体細胞分裂で数を増やす。精巣に分化した生殖腺では
　(ア)　の体細胞分裂は一時的に止まるが，繁殖期に入ると　(ア)　から
分化した　(イ)　は体細胞分裂を再開し，その後に減数分裂を始めた細胞が
精細胞を経て精子となる。一方，卵巣に分化する生殖腺に入った　(ア)　は
　(ウ)　となり，減数分裂を開始するが，第一減数分裂前期でいったん停止
する。繁殖期になると，一部の　(ウ)　が定期的に減数分裂を再開し，卵と
なる。

(A)　文章中の　(ア)　～　(ウ)　にあてはまる最も適切な語句を**解答群 A**
　　から選び，その番号を**解答用マークシート**の指定された欄にマークしなさ
　　い。ただし，同じ記号の空欄には同じ語句が入る。

　　解答群 A
　　⓪　胚性幹細胞　　　①　精原細胞　　　②　一次精母細胞
　　③　二次精母細胞　　④　卵原細胞　　　⑤　一次卵母細胞
　　⑥　二次卵母細胞　　⑦　極　体　　　　⑧　始原生殖細胞

(B)　以下の(a)～(d)の記述のうち，下線部(i)の第一減数分裂前期に起きる現象と
　　して，内容が正しいものは①を，誤りを含むものは②を選び，**解答用マーク
　　シート**の指定された欄にマークしなさい。

　　(a)　核相は n（単相）となっている。
　　(b)　対になる相同染色体が対合し，二価染色体が形成される。
　　(c)　染色体の一部で乗換えが起きる。
　　(d)　紡錘体が形成され，赤道面に並ぶ。

(2)　動物の性決定に関する以下の文章を読み，(A)〜(D)の設問に答えなさい。

　　ヒトは男女で共通な 22 対の常染色体と男女間で異なる 1 対の性染色体をも
ち，性染色体の構成で遺伝的な性が決まる。受精卵の段階では，将来，男性に
なるのか，女性になるのかは，見た目では区別できない。発生が進むと，体内
で精巣または卵巣のもとになる器官である未分化生殖腺が形成される。Y 染色
体には *SRY* 遺伝子が存在し，男性ではこの遺伝子のはたらきによって未分化
生殖腺が精巣へと分化する。一方，Y 染色体をもたない女性では，未分化生殖
腺は卵巣へと分化する。ここで初めて，体の内部で男性と女性で構造の違いが
あらわれる。その後，精巣からは<u>アンドロゲン（男性ホルモン）</u>が分泌されるよ
うになり，外部生殖器が男性化するため，男児と女児は外見で区別できるよう
になる。<u>アンドロゲン受容体がはたらかなくなる遺伝子変異が起きた遺伝的男
性</u>は，精巣をもつが外部生殖器は女性型となるため，不妊となる。
　　SRY 遺伝子に相同な遺伝子（起源が同じである遺伝子）をもつ動物は，哺乳類
のうち，一部の齧歯類（ネズミの仲間）を除く真獣類および有袋類のみである。
鳥類は雌ヘテロ型（雄が ZZ 型，雌が ZW 型）の性決定をおこなう。<u>他の脊椎動
物（魚類，両生類，は虫類）</u>では雄ヘテロ型と雌ヘテロ型が混在している。これ
らの動物のなかには，発生中の特定の時期にアンドロゲンやエストロゲン（女性
ホルモン）などの性ホルモンを投与すると性転換が生じ，子孫を残せる種もある。

(A)　動物の性決定について考察した以下の記述(a)〜(d)のうち，内容が正しいも
　　のは①を，誤りを含むものは②を選び，**解答用マークシート**の指定された欄
　　にマークしなさい。

　　(a)　ヒトの遺伝的な性は，受精すると同時に決まる。
　　(b)　副腎でアンドロゲンを過剰に分泌するような疾患をもつ遺伝的女性は，
　　　　精巣をもつ。
　　(c)　正常な染色体をもつ女性の卵巣でも，*SRY* 遺伝子は発現することがある。
　　(d)　カモノハシはヒトの *SRY* 遺伝子に相同な遺伝子をもつ。

(B)　下線部(ii)のアンドロゲンは脂質からできたホルモンであり，エストロゲン
　　や糖質コルチコイドと同じステロイドホルモンに分類される。これらのステ
　　ロイドホルモンは効能の違いはあるものの，作用メカニズムは類似してい
　　る。以下の(a)～(d)の記述のうち，ステロイドホルモンである糖質コルチコイ
　　ドの作用メカニズムの説明として正しいものは①を，誤りを含むものは②を
　　選び，**解答用マークシート**の指定された欄にマークしなさい。

(a)　糖質コルチコイドの分泌は，脳下垂体後葉からの副腎皮質刺激ホルモン
　　　によるフィードバック調節を受ける。

(b)　糖質コルチコイドは分泌されると全身に運ばれるが，特定の細胞のみに
　　　作用する。

(c)　糖質コルチコイドは，ポンプと呼ばれる輸送タンパク質によって能動的
　　　に細胞内にとりこまれる。

(d)　糖質コルチコイドが結合した受容体は転写調節因子としてはたらき，特
　　　定の遺伝子の発現を制御する。

(C)　アンドロゲン受容体遺伝子の遺伝に関する，以下の(あ)，(い)の設問に答えな
　　さい。

(あ)　下線部(iii)のアンドロゲン受容体の変異遺伝子は，正常な遺伝子に対して
　　　劣性（潜性）である。また，アンドロゲン受容体遺伝子は X 染色体に存在
　　　する。アンドロゲン受容体遺伝子の対立遺伝子の一方にこの変異をもつ母
　　　親が子供を産んだとき，外部生殖器が女性型を示す子供が産まれる確率を
　　　計算しなさい。下記の　(ア)　～　(ウ)　にあてはまる 0 から 9 まで
　　　の数字を**解答用マークシート**の指定された欄にマークしなさい。一桁の数
　　　の場合は 10 の位に 0 をマークしなさい。なお，小数第一位未満の数を含
　　　む場合は四捨五入すること。

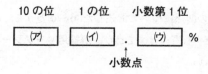

⒤ アンドロゲン受容体遺伝子の対立遺伝子の一方に下線部⒤の変異をもつ母親が子供を産み，その子供と正常なアンドロゲン受容体遺伝子をもつ配偶者との間に二世代目の子供（孫）が得られた。その二世代目の子供が，変異のあるアンドロゲン受容体遺伝子をもつ確率を計算しなさい。下記の　エ　～　カ　にあてはまる0から9までの数字を**解答用マーク**

シートの指定された欄にマークしなさい。一桁の数の場合は10の位に0をマークしなさい。なお，小数第一位未満の数を含む場合は四捨五入すること。

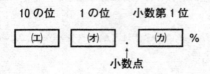

(D) 下線部⒤に分類されるアフリカツメガエルは，雌ヘテロ型の性決定をおこなう。以下の文章を読み，㋐～㋔の設問に答えなさい。

アフリカツメガエルにおいて，遺伝子 A は常染色体，遺伝子 B は W 染色体にそれぞれ存在している。ZZ 個体と ZW 個体のいずれの未分化生殖腺においても遺伝子 A は発現していた。また，雌個体の未分化生殖腺では，遺伝子 B は遺伝子 A と同時期に，同じ種類の細胞で発現していた。そこで，遺伝子 A と遺伝子 B のはたらきを詳しく調べることにした。

遺伝子 A を破壊すると，未分化生殖腺は ZZ 個体，ZW 個体ともに卵巣に分化した。一方，遺伝子 B を破壊すると，未分化生殖腺は ZZ 個体，ZW 個体ともに精巣に分化した。さらに，遺伝子 B を未分化生殖腺で過剰に発現させたところ，ZZ 個体，ZW 個体ともに未分化生殖腺は卵巣に分化した。

㋐ 遺伝子 A と遺伝子 B の関係について記述した(a)～(d)のうち，内容が正しいものは①を，誤りを含むものは②を選び，**解答用マークシートの指定**された欄にマークしなさい。

(a) 遺伝子 A と遺伝子 B は連鎖する。

(b) 遺伝子 A と遺伝子 B は対立遺伝子である。

(c) 雌個体は, 遺伝子 A を父親のみから受け継いでいる。

(d) 雌個体は, 遺伝子 B を母親のみから受け継いでいる。

(い) 生殖腺分化時における遺伝子 A と遺伝子 B のはたらきについて記述した以下の文章のうち, 最も適切なものを**解答群 B** から選び, その番号を**解答用マークシート**の指定された欄にマークしなさい。

解答群 B

⓪ 遺伝子 A が遺伝子 B のはたらきを抑制することで, 未分化生殖腺は精巣に分化する。

① 遺伝子 B が遺伝子 A のはたらきを抑制することで, 未分化生殖腺は卵巣に分化する。

② 遺伝子 A がはたらくと遺伝子 B の有無によらず, 未分化生殖腺は卵巣に分化する。

③ 遺伝子 B がはたらくと遺伝子 A の有無によらず, 未分化生殖腺は精巣に分化する。

(う) 遺伝子 A と遺伝子 B の両方を同時に破壊した場合, 予想される表現型を**解答群 C** から選び, その番号を**解答用マークシート**の指定された欄にマークしなさい。

解答群 C

⓪ 未分化生殖腺は ZZ 個体では精巣に, ZW 個体では卵巣に分化する。

① 未分化生殖腺は ZZ 個体では卵巣に, ZW 個体では精巣に分化する。

② 未分化生殖腺は ZZ 個体, ZW 個体ともに精巣に分化する。

③ 未分化生殖腺は ZZ 個体, ZW 個体ともに卵巣に分化する。

(え)　エストロゲンを生殖腺が分化する前に投与したところ，すべての ZZ 個体は卵巣をもつ雌に性転換した。この性転換個体を正常な雄と掛け合わせたところ，個体は正常に発生した。一方，アンドロゲンを生殖腺が分化する前に投与したところ，すべての ZW 個体は精巣をもつ雄に性転換した。この性転換個体を正常な雌と掛け合わせたところ，生まれてきた個体の表現型の性比は 75 % が雌であり，25 % が雄であった。これらの実験から得られたアフリカツメガエルの性決定や性染色体について考察した以下の記述(a)〜(c)のうち，内容が正しいものは①を，誤りを含むものは②を選び，**解答用マークシート**の指定された欄にマークしなさい。

(a)　W 染色体には雌の生殖に必要な遺伝子座が存在する。

(b)　エストロゲン投与によってできた性転換した雌と，正常な雄との間に生まれた個体は，すべて雄になる。

(c)　アンドロゲンを投与した個体の子供は，Z 染色体がなくても発生できる。

解答編

■英語■

（注）　解答は，東京理科大学から提供のあった情報を掲載しています。

1 解答

(1) 2nd : 3　5th : 4　(2)—3　(3)—3　(4)—2
(5)—4　(6)—3　(7)—3　(8)—2　(9)—2　(10) 1 —F
2 —F　3 —F　4 —T　5 —T

◆━全　訳━◆

≪過去の自分との比較，他人との比較≫

　親が「成績どうだった？」と聞くときは，たいてい続いて「それで，誰が一番だったの？」と聞くものだ。そういうふうに他人と比較する習慣は，世界中どこへ行ってもよくあることだということを調査結果が示している。多くの教育者は，クラスや学校で「最優秀生徒」を選んで，おおっぴらに公表する。大人は，子供たちが他の子供よりもよい成績を挙げると褒めてやる。スポーツのトーナメントでも，他人をしのぐ成績を挙げた生徒に賞が与えられる。去年の全米スペリング・ビーでは，勝者に一人一人賞金5万ドルとトロフィーが授与された——他人よりもよくできたというだけの理由で。他人との比較というものは日常生活にありふれているので，たいていは深く考えずに見過ごされがちだ。

　他人との比較は，善意から出ている。子供たちには誇りを持ってもらいたい，成果を挙げようという意欲を持ってもらいたいと大人は思うものだ。ノバク＝ジョコビッチ基金に寄稿したあるライターは，「試合に勝ったり，クラスで一番になったりすると，子供たちは，自分に対して好意的な感情を持ち，誇りを感じることができるようになる」と言っている。さらにそれが「子供たちを，もっと大きな目標，たとえばもっと遠くまで跳ぶというようなものさえも，達成するために一歩前進しようという気持ちにさせる」のに役立つと言うのである。しかし，他人との比較は逆効果にもなり

うる。子供はいつも自分を周りの子供たちと比較するようになり，競争また競争という悪循環の中に落ち込むこともありうる。

　他人との比較を排除するよく知られた戦略の一つは，子供たちに参加賞を与えることである。ルイス=キャロルの『不思議の国のアリス』のドードーはこう言っている。「全員が勝利を得たのだ。全員が賞をもらわなければならない」と。とはいえ，こういう賞を与えても，他人との比較はなくならないかもしれない。同じトロフィーをもらったにもかかわらず，子供たちは，自分と他人との成績の差の微妙なところにまで敏感になることになろう。良い成績を出しているのに成績の良くない子供と同じ賞をもらった子供たちは不公平な扱いを受けていると感じ，成績の悪い子供たちを軽蔑することにもなりかねない。もっと一般的な言い方をするならば，不当な賞をもらった子供たちが，自分は認められ褒められるだけの実力があるのだと信じるようになってしまうことも考えられる。まことに，見境なく子供たちを褒めてやるということは，場合によってはナルシシズムを養成することがあるということも調査が示している。

　では，好ましからざる副作用を伴わずに子供たちに自信を持たせ，やる気にさせるにはどうしたらいいのだろうか。好ましいアプローチは，「時系列上の比較」を使うことだと我々は信じている。すなわち，どれだけ学習したか，どれだけ自己研鑽したかを評価するなどして，自分を他人と比較するのではなく過去の自分と比較するように指導するのである。子供が，自分を過去の自分と比較するようになれば，他人と比較することはなくなるものだ。

　我々は最近の研究で，このアプローチを試してみて，効果があるという結論に至った。まず，様々な小学校・中学校から 583 人の被験者を募集した。実験を始めるに当たって，子供たちに，彼らがするであろう比較の種類（他人との比較，時系列上の比較，全く比較が起こらない）に影響を与えるように企図された読み書きの課題をやってもらった。たとえば，他人との比較の条件下では，9 歳の女の子はこう書いている。「私は友達よりも歌がうまいです。私は歌えますが，みんなは歌えません。私は本当に重要な人間だと思います。私は歌が好きです。歌い続けます。私が断然一番なのです」　それとは対照的に，時系列上の比較の条件下では，13 歳の女の子はこう書いている。「最初，私には友達がたくさんはいませんでした。

でも，ある時点で，そういう状態は終わりになりました。そう，私が人を選ばないでその隣に座りはじめたら，みんな私のよい友達になってくれたのです。今では，友達がたくさんいるので，気分がいいし，自信が湧いてきます」

　この研究では，自分を他人あるいは過去の自分と比較して，よい結論の出た子供たちは皆，自分に誇りを持つようになっていた。しかし，他人と比較した子供たちが，他人よりもできるようになりたいと言ったのに対して，過去の自分と比較した子供たちは，他人に勝つというよりは自分を改善したいと言ったのだった。時系列上の比較をすると，子供たちの目標は，他人に勝ちたいという欲求から離れて，自己改善を目指す方向へ向かった。

　では，親や教師は，いったいどうしたら，この知識を活用することができるのだろうか。研究によっていくつかの戦略が提案されている。一つには，子供たちに，自分は進歩している，正しい方向へ向かっているということをわからせるために，親や教師が長期にわたって，子供たちの改善状況を褒めてやることが考えられる。また，教師は，自分の学習状況や成績がどう変わってきたかがすぐにわかるような成績通知表などで，長期にわたって子供たちが自分の進歩を追跡できるような学習環境をつくってやることもできる。そうすることによって，大人は子供たちに，自分に勝つことの方が他人に勝つことよりも大事であることや，些細な克服であっても祝福に値するということを教えることになる。

　もちろん，時系列上の比較が万能薬なのではない。子供たちに，容赦なく自己改善をするようにと強いてはいけない。自己改善への道には，闘争と敗北が敷き詰められている。そのような失敗に対して子供たちを嫌な気持ちにさせるよりもむしろ，失敗を受け入れ，失敗から学ぶように励ましてやるべきなのだ──そして，子供たちが以前よりも向上する手伝いをしてやるべきなのだ。我々は，子供たちがどのくらい学習したのか，どこまで成長したのかを自分で理解できるようにしてやるために，時系列上の比較をする機会をもっとつくってやる必要がある。この戦略によって，子供たちは，「もっと遠くまで跳ぶ」ことが可能になるはずである。

◀解　説▶

⑴ (The practice of making such social comparisons is) popular in all corners of the world (, research shows.) とする。of making such social comparisons を挿入と考え，この部分を削ってみるとわかりやすい。in all corners of the world は「世界のすべてのコーナー（隅）」ということから，「世界中」の意味になる。並べ替えたときに，2 番目にくる単語と 5 番目にくる単語を指摘せよという問題。2 番目は 3 の in，5 番目は 4 の of である。

(2) 第 1 段 第 6 文（Last year the …）が，同 段 第 5 文（Sports tournaments award …）の具体例であることを読み解く。those に関係詞節を付けた those who ～ は「～の人々」（＝the people who ～）の意味になるので，ここでは，those who surpass others が「他人を打ち負かした人々」の意味になる。3 の those が正解。

(3) 空欄の後にある that に着目する。so ～ that … で「（とても）～なので…」の意味。3 の so を入れ，so common in daily life that ～「（とても）日常生活にありふれているので～」とする。

(4) backfire「逆効果になる」　ここでは can backfire で「逆効果になることがありうる」ということ。2 の have an opposite effect「反対の効果（逆効果）をもたらす」が正解。

(5) eliminate「排除する」なので，4 の remove「取り除く」がほぼ同義語。

(6) 空欄からカンマまで（… the same trophy,）は，「同じトロフィーをもらって」，続く部分（children are sensitive …）は，「子供たちは微妙な違いに敏感になる」なので，逆接であることに注意。3 の despite「～にもかかわらず」（前置詞）を入れると，「同じトロフィーをもらったにもかかわらず」となって，話が通じる。2 の because は意味から考えても不適切だが，さらに，接続詞なので，*doing* の前にくるには，because of という前置詞の形にしなければならない。4 の owing も前置詞にするには owing to ～「～のおかげで」としなければならず，またここでは意味の上からも不適切である。

(7) lavish は「惜しみなく与える」という動詞で，lavish *A* with *B*「*A*（人など）に *B*（物など）を惜しみなく与える」という使い方をする。この語法の動詞で有名な provide *A* with *B*「*A* に *B* を供給する」が意味として近いので，3 の providing が正解。

(8) 直訳は「～に影響を与えるようにデザインされた練習問題」。be designed to *do*「～するようにデザインされている」が，exercise の後ろ

から後置形容詞句となって付いたために，be はなくなっている。2 の designed が正解。

(9) pave *A* with *B*「*A*（道路など）に *B*（砂利など）を敷き詰める」 下線部は「自己改善への道には，闘争と敗北が敷き詰められている」という意味。2 の「自己改善とは，多くの困難を伴う旅である」が一番近い意味である。

(10) 1．「他人との比較は，子供たちの間での競争を取り除く有効なアプローチとして知られている」 第 2 段最終文（Yet social comparisons …）で，「他人との比較は競争を激化させる」という趣旨のことを言っている。本文の内容と矛盾。

2．「成績の悪い子供たちは，成績の良い子供と同じ賞をもらうと，良い子供を軽蔑する傾向がある」 第 3 段第 4 文（High-performing children who …）では，「成績の良い子供たちが悪い子供たちを軽蔑することがある」と言っているので，本文の内容に矛盾する。

3．「幼少時に他人との比較をする機会がふえれば，子供への好ましくない副作用が最小化される」 第 2 段最終文（Yet social comparisons …）では，「しかし，他人との比較は逆効果にもなりうる。子供はいつも自分を周りの子供たちと比較するようになり，競争また競争という悪循環の中に落ち込むこともありうる」と言っている。また，最終段第 4 文（We need to …）で，「我々は，子供たちが時系列上の比較をする機会をもっとつくってやる必要がある」と言っていることからも，他人との比較は好ましくないと言っていることがわかる。本文の内容に矛盾する。

4．「他人に勝とうと試みるよりは，自分自身に挑戦することの方が子供たちにとって意義がある」 第 6 段最終文（Temporal comparisons shifted …）で，「時系列上の比較をすると，子供たちの目標は，他人に勝ちたいという欲求から離れて，自己改善を目指す方向へ向かった」と言っている。「時系列上の比較」とは「過去の自分と現在の自分の比較」，つまり「自分自身に挑戦すること」であるから，本文の内容に一致している。

5．「子供が自分に自信を持てるようにしてやる戦略として提案されているものの一つは，子供が自分は進歩していると意識できるように親や教師が褒めてやることに基づいている」 第 7 段第 3 文（For one, parents …）で，「一つには，子供たちに，自分は進歩している，正しい方向へ向かっ

ているということをわからせるために，親や教師が長期にわたって，子供たちの改善状況を褒めてやることが考えられる」と言っている。本文の内容に一致している。

---

2 解答

(1)— 3　(2) 2nd : 4　5th : 1　(3a)— 4　(3b)— 1
(4)— 4　(5)— 3　(6)— 2　(7)— 3　(8)— 2　(9) 1 — T
2 — F　3 — F　4 — T　5 — T

◆全　訳◆

≪人類の進歩≫

　人類の進歩は本当に驚異的なものではないだろうか。17 世紀の哲学者トーマス=ホッブズは，初期の人類の生活は，「孤独で，貧困で，不快で，野蛮で，しかも短命」だったと評した。我々人類はほんの短期間のうちに，ここまでやって来たのである。我々があの時代に戻ったら，毎日の生活がどんなものになったかを想像することは難しい。

　我々は，初期の人類が，食物を探し回り，暖を取ろうとし，縄張りを守り，病人や怪我人の世話をし，道具の使用を学び，死者を埋葬している様子を思い描くことができる。それはほとんど昼夜休みなしの，ただ生存のための闘争だったに違いない。我々の遠い先祖が環境を支配することを可能にした二つの進歩とは，脳の前頭葉の発達と，他の指と向かい合わせにできる親指の進化である。この親指の進化のおかげで，我々は物体を掴んだり扱ったりすることができるようになった。人類が洞窟暮らしからお城に住めるまでの長きにわたる進歩において，この二つの進歩が重要だった。前頭葉は我々に，衝動抑制，判断，言語，記憶，運動機能，社交性，問題解決といった能力を与えてくれた。計画を立て，管理し，実行に移すことができるのも，前頭葉のおかげである。言い換えれば，前頭葉は，人間が人間らしくなるあらゆる機能を与えてくれるのである。

　他の指と向かい合わせにできる親指のおかげで，我々はとても器用に道具を作り，扱うことができるのである。他の指と向かい合わせにできる親指の重要性を軽視したいと思うならば，こういう作業をしてみるとよい。親指を使わずに靴の紐を結んだり，風船を膨らませてその口を縛ったりする作業である。

　人間の進歩の長い道程におけるもう一つの重要な側面は，書き言葉の果

たした役割である。人間が学んだことを永久的に記録し，次世代にそれを継承することができるようになったときに，知識は爆発的に増加した。口頭による伝承は極めて限られたものであり，1500 年代に至るまでのヨーロッパと北アメリカの文明の発達の違いに幾分か寄与しているのかもしれない。

　科学と人類の将来はどうなるだろう。科学的な知識の着実な進歩，その情報の活用は今後も続くと信じる根拠は十分にある。さらに多くの人々に対し，さらなる快適性や衣食住，長寿，より多くの余暇の時間，苦痛の緩和へのアクセスを与えるものは進歩である。しかし，我々は，科学の限界に気付かなければならない。「より多くのことを知っているというだけ」では，よりよい振舞いをすることができたり，他人に対して思いやりを持って対応できたりするわけではない。故意に発がん物質を摂取し，非合法のドラッグに溺れ，酒を飲み過ぎる人がいる。自己のまずい選択や他人の利己的な選択のせいで貧困に陥る者もいる。我々は「行っている」よりもよく「知っている」のだ。

■━━━━━━━━━ ◀解　説▶ ━━━━━━━━━■

(1) nasty「不快な，不潔な」なので，3 の unpleasant「不愉快な」が同義語。

(2)(It is hard to imagine) what our daily life would be like (if we were back in those times.) とする。What is our daily life like?「我々の日常生活はどのようなものですか」の is を would be とすると，What would our daily life be like? となる。さらに，この部分が文全体の中で間接疑問を作っているので，平叙文の語順になって，what our daily life would be like という語順を取ったもの。2 番目は 4 の our，5 番目は 1 の be である。

(3a) search A for B で，「B を求めて A という場所を捜索する」という意味。また，A を削って，search for B「B を探す」と言うこともできる。ここでは，search for food が「食べ物を探す」である。一方，picture は picture A doing の形で，「A（人など）が〜しているのを思い描く」の意味。したがって，search を searching の形にすると，「我々は，初期の人類が食べ物を探しているのを思い描くことができる」とつながる。4 の searching が正解。

(3b)〈the +形容詞〉は「複数の〜な人々」の意味になり，the hungry と言えば「飢えた人々」。また their のような所有格は the の代わりをする定冠詞相当語。the dead が「死んだ人々」の意味になり，their dead は「死んだ親族・仲間」になる。bury「埋める」は「葬る」の意味もある。1 の burying が正解。

(4)「我々の遠い先祖が環境を支配することを可能にした〜の進歩とは」という文脈である。その直後で，「脳の前頭葉の発達」と「他の指と向かい合わせにできる親指の進化」の 2 つが挙げられている。4 の Two を入れると，「二つの進歩とは」となって，話が通じる。

(5)名詞の instrument は「道具」。その形容詞形の instrumental は「道具となる」ということから，「役立つ，重要である」という意味になる。この文脈で，選択肢の中では 3 の significant「重要な」（≒important）が一番近い意味である。

(6) tempt「誘惑する」 be tempted to *do* は「〜するようにと誘惑される」ということから，「〜したい気持ちになる」（≒feel like *doing*）という意味になる。選択肢の中では be inclined to *do* がほぼ同じ意味。また，本文の disregard「軽視する，無視する」に近い意味なのは，dismiss「退ける」なので，2 の you are inclined to dismiss が正解。

(7) when people were able to permanently record 〜 は「人間が〜を永久的に記録することができるようになったときに」の意味なので，空欄に 3 の what を入れると，what they had learned「自分たちが習得したこと」となって意味が通じる。なお，その直後の pass は record と並列で，「record し，pass することができるようになったとき」というつながりである。

(8)強調構文をつくっている。It was Jane that gave me this book.「私にこの本をくれたのはジェーンだ」と同じパターンで，It is progress that gives people access 〜 が「人々に〜のアクセスを与えるのは進歩である」というつながりになる。2 の It が正解。

(9) 1 .「脳の前頭葉は我々に，自分の行動を管理する能力を与えてくれる」equip *A* with *B* は「*A* に *B* を備え付けてやる」の意味。第 2 段第 5 ・ 6 文（The frontal lobes … and executing behavior.）に「前頭葉は我々に，衝動抑制，判断，言語，記憶，運動機能，社交性，問題解決といった能力

を与えてくれた。計画を立て，管理し，実行に移すことができるのも，前頭葉のおかげである」とあるので，本文の内容に一致する。

2．「他の指と向かい合わせにできる親指がなかったならば，我々は簡単に靴の紐を結ぶことができるだろうに」　第 3 段第 2 文（If you are tempted …）では，全く反対のことを言っている。

3．「現代文明の発達においては，口頭の伝承が唯一の要素である」　第 4 段第 1 文（Another key feature …）では「書き言葉の役割が進化の鍵になった」という趣旨の記述があり，同段第 3 文（The oral tradition …）では「口頭の伝承は極めて限られたものであり」という記述があるので，本文の内容と矛盾する。

4．「科学的知識の応用と蓄積は両方とも，今後も進歩し続けると考えても間違いないだろう」　最終段第 2 文（There is every …）で，「科学的な知識の着実な進歩，その情報の活用は今後も続くと信じる根拠は十分にある」と言っているので，本文の内容に一致する。

5．「知識をよりたくさん所有することは，よりよい態度で振舞うようになることを保証するものではない」　最終段第 5 文（"Just because we …）の，「知識を得ることは必ずしも行動の改善につながらない」という趣旨の記述に合致する。

3　解答

(1)— 1　(2)— 2　(3)— 1　(4)— 2　(5)— 3　(6)— 4
(7)— 3　(8)— 4　(9)— 1　(10)— 1　(11)— 3　(12)— 1
(13)— 3

━━━━◀解　説▶━━━━

(1)「よさこいクラブのメンバーは明日午後 3 時に集まることになっている」　主語は The members という複数名詞なので，3 人称単数現在の has, is, meets などは不可。複数扱いの 1 の are meeting が正解。

(2)「その課題には先月から取り組んでいるが，まだ終わらない」　even though は though の意味にもなれることに注意。「今までずっと取り組んでいた」のだから，現在完了進行形の 2 の have been working が正解。1 の have been worked は受身になってしまうから不可。have worked なら正解と言える。また，3・4 は will が付いていて，未来のことを言うことになってしまうから不可。

(3)「課題を提出するときには，全ての研究資料を含めるべきだ」 had better は動詞の原形を続けて「〜した方がよい」という意味になる。1 の include が正解。

(4)「この夏には海外旅行をするつもりだが，まだ目的地を決めていない」「まだ〜していない」と言うときは，現在完了を使う。2 の haven't decided が正解。plan on *doing*「〜するつもりである」（＝plan to *do*）

(5)「主に2つのタイプのオンライン授業がある。リアルタイムと，オンデマンドの授業である」 type の使い方は kind に似ていて，a kind of「一種の」，two kinds of「二種類の」と同じように a type of, two types of と言うので，of は必要。ここでは直前に two main があるので，type に s を付けて，two main types としなければならない。3 の types of online classes が正解。

(6)「ピラミッドをよじ登ったとき，達成感が得られた」 get a sense of 〜「〜の感覚を得る」 4 の sense が正解。

(7)「私は昨夜，過労のために疲れ切って，ソファに横になった」「横たわる」（自動詞）は lie-lay-lain,「（〜 を）横たえる」（他動詞）は lay-laid-laid である。ここでは，「ソファに横たわった」なので，lie の過去形である 3 の lay が正解。自動詞の過去形と他動詞の原形が同じ形なので注意が必要。4 の lied は lie「嘘をつく」の過去形・過去分詞形。

(8)「海外に滞在している間，彼らは最高の宿泊施設を提供された」 最上級に「ずばぬけて（一番）」を付けるときは，① the の前に much または by far を付ける，② the の後に very を付けるの2つの方法がある。ここでは，the very best が「ずばぬけて一番よい」の意味。4 の very が正解。

(9)「彼がそのうちに解決方法を見つけてくれると私はあなたに保証できます」 in due course「そのうちに」（＝in due time） 1 の due が正解。

(10)「私には最初，それが狐であるように見えたが，実は狼だった」 1 の as though は as if と同じ「あたかも〜であるかのように」の意味になる。節の中で仮定法を使うので，it were となっている。It looks (to me) as if SV「あたかも S が V するかのように見える」 look の代わりに seem を使ってもほぼ同じ意味。

(11)「その新しいシステムは，現在稼働している3つのシステムを統合する

ことによってつくられた」 by *doing*「～することによって」 3の
integrating が正解。integrate「統合する」

⑿「あのマンションに住んでいる人々は，通りの向かいにある公園によく
子供を連れて行く」 選択肢にはないが，空欄に live を入れれば文意が通
ることに注意。1の reside が live と類義の「居住する」の意味になる。

⒀「私はたまたま母のサングラスを踏んで，壊してしまった。でも故意に
やったのではなかった」 3の deliberately「故意に」が正解。同義語句
には intentionally / purposely / on purpose / by design などがある。

4 解答 a－3　b－6　c－8　d－4　e－5　f－2　g－9

━━━━━━◆全　訳◆━━━━━━

≪タイへの旅行≫

ダレン　：やあ，エイミー，何を読んでいるんだい？

エイミー：あら，ダレン，今度タイへ旅行に行くので，旅行案内に目を通
　　　　　しているだけよ。

ダレン　：なんて偶然！　僕も2年前にタイを訪問したんだ。

エイミー：本当？　あなたの旅行の話が聞きたいわ。

ダレン　：うん，かまわないよ。僕は親友と一緒に，2週間タイへ行って
　　　　　きたんだ。バンコクと，チェンマイと，ランタ島を訪問した。

エイミー：バンコクはどうだった？

ダレン　：そうだね，正直言って，バンコクはあんまり気に入らなかった
　　　　　ね。バンコクは国際都市なんだけど，いろんなことが起こって
　　　　　いて，ちょっと圧倒されてしまった！

エイミー：それは面白そうね。

ダレン　：面白かったよ。だけど，ちょっと大きすぎたし混雑していて，
　　　　　僕の好みには合わなかった。

エイミー：バンコクの食べ物はどうだった？　とっても辛いって聞くけど。

ダレン　：食べ物は凄かったよ！　僕が食べたものはみんなおいしかった。
　　　　　辛いのもあったけど，バンコクでは，欲しい種類の食べ物を何
　　　　　でも見つけることができるんだ。選択肢はほぼ無限だったんだ。

エイミー：その後はどこへ行ったの？

ダレン　　：バンコクから一晩寝台車に乗って，北方のチェンマイへ行った。

エイミー：私もチェンマイへ行こうかと思っているの。お薦めかしら？

ダレン　　：絶対にお薦めだよ。特にアウトドア活動が好きなのだったら。

エイミー：どんなアウトドア活動があるの？

ダレン　　：チェンマイは山の中にあるから，キャンプとかトレッキングとかもできたんだ。ワイルドで自然な様子で美しかったし，雑踏から離れることで，本当に，俗世からの隔絶感を感じることができたよ。また，そこで会った人たちも実に親切だった。雰囲気がバンコクとはまるっきり違っていた。チェンマイのすぐ後は，南に下って，海岸まで行った。

エイミー：どこか島へ行ったの？

ダレン　　：そのとおり。アンダマン海のランタ島という小さな島へ行ったのさ。

エイミー：いいわね。浜辺はどうだった？

ダレン　　：浜辺は素晴らしかったし，水が透明で澄んでいた。僕はずっと日光浴と水泳ばかりしていたよ。

エイミー：わあ！　タイで夢みたいな休暇を過ごしたようね。私の旅行もあなたと同じような素敵なものになってほしいわ。

ダレン　　：そうなるといいね，エイミー。僕にお土産買ってくること，忘れないでね。

エイミー：まあ！　オーケー。忘れないわ，ダレン。

━━━━━━━━━━ ◀解　説▶ ━━━━━━━━━━

a．感嘆文である。「なんて面白い映画だ」なら What an interesting movie! だが，「なんて映画だ」なら，形容詞を付けずに，What a movie! と言うことができる。ここでは，エイミーがタイへ行くという話を聞いて，ダレンも行ったことがあったので，「なんて偶然だ」と言ったのである。3 の coincidence が「偶然の一致」という名詞である。

b．「いろんなことが起こっているので，ちょっと～」というつながり。6 の overwhelming が「圧倒的な」という形容詞。この文脈では，「圧倒的だった」というのは，「圧倒されちゃった」というほどの意味。

c．「選択肢は無限である」というのは，「いくらでも選べる」という意味。空欄に入る単語は副詞しかありえない。選択肢の中で副詞は 8 の

virtually だけ。virtually は「実質的に，事実上」ということから，「ほとんど」の意味が出てくる。almost / nearly / all but などと同義語。

d．「チェンマイはお薦めの場所ですか」と聞かれて，「絶対にお薦めだよ。特に，もし君がアウトドア活動に〜だったら」と言っている。be into 〜で「〜に夢中になっている」なので，4の into が正解。

e．and の後の being 以下は動名詞主語になっていて，直訳は「雑踏から〜ていることは私に真の孤独感を与えてくれる」。5の isolated は isolate「孤立させる」の過去分詞。being isolated from 〜 が「〜から孤立させられていること」つまり「離れていること」の意味になる。

f．right after 〜「〜の直後に」「〜の直後に南の方へ行った」と言っている。それまでチェンマイへ行った話をしていたのだから，「チェンマイの直後に」とつながる。2の Chiang Mai が正解。

g．直前で「忘れずにお土産買ってきてね」と言っているので，「忘れないよ」と返事をしたのである。I won't forget. のつもりで，I won't. と言ったと考える。9の won't が正解。

5　解答　(1)― 2　(2)― 3　(3)― 2　(4)― 1　(5)― 2

◀解　説▶

(1)「（　　　）とは，際立った性質や特質のことで，典型的には一人の人間に属するものである」trait が「特質，特徴」の意味。2の A trait が正解。

(2)「（　　　）とは，長期にわたって続けたり続けられたりすることができることである」3の Sustainability が「持続可能性」。sustain「支える，維持する」，sustainable「持続できる」の派生語である。

(3)「睡眠（　　　）とは，不十分な量または質の睡眠によって引き起こされる状態である」2の deprivation が「欠如」であり，sleep deprivation で「睡眠不足」の意味になる。deprive「奪う」の名詞形。

(4)「（　　　）とは，物または人の外見や性格が完全に変化することである」1の Transformation が「変形，変質，変容」の意味。transform「変形させる」の名詞形。

(5)「利害の（　　　）とは，ある人の個人的利害が，他の人々に対するそ

の人の責任と背反することである」 conflict of interest「利害の衝突，利害の相克」はよく使われる成句である。2 の Conflict が正解。conflict「衝突（する），対立（する）」 interest は「興味，関心」のほかに，「利益，利害関係」の意味を覚えておくこと。

❖講　評
　2022 年度は従来より 1 題増えて，大問 5 題の出題となった。長文問題が 2 題になったのであるから，受験生から見ればやや負担が大きくなったと言えるだろう。
　①は長文読解問題。子供に努力させるためには，他人と比較させるばかりでは，「競争また競争という悪循環の中に落ち込む」ことになるから問題がある。それよりも，過去の自分と比較させて，どのくらい進歩してきたかということに喜びを見出させるのがよい，という文章。よく聞かれる教育論ではあるから，ふだん新聞などをよく読んでいる受験生には理解しやすかっただろう。
　②も長文読解問題。人類の進歩には，前頭葉および親指の発達と文字の発明が大きな要因になっていると説き，さらに，人類の科学の進歩がどうなっていくかという展望を示したものである。そして，科学にも限界があり，人間性の発達のためには，知識に溺れてはいけないということを学ばなければならない，という趣旨の文章。
　①，②とも，設問は同意表現，空所補充，語句整序，内容真偽であった。いずれもよくこなれていて，英文をよく理解できているかを試そうという出題であると言える。
　③は文法・語彙の空所補充問題。東京理科大学の文法・語彙問題は，理系の大学らしく，英語の論理の理解を要求しているようであり，時制・仮定法・関係詞などの文法体系を問う良問が多い。思考力を試す問題だと言ったらよいだろうか。
　④は会話文問題。タイ旅行へ行こうとしている学生が，すでにこの地へ旅行した経験のある学生に，様子を聞いている会話文である。全部単純な単語の空所補充問題であるが，会話の流れがわかっていないと戸惑ってしまう。会話文とはいえ，読解力を試そうという出題者の意図が感じられる。

⑤は定義に当てはまる語を答える問題。2021 年度までは頭文字が与えられ記述式で出題されていたが，2022 年度はマークシート法になったので，その分負担は軽くなった。(2)は「サスティナビリティ」とカタカナ語にもなっているものだが，きちんと意味を理解していないと思いつかなかったのではないだろうか。

数学

（注）　解答は，東京理科大学から提供のあった情報を掲載しています。

1 解答

(1)ア．1　(2)イ．7　ウエ．12
(3)オ．7　カ．3　キ．7

◀解　説▶

≪底の変換，対数の演算，桁数，小数，常用対数，対数不等式≫

(1)　$(\log_2 3 - \log_8 3)(\log_3 2 + \log_9 2) = \left(\log_2 3 - \dfrac{\log_2 3}{\log_2 8}\right)\left(\dfrac{\log_2 2}{\log_2 3} + \dfrac{\log_2 2}{\log_2 9}\right)$

$\qquad\qquad\qquad\qquad\qquad = \left(\log_2 3 - \dfrac{1}{3}\log_2 3\right)\left(\dfrac{1}{\log_2 3} + \dfrac{1}{2\log_2 3}\right)$

$\qquad\qquad\qquad\qquad\qquad = \dfrac{2}{3}\log_2 3 \times \dfrac{3}{2\log_2 3} = 1\quad →ア$

(2)　$\log_{10} 2^{20} = 20\log_{10} 2 = 20 \times 0.3010 = 6.02$ より

$\qquad 6 \leqq \log_{10} 2^{20} < 7$

底>1 より，$10^6 \leqq 2^{20} < 10^7$ であるから，2^{20} は 7 桁の自然数である。　→イ

$\log_{10}\left(\dfrac{1}{3}\right)^{25} = -25\log_{10} 3 = -25 \times 0.4771 = -11.9275$ より

$\qquad -12 \leqq \log_{10}\left(\dfrac{1}{3}\right)^{25} < -11$

底>1 より，$10^{-12} \leqq \left(\dfrac{1}{3}\right)^{25} < 10^{-11}$ であるから，$\left(\dfrac{1}{3}\right)^{25}$ を小数で表したとき小

数第 12 位に初めて 0 でない数字が現れる。　→ウエ

(3)　真数条件より　　$x - 3 > 0$ かつ $3x - 5 > 0$

これより　　$x > 3$　……①

$\qquad \log_a(x-3)^2 > \log_a(3x-5)$

$a > 1$ のとき

$\qquad (x-3)^2 > 3x - 5$　　$x^2 - 9x + 14 > 0$　　$(x-2)(x-7) > 0$

$\qquad x < 2,\ 7 < x$　……②

①，②の共通部分は　　$x > 7$　→オ

0＜a＜1 のとき

$(x-3)^2＜3x-5$ より　　　$2＜x＜7$ ……③

①, ③の共通部分は　　　$3＜x＜7$ →カ, キ

2 解答

(1)ア. 2　イ. 1　ウ. 2　エ. 3　オ. 3　カ. 2

キ. 1　ク. 2　ケ. 3　コ. 2　サ. 1　シ. 2

ス. 5　セ. 2

(2)ソ. 2　タ. 2

(3)チ. 2　ツ. 2　テ. 9　ト. 6　ナ. 1　ニ. 3　ヌ. 2

(4)ネ. 3　ノ. 2

◀解　説▶

≪対称式の値, 三角関数の合成, 3次関数の値域, 3次方程式, 三角方程式≫

(1)　$t=\sin x+\cos x$ より

$$t^2=(\sin x+\cos x)^2=\sin^2x+2\sin x\cos x+\cos^2x$$

$$=1+2\sin x\cos x$$

$$2\sin x\cos x=t^2-1$$

∴　$\sin x\cos x=\dfrac{t^2-1}{2}$　→ア〜ウ

$$\sin^3x+\cos^3x=(\sin x+\cos x)^3-3\sin x\cos x(\sin x+\cos x)$$

$$=t^3-3\cdot\dfrac{t^2-1}{2}\cdot t$$

$$=\dfrac{-t^3+3t}{2}$$　→エ〜カ

となるので

$$y=\sin^3x+\cos^3x+3\sin x\cos x-2(\sin x+\cos x)-1$$

$$=\dfrac{-t^3+3t}{2}+3\cdot\dfrac{t^2-1}{2}-2t-1$$

$$=-\dfrac{1}{2}t^3+\dfrac{3}{2}t^2-\dfrac{1}{2}t-\dfrac{5}{2}$$　→キ〜セ

(2)　$t=\sin x+\cos x=\sqrt{2}\left(\sin x\cdot\dfrac{1}{\sqrt{2}}+\cos x\cdot\dfrac{1}{\sqrt{2}}\right)$

$$= \sqrt{2}\left(\sin x \cos\frac{\pi}{4} + \cos x \sin\frac{\pi}{4}\right) = \sqrt{2}\sin\left(x + \frac{\pi}{4}\right)$$

$0 \le x < 2\pi$ より，$\dfrac{\pi}{4} \le x + \dfrac{\pi}{4} < \dfrac{9\pi}{4}$ であるから

$$-\sqrt{2} \le t \le \sqrt{2} \quad \to \text{ソ，タ}$$

(3)　$y = -\dfrac{1}{2}t^3 + \dfrac{3}{2}t^2 - \dfrac{1}{2}t - \dfrac{5}{2}$ より

$$y' = -\frac{3}{2}t^2 + 3t - \frac{1}{2} = -\frac{1}{2}(3t^2 - 6t + 1)$$

$y' = 0$ となる t の値は，$-\sqrt{2} \le t \le \sqrt{2}$ より

$$t = \frac{3 - \sqrt{6}}{3}$$

$t = -\sqrt{2}$ のとき

$$y = \sqrt{2} + 3 + \frac{\sqrt{2}}{2} - \frac{5}{2} = \frac{1}{2} + \frac{3}{2}\sqrt{2}$$

$t = \sqrt{2}$ のとき

$$y = -\sqrt{2} + 3 - \frac{\sqrt{2}}{2} - \frac{5}{2} = \frac{1}{2} - \frac{3}{2}\sqrt{2}$$

ここで

$$y = -\frac{1}{2}(t^3 - 3t^2 + t + 5)$$

$$= -\frac{1}{2}\left\{(3t^2 - 6t + 1)\left(\frac{1}{3}t - \frac{1}{3}\right) - \frac{4}{3}t + \frac{16}{3}\right\}$$

より，$t = \dfrac{3 - \sqrt{6}}{3}$ のとき，$3t^2 - 6t + 1 = 0$ だから

$$\text{極小値 } -\frac{1}{2}\left(-\frac{4}{3} \cdot \frac{3 - \sqrt{6}}{3} + \frac{16}{3}\right) = -2 - \frac{2}{9}\sqrt{6}$$

t	$-\sqrt{2}$	$\cdots$	$\dfrac{3 - \sqrt{6}}{3}$	$\cdots$	$\sqrt{2}$
y'		$-$	0	$+$	
y	$\dfrac{1 + 3\sqrt{2}}{2}$	$\searrow$	極小	$\nearrow$	$\dfrac{1 - 3\sqrt{2}}{2}$

増減表より，y のとり得る値の範囲は

$$-2 - \frac{2}{9}\sqrt{6} \le y \le \frac{1}{2} + \frac{3}{2}\sqrt{2} \quad \to \text{チ〜ヌ}$$

(4)　$y=0$ より　　　$t^3-3t^2+t+5=0$

$\qquad (t+1)(t^2-4t+5)=0$

t は実数だから　　　$t=-1$

$t=\sqrt{2}\sin\left(x+\dfrac{\pi}{4}\right)$ に代入して

$\qquad \sin\left(x+\dfrac{\pi}{4}\right)=-\dfrac{1}{\sqrt{2}}$

$\dfrac{\pi}{4}\leqq x+\dfrac{\pi}{4}<\dfrac{9}{4}\pi$ より　　　$x+\dfrac{\pi}{4}=\dfrac{5}{4}\pi,\ \dfrac{7}{4}\pi$

$\quad \therefore\ \ x=\pi,\ \dfrac{3}{2}\pi$

よって，求める x の値は　　　$x=\dfrac{3}{2}\pi$　→ネ，ノ

3　解答

(1)アイ. 17　ウ. 7　エオ. 11　カ. 7　キ. 5
　　ク. 4

(2)ケコ. 15　サシ. 13　スセソ. 125　タチ. 39　ツ. 3

(3)テ. 8　トナ. 44

◀解　説▶

≪内分点・外分点を表す複素数，回転，共役複素数，純虚数≫

(1)　点 P，Q の表す複素数をそれぞれ $z_1,\ z_2$ とおくと

$\quad z_1=\dfrac{4\alpha+3\beta}{3+4}=\dfrac{4(-1+i)+3(7-5i)}{7}=\dfrac{17}{7}-\dfrac{11}{7}i$　→ア～カ

$\quad z_2=\dfrac{3\alpha-\beta}{-1+3}=\dfrac{3(-1+i)-(7-5i)}{2}=-5+4i$　→キ，ク

(2)　点 A を点 B のまわりに $\pm\dfrac{\pi}{6}$ 回転し，

点 B からの距離を l 倍した点が C だから

$\quad \gamma-\beta$

$\quad =(\alpha-\beta)\cdot l\left\{\cos\left(\pm\dfrac{\pi}{6}\right)+i\sin\left(\pm\dfrac{\pi}{6}\right)\right\}$

$\quad \gamma=\beta+(\alpha-\beta)\,l\left(\dfrac{\sqrt{3}}{2}\pm\dfrac{1}{2}i\right)$

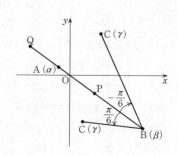

$$= 7 - 5i + l(-8 + 6i)\left(\frac{\sqrt{3}}{2} \pm \frac{1}{2}i\right)$$

$$= 7 - 5i + (-4\sqrt{3} \mp 3)\,l + (3\sqrt{3} \mp 4)\,li$$

$$= 7 + (-4\sqrt{3} \mp 3)\,l + \{-5 + (3\sqrt{3} \mp 4)\,l\}i$$

ここで，$\gamma = 2 + yi$ であり，l，y は実数だから，実部，虚部を比較すると

$$\begin{cases} 7 + (-4\sqrt{3} \mp 3)\,l = 2 & \cdots\cdots ① \\ -5 + (3\sqrt{3} \mp 4)\,l = y & \cdots\cdots ② \end{cases}$$

①より　　　$(4\sqrt{3} \pm 3)\,l = 5$

$$l = \frac{5}{4\sqrt{3} \pm 3} = \frac{5(4\sqrt{3} \mp 3)}{48 - 9} = \frac{5(4\sqrt{3} \mp 3)}{39}$$

これを②へ代入して

$$y = -5 + \frac{5}{39}(3\sqrt{3} \mp 4)(4\sqrt{3} \mp 3)$$

$$= -5 + \frac{5}{39}(36 + 12 \mp 16\sqrt{3} \mp 9\sqrt{3})$$

$$= -5 + \frac{5}{39}(48 \mp 25\sqrt{3})$$

$$= \frac{15}{13} \mp \frac{125}{39}\sqrt{3} \quad (ここまで複号同順)$$

よって　　　$y = \dfrac{15}{13} \pm \dfrac{125}{39}\sqrt{3}$　　→ケ～ツ

(3) z は純虚数だから，$z = xi$（x は実数）とおける。

$\overline{\alpha} = -1 - i$，$\overline{\beta} = 7 + 5i$ だから

$$\overline{\alpha}z^2 + \overline{\beta}z + 4 + ki = (-1 - i)(-x^2) + (7 + 5i)xi + 4 + ki$$

$$= x^2 + x^2i + 7xi - 5x + 4 + ki$$

$$= x^2 - 5x + 4 + (x^2 + 7x + k)\,i$$

$\overline{\alpha}z^2 + \overline{\beta}z + 4 + ki = 0$，$x$，$k$ は実数より，実部，虚部それぞれについて

$$\begin{cases} x^2 - 5x + 4 = 0 & \cdots\cdots ③ \\ x^2 + 7x + k = 0 & \cdots\cdots ④ \end{cases}$$

③より　　　$(x - 1)(x - 4) = 0$　　$\therefore$　$x = 1,\ 4$

$x = 1$ のとき，④より　　$k = -8$

$x = 4$ のとき　　$k = -44$

よって　　$k = -8$　または　$k = -44$　→テ～ナ

4 解答

$(1)(あ)\dfrac{1}{e^3}$　$(2)(い)(1-8x^2)\,e^{-4x^2+1}$

$(3)(う)\dfrac{\sqrt{2}}{4}$　$(え)\dfrac{\sqrt{2e}}{4}$　$(お)0$　$(か)0$

$(4)(き)\dfrac{e}{8}-\dfrac{5}{8e^3}$

（注）(う)～(か)については，途中の過程の記述は省略。

◀解　説▶

≪関数の値，導関数，最大値・最小値，面積，置換積分法≫

(1)　$f(x)=xe^{-4x^2+1}$ より　　$f(1)=e^{-3}=\dfrac{1}{e^3}$　→(あ)

(2)　$f'(x)=e^{-4x^2+1}+x\cdot(-8x)\,e^{-4x^2+1}=(1-8x^2)\,e^{-4x^2+1}$　→(い)

(3)　$f'(x)=0$ となる x は

$$1-8x^2=0\qquad x^2=\dfrac{1}{8}$$

$0\leqq x\leqq1$ より　　$x=\dfrac{\sqrt{2}}{4}$

x	0	$\cdots$	$\dfrac{\sqrt{2}}{4}$	$\cdots$	1
$f'(x)$		$+$	0	$-$	
$f(x)$	0	↗	極大	↘	$\dfrac{1}{e^3}$

$x=\dfrac{\sqrt{2}}{4}$ のとき　　極大値 $\dfrac{\sqrt{2}}{4}e^{\frac{1}{2}}=\dfrac{\sqrt{2e}}{4}$

増減表より　　$x=\dfrac{\sqrt{2}}{4}$ のとき，最大値 $\dfrac{\sqrt{2e}}{4}$　→(う), (え)

$x=0$ のとき，最小値 0　→(お), (か)

(4)　l の方程式は　　$y=\dfrac{1}{e^3}x$

グラフは右図のようになるので，D の面積を S とすると

$$S=\int_0^1\left(xe^{-4x^2+1}-\dfrac{1}{e^3}x\right)dx$$

ここで，$-4x^2+1=t$ とおくと

$$-8xdx=dt\qquad xdx=-\dfrac{1}{8}dt$$

x	$0\to1$
t	$1\to-3$

だから

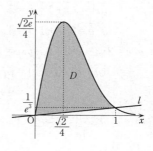

$$\int_0^1 xe^{-4x^2+1}dx = \int_1^{-3} e^t \cdot \left(-\frac{1}{8}\right)dt = \frac{1}{8}\int_{-3}^1 e^t dt$$

$$= \frac{1}{8}\Big[e^t\Big]_{-3}^1 = \frac{e}{8} - \frac{1}{8e^3}$$

また，$\displaystyle\int_0^1 \frac{1}{e^3}x\,dx = \frac{1}{e^3}\left[\frac{1}{2}x^2\right]_0^1 = \frac{1}{2e^3}$ だから

$$S = \frac{e}{8} - \frac{1}{8e^3} - \frac{1}{2e^3}$$

$$= \frac{e}{8} - \frac{5}{8e^3} \quad \to\text{(き)}$$

5　**解答**　(1)(あ) 3　(い) 3　(う) 10

(2)(え)$\left(\dfrac{2}{3},\ \dfrac{1}{3},\ -\dfrac{2}{3}\right)$　(お)$\left(\dfrac{1}{3},\ \dfrac{2}{3},\ \dfrac{2}{3}\right)$　(か)$\left(\dfrac{2}{3},\ -\dfrac{2}{3},\ \dfrac{1}{3}\right)$

(3)(き)$5\vec{d} + 3\vec{e} - 2\vec{f}$

(4)(く)$\sqrt{\dfrac{283 - 30\sqrt{6} + 20\sqrt{10} + 12\sqrt{15}}{10}}$

（注）（く）については，途中の過程の記述は省略。

◀解　説▶

≪空間ベクトルの大きさ・内積・1 次結合，ベクトルの大きさの最小値≫

(1)　$\vec{a} = (2,\ 1,\ -2)$, $\vec{b} = (1,\ 1,\ 0)$, $\vec{c} = (2,\ 0,\ 2)$ より

$$|\vec{a}| = \sqrt{4+1+4} = 3 \quad \to\text{(あ)}$$

$$\vec{a} \cdot \vec{b} = 2\cdot1 + 1\cdot1 = 3 \quad \to\text{(い)}$$

$\vec{a}\cdot\vec{c} = 2\cdot2 - 2\cdot2 = 0$, $\vec{b}\cdot\vec{c} = 1\cdot2 = 2$ だから

$$(\vec{a}+\vec{b})\cdot(\vec{a}-\vec{c}) = |\vec{a}|^2 + \vec{a}\cdot\vec{b} - \vec{a}\cdot\vec{c} - \vec{b}\cdot\vec{c}$$

$$= 9 + 3 - 0 - 2 = 10 \quad \to\text{(う)}$$

(2)　$\vec{d} = \dfrac{\vec{a}}{|\vec{a}|} = \dfrac{1}{3}(2,\ 1,\ -2) = \left(\dfrac{2}{3},\ \dfrac{1}{3},\ -\dfrac{2}{3}\right) \quad \to\text{(え)}$

$$\vec{b}\cdot\vec{d} = 1\cdot\frac{2}{3} + 1\cdot\frac{1}{3} = 1$$

$$\vec{b} - \vec{d} = (1,\ 1,\ 0) - \left(\frac{2}{3},\ \frac{1}{3},\ -\frac{2}{3}\right) = \left(\frac{1}{3},\ \frac{2}{3},\ \frac{2}{3}\right)$$

$$|\vec{b} - \vec{d}| = \sqrt{\frac{1}{9} + \frac{4}{9} + \frac{4}{9}} = 1$$

より

$$\vec{e} = \frac{\vec{b} - (\vec{b} \cdot \vec{d})\,\vec{d}}{|\vec{b} - (\vec{b} \cdot \vec{d})\,\vec{d}|} = \frac{\vec{b} - \vec{d}}{|\vec{b} - \vec{d}|} = \left(\frac{1}{3},\ \frac{2}{3},\ \frac{2}{3}\right) \quad \rightarrow (お)$$

$$\vec{c} \cdot \vec{d} = 2 \cdot \frac{2}{3} + 2 \cdot \left(-\frac{2}{3}\right) = 0$$

$$\vec{c} \cdot \vec{e} = 2 \cdot \frac{1}{3} + 2 \cdot \frac{2}{3} = 2$$

$$\vec{c} - 2\vec{e} = (2,\ 0,\ 2) - 2\left(\frac{1}{3},\ \frac{2}{3},\ \frac{2}{3}\right) = \left(\frac{4}{3},\ -\frac{4}{3},\ \frac{2}{3}\right)$$

$$|\vec{c} - 2\vec{e}| = \sqrt{\frac{16}{9} + \frac{16}{9} + \frac{4}{9}} = 2$$

より

$$\vec{f} = \frac{\vec{c} - (\vec{c} \cdot \vec{d})\,\vec{d} - (\vec{c} \cdot \vec{e})\,\vec{e}}{|\vec{c} - (\vec{c} \cdot \vec{d})\,\vec{d} - (\vec{c} \cdot \vec{e})\,\vec{e}|} = \frac{\vec{c} - 2\vec{e}}{|\vec{c} - 2\vec{e}|}$$

$$= \frac{1}{2}\left(\frac{4}{3},\ -\frac{4}{3},\ \frac{2}{3}\right) = \left(\frac{2}{3},\ -\frac{2}{3},\ \frac{1}{3}\right) \quad \rightarrow (か)$$

(3)　$\vec{g} = x\vec{d} + y\vec{e} + z\vec{f}$ とおくと

$$(3,\ 5,\ -2) = x\left(\frac{2}{3},\ \frac{1}{3},\ -\frac{2}{3}\right) + y\left(\frac{1}{3},\ \frac{2}{3},\ \frac{2}{3}\right) + z\left(\frac{2}{3},\ -\frac{2}{3},\ \frac{1}{3}\right)$$

これより

$$3 = \frac{1}{3}(2x + y + 2z),\ \ 5 = \frac{1}{3}(x + 2y - 2z),\ \ -2 = \frac{1}{3}(-2x + 2y + z)$$

$$\begin{cases} 2x + y + 2z = 9 & \cdots\cdots① \\ x + 2y - 2z = 15 & \cdots\cdots② \\ -2x + 2y + z = -6 & \cdots\cdots③ \end{cases}$$

①＋② より　　$3x + 3y = 24$　　$x + y = 8$　　$\cdots\cdots④$

②＋③×2 より　　$-3x + 6y = 3$　　$x - 2y = -1$　　$\cdots\cdots⑤$

④－⑤ より　　$3y = 9$　　$y = 3$

④へ代入して　　$x = 5$

これらを①へ代入して

$$10 + 3 + 2z = 9 \qquad 2z = -4 \qquad z = -2$$

よって　　　$\vec{g} = 5\vec{d} + 3\vec{e} - 2\vec{f}$　→(き)

(4)　　$|\vec{g}|^2 = 9 + 25 + 4 = 38$

$$\vec{d} \cdot \vec{e} = \frac{2}{9} + \frac{2}{9} - \frac{4}{9} = 0, \quad \vec{d} \cdot \vec{f} = \frac{4}{9} - \frac{2}{9} - \frac{2}{9} = 0,$$

$$\vec{e} \cdot \vec{f} = \frac{2}{9} - \frac{4}{9} + \frac{2}{9} = 0$$

$|\vec{d}| = |\vec{e}| = |\vec{f}| = 1$ より

$$\vec{g} \cdot \vec{h} = (5\vec{d} + 3\vec{e} - 2\vec{f}) \cdot (\sqrt{2}\vec{d} + \sqrt{3}\vec{e} + \sqrt{5}\vec{f})$$

$$= 5\sqrt{2}|\vec{d}|^2 + 3\sqrt{3}|\vec{e}|^2 - 2\sqrt{5}|\vec{f}|^2$$

$$= 5\sqrt{2} + 3\sqrt{3} - 2\sqrt{5}$$

$$|\vec{h}|^2 = |\sqrt{2}\vec{d} + \sqrt{3}\vec{e} + \sqrt{5}\vec{f}|^2 = 2|\vec{d}|^2 + 3|\vec{e}|^2 + 5|\vec{f}|^2$$

$$= 2 + 3 + 5 = 10$$

これらより

$$|\vec{g} - t\vec{h}|^2 = |\vec{g}|^2 - 2t\vec{g} \cdot \vec{h} + t^2|\vec{h}|^2$$

$$= |\vec{h}|^2 \left(t - \frac{\vec{g} \cdot \vec{h}}{|\vec{h}|^2} \right)^2 - \frac{(\vec{g} \cdot \vec{h})^2}{|\vec{h}|^2} + |\vec{g}|^2$$

$|\vec{h}|^2 > 0$ より，$t = \dfrac{\vec{g} \cdot \vec{h}}{|\vec{h}|^2}$ のとき $|\vec{g} - t\vec{h}|^2$ は最小で，その最小値は

$$-\frac{(\vec{g} \cdot \vec{h})^2}{|\vec{h}|^2} + |\vec{g}|^2 = -\frac{(5\sqrt{2} + 3\sqrt{3} - 2\sqrt{5})^2}{10} + 38$$

$$= -\frac{50 + 27 + 20 + 30\sqrt{6} - 20\sqrt{10} - 12\sqrt{15}}{10} + 38$$

$$= \frac{283 - 30\sqrt{6} + 20\sqrt{10} + 12\sqrt{15}}{10}$$

をとるので，$|\vec{g} - t\vec{h}|$ の最小値は

$$\sqrt{\frac{283 - 30\sqrt{6} + 20\sqrt{10} + 12\sqrt{15}}{10}} \quad →〈く〉$$

❖講　評

　2022 年度も例年同様，大問 5 題の出題で，答えのみのマークシート法は 3 題，記述式で答えを記入する（一部解答を導く過程も書く）問題が 2 題であった。⑤のように計算量が多い問題も含まれていたが，2021 年度よりも易化していると言える。

　① 対数関数の問題。(1)基本的な対数の計算である。(2)授業でも必ず扱う桁数などの問題。(3)対数不等式の問題。真数条件を忘れないようにしよう。

　② 三角関数と微分法の問題。(1)基本的な置き換えで，y は t の 3 次関数になる。(2)三角関数の合成により t の範囲を調べる。(3)3 次関数の値域で，微分法を用いる。極小値の計算は除法の恒等式を利用すると楽である。(4)$y=0$ より得られる t の 3 次方程式を解くと，実数解は $t=-1$ のみであるから，$-1=\sqrt{2}\sin\left(x+\dfrac{\pi}{4}\right)$ を満たす x の値を求める。

　③ 複素数平面の問題。(1)内分点・外分点を表す複素数を求める問題で基本的。(2)点 A を点 B のまわりに $\pm\dfrac{\pi}{6}$ 回転し，点 B からの距離を l 倍にした点が C であると回転の問題で考えるアプローチがよいだろう。(3)z が純虚数だから $z=xi$（x は実数）とおいて考える。

　④ 微・積分法の問題。(1)・(2)基本的であるから計算ミスに注意しよう。(3)増減表を作成して考えればよい。(4)は(3)の増減表を参考にして $y=f(x)$ のグラフを描き，直線 l との上下関係を確認して面積 S を定積分で表す。定積分の計算は置換積分法で計算する部分がある。

　⑤ 空間ベクトルの問題。難しくはないが，計算量が多いので着実に解いていきたい。(1)$(\vec{a}+\vec{b})\cdot(\vec{a}-\vec{c})$ は成分計算でもよいが，$\vec{a}\cdot\vec{c}$, $\vec{b}\cdot\vec{c}$ を求めて計算することもできる。(2)$\vec{e}$ については，$\vec{b}\cdot\vec{d}$, $\vec{b}-\vec{d}$, $|\vec{b}-\vec{d}|$ を計算してから成分を求めるとよい。$\vec{f}$ についても同様である。(3)$\vec{g}=x\vec{d}+y\vec{e}+z\vec{f}$ とおいて成分を代入して得られる x, y, z についての連立方程式を解く。(4)$|\vec{g}-t\vec{h}|^2$ を展開し，t の 2 次関数の最小値を求め，数値を代入していく。

物理

(注) 解答は，東京理科大学から提供のあった情報を掲載しています。

1 解答

(1)(a)(ア)—(3) (イ)—(3) (ウ)—(5) (b)(エ)—(3) (オ)—(1)
(2)(カ)—(1) (キ)—(4) (ク)—(2) (ケ)—(2)

◀解 説▶

≪人工衛星の運動，重力と静電気力による鉛直方向の運動≫

(1)(a)(ア) 面積速度一定の法則より

$$\frac{1}{2}Rv_P = \frac{1}{2}(R+h)v_A$$

(イ) 力学的エネルギー保存則より

$$\frac{1}{2}mv_P{}^2 - G\frac{Mm}{R} = \frac{1}{2}mv_A{}^2 - G\frac{Mm}{(R+h)}$$

また，(ア)より，$v_A = \dfrac{R}{R+h}v_P$ であるので，代入して

$$\frac{1}{2}mv_P{}^2 - G\frac{Mm}{R} = \frac{1}{2}m\left(\frac{R}{R+h}v_P\right)^2 - G\frac{Mm}{(R+h)}$$

整理すると

$$v_P = \sqrt{\frac{2GM(R+h)}{R(2R+h)}} \ \text{[m/s]}$$

(ウ) これまでの考察より

$$v_A = \frac{R}{R+h}v_P = \frac{R}{R+h}\sqrt{\frac{2GM(R+h)}{R(2R+h)}}$$

$$= \sqrt{\frac{2GMR}{(R+h)(2R+h)}} \ \text{[m/s]}$$

(b)(エ) 万有引力を向心力とした半径 $(R+h)$ の等速円運動であるから，

運動方程式 $m\dfrac{v_G{}^2}{R+h} = G\dfrac{Mm}{(R+h)^2}$ より

$$v_G = \sqrt{\frac{GM}{R+h}} \ \text{[m/s]}$$

$$\frac{v_\text{G}}{v_\text{A}} = \frac{\sqrt{\dfrac{GM}{R+h}}}{\sqrt{\dfrac{2GMR}{(R+h)(2R+h)}}} = \sqrt{1+\frac{h}{2R}}$$

(オ) 周期 T〔s〕の円運動の角速度 ω〔rad/s〕は $\omega = \dfrac{2\pi}{T}$〔rad/s〕となる

ので，運動方程式は

$$m(R+h)\left(\frac{2\pi}{T}\right)^2 = G\frac{Mm}{(R+h)^2}$$

これより $h = \left(\dfrac{GMT^2}{4\pi^2}\right)^{\frac{1}{3}} - R$〔m〕

(2)(カ) 重力と静電気力のつり合いより

$$k\frac{Q^2}{h^2} - mg = 0 \qquad \therefore \quad h = \sqrt{\frac{kQ^2}{mg}} \ \text{〔m〕}$$

(キ) 重力による位置エネルギーの基準を床に取ると

$$E_0 = mgh + k\frac{Q^2}{h} \ \text{〔J〕}$$

$$E_1 = mg(h-d) + k\frac{Q^2}{h-d} \ \text{〔J〕}$$

$$E_1 - E_0 = mg(h-d) + k\frac{Q^2}{h-d} - mgh - k\frac{Q^2}{h}$$

$$= -mgd + kQ^2\left(\frac{1}{h-d} - \frac{1}{h}\right) \text{〔J〕}$$

ここで，(カ)のつり合いの式より，$kQ^2 = mgh^2$ と導けるので

$$E_1 - E_0 = -mgd + mgh^2\left(\frac{1}{h-d} - \frac{1}{h}\right) = -mgd + mg\frac{hd}{(h-d)}$$

$$= mgh \times \frac{d^2}{h(h-d)} \ \text{〔J〕}$$

(ク) 最下点と最高点でエネルギー保存則を適用すると

$$mg(h+y) + k\frac{Q^2}{h+y} = mg(h-d) + k\frac{Q^2}{h-d}$$

同様に，$kQ^2 = mgh^2$ を用いて

$$mg(y+d) = kQ^2\left(\frac{1}{h-d} - \frac{1}{h+y}\right) = mgh^2\frac{y+d}{(h-d)(h+y)}$$

これより

$$(h-d)(h+y)=h^2 \Longrightarrow y=\frac{h^2}{h-d}-h=\frac{hd}{h-d}\,[\mathrm{m}]$$

(ケ) $d=\dfrac{h}{2}\,[\mathrm{m}]$ のとき $y=\dfrac{h\times\dfrac{h}{2}}{h-\dfrac{h}{2}}=h\,[\mathrm{m}]$

ゆえに往復運動の幅は

$$y-(-d)=h+d=h+\frac{h}{2}=\frac{3h}{2}\,[\mathrm{m}]$$

2 解答 (ア)—(2) (イ)—(4) (ウ)—(1) (エ)—(1) (オ)—(4) (カ)—(3) (キ)—(1)

━━━━◀解 説▶━━━━

≪気体塊の断熱上昇に伴う気温の逓減率の考察≫

(ア) 注目している円筒内部の気体の質量 $m\,[\mathrm{kg}]$ は

$$m=\rho S\varDelta z\,[\mathrm{kg}]$$

注目している円筒内部の気体にはたらく力のつり合いの式は

$(p+\varDelta p)S+\rho Sg\varDelta z=pS$ より $\varDelta p=-\rho g\varDelta z\,[\mathrm{N/m^2}]$

(イ) 高度 $z\,[\mathrm{m}]$ 付近で気体 $1\,\mathrm{mol}$ の体積 $V_0\,[\mathrm{m^3}]$ は

$$V_0=\frac{M}{\rho}\,[\mathrm{m^3}]$$

高度 $z\,[\mathrm{m}]$ 付近で $1\,\mathrm{mol}$ の気体の状態方程式は, $p\dfrac{M}{\rho}=RT$ より

$$\rho=\frac{pM}{RT}\,[\mathrm{kg/m^3}]$$

(ア)で得られた式に代入すると

$$\varDelta p=-Mg\frac{p}{RT}\varDelta z\,[\mathrm{N/m^2}]$$

(ウ) 一般に教科書ではポアソンの法則は $pV^\gamma=K$ (K は定数) と表される。
一定量 $n\,[\mathrm{mol}]$ の気体の状態方程式 $pV=nRT$ より

$$V=\frac{nRT}{p}$$

ポアソンの式に代入すると

$$p\left(\frac{nRT}{p}\right)^{\gamma} = K \text{ より } \qquad p^{1-\gamma}T^{\gamma} = \frac{K}{(nR)^{\gamma}} = \text{一定}$$

(エ)　指示に従って

$$p^{1-\gamma}T^{\gamma} = (p + \Delta p)^{1-\gamma}(T + \Delta T)^{\gamma}$$

(オ)　(エ)で得られた式より

$$1 = \left(1 + \frac{\Delta p}{p}\right)^{1-\gamma}\left(1 + \frac{\Delta T}{T}\right)^{\gamma}$$

$$\fallingdotseq \left\{1 + (1-\gamma)\frac{\Delta p}{p}\right\}\left(1 + \gamma\frac{\Delta T}{T}\right)$$

$$= 1 + \gamma\frac{\Delta T}{T} + (1-\gamma)\frac{\Delta p}{p} + (1-\gamma)\gamma\frac{\Delta p}{p}\frac{\Delta T}{T}$$

指示にあるように $\Delta p \cdot \Delta T$ の項を無視すると，$\gamma\dfrac{\Delta T}{T} + (1-\gamma)\dfrac{\Delta p}{p} = 0$ より

$$\Delta p = -\frac{\gamma}{1-\gamma}\frac{p}{T}\Delta T = \frac{\gamma}{\gamma-1}\frac{p}{T}\Delta T \text{〔N/m}^2\text{〕}$$

(カ)　①式と③式より

$$\frac{\gamma}{\gamma-1}\frac{p}{T}\Delta T = -Mg\frac{p}{RT}\Delta z$$

よって　　$$\frac{\Delta T}{\Delta z} = -Mg\frac{\gamma-1}{\gamma R} = -\frac{\gamma-1}{\gamma}\frac{Mg}{R} \text{〔K/m〕}$$

(キ)　$\Delta z = 1.00 \times 10^3$，1 mol の気体の質量 M〔kg〕は $M = M_0 \times 10^{-3}$〔kg〕より

$$\frac{\Delta T}{1.00 \times 10^3} = -\frac{(1.40-1)}{1.40}\frac{28.8 \times 10^{-3} \times 9.8}{8.31}$$

$$\therefore \quad \Delta T = -9.70 \fallingdotseq -9.7 \text{〔K〕}$$

---

③　解答　(ア)—(14)　(イ)—(30)　(ウ)—(18)　(エ)—(31)　(オ)—(23)　(カ)—(29)　(キ)—(22)

━━━━━━━━━ ◀解　説▶ ━━━━━━━━━

≪3 重スリットでの光の干渉≫

(ア)　点 S_3 から線分 S_1P に垂線を下ろし，垂線の足を H とする。直角三角形 S_1S_3H で $\angle S_1S_3H = \theta$ とみなせるので，求める経路差は

$$|L_1 - L_3| = 2a\sin\theta \text{〔m〕}$$

θ は十分に小さく，$\sin\theta \fallingdotseq \tan\theta$ となるので

$$|L_1 - L_3| = 2a\sin\theta = 2a\tan\theta = \frac{2ax}{L}\,(\text{m})$$

(イ)　与式より

$$y_1 + y_2 = A\sin\left\{2\pi\left(\frac{t}{T} - \frac{L_1}{\lambda}\right)\right\} + A\sin\left\{2\pi\left(\frac{t}{T} - \frac{L_3}{\lambda}\right)\right\}$$

三角関数の和積の公式と，$|L_1 - L_3| = \dfrac{2ax}{L}\,(\text{m})$ を用いて

$$y_1 + y_3 = 2A\sin\left\{2\pi\left(\frac{t}{T} - \frac{L_1 + L_3}{2\lambda}\right)\right\}\cos\left\{2\pi\left(\frac{L_3 - L_1}{2\lambda}\right)\right\}$$

$$= 2A\cos\left(2\pi\frac{ax}{\lambda L}\right)\sin\left\{2\pi\left(\frac{t}{T} - \frac{L_1 + L_3}{2\lambda}\right)\right\}\,(\text{m})$$

先の問いに対する考察より，$L_1 - L_2 = \dfrac{ax}{L}$，$L_2 - L_3 = \dfrac{ax}{L}$ であるので

$$L_1 - L_2 = L_2 - L_3$$

これより，$\dfrac{L_1 + L_3}{2} = L_2$ とおきかえられるので

$$y_1 + y_3 = 2A\cos\left(2\pi\frac{ax}{\lambda L}\right)\sin\left\{2\pi\left(\frac{t}{T} - \frac{L_2}{\lambda}\right)\right\}\,(\text{m})$$

(ウ)　前式より，$\cos\left(2\pi\dfrac{ax}{\lambda L}\right) = \pm 1$ を満たす位置 x で振幅は最大値をとる。

ゆえに，$2\pi\dfrac{ax}{\lambda L} = n\pi$ であればよいので

$$x = \frac{\lambda L}{2a}n\,(\text{m})$$

(エ)　(イ)の結果を用いて

$$y_1 + y_2 + y_3 = 2A\cos\left(2\pi\frac{ax}{\lambda L}\right)\sin\left\{2\pi\left(\frac{t}{T} - \frac{L_2}{\lambda}\right)\right\} + A\sin\left\{2\pi\left(\frac{t}{T} - \frac{L_2}{\lambda}\right)\right\}$$

$$= A\left\{2\cos\left(2\pi\frac{ax}{\lambda L}\right) + 1\right\}\sin\left\{2\pi\left(\frac{t}{T} - \frac{L_2}{\lambda}\right)\right\}\,(\text{m})$$

(オ)　時刻 $t\,(\text{s})$ に対して恒等的に $y_1 + y_2 + y_3 = 0$ となるためには，

$2\cos\left(2\pi\dfrac{ax}{\lambda L}\right) + 1 = 0$ であればよい。

これより　　$\cos\left(2\pi\dfrac{ax}{\lambda L}\right) = -\dfrac{1}{2}$

これを満たすのは，$2\pi\dfrac{ax}{\lambda L}=\dfrac{2}{3}\pi,\ \dfrac{4}{3}\pi,\ \dfrac{8}{3}\pi,\ \cdots$ となる。

3 番目の暗線の位置を問われているので

$$x=\dfrac{4\lambda L}{3a}\,(\mathrm{m})$$

㈹　$\phi_2=\pi\,(\mathrm{rad})$ より

$$y_2=A\sin\left\{2\pi\left(\dfrac{t}{T}-\dfrac{L_2}{\lambda}\right)+\pi\right\}=-A\sin\left\{2\pi\left(\dfrac{t}{T}-\dfrac{L_2}{\lambda}\right)\right\}$$

ゆえに

$$y_1+y_2+y_3=2A\cos\left(2\pi\dfrac{ax}{\lambda L}\right)\sin\left\{2\pi\left(\dfrac{t}{T}-\dfrac{L_2}{\lambda}\right)\right\}-A\sin\left\{2\pi\left(\dfrac{t}{T}-\dfrac{L_2}{\lambda}\right)\right\}$$

$$=A\left\{2\cos\left(2\pi\dfrac{ax}{\lambda L}\right)-1\right\}\sin\left\{2\pi\left(\dfrac{t}{T}-\dfrac{L_2}{\lambda}\right)\right\}\,(\mathrm{m})$$

㈺　時刻 $t\,(\mathrm{s})$ に対して恒等的に $y_1+y_2+y_3=0$ となるためには，

$2\cos\left(2\pi\dfrac{ax}{\lambda L}\right)-1=0$ であればよい。

これより　　　$\cos\left(2\pi\dfrac{ax}{\lambda L}\right)=\dfrac{1}{2}$

これを満たすのは，$2\pi\dfrac{ax}{\lambda L}=\dfrac{1}{3}\pi,\ \dfrac{5}{3}\pi,\ \dfrac{7}{3}\pi,\ \cdots$ となる。

3 番目の暗線の位置を問われているので

$$x=\dfrac{7\lambda L}{6a}\,(\mathrm{m})$$

$\boxed{4}$　**解答**　(1)㈠—(6)　(イ)—(7)　(ウ)—(4)　(エ)—(1)　(オ)—(3)
　　　　　　　　(2)㈹—(5)　(キ)—(1)　(ク)—(2)
(3)㈼—(2)　(コ)—(7)　(サ)—(1)

◀解　説▶

≪比電荷の測定，正六角形回路と電磁誘導，複雑な回路の電流≫

(1)㈠　陽イオンは極板間では z 軸方向には力を受けないので，z 軸方向の
速度 $v_z\,(\mathrm{m/s})$ は $v_z=v_0\,(\mathrm{m/s})$ で一定である。これより，陽イオンが極板
間を通過するのに要する時間 $t\,(\mathrm{s})$ は $t=\dfrac{l}{v_0}\,(\mathrm{s})$ である。

また，極板Sの方が高電位であるので，極板間には x 軸の負の向きに大き

さ $\dfrac{V}{d}$〔V/m〕の電場が生じているので，陽イオンに生じた x 軸方向の加速

度 a〔m/s²〕は運動方程式 $ma = -q\dfrac{V}{d}$ より

$$a = -\frac{qV}{md}\,〔\mathrm{m/s^2}〕$$

これを用いて，極板間を通過した直後の陽イオンの x 軸方向の速度
v_x〔m/s〕は

$$v_x = at = -\frac{qVl}{mdv_0}\,〔\mathrm{m/s}〕$$

求める陽イオンの速度 v〔m/s〕は

$$v = \sqrt{v_z{}^2 + v_x{}^2} = \sqrt{v_0{}^2 + \left(-\frac{qVl}{mdv_0}\right)^2} = \sqrt{v_0{}^2 + \left(\frac{qVl}{mdv_0}\right)^2}\,〔\mathrm{m/s}〕$$

(イ)　陽イオンが極板間を通過した直後の x 軸方向の変位 x_1〔m〕は

$$x_1 = \frac{1}{2}at^2 = -\frac{qVl^2}{2mdv_0{}^2}\,〔\mathrm{m}〕$$

極板を出た直後の陽イオンの速度が z 軸となす角を θ〔rad〕とすると

$$\tan\theta = \frac{v_x}{v_z} = -\frac{qVl}{mdv_0{}^2}$$

陽イオンが極板を出てからは等速直線運動を行うので，極板を出てから壁
に衝突するまでの変位 x_2〔m〕は

$$x_2 = L\tan\theta = -\frac{qVlL}{mdv_0{}^2}\,〔\mathrm{m}〕$$

以上を用いて

$$x_\mathrm{p} = x_1 + x_2 = -\frac{qVl^2}{2mdv_0{}^2} - \frac{qVlL}{mdv_0{}^2} = -\frac{qVl}{mdv_0{}^2}\left(\frac{l}{2} + L\right)〔\mathrm{m}〕$$

(ウ)　極板中で陽イオンが直線運動するには，x 軸の正の向きにはたらく静
電気力とつり合うローレンツ力が磁場から作用する必要がある。以上のこ
とより，フレミングの左手の法則を用いると，求める磁場の向きは y 軸の
負の向きであると判断できる。

(エ)　陽イオンにはたらく力のつり合いの式 $qv_0B = q\dfrac{V}{d}$ より

$$v_0 = \frac{V}{Bd}\,〔\mathrm{m/s}〕$$

㋔　㋓の結果を㋑の結果に代入して

$$x_p = -\frac{qVl}{mdv_0{}^2}\left(\frac{l}{2}+L\right) = -\frac{qVl}{md\frac{V^2}{d^2B^2}}\left(\frac{l}{2}+L\right)$$

$$= -\frac{qldB^2}{mV}\left(\frac{l}{2}+L\right)\,[\mathrm{m}]$$

これより，求める比電荷は

$$\frac{q}{m} = -\frac{2V}{B^2dl\,(l+2L)}x_p\,[\mathrm{C/kg}]$$

(2)㋕　まず，正六角形のコイルの面積 $S\,[\mathrm{m}^2]$ を求める。正六角形を 1 辺 $L\,[\mathrm{m}]$ の正三角形 $\left(\text{高さ}\,\frac{\sqrt{3}}{2}L\,[\mathrm{m}]\right)$ 6 個に分けて考える。

$$S = 6\times\frac{1}{2}L\frac{\sqrt{3}}{2}L = \frac{3\sqrt{3}}{2}L^2\,[\mathrm{m}^2]$$

また，区間①での磁束密度 $B\,[\mathrm{T}]$ は，$B=\frac{2B_0}{3t_0}t\,[\mathrm{T}]$ と表すことができる。これより，コイルを貫く磁束 $\varPhi\,[\mathrm{Wb}]$ は

$$\varPhi = BS = \frac{2B_0}{3t_0}t\times\frac{3\sqrt{3}}{2}L^2 = \sqrt{3}\frac{B_0}{t_0}L^2t\,[\mathrm{Wb}]$$

㋖　コイルに生じる誘導起電力の大きさを $V_1\,[\mathrm{V}]$ とすると

$$V_1 = \left|-\frac{\varDelta\varPhi}{\varDelta t}\right| = \sqrt{3}\frac{B_0}{t_0}L^2\,[\mathrm{V}]$$

求める電流の大きさ $I_1\,[\mathrm{A}]$ は

$$I_1 = \frac{V}{6R} = \frac{\sqrt{3}}{6}\frac{B_0L^2}{Rt_0}\,[\mathrm{A}]$$

㋗　$t=0$ から $6t_0\,[\mathrm{s}]$ の間は磁束密度が一定であるので，生じる誘導起電力の大きさ $V_2\,[\mathrm{V}]$ は 0 V となり，消費電力も 0 W である。

また，$t=6t_0$ から $7t_0\,[\mathrm{s}]$ の間の誘導起電力の大きさは，グラフの傾きの大きさが区間①の 3 倍であるので，生じる誘導起電力の大きさも 3 倍である。これより，この間の誘導起電力の大きさ $V_3\,[\mathrm{V}]$ は $V_3=3\sqrt{3}\dfrac{B_0}{t_0}L^2$ $[\mathrm{V}]$，流れる電流 $I_3\,[\mathrm{A}]$ は $I_3=\dfrac{\sqrt{3}}{2}\dfrac{B_0L^2}{Rt_0}\,[\mathrm{A}]$ となる。

以上のことより，求めるジュール熱 $Q\,[\mathrm{J}]$ は

$$Q = I_1 V_1 \times 3t_0 + I_3 V_3 t_0$$

$$= \frac{\sqrt{3}}{6} \frac{B_0 L^2}{Rt_0} \sqrt{3} \frac{B_0}{t_0} L^2 \times 3t_0 + \frac{\sqrt{3}}{2} \frac{B_0 L^2}{Rt_0} 3\sqrt{3} \frac{B_0}{t_0} L^2 \times t_0$$

$$= \frac{3}{2} \frac{B_0{}^2 L^4}{Rt_0} + \frac{9}{2} \frac{B_0{}^2 L^4}{Rt_0}$$

$$= 6 \frac{B_0{}^2 L^4}{Rt_0} \text{〔J〕}$$

(3)(ケ)　端子 P を端子 a に，端子 Q を端
子 b に接続したときの等価回路は，図(i)
のようになる。

端子 c-h 間の合成抵抗 R_{ef}〔Ω〕は

$$\frac{1}{R_{\mathrm{ef}}} = \frac{1}{R} + \frac{1}{5R} \quad \text{より}$$

$$R_{\mathrm{ef}} = \frac{5}{6} R \text{〔Ω〕}$$

端子 a-c-h-j 間の合成抵抗は

$$2R + \frac{5}{6} R + 2R = \frac{29}{6} R \text{〔Ω〕}$$

回路の全抵抗 R_{aj}〔Ω〕は

$$\frac{1}{R_{\mathrm{aj}}} = \frac{1}{R} + \frac{6}{29R} \quad \text{より} \qquad R_{\mathrm{aj}} = \frac{29}{35} R \text{〔Ω〕}$$

これより，回路に流れる電流の大きさは

$$\frac{V}{R_{\mathrm{aj}}} = \frac{35}{29} \frac{V}{R} \text{〔A〕}$$

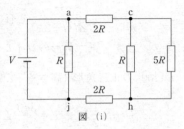

図　(i)

(コ)　同様に，等価回路は図(ii)のようになる。
端子 e を電位 0 V とおいたとき，端子 c と
端子 h の間の電位はいずれも $\dfrac{V}{2}$〔V〕とな
り，端子 c と端子 h の電位差は 0 V となる。

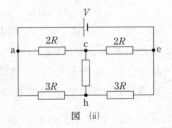

図　(ii)

(サ) 等価回路は図(iii)のようになる。

回路の対称性から図のように電流 i_1〔A〕, i_2〔A〕を定める。電池から端子 a-c-f と電池に戻る閉回路でキルヒホッフの第二法則を当てはめると

$$V = 2Ri_1 + 3Ri_2$$

また，電池から端子 a-c-h-f と電池に戻る閉回路で同様にキルヒホッフの第二法則を当てはめると

$$V = 2Ri_1 + R(i_1 - i_2) + 3Ri_1$$

以上の 2 式から，$i_1 = \dfrac{4V}{17R}$〔A〕, $i_2 = \dfrac{3V}{17R}$〔A〕を得る。

これより，端子 c-h 間を流れる電流の大きさは

$$i_1 - i_2 = \frac{1}{17}\frac{V}{R}\text{〔A〕}$$

❖講　評

　一部目新しい題材を用いた出題もあったが，多くが典型的な題材で構成されており，特に難問はなかった。2021 年度同様，大問数は 4 題で数値計算は求められなかった。出題量に比べて試験時間が短く，時間内にすべて解答するには素早い状況把握力と処理能力が必要である。

　① (1)人工衛星の運動に関する問題で，典型問題といえる。確実に解答しておきたいところである。(2)重力と静電気力の作用する物体の運動で，取り扱いに特に難しいところはないので，これも着実に素早く解答しておきたい。

　② 目新しい題材といえるかもしれない気体の断熱上昇に伴う温度変化の問題で，ポアソンの式を知っていないと解答に至らない。また，微小量の取り扱い方にも慣れていないと戸惑う問題である。日ごろから近似計算のトレーニングを心掛けておきたい。

　③ 波動式を用いた干渉問題で，数学的な処理が少々面倒である。しかし，問題の誘導に乗れば解答に至る道筋は明白である。うなりなどで波の合成を数式で理解している受験生にとっては戸惑うものではない。

　④ (1)J.J.トムソンの実験に基づいた比電荷の測定に関する問題で，

教科書レベルといえる。これは確実に得点しておきたい。(2)の誘導起電力の問題も特に難しい問題ではない。丁寧に解答して得点につなげたい。(3)複雑に見える回路であるが，等価回路を考えることができれば，さほど難しくはない。回路の対称性を使う方法もほとんどの受験問題集で取り上げられている内容なので，多くの受験生は戸惑うことはなかったのではないか。

化学

（注）　解答は，東京理科大学から提供のあった情報を掲載しています。

$\boxed{1}$ 解答

(1)(ア)—19　(イ)—20　(ウ)—15
(2)(A)—18　(B)—25　(C)—23
(3)—37　(4) 02.8　(5)(a) 04.6　(b) 5.4×10^{-1}　(c) 04.4

◀解　説▶

≪酢酸の電離平衡，緩衝液≫

(1)(ア)　③式より OH^- を生じるので，塩基性を示す。

(イ)　$OH^- + H^+ \longrightarrow H_2O$ の中和反応をする。

(ウ)　弱酸（弱塩基）とその塩の混合溶液が緩衝作用をもつ。

(2)(A)　$K_a = \dfrac{[CH_3COO^-][H^+]}{[CH_3COOH]} = \dfrac{c\alpha \times c\alpha}{c(1-\alpha)} = \dfrac{c\alpha^2}{1-\alpha}$

(B)　$1-\alpha \fallingdotseq 1$ より　　$K_a = c\alpha^2$　　∴　$\alpha = \sqrt{\dfrac{K_a}{c}}$

(C)　$[H^+] = c\alpha = c \times \sqrt{\dfrac{K_a}{c}} = \sqrt{cK_a}$

(3)(I)　$[CH_3COO^-]$ が大きくなるので，左に移動する。

(II)　左に移動するため，$[H^+]$ はほとんど増加しない。

(III)　右に移動するため，$[OH^-]$ はほとんど増加しない。

(4)　$[H^+] = \sqrt{cK_a} = \sqrt{0.100 \times 2.70 \times 10^{-5}} = \sqrt{2.70 \times 10^{-6}}$

$\qquad = \sqrt{\dfrac{27}{10}} \times 10^{-3} = \dfrac{3\sqrt{3}}{\sqrt{2} \times \sqrt{5}} \times 10^{-3}$

$\qquad = 1.64 \times 10^{-3} \fallingdotseq 1.6 \times 10^{-3} \,[mol/L]$

$pH = -\log_{10}[H^+] = 3 - \log_{10}1.6 = 3 - 0.20 = 2.8$

(5)(a)　$K_a = \dfrac{[CH_3COO^-][H^+]}{[CH_3COOH]} = \dfrac{0.200 \times [H^+]}{0.200} = 2.70 \times 10^{-5}$

$[H^+] = 2.70 \times 10^{-5} \,[mol/L]$

$pH = -\log_{10}[H^+] = -\log_{10}(2.70 \times 10^{-5})$

$$= -\log_{10}(27.0 \times 10^{-6}) = 6 - 1.43 = 4.57$$

$$\fallingdotseq 4.6$$

(b) $K_a = \dfrac{[CH_3COO^-][H^+]}{[CH_3COOH]} = \dfrac{Y \times 1.0 \times 10^{-5.0}}{0.200} = 2.70 \times 10^{-5}$

$\therefore \quad Y = 0.54 = 5.4 \times 10^{-1}$〔mol/L〕

(c) 加えられた塩酸による水素イオンに注目すると，平衡前後の物質量の変化は

$$CH_3COO^- + \quad H^+ \quad \longrightarrow CH_3COOH$$

	CH_3COO^-	H^+	CH_3COOH	
平衡前	$\dfrac{0.200 \times 100}{1000}$	$\dfrac{0.300 \times 10.0}{1000}$	$\dfrac{0.200 \times 100}{1000}$	〔mol〕
変化量	-0.00300	-0.00300	$+0.00300$	〔mol〕
平衡後	0.017	0	0.023	〔mol〕

濃度比 $\dfrac{[CH_3COOH]}{[CH_3COO^-]}$ は，その物質量比に等しいので

$$K_a = \frac{[CH_3COO^-][H^+]}{[CH_3COOH]} = \frac{0.017 \times [H^+]}{0.023} = 2.70 \times 10^{-5}$$

$$[H^+] = 3.65 \times 10^{-5} \text{〔mol/L〕}$$

$$pH = -\log_{10}[H^+] = -\log_{10}(3.65 \times 10^{-5})$$

$$\fallingdotseq -\log_{10}(3.7 \times 10^{-5}) = 5 - 0.57$$

$$= 4.43 \fallingdotseq 4.4$$

② 解答 (1)(ア)—11　(イ)—18　(ウ)—20　(エ)—23　(オ)—16　(カ)—13 (キ)—12

(2)— 6　(3)— 3

(4)(a)1.0×10^{-14}　(b)2.4×10^{-15}　(c)—12

◀解　説▶

≪コロイド溶液の性質，コロイド粒子1個の質量・体積・直径≫

(1)(ウ)　正コロイドの水酸化鉄(Ⅲ)は，反対符号の電極である陰極側に移動する。

(2)　透析によって，H^+，Cl^- がセロハン膜の袋の外側に拡散する。

(A)　白色沈殿は，塩化銀である。

$$Cl^- + Ag^+ \longrightarrow AgCl$$

(B)　H^+ によって酸性を示すので，メチルオレンジは赤色に呈色する。

(3)　正コロイドは，反対符号の陰イオンで価数が多いほど，凝析しやすい。

　　　$PO_4^{3-} > SO_4^{2-} > Cl^- = NO_3^-$

(4)(a)　$1〔L〕= 10^6〔mm^3〕$ より，水酸化鉄（Ⅲ）のモル濃度 5.00×10^{-8} mol/L は，5.00×10^{-14} mol/mm^3 に相当する。$1 nm^3$ に含まれる 5.00×10^{-14} mol の $Fe(OH)_3$ の質量は，$5.00 \times 10^{-14} \times 107 g$ である。コロイド粒子が 535 個存在するので，コロイド粒子 1 個の質量は

$$\frac{5.00 \times 10^{-14} \times 107}{535} = 1.0 \times 10^{-14}〔g〕$$

(b)　体積 $= \dfrac{質量}{密度}$ より

$$\frac{1.00 \times 10^{-14}}{4.10} = 2.43 \times 10^{-15} \fallingdotseq 2.4 \times 10^{-15}〔cm^3〕$$

(c)　半径 $r〔cm〕$ の球の体積は，$\dfrac{4}{3}\pi r^3〔cm^3〕$ であるので

$$\frac{4}{3}\pi r^3 = 2.4 \times 10^{-15}〔cm^3〕$$

$$r^3 = 0.57 \times 10^{-15}$$

$$r = \sqrt[3]{0.57} \times 10^{-5} = 0.83 \times 10^{-5}〔cm〕$$

$1〔nm〕= 10^{-7}〔cm〕$ だから，直径は　　$2 \times 0.83 \times 10^2 = 166〔nm〕$
よって，$100 nm \leqq 直径 < 200 nm$ である。

3　解答　(1) 00　(2) 04　(3) 04　(4) 02　(5) 28

━━━━━　◀解　説▶　━━━━━

≪小問集合≫

(1)　1．誤文。氷は多数の水素結合を形成し，すき間が多い構造になり，体積が増える。

2．誤文。分子量が大きいものほど，ファンデルワールス力が強くはたらき，沸点は高い。

4．誤文。分子量が大きいものほど，沸点は高い。

8．誤文。充填率は，体心立方格子のナトリウムは 68 ％，面心立方格子の銀は 74 ％である。

16．誤文。ダイヤモンドは，炭素原子の 4 つの価電子すべてが結合に使わ

れるので，絶縁体である。

正文の番号の和は，00 である。

(2) 1．誤文。沸点上昇度は，すべての溶質粒子の質量モル濃度に比例する。強電解質の塩化カルシウムは，$CaCl_2 \longrightarrow Ca^{2+} + 2Cl^-$ と電離するので，非電解質のスクロースの質量モル濃度の 3 倍である。

2．誤文。アンモニアは塩化アンモニウムと水酸化カルシウムを反応させて得られる。また，アンモニアは空気より軽いので，上方置換で捕集する。

4．正文。$3O_2 \longrightarrow 2O_3$ の反応によりオゾンが生成する。

8．誤文。フッ化水素は水素結合を形成するので，塩化水素より沸点は高い。

16．誤文。さらし粉は，塩素を水酸化カルシウムに吸収させて得る。

$$Cl_2 + Ca(OH)_2 \longrightarrow CaCl(ClO) \cdot H_2O$$

正文の番号の和は，04 である。

(3) 1．誤文。水素化カルシウムの化学式は CaH_2 である。水素の酸化数を x とすると

$$+2 + 2x = 0 \quad \therefore \quad x = -1$$

2．誤文。ソーダ石灰は酸化カルシウムを水酸化ナトリウム溶液に浸し，加熱・乾燥させたものである。

4．正文。アンモニアソーダ法の全体の反応は次のとおり。

$$2NaCl + CaCO_3 \longrightarrow Na_2CO_3 + CaCl_2$$

8．誤文。濃塩酸ではなく濃硫酸である。

$$CaF_2 + H_2SO_4 \longrightarrow CaSO_4 + 2HF$$

16．誤文。ともに酸性塩ではあるが，弱酸と強塩基の塩で，加水分解して塩基性を示す。

正文の番号の和は，04 である。

(4) 1．誤文。表面に $PbCl_2$ の被膜ができ，ほとんど溶けない。

2．正文。沸点差を利用して製造する。

4．誤文。両性元素であり，水酸化ナトリウム水溶液には溶けるが，濃硝酸の水溶液では不動態となるため溶けない。

8．誤文。硫酸マグネシウムではなく硫酸アルミニウムである。

16．誤文。アルミニウムは，面心立方格子である。

正文の番号の和は，02 である。

(5)1．誤文。ジアンミン銀（Ⅰ）イオン〔Ag(NH₃)₂〕⁺ の配位数は 2 である。

2．誤文。青色ではなく，淡黄色である。

4．正文。臭化銀は次のように光によって分解する。

$$2AgBr \longrightarrow 2Ag + Br_2$$

8．正文。イオン化傾向は Zn>Cu である。

$$CuSO_4 + Zn \longrightarrow ZnSO_4 + Cu$$

16．正文。Ca と Ba は化学的性質が似ているので，アルカリ土類金属と呼ばれる。同じ 2 族の Mg とは少し異なる性質がある。

正文の番号の和は，4＋8＋16＝28 である。

4　解答

(1)A―22　B―12　C―11　D―20　E―13　F―14
G―21　H―16

(2)(ア)―19　(イ)―21　(ウ)―22　(エ)―11　(オ)―18　(カ)―14　(キ)―13　(ク)―13
(ケ)―20

(3)―1

(4)(ス)―①　(セ)―②　(ソ)―⑥

━━━━◀解　説▶━━━━

≪電池の種類，燃料電池，鉛蓄電池≫

(1)・(2)　それぞれの電池の電池式を示す。

A．アルカリマンガン乾電池。(－) Zn|KOHaq|MnO₂(＋)

B．銀電池（酸化銀電池）。(－) Zn|KOHaq|Ag₂O(＋)

C．リチウム電池。(－) Li|Li 塩|MnO₂(＋)

D．燃料電池。(－) H₂|固体高分子膜|O₂(＋)

E．鉛蓄電池。(－) Pb|H₂SO₄aq|PbO₂(＋)

F．ニッケル-水素電池。(－) H₂|KOHaq|NiO(OH)(＋)

G．ニッケル-カドミウム蓄電池（ニカド電池）。
　　　(－) Cd|KOHaq|NiO(OH)(＋)

H．リチウムイオン電池。(－) C と Li の化合物|Li 塩|LiCoO₂(＋)

(3)(コ)　2 個の電池の直列接続で電圧は 2 倍になるが，並列では電圧は変化しない。

(サ)　正極で酸素は還元されるので，酸化剤としてはたらく。

$$O_2 + 4H^+ + 4e^- \longrightarrow 2H_2O$$

⑼　負極では水素は酸化される。

$$H_2 \longrightarrow 2H^+ + 2e^-$$

生じた H^+ は固体高分子膜を通り，正極に移動し酸素と反応して水になる。全体の変化は，$2H_2 + O_2 \longrightarrow 2H_2O$ となり，水素の燃焼反応である。

⑷　鉛蓄電池は放電時，負極で Pb が酸化され $PbSO_4$ に，正極では PbO_2 が還元され $PbSO_4$ を生じる。電解液は H_2SO_4 が H_2O になる。

負極：$Pb + SO_4{}^{2-} \longrightarrow PbSO_4 + 2e^-$

正極：$PbO_2 + 4H^+ + SO_4{}^{2-} + 2e^- \longrightarrow PbSO_4 + 2H_2O$

全体での反応は次のとおり。

$$Pb + PbO_2 + 2H_2SO_4 \longrightarrow PbSO_4 + PbSO_4 + 2H_2O$$

したがって，2mol の電子が流れたとき，次の質量変化が起こる。

負極：$Pb \longrightarrow PbSO_4$　（96g 増加）

正極：$PbO_2 \longrightarrow PbSO_4$　（64g 増加）

電解液：$2H_2SO_4 \longrightarrow 2H_2O$　（160g 減少）

よって，あてはまるグラフの概形は，負極が①，正極が②，電解液は⑥となる。

 解答　(1)$C_2H_3O_1$　(2)$1.7 \times 10^{+2}$
(3)$C_4H_6O_4$　(4)$C_4H_2O_3$

━━━━◀解　説▶━━━━

≪ジカルボン酸の構造決定≫

⑴　3種類の有機化合物は，同じ分子式をもつ異性体である。8.60mg の混合物中の各原子の質量は次のとおり。

炭素の質量：$17.6 \times \dfrac{12.0}{44.0} = 4.80$〔mg〕

水素の質量：$5.40 \times \dfrac{2 \times 1.00}{18.0} = 0.600$〔mg〕

酸素の質量：$8.60 - (4.80 + 0.600) = 3.20$〔mg〕

原子数比は　$C : H : O = \dfrac{4.80}{12.0} : \dfrac{0.60}{1.00} : \dfrac{3.20}{16.0} \fallingdotseq 2 : 3 : 1$

よって，組成式は C_2H_3O となる。

(2) 凝固点降下度は，質量モル濃度に比例する。3種類の有機化合物は同じ分子量をもつので，求める分子量を M とすると

$$4.00 = 40.0 \times \frac{0.0172}{M} \times \frac{1000}{1}$$

$$\therefore \quad M = 172 \fallingdotseq 1.7 \times 10^{+2}$$

よって，分子式は $C_8H_{12}O_4$ とわかる。

(3)・(4) ジカルボン酸は，臭素水と反応することから，炭素間二重結合をもつと考えられる。$-C=C-$ を1個もつとすると，ジカルボン酸と付加する水素の物質量は等しい。分子量を M とすると

$$\frac{0.145}{M} = \frac{28.0}{22400} \quad \therefore \quad M = 116$$

ジカルボン酸の構造を考える。2個の $-COOH$，1個の $-C=C-$ をもつので，残る式量は $\quad 116 - 2 \times 45 - 24 = 2$

よって，残りは2個のHである。

加熱で容易に無水物になることから，**A**はマレイン酸，**E**は無水マレイン酸。**A**と**B**は水素付加で，同じ**D**になることから，**B**はフマル酸，**D**はコハク酸とわかる。

A．マレイン酸　　　**E**．無水マレイン酸

A．マレイン酸　　　**D**．コハク酸

B．フマル酸

D．コハク酸の分子式は，$C_4H_6O_4$ である。

E．無水マレイン酸の分子式は，$C_4H_2O_3$ である。

また，ジカルボン酸 **C** は，

$$\underset{H}{\overset{H}{>}}C=C\underset{COOH}{\overset{COOH}{<}}$$ である。

分子式 $C_8H_{12}O_4$ の３種類の有機化合物は，分子式からジカルボン酸 **A**，**B**，**C** のジエチルエステルと考えられる。

6 解答

(1)(ア)—14　(イ)—24　(ウ)—22　(エ)—28　(オ)—27　(カ)—33　(キ)—43　(ク)—50　(ケ)—38

(2)$1.0 \times 10^{+4}$　(3)$3.3 \times 10^{+1}$

──────◀解　説▶──────

≪芳香族炭化水素の酸化，ポリエチレンテレフタラート≫

(1)　(イ)トルエンの側鎖が酸化されると，(エ)安息香酸になる。

(イ)トルエン　(エ)安息香酸

o-キシレンの側鎖が酸化されると，(オ)フタル酸になる。

o-キシレン　(オ)フタル酸

p-キシレンの側鎖が酸化されると，(カ)テレフタル酸になる。

p-キシレン　(カ)テレフタル酸

(2)　$n\text{HO}-\text{CH}_2-\text{CH}_2-\text{OH} + n\text{HO}-\overset{}{\underset{}{C}}-\bigcirc-\overset{}{\underset{}{C}}-\text{OH}$
エチレングリコール　　　　　　　テレフタル酸

ポリエチレンテレフタラート

ポリエチレンテレフタラートの両端の HO− と −H は無視する。くり返し単位の式量は 192 である。重合度を n とすると，分子量の関係から

$$192n = 9.60 \times 10^5 \qquad \therefore \quad n = 5.00 \times 10^3$$

くり返し単位中に 2 つのエステル結合があるので

$$2n = 2 \times 5.0 \times 10^3 = 1.0 \times 10^{+4}$$

(3)

$$\left[\begin{array}{c}\text{C}\!\!-\!\!\bigcirc\!\!-\!\!\text{C}\!-\!\text{O}\!-\!\text{CH}_2\!-\!\text{CH}_2\!-\!\text{O} \\ \text{‖} \qquad\qquad \text{‖} \\ \text{O} \qquad\qquad \text{O}\end{array}\right]_n + 2n\text{H}_2\text{O}$$

ポリエチレンテレフタラート

$$\xrightarrow{\text{加水分解}} n\text{HO}\!-\!\text{CH}_2\!-\!\text{CH}_2\!-\!\text{OH} + n\text{HO}\!-\!\text{C}\!\!-\!\!\bigcirc\!\!-\!\!\text{C}\!-\!\text{OH}$$
$$\qquad\qquad\qquad\qquad \text{‖} \qquad\quad \text{‖}$$
$$\qquad\qquad\qquad\qquad \text{O} \qquad\quad \text{O}$$

エチレングリコール テレフタル酸

この化学反応式の係数比より,生成するテレフタル酸の質量を x〔g〕とすると,ポリエチレンテレフタラート:テレフタル酸の物質量比は

$$1 : n = \frac{38.4}{192n} : \frac{x}{166} \qquad \therefore \quad x = 33.2 \fallingdotseq 3.3 \times 10^{+1} \text{〔g〕}$$

❖講 評

2022 年度も,出題傾向・難易度に変わりはない。

① 重要度の高い化学平衡において緩衝液は頻出。対策はできていると思う。(4)$[\text{H}^+] = \sqrt{27 \times 10^{-7}} = \sqrt{3^3 \times 10^{-7}}$ としなかっただろうか。そうしてしまうと与えられた $\log_{10} 1.6$ は使えないので,戸惑ったかもしれない。(5)は計算ミスに注意したい。

② (1)〜(3)コロイド溶液の性質は基本。(4)単位の変換と計算ミスに注意したい。

③ 基本的な無機物質の性質と構造の問題であるが,金属の結晶格子はやや難しい。

④ (1)・(2)選択肢があるが,実用電池の名称や構成の問題は難しい。(3)燃料電池の反応は基本。(4)S の原子量が与えられていないが,質量変化の大小からわかる。

⑤ 元素分析,分子量の計算を誤ると,大幅な失点になる。慎重に計算したい。「ジカルボン酸の加熱で無水物」から,マレイン酸と目星をつけると簡単になる。完答してほしい。

⑥ 芳香族炭化水素の側鎖酸化や高分子の計算問題は頻出である。

少し細かな知識を問うものもあるが,全般的には標準レベルである。

生物

（注） 解答は，東京理科大学から提供のあった情報を掲載しています。

1 解答

(1)(ア)—④ (イ)—⑧ (ウ)2 (エ)3 (オ)—① (カ)—⑥
(キ)—⑤

(2)(A) 0794 (B) 0471 (C) 3490

(3) （いずれも 5′→3′ の向き） ATGCCCCCCGCAGTC
TTACTGCTCAGGGCC

(4)(a)—① (b)—① (c)—②

(5)

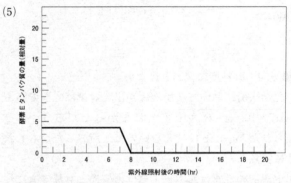

——◀解 説▶——

≪DNA の複製，培養細胞の突然変異と薬剤耐性獲得，転写調節因子を介した遺伝子の発現制御≫

(1)(イ) 文構造上，「 (イ) の部分で結合し」の「結合し」の文節は，この文の初めの「1本鎖になった鋳型鎖の塩基に」を受けているので，鋳型鎖の塩基に対して直接結合する「塩基」が正解となる。

(ウ) 文章から，DNA 複製時の新生鎖の伸長にはデオキシリボヌクレオシド三リン酸が用いられることがわかる。一方，連結後のヌクレオチド残基1つの中にはリン酸基が1個だけ含まれるので，結合の際に2個のリン酸基が切り離されるとわかる。参考までに，このとき，高エネルギーリン酸結合を切断することで，同化の1つである DNA 合成に必要なエネルギー

が調達される。

⑵ 解説の簡便化のため，細胞を一定濃度の薬物Xを含む寒天培地にまいてコロニーを形成させるために一定期間培養することを，「X培養」すると表現する。

⑷ ⒜の文章の第1段落最終文から，処理を行っていない最初の癌細胞の集団には，100 万個あたり 1000 個の割合で薬物耐性細胞が含まれている。したがって，このような細胞 10 万個は，$10\mu g/mL$ の薬物Xを含む液体培地中でも増殖できる細胞 100 個と，増殖できない細胞 99900 個に分けられる。この 100 個が液体培地での 48 時間（1 回の分裂にかかる 16 時間の 3 倍）の培養中に 3 回分裂して $2^3 = 8$ 倍に数を増やし，これらの細胞だけが続く $10\mu g/mL$ での X 培養でコロニーになると考えられるので，$100 \times 8 = 800$ 個となる。

このとき，増殖が停止した細胞の数は培養前から変わらず 99900 個なので，48 時間後の細胞の総数は

$$800 + 99900 = 100700 \text{ 個}$$

ここで求めるのは 10 万個あたりの薬剤耐性細胞のコロニー数なので，その数を n 個とすると

$$\frac{n}{100000} = \frac{800}{100700} \qquad \therefore \quad n = 794.4$$

よって 794 個が正解となる。

なお，仮に液体培地での前処理なしに 10 万個の細胞を $10\mu g/mL$ で X 培養すると，100 個のコロニーが形成されると予想されるが，⒜の文章の第2段落第1文に「高頻度に薬物耐性株をえるために」とあるので，答えがこれよりかなり多い数であり文意に合うことを確認するとよいだろう。

⑻ ⒝の文章の第2段落冒頭にある「癌細胞の集団」を，仮に 100 個の細胞とする。変異原Yで 24 時間処理すると，これらは 10 個の生細胞と 90 個の死細胞となる。これらを薬物Xを含まない液体培地に移すと，72 時間のうち最初の 24 時間は増殖せず，残りの 48 時間で生細胞だけが 3 回分裂し，$10 \times 2^3 = 80$ 個に増える。この段階で，80 個の生細胞と，それらと見分けがつかない 90 個の死細胞が混ざった状態となり，細胞 170 個あたり 80 個 $\left(\text{つまり } \frac{8}{17}\right)$ の割合で生細胞が含まれるので，1000 個の細胞のう

ち生きておりコロニー形成に至る細胞の数は

$$1000 \times \frac{8}{17} = 470.5 \fallingdotseq 471 \text{ 個}$$

となる。

(C) (B)の文章の第 2 段落より，細胞集団を変異原 Y 処理後に薬物 X を含まない液体培地に移すと，その後の 24 時間は生きている細胞でも増殖しない。よって(C)の文章の第 1 段落最後にある 4500 個というのは，変異原 Y 処理直後に液体培地に移した段階で細胞集団に含まれていた，50μg/mL で X 培養しても増殖可能であるように変異した細胞の数を表している。したがって(C)の文章の第 2 段落でも，薬物 X を含まない液体培地での培養中は，50μg/mL で X 培養しても増殖可能な細胞が 100 万個あたり 4500 個含まれている，すなわち 10 万個あたり増殖可能な細胞が 450 個と，増殖できない細胞が 99550 個含まれていることになる。これらを変異原 Y 処理後 24 時間を経過してから 50μg/mL の濃度の薬物 X を含む液体培地に移すと，変異した細胞だけが直ちに増殖を開始し，48 時間で 3 回分裂して数を 8 倍に増やすので，10 万個あたりのその数は

$$450 \times 8 = 3600 \text{ 個}$$

このとき，増殖できない細胞は変わらず 99550 個なので，48 時間後の細胞の総数は

$$3600 + 99550 = 103150 \text{ 個}$$

ここで求めるのは 10 万個あたりの薬剤耐性細胞のコロニー数なので，その数を n 個とすると

$$\frac{n}{100000} = \frac{3600}{103150} \qquad \therefore \quad n = 3490.0$$

よって 3490 個が正解となる。

なお，(A)の〔解説〕の最終文と同様に，これも 450 個よりかなり多い。

(3) 解説の便宜上，図 2 の 5′ 側から順に塩基番号を付しておくと，1 段目の右端が 40 塩基目となるので，2 段目の左端が 641 塩基目となる。開始コドンの可能性があるのは，1 ～ 3 塩基目，または，15～17 塩基目の AUG（メチオニンのコドン）である。開始コドンが 1 ～ 3 塩基目であった場合，各コドンの 3 塩基目の塩基番号が 3 の倍数となることに注意して読み枠を書き込んでみると，図 2 の 2 段目には終止コドンが現れないので，

(3)の文章の第2段落第1文に矛盾する。一方，15～17塩基目が開始コド
ンであった場合，各コドンの1塩基目の塩基番号が3の倍数であることに
注意して読み枠をとると，666～668塩基目のUAAが終止コドンとなる
ので，こちらの読み枠が正しい。DNAの複製は鋳型鎖上を3′→5′（プラ
イマーを起点とした相補鎖の伸長は5′→3′）の向きに行われることに注意
すると，開始コドン側のプライマーは，転写元のアンチセンス鎖が鋳型鎖
となるので，図2の15塩基目から右方に15塩基分を，UをTに置き換え
ながら解答欄に転記すればよい。一方，終止コドン側のプライマーは，塩
基配列がmRNAに似たセンス鎖側が鋳型鎖となるので，図2の668塩基
目から左方向に，その相補鎖の塩基配列を15塩基分記せばよい。なお(3)
の文章の最後から3文目に，「…開始コドンから，…終止コドンまでを両
末端に『含む』」とあるので，15塩基の途中や，3′側の端の3塩基に開始
コドンや終止コドンをもつ断片もプライマーとして使える。

(4)(a)　正文。実験3より，野生型では転写調節因子Cが発現していない
ため領域cはあっても機能しておらず，除去してもその影響は現れないと
考えられる。したがって領域aを1つ加えた効果だけが現れ，また実験1
より，転写調節因子Aの量は$10\mu g/mL$の薬物Xの影響を受けないので，
実験1の薬物X非存在下における結果と同じく，酵素E遺伝子のmRNA
の量が4倍となると考えられる。

(b)　正文。実験2より，野生型細胞では転写調節因子Bは発現していない
ので，領域bを加えただけでは効果がないと考えられる。また実験4より，
転写調節因子Bが合成され始めるのは紫外線照射後6時間以降なので，3
時間の培養中には転写調節因子Bは発現しないと考えられる。

(c)　誤文。実験4の最後の2文より，紫外線照射後7時間で酵素Eの
mRNAが完全に消失し，実験2の最終文より，その1時間後に酵素Eは
完全に消失すると考えられる。(3)の第1段落第2文に「酵素Eのはたらき
が阻害されると細胞のDNA合成反応は速やかに停止する」とあるので，
酵素Eが消失した場合もすぐにDNA合成が停止すると考えられ，紫外線
照射後8時間で細胞のDNA合成は停止すると考えられる。

(5)　実験1より，領域aを2つもつ細胞の酵素E遺伝子のmRNA量は野
生型の4倍なので，はじめの酵素Eのタンパク質量も相対値で4程度と考
えられ，紫外線照射の影響が現れるまではこれが続く。実験4より，紫外

線照射が原因で転写調節因子Bの発現が始まるが、実験2より、この転写調節因子Bは酵素E遺伝子の転写を抑制する。ただし転写調節因子BのmRNAは領域bに影響しないので、酵素Eのタンパク質量は、紫外線照射後6時間を過ぎてから徐々に減少し、酵素E遺伝子のmRNAが完全に消失する7時間後からは「直線的に」減って（実験2最終文）、8時間後に0となる。

2 解答

(1)(a)—①　(b)—②　(c)—②　(d)—②
(2)—⑤

(3)(a)—②　(b)—②　(c)—②
(4)(A)(a)—①　(b)—②　(c)—①　(d)—①
(B)(ア)—②　(イ)—①
(5)(A)(a)—①　(b)—②　(c)—①　(d)—②
(B) 253
(C)(a)—①　(b)—②　(c)—②　(d)—②
(D)(ア)(イ)(ウ) 032　(エ)—①
(E)(ア)(イ) 13　(ウ)(エ) 19
(6)

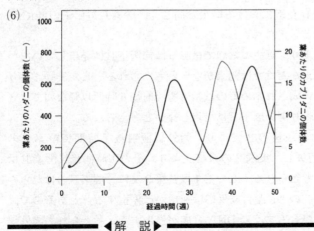

◀解　説▶

≪植物ホルモンと植物の応答、花の形態形成におけるABCモデル、被食－捕食関係と個体数変動≫

(1)(a)　正文。発芽能力のある種子が吸水すると、種子内の胚でジベレリ

ンが合成される。

(b) 誤文。ジベレリンは胚ではなく，胚乳を取り囲む糊粉層（アリューロン層）に作用する。

(c) 誤文。アミラーゼは胚ではなく胚乳の中のデンプンを糖（グルコース）に分解する。

(d) 誤文。グルコースを発芽や成長に必要な物質として利用するのは，胚乳ではなく胚である。

(3)(a) 誤文。フォトトロピンによって青色光が感知されると，孔辺細胞の浸透圧が上がり，細胞の吸水による膨圧の上昇によって気孔が開く。

(b) 誤文。アブシシン酸は光環境に反応してではなく，植物が水不足になったとき，気孔を閉じるために合成される。

(c) 誤文。オーキシンは幼葉鞘先端で陰側に移動した後，先端部から基部側へと移動する。

(4) 下のようなABCモデルの簡単な図を描き，（　　　）で示した該当する花芽内器官を，問題を読み進めるうちわかったものから書き込んで（暗記できていればなお良い）解くと容易だろう。

(A)(b) 誤文。花の形成における異常の説明の3つ目より，Bクラス遺伝子の機能が欠失してもめしべは形成される。

(d) 正文。花の形成における異常の説明の1つ目・2つ目のそれぞれの第2文からわかるが，よく知られたものなので知識からも解答できる。

(B) 上図と前間(A)(d)を考え合わせる。

(ア) 花芽全体でB・Cクラス遺伝子の両方がはたらくことになるので，おしべだけが生じる。

(イ) 花芽全体でA・Bクラス遺伝子の両方がはたらくことになるので，花弁だけが生じる。

(5)(A)(a) 正文。野生株が食害を受けると，転写調節因子Aが自由にはたらけるようになり，防御遺伝子Bの転写を正に（促進する方向に）制御す

る。

(b)　誤文。転写調節因子Aのはたらきを抑制する JAZ タンパク質の機能
が欠失すると，転写調節因子Aが常に自由にはたらき，防御遺伝子Bの転
写を恒常的に促進する。

(c)　正文。JAZ タンパク質が分解されず，転写調節因子Aのはたらきが
常に抑制され，防御遺伝子Bの転写が恒常的に抑制される。

(d)　誤文。酵素Cの有無によらず JAZ タンパク質が機能しないので，常
に転写調節因子Aが自由にはたらき，防御遺伝子Bの転写は恒常的に促進
される。

(B)　258 番目から 1019 番目までは

$$1019 - 258 + 1 = 762 \text{塩基}$$

で，終止コドン 3 塩基を除くと 759 塩基。
これによりコードされるアミノ酸の数は

$$\frac{759}{3} = 253 \text{個}$$

(C)(a)　正文。真核生物では，プロモーター，RNA ポリメラーゼ，基本転
写因子，場合によってはさらに調節タンパク質が DNA に結合し，複合体
を形成することで転写が始まる。

(b)　誤文。RNA ポリメラーゼは鋳型鎖上を $3' \to 5'$ の方向に移動しながら
転写を進める。

(c)　誤文。スプライシングは核内で行われる。

(d)　誤文。選択的スプライシングにより，単一の遺伝子から複数の
mRNA がつくられる場合がある。

(D)　cDNA が同じ量まで増幅されるのにかかる PCR のサイクル数が，食
害された植物の防御遺伝子の方が少なかったということは，増幅前の
cDNA 量がそれだけ多かったことを意味する。PCR は 1 サイクルで DNA
量を 2 倍に増幅するので，5 サイクル分を行わずにすんだのは，もとの
cDNA 量が $2^5 = 32$ 倍だけ「増加」したことを意味する。

なお，cDNA の c は，complementary（相補的）の略。

(E)　JAZ タンパク質の機能が欠失すると転写調節因子Aが恒常的にはた
らくので防御遺伝子Bの mRNA は増える一方，酵素Cの機能が欠失する
と JAZ タンパク質が分解されないので自由にはたらく転写調節因子Aが

減り防御遺伝子Bの mRNA は減るはずである。したがって，JAZ 変異株の mRNA 量は 4（＝2^2）倍「増加」し，酵素C変異株の mRNA 量は 16（＝2^4）倍「減少」したと考える。

(D)より，食害された植物（野生株）で定量に必要だった PCR の 15 サイクルに比して，JAZ 変異株では 2 サイクルだけ少なくてすみ，酵素C変異株では 4 サイクルだけ多く必要になる。

3 解答

(1)(A)(ア)—⑧　(イ)—①　(ウ)—⑤
(B)(a)—②　(b)—①　(c)—①　(d)—②

(2)(A)(a)—①　(b)—②　(c)—②　(d)—②
(B)(a)—②　(b)—①　(c)—①　(d)—①
(C)(あ) 75.0　(い) 16.7
(D)(あ)(a)—②　(b)—②　(c)—①　(d)—①
(い)—①　(う)—③
(え)(a)—②　(b)—①　(c)—①

◀解　説▶

≪生殖細胞形成，性決定にかかわる遺伝子と性ホルモンを介した性分化≫

(1)(B)(a)　誤文。第一減数分裂で，核相が n（単相）になるのは，第一減数分裂終了時である。

(d)　誤文。紡錘体が赤道面に並ぶことはない。

(2)(A)(a)　正文。ヒトの遺伝的な性は，卵（正確には二次卵母細胞）が，X染色体をもつ精子とY染色体をもつ精子のどちらと受精するかで決まる。

(b)・(c)　いずれも誤文。リード文にもあるように，胎児期に未分化生殖腺が精巣に分化するには，Y染色体上の SRY 遺伝子が必要である。Y染色体をもたない遺伝的女性は，SRY 遺伝子をもたず精巣は分化しない。

(d)　誤文。哺乳類は，真獣類，有袋類，および，カモノハシを含む単孔類に三大別される。リード文第2段落で，SRY 遺伝子に相同な遺伝子をもつ動物に単孔類は加えられていない。

(B)(a)　誤文。副腎皮質刺激ホルモンを分泌するのは脳下垂体前葉である。

(b)　正文。一般にホルモンは，そのホルモンに対する受容体をもつ細胞だけに作用する。

(c)　誤文。ステロイドホルモンは脂溶性であるため，脂質膜である細胞膜

をある程度自由に通過できる。

(d)　正文。一般にステロイドホルモンと結合した受容体は転写調節因子としてはたらく。

(C)(あ)　この母親と正常な男性との間の子供は，①正常な女性，②正常な男性，③保因者の女性，④変異の影響が表現型に現れた男性，の4通りが，すべて同じ $\frac{1}{4}$ の確率で生まれる。このうち外部生殖器が女性型を示すのは，①，③，④の3通りなので，その確率は

$$\frac{1}{4} \times 3 \times 100 = 75.0〔\%〕$$

(い)　この母親の子供の可能性は前問(あ)の〔解説〕の①～④である。下線部(iii)直後の文より，このうち④は不妊となるので，孫が得られたという条件下の本問ではその可能性はない。①または②だった場合，正常な異性との間の二世代目の子供（孫）が変異遺伝子をもつ確率は0％である。③だった場合，正常な男性との間の二世代目の子供（孫）の可能性は前問(あ)の〔解説〕の①～④と全く同じであり，このうち，③と④が変異遺伝子をもつ。この母親の子供が③であり，かつ，そのさらに子供が③または④である確率は

$$\frac{1}{3} \times \frac{2}{4} \times 100 = 16.66 \fallingdotseq 16.7〔\%〕$$

(D)(い)・(う)　まず，(い)の解答群Bの選択肢で(D)の文章と合わない点をチェックする。

⓪　不適。遺伝子 A・B をともに発現した ZW 個体が卵巣をもつことを説明できない。

②　不適。もともと遺伝子 B をもたない ZZ 個体と，遺伝子 B を破壊した ZW 個体はともに遺伝子 A のみを発現するが，いずれも精巣を分化させることを説明できない。

③　不適。遺伝子 A を破壊した ZW 個体は遺伝子 B のみを発現するが，卵巣を分化させることを説明できない。

これらに加え(D)の文章全体から，A，B のうち発現する遺伝子と分化する生殖腺の対応関係をまとめると，次のようになる。

　　なし（遺伝子 A を破壊した ZZ 個体）→卵巣

A のみ→精巣

$A \cdot B$ の両方→卵巣

B のみ→卵巣

これを統一的に説明しようとすると，次のようになる。未分化生殖腺はそれ自体はもともと卵巣に分化する性質をもっているが，全個体が共通してもつ遺伝子 A はこれを精巣に分化させる作用をもつ。雌だけがもつ遺伝子 B は遺伝子 A より優位にはたらき，遺伝子 A のはたらきを抑制することで未分化生殖腺の本来の性質が現れ卵巣が分化する。

したがって，(い)は①が，(う)は③がそれぞれ正解となる。

(え)(a) 誤文。(え)の文章の初めの 2 文より，W染色体をもたず遺伝的には ZZ で性転換した雌も，生殖可能である。

(b) 正文。遺伝的には ZZ どうしの交配になるので，子はすべて ZZ で，特にホルモン投与を行わなければ雄になる。

(c) 正文。遺伝子 B が存在するW染色体をもつと雌になるので，性転換雄と正常雌の間では ZW どうしの交配となり，子の性染色体の分離比は

$$ZZ : ZW : WW = 1 : 2 : 1$$

となる。このうち ZW と WW が雌となると考えられるが，それらの合計の割合が 75 ％ $\left(\dfrac{3}{4}\right)$ であったということは，WW 個体も正常に発生し生まれてきたことを意味する。

❖講　評

　2021 年度は大問 4 題の出題であったが，2022 年度は例年通りの大問 3 題に戻った。ただしリード文が長い中問を多く含み，全体の問題量が減ったとはいえ，80 分で解答するにはかなりの手際のよさが要求される点は例年と変わっていない。

　1　培養による細胞のスクリーニングや，ゲノム編集を利用した転写促進のしくみの推定など，分子生物学的な実験について考察させる問題。(2)は，題意を把握するのにかなりの量の文を読む必要があり，また(5)は，文の各所に広く分散している断片的な手がかりをつなぎ合わせなければならず，苦労する。最初にこの問題があることで，時間配分がうまくいかなかった受験生もいるのではないだろうか。

2　主に植物の反応について問う問題。(1)〜(3)と(6)は基本知識だけで解ける問題であり，着実に得点したい。(4)は，ABC モデルを丸暗記していて，あまり問題を読まずに解けた受験生もいると思われ，かかった時間に大きな差を生んだだろう。

3　性決定に伴う発生過程での生殖巣などの性分化に関する問題。知識のみで解く問題と文章中から手がかりを探す問題が混在しており，的確な対処に集中力が求められる。また(2)(D)は，雌ヘテロ型の性染色体の遺伝は，ヒトやショウジョウバエで慣れているものと違うため，少し混乱した受験生もいるだろう。

時間がかかる小問が 1 に多い。1 にあまり時間を費やすと後半焦るが，難問はいったんスキップして後で戻るにしても，これだけ文の量が多いと，1 回目に理解しかけていたことがリセットされる時間のロスも大きく，時間配分が難しかったであろう。

//////////////////// · memo · ////////////////////

/////////////////// · **memo** · ///////////////////

教学社 刊行一覧

2025年版　大学赤本シリーズ

国公立大学（都道府県順）

374大学556点 全都道府県を網羅

全国の書店で取り扱っています。店頭にない場合は, お取り寄せができます。

1. 北海道大学（文系−前期日程）
2. 北海道大学（理系−前期日程）医
3. 北海道大学（後期日程）
4. 旭川医科大学（医学部〈医学科〉）医
5. 小樽商科大学
6. 帯広畜産大学
7. 北海道教育大学
8. 室蘭工業大学／北見工業大学
9. 釧路公立大学
10. 公立千歳科学技術大学
11. 公立はこだて未来大学 総推
12. 札幌医科大学（医学部）医
13. 弘前大学 医
14. 岩手大学
15. 岩手県立大学・盛岡短期大学部・宮古短期大学部
16. 東北大学（文系−前期日程）
17. 東北大学（理系−前期日程）医
18. 東北大学（後期日程）
19. 宮城教育大学
20. 宮城大学
21. 秋田大学 医
22. 秋田県立大学
23. 国際教養大学 総推
24. 山形大学 医
25. 福島大学
26. 会津大学
27. 福島県立医科大学（医・保健科学部）医
28. 茨城大学（文系）
29. 茨城大学（理系）
30. 筑波大学（推薦入試）医 総推
31. 筑波大学（文系−前期日程）
32. 筑波大学（理系−前期日程）医
33. 筑波大学（後期日程）
34. 宇都宮大学
35. 群馬大学 医
36. 群馬県立女子大学
37. 高崎経済大学
38. 前橋工科大学
39. 埼玉大学（文系）
40. 埼玉大学（理系）
41. 千葉大学（文系−前期日程）
42. 千葉大学（理系−前期日程）医
43. 千葉大学（後期日程）医
44. 東京大学（文科）DL
45. 東京大学（理科）DL 医
46. お茶の水女子大学
47. 電気通信大学
48. 東京外国語大学 DL
49. 東京海洋大学
50. 東京科学大学（旧 東京工業大学）
51. 東京科学大学（旧 東京医科歯科大学）医
52. 東京学芸大学
53. 東京藝術大学
54. 東京農工大学
55. 一橋大学（前期日程）
56. 一橋大学（後期日程）
57. 東京都立大学（文系）
58. 東京都立大学（理系）
59. 横浜国立大学（文系）
60. 横浜国立大学（理系）
61. 横浜市立大学（国際教養・国際商・理・データサイエンス・医〈看護〉学部）

62. 横浜市立大学（医学部〈医学科〉）医
63. 新潟大学（人文・教育〈文系〉・法・経済科・医〈看護〉・創生学部）
64. 新潟大学（教育〈理系〉・理・医〈看護を除く〉・歯・工・農学部）
65. 新潟県立大学
66. 富山大学（文系）
67. 富山大学（理系）医
68. 富山県立大学
69. 金沢大学（文系）
70. 金沢大学（理系）医
71. 福井大学（教育・医〈看護〉・工・国際地域学部）
72. 福井大学（医学部〈医学科〉）医
73. 福井県立大学
74. 山梨大学（教育・医〈看護〉・工・生命環境学部）
75. 山梨大学（医学部〈医学科〉）医
76. 都留文科大学
77. 信州大学（文系−前期日程）
78. 信州大学（理系−前期日程）医
79. 信州大学（後期日程）
80. 公立諏訪東京理科大学 総推
81. 岐阜大学（前期日程）医
82. 岐阜大学（後期日程）
83. 岐阜薬科大学
84. 静岡大学（前期日程）
85. 静岡大学（後期日程）
86. 浜松医科大学（医学部〈医学科〉）医
87. 静岡県立大学
88. 静岡文化芸術大学
89. 名古屋大学（文系）
90. 名古屋大学（理系）医
91. 愛知教育大学
92. 名古屋工業大学
93. 愛知県立大学
94. 名古屋市立大学（経済・人文社会・芸術工・看護・総合生命理・データサイエンス学部）
95. 名古屋市立大学（医学部〈医学科〉）医
96. 名古屋市立大学（薬学部）
97. 三重大学（人文・教育・医〈看護〉学部）
98. 三重大学（医〈医〉・工・生物資源学部）医
99. 滋賀大学
100. 滋賀医科大学（医学部〈医学科〉）医
101. 滋賀県立大学
102. 京都大学（文系）
103. 京都大学（理系）医
104. 京都教育大学
105. 京都工芸繊維大学
106. 京都府立大学
107. 京都府立医科大学（医学部〈医学科〉）医
108. 大阪大学（文系）DL
109. 大阪大学（理系）医
110. 大阪教育大学
111. 大阪公立大学（現代システム科学域〈文系〉・文・法・経済・商・看護・生活科〈居住環境・人間福祉〉学部−前期日程）
112. 大阪公立大学（現代システム科学域〈理系〉・理・工・農・獣医・医・生活科〈食栄養〉学部−前期日程）医
113. 大阪公立大学（中期日程）
114. 大阪公立大学（後期日程）
115. 神戸大学（文系−前期日程）
116. 神戸大学（理系−前期日程）医

117. 神戸大学（後期日程）
118. 神戸市外国語大学 DL
119. 兵庫県立大学（国際商経・社会情報科・看護学部）
120. 兵庫県立大学（工・理・環境人間学部）
121. 奈良教育大学／奈良県立大学
122. 奈良女子大学
123. 奈良県立医科大学（医学部〈医学科〉）医
124. 和歌山大学
125. 和歌山県立医科大学（医・薬学部）医
126. 鳥取大学 医
127. 公立鳥取環境大学
128. 島根大学 医
129. 岡山大学（文系）
130. 岡山大学（理系）医
131. 岡山県立大学
132. 広島大学（文系−前期日程）
133. 広島大学（理系−前期日程）医
134. 広島大学（後期日程）
135. 尾道市立大学 総推
136. 県立広島大学
137. 広島市立大学
138. 福山市立大学 総推
139. 山口大学（人文・教育〈文系〉・経済・医〈看護〉・国際総合科学部）
140. 山口大学（教育〈理系〉・理・医〈看護を除く〉・工・農・共同獣医学部）医
141. 山陽小野田市立山口東京理科大学 総推
142. 下関市立大学／山口県立大学
143. 周南公立大学 新 総推
144. 徳島大学 医
145. 香川大学 医
146. 愛媛大学 医
147. 高知大学 医
148. 高知工科大学
149. 九州大学（文系−前期日程）
150. 九州大学（理系−前期日程）医
151. 九州大学（後期日程）
152. 九州工業大学
153. 福岡教育大学
154. 北九州市立大学
155. 九州歯科大学
156. 福岡県立大学／福岡女子大学
157. 佐賀大学 医
158. 長崎大学（多文化社会・教育〈文系〉・経済・医〈保健〉・環境科〈文系〉学部）
159. 長崎大学（教育〈理系〉・医〈医〉・歯・薬・情報データ科・工・環境科〈理系〉・水産学部）医
160. 長崎県立大学 総推
161. 熊本大学（文・教育・法・医〈看護〉学部・情報融合学環〈文系型〉）
162. 熊本大学（理・医〈看護を除く〉・薬・工学部・情報融合学環〈理系型〉）医
163. 熊本県立大学
164. 大分大学（教育・経済・医〈看護〉・理工・福祉健康科学部）
165. 大分大学（医学部〈医・先進医療科学科〉）医
166. 宮崎大学（教育・医〈看護〉・工・農・地域資源創成学部）
167. 宮崎大学（医学部〈医学科〉）医
168. 鹿児島大学（文系）
169. 鹿児島大学（理系）医
170. 琉球大学 医

私立大学①

いつも受験生のそばに──赤本

大学入試シリーズ＋α
入試対策も共通テスト対策も赤本で

入試対策
赤本プラス

赤本プラスとは、**過去問演習の効果を最大にする**ためのシリーズです。「赤本」であぶり出された弱点を、赤本プラスで克服しましょう。

大学入試 すぐわかる英文法 DL
大学入試 ひと目でわかる英文読解
大学入試 絶対できる英語リスニング DL
大学入試 すらすら書ける自由英作文
大学入試 ぐんぐん読める
　英語長文(BASIC) DL
大学入試 ぐんぐん読める
　英語長文(STANDARD) DL
大学入試 ぐんぐん読める
　英語長文(ADVANCED) DL
大学入試 正しく書ける英作文
大学入試 最短でマスターする
　数学I・II・III・A・B・C
大学入試 突破力を鍛える最難関の数学
大学入試 知らなきゃ解けない
　古文常識・和歌
大学入試 ちゃんと身につく物理
大学入試 もっと身につく
　物理問題集(①力学・波動)
大学入試 もっと身につく
　物理問題集(②熱力学・電磁気・原子)

入試対策
英検®
赤本シリーズ

英検®(実用英語技能検定)の対策書。
過去問集と参考書で万全の対策ができます。

▶過去問集(2024年度版)
英検®準1級過去問集 DL
英検®2級過去問集 DL
英検®準2級過去問集 DL
英検®3級過去問集 DL

▶参考書
竹岡の英検®準1級マスター DL
竹岡の英検®2級マスター CD DL
竹岡の英検®準2級マスター CD DL
竹岡の英検®3級マスター CD DL

CD リスニングCDつき　DL 音声無料配信
新 2024年新刊・改訂

入試対策
赤本プレミアム

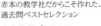

赤本の教学社だからこそ作れた、
過去問ベストセレクション

東大数学プレミアム
東大現代文プレミアム
京大数学プレミアム[改訂版]
京大古典プレミアム

入試対策
赤本メディカル
シリーズ

過去問を徹底的に研究し、独自の出題傾向をもつメディカル系の入試に役立つ内容を精選した実戦的なシリーズ。

〔国公立大〕医学部の英語[3訂版]
私立医大の英語(長文読解編)[3訂版]
私立医大の英語(文法・語法編)[改訂版]
医学部の実戦小論文[3訂版]
医歯薬系の英単語[4訂版]
医系小論文 最頻出論点20[4訂版]
医学部の面接[4訂版]

入試対策
体系シリーズ

国公立大二次・難関私大突破へ、自学自習に適したハイレベル問題集。

体系英語長文　　体系世界史
体系英作文　　　体系物理[第7版]
体系現代文

入試対策
単行本

▶英語
Q&A即決英語勉強法
TEAP攻略問題集 新
東大の英単語[新装版]
早慶上智の英単語[改訂版]

▶国語・小論文
著者に注目! 現代文問題集
ブレない小論文の書き方 樋口式ワークノート

▶レシピ集
奥薗壽子の赤本合格レシピ

入試対策　｜共通テスト対策｜
赤本手帳

赤本手帳(2025年度受験用) プラムレッド
赤本手帳(2025年度受験用) インディゴブルー
赤本手帳(2025年度受験用) ナチュラルホワイト

入試対策
風呂で覚える
シリーズ

水をはじく特殊な紙を使用。いつでもどこでも読めるから、ちょっとした時間を有効に使える!

風呂で覚える英単語[4訂新装版]
風呂で覚える英熟語[改訂新装版]
風呂で覚える古文単語[改訂新装版]
風呂で覚える古文文法[改訂新装版]
風呂で覚える漢文[改訂新装版]
風呂で覚える日本史[年代][改訂新装版]
風呂で覚える世界史[年代][改訂新装版]
風呂で覚える倫理[改訂版]
風呂で覚える百人一首[改訂版]

｜共通テスト対策｜
満点のコツ
シリーズ

共通テストで満点を狙うための実戦的参考書。重要度の増したリスニング対策は「カリスマ講師」竹岡広信が一回読みにも対応できるコツを伝授!

共通テスト英語(リスニング)
　満点のコツ[改訂版] 新 DL
共通テスト古文 満点のコツ[改訂版] 新
共通テスト漢文 満点のコツ[改訂版] 新

入試対策　｜共通テスト対策｜
赤本ポケット
シリーズ

▶共通テスト対策
共通テスト日本史[文化史]

▶系統別進路ガイド
デザイン系学科をめざすあなたへ

大学赤本シリーズ ───

赤本 ウェブサイト

過去問の代名詞として、70年以上の伝統と実績。

大学赤本シリーズ
大学赤本
最近 **70** カ年
一般
2025
数学社

新刊案内・特集ページも充実！
受験生の「知りたい」に答える

akahon.net でチェック！

📅 志望大学の赤本の刊行状況を確認できる！

📖 「赤本取扱い書店検索」で赤本を置いている
書店を見つけられる！

✦赤本チャンネル & 赤本ブログ✦

▶ **赤本チャンネル**

YouTubeや
TikTokで受験対策！

人気講師の大学別講座や
共通テスト対策など、
受験に役立つ動画 を公開中！

YouTube   TikTok

✏ **赤本ブログ**

受験のメンタルケア、合格者の声など、
受験に役立つ記事 が充実。

詳しくは
こちら

2025 年版　大学赤本シリーズ　No. 351

東京理科大学（先進工学部 − B 方式）

2024 年 6 月 25 日　第 1 刷発行
ISBN978-4-325-26410-1
定価は裏表紙に表示しています

編　集　教学社編集部
発行者　上原　寿明
発行所　教学社
　　　　〒606-0031
　　　　京都市左京区岩倉南桑原町56
　　　　電話　075-721-6500
　　　　振替　01020-1-15695
　　　　印　刷　太洋社